教育部人文社会科学重点研究基地项目

当代德育新理论丛书

顾　　问：鲁　洁　　王逢贤　　班　华

主　　编：朱小蔓

丛书责编：吕　达
刘立德
本书责编：冯卫斌

朱小蔓 主编

当代德育新理论丛书

道德体验论

DAODE TIYAN LUN

刘惊铎 著

人民教育出版社

图书在版编目（CIP）数据

道德体验论 / 刘惊铎著 . —2 版 . — 北京：人民教育出版社，2021. 4
（当代德育新理论丛书）
ISBN 978-7-107-35665-0

Ⅰ . ①道…　Ⅱ . ①刘…　Ⅲ . ① 德育—研究　Ⅳ . ① G410

中国版本图书馆 CIP 数据核字（2021）第 063745 号

道德体验论

出版发行　人民教育出版社
（北京市海淀区中关村南大街 17 号院 1 号楼　邮编：100081）
网　　址　http://www.pep.com.cn
经　　销　全国新华书店
印　　刷　北京天宇星印刷厂
版　　次　2021 年 4 月第 2 版
印　　次　2021 年 4 月第 1 次印刷
开　　本　787 毫米 × 1 092 毫米　1/16
印　　张　27.5
字　　数　401 千字
印　　数　0 001 ~ 3 000 册
定　　价　66.00 元

《当代德育新理论丛书》

总　序

◎ 朱小蔓

凝结着我们这个学术群体集体智慧和生命感动的《当代德育新理论丛书》，终于面世了。我为之感到由衷的欣慰。这是南京师范大学教育学科多年来重视道德教育理论建设、钟情于道德教育研究的情结使然。

这是一套关于道德教育基本理论的丛书，是“社会转型时期中国道德教育基本理论研究”的重要成果。本丛书主要以建构和阐发新的道德教育理念为基本内容。那么，什么是道德教育基本理论呢？我以为，基本理论研究主要是对一个学科或者一个学术领域中那些根基性的、具有永恒价值的基础问题的研究。虽然它的一些主题相对稳定，但可以常思常新，具有恒久的讨论价值。道德教育作为教育基本理论研究的一个专门领域，它也有一些基本理论问题，但道德教育基本理论问题的研究难度更大，因为它要透析人性本身，又与时代的变化息息相关。人性研究本身既是一个永恒的，又是一个与时俱进的话题，是一种动态的复杂性存在。道德教育的核心主题就是讨论人性向善，是引导社会向善，引导个体人凝聚成一个有秩序、有效率、有整体精神风貌的社会集群。人类为了实现这一目标，就需要引导个体人提升其精神境界，体认向善的方向和方式，展现人性的美好品质。而个体的人性、生命性，与社会的整体风貌之间存在着一种人文关系。对这种人文关系的研究，既是人类文化的基础性、深层次问题，也是教育特别是道德教育所要研究的基本命题。可以说，道德教育研究的人文主题，恰恰是人作为宇宙生灵所面临的基本问题。

在人类社会生活发展进程中，每一个时代和每一个民族的人都会有不同的道德理念和思想观念。理念是一系列思想的集合，但它并不就是基本理论；理念、观念中的核心概念、命题，只有以人们丰富的生活经验为基础，经过缜密的逻辑推论而建构的严谨的、系统的思想，才构成基本理论。每个时代都需要不断产生新理念、新观念，以满足该时代的需要。但是，理念和观念还必须经过认真而严肃的研究，通过思维的加工而清晰、完整起来，且反复经受逻辑和实践的双重检验，才可能成为指导人们生活的内在的、深层的文化积淀，从根基上去影响人们的思想观念和意识。

从生存实践的视界审视，思想是人们生活的航标、生命线、营养剂。每个时代，人们都期待和呼唤这个时代新思想的出现。就像大自然中的动植物需要阳光雨露一样，思想是人之为人的灵魂性的东西，是人的生命成长的方向和动力。道德就是人类思想和生存智慧的结晶。没有道德，不仅个体人的生命存在和精神成长会发生困难，而且人类社会的发展也会出现危机。人是必须过社会生活的。人有一种真诚地追求美好，渴望团结互助，期盼比原有自然自在状态更理想一些的环境的冲动，这是人的超越性本性。人活着太需要支撑我们生命的东西，太需要为我们每一天的生活得到鼓励和依据的东西，所以我们需要寻找自己为人做事的原则、信念乃至方式。而道德作为一种社会准则，正是帮助人们融入社会、确立信念、把握前进方向、鼓舞人性向善的标杆，是使人获得生命支撑的重要力量。因此，无论是人的个体生命还是社会生活本身，都离不开道德和道德教育。处在社会转型时期和多元文化背景下，人们更需要反思和更新那些不适应的道德和道德教育观念，阐发并形成新的、有解释力和影响力的理论。

多卷本的《当代德育新理论丛书》就是系统反思的产物，是我们这个学术群体中的学者们辛勤工作的结晶。从我研究写作《情感教育论纲》（1989—1992）到我们学科的博士生及同事们的研究，都是以反思和探索为己任的。我认为，由于时代不断地发生着新的重要的变化，所以理论工作者要敏于和善于进行反思。在我看来，真正的学者，他的本性就是反思，敢于和善于进行独立的思考和判断，对生活的变化怀抱热情，对时代的问题提出自己独立的、拓展性的见解。学者作为知识分子，其精神气质在于对知识、对学习保有兴趣，具有问题探究的意识和审视的眼光；作为一个从事道德教育研究的学者，还要有影响人的魅力，这是一种特别的吸引力、感染力和影响力。

当然，对道德和道德教育之理论定位的合理性进行反思，也是不可回避的基础性问题，因为这会直接或间接地影响道德和道德教育在人们心目中的地位。追根溯源，道德和道德教育既是人类最古老的一个话题，也是现代人类最为关切的一个全球性问题。在人类交往方式和契约关系发展史上，在西方，从古希腊、古罗马时代的思想活跃时期到西欧中世纪，在中国，从诸子百家的思想争鸣时期到封建时代以后，在人类相当长的历史时期，道德和道德教育存在着被意识形态化的现象，往往变成了束缚人的桎梏，有时甚至变成了阶级斗争的工具。但值得注意的是，从亚里士多德、康德到杜威都曾把道德归于实践理性，以孔子为代表的中国传统文化倡导者也主要强调道德是一种生存智慧。

由于种种原因，新中国成立以来，尤其是“文革”前后，我国一度受到“左”的思想干扰，出现了将道德教育教条化、工具化的倾向，道德教育变得不那么可爱，也往往没有起到应有的作用。实践中存在的问题可能是由多种复杂因素造成的，但理论工作者的学术使命则是不能放弃的。这些年来，我们这个学术群体在解放思想、拨乱反正的新的时代条件下，一直在重新思考、发掘和诠释道德和道德教育新的、丰富的意涵。我们认为，道德和道德教育是人的一种独特的极其复杂的文化活动，是人的精神实践方式，是人经历道德学习、引发精神发育和成长的生命过程。

目前，我国正处在一个由计划经济向中国特色社会主义市场经济转型的重要时期，价值虚无主义、享乐主义思潮和去道德化现象等严重地冲击着时代的精神文明建设，也向我们道德教育研究者提出了严峻而亟须解决的诸多重大课题。新的历史时期需要造就具有新的道德理念的一代新人。道德教育作为完成这一历史使命的重要社会载体，从一个新的战略高度开掘其新的功能和意义，同样也面临着时代对它所提出的各种挑战。为回应挑战，道德教育必须寻找实现其全面转变的精神内核——道德教育基本理论。因此，道德教育基本理论的研究不仅关系到学科的建设和发展，更为重要的是在道德教育实践方面所进行的各项变革，以及国家和政府在精神文明建设、公民道德建设方面所作的各种决策，也都要参照、吸收其成果，以确定引导的方向、原则和策略。

我们这个学术群体试图在道德和道德教育的理论反思与建构方面作一些有益的探索。我们的基本思路是，以人类现代化历史发展进程为时空，以西方发达国家在现代化进程中道德教育的经验和教训为借鉴，以实践唯物主义为指导，从我国当前道德教育所面临的基本问题入手，全面反思传统道德教育的理论与实践，围绕道德教育“为什么”、“是什么”、“怎么做”的问题，对当代中国道德教育的目标、功能、内容、过程与方法、课程资源和师资等重大问题，从不同的视域、角度，用不同的提问和言说方式作出体现时代特征的系统回答，试图建构中国特色道德教育的基本理论体系。

围绕道德教育的目的问题，我们重点探讨了社会取向和个体取向的关系，认为两者可以有机地整合起来，使个体生命的舒展与社会生活的和谐有序之间达成动态的平衡。在生活中，每个人都应该自己把握幸福和希望之路，但一个人怎么把握自己的幸福和希望之路呢？道德教育就是要把人引向幸福，引向希望。一个人最终是否能够把握幸福和希望之路，要靠自己的德性。一个有德性的人，别人和社会总会需要他，也只有当别人和社会需要他时，他的身上才会放射出吸引人的力量和人生价值的光芒。关于道德教育的价值问题，我们认为，在人类生活方式和生存方式发生巨大变化的当代，相对主义、多元文化和科学技术的迅猛发展，以及经济全球化所带来的价值冲突与文化交融，无不对原有的道德价值体系和道德教育的方法、机制提出新的挑战。在这样的背景下，思考人之为人的深意，就是要进一步理解个体人相互协作构成一个互惠共生的社会的道理。因此，无论哪个时代和民族，其核心价值观都是不能丢弃的。世界一些发达国家经过对其发展历程的回顾与反省，已经认识到需要重新重视美德和品格教育。有理由认为，我们更要坚持核心价值观的引导和基础性的品格教育，并使实施的过程日趋科学化、艺术化，而不能将其简单化。至于道德教育的功能，我们的理解是要培养身体健康的、有审美情趣的、智能发展的、有德性的等诸方面健全的人。道德教育不仅可以促进政治、经济、文化的发展，而且可以引导人们享受生活，特别是具有教化、滋养人性、促进人实现自我生命价值的功能。

说到道德教育的内容，显然不能回避教什么、传递什么信息的问题，但是以什么为依据来确定所要传递的核心内容呢？我们认为主要有三个方面：一是时代的变化，二是本民族的文化，三是一定时代和民族文化中特定人群的需要。要照顾不同人群、不同个体生命的不同的身心发展特点，身心发展特点和水平不同，道德教育的内容侧重点和方式也不同。需要回到生命之中，关爱生命，使生命有爱。生命叙事是道德教育的主要存在方式之一，它诱发生命感动的生命故事，激活、生成或满足说者与听者的道德需要，并改变着他们的生命感觉，使得一个被动的、自发的生命成为一个主动的、自觉的生命，并逐渐成为优质自我。在道德教育的实施过程与机制、方法问题上，一度有一种观点主张道德教育主要就是传授道德知识，发展道德认知。我们认为，情感、体验和践履在道德教育中显得尤为重要。其中，道德情感不仅仅是道德认知的产物，其生成发展的一个不可忽略的机制，在于人的那些与社会性发展，特别是德性形成有关的情感的形成。情感教育强调以感受体验为基础，以情感态度的养成为表征，以情感与认知相互影响、彼此促进为发展过程，以情感性道德人格为目标。站在生存实践的视界，对我国学校道德教育的基础理论与实践问题作全景式考察，我们发现，体验是人类生存的基本方式，具有道德教育的价值，甚至可以提出体验是道德教育的本体这样一个道德教育哲学命题。现在在强调重视情感体验的理念下，道德教育的方法已由单一的传递转向互动、对话，由过多的诉诸规范约束转向了更多地关注人的德性，包括道德习惯、情感、行为、精神面貌、道德特征、道德品质等方面的发展。

关于道德教育的课程资源与教师问题，我们认识到，道德教育从本质上讲是人格、生命、完整生活质量的教育，它是整个教育的灵魂，统摄并渗透在全部教育过程之中。不能把道德教育从活生生的完整生活中抽离出来，也不能把道德教育从其他诸育中抽离出来，否则就容易陷入形而上学。我们既要依托各门学科来建立道德认知的基础，也要依靠校园文化以至社会生活，来建构开放性的道德教育实践体系。道德教育不能光依靠一门课程来实施，各门课程都是道德教育的平台。那么，如何依靠各门学科和各门课程来进行道德教育，使道德教育真正变成教育的灵魂呢？新一轮课程改革在各学科的课程标准中，都强调了实现道德、价值观教育的目标，要求尽可能全面、深入地挖掘、展示出不同学科在实现道德教育上的不同价值，并且都明确地陈述了通过体验探究培养学生积极情感、态度和价值观的目标。正是源于此，如果教师是一个能够创造生命的教师，那么每门课的教师就是道德教育的教师。教师的创造就是去发现学生生命内在的德性潜质，探索这种德性潜质的丰富性与独特性，为之创生各种有利的教育情境，促进其成长。至于什么样的教师才是有道德影响力的教师，国内外的研究成果一致认为，必须是既有人文情怀，又能践行人文关怀的教师。

以上思想观念的变化，反映出我国道德教育已显示出回归生活世界，有希望逐渐成为温馨的、有魅力的教育之大趋势。道德教育开始从游离生活的作为学习者的研究对象的知性范式转向以有意义的生活为基础学习道德的生活范式。日常生活形成人的教养和德性的根基，生活中的特殊经历，包括意外和变故，可以激发"非常态意识体验"。这些体验不仅是检验在日常生活中所形成的教养的试金石，还具有触动心灵、提升精神境界的作用。我相信，当道德教育不再远离人的生活的时候，它便不再枯燥，而出现"学习道德是快乐的，做道德的人是幸福的"景象。如果它变得枯燥了、惹人讨厌了，就需要反思我们的理念和做法的合理性。

这些年来，从我自己做道德教育基本理论研究，到我指导博士生进行道德教育基本理论研究，以及我与道德教育研究基地的同事合作进行道德教育基本理论研究，我们每一个学者都期望道德教育的理论有大的发展，向往着一个更加道德、更加美好的社会。我深深感受到，我们追求学术的过程，既是我们的道德教育研究基地成长壮大的过程，又是我们的各位博士生学术成长和成人的过程，也是我自己在学术的道路上不断进步的过程。和学生们、同事们一起讨论、对话的过程，本身就是一个精神历练、丰满的过程，是一个幸福的过程和走向新的希望的过程！当我们围坐在一起，就某个专题谈论读书体会时，形成了一种叩问、争鸣的学术氛围，那真让人留恋。在基地开展的诸多博士沙龙、国内外跨学科论坛，让人沉浸在多种学术观点的洗礼之中。这些都使我们因过重工作而显得疲累的生活跳动着欣喜欢快的音符，生命中平添了斑斓亮丽的色彩。

多年来，大家阅读了国内外无数的书籍和报刊，足迹遍及大江南北、海峡两岸，访谈了国内外各阶层的诸多人士，主动到上百所中小学和幼儿园听课、评课，搞道德教育的调研和实验，感受广大人民群众的生活境遇和道德欲求，心忧天下。我们求真务实，协作创新，用饱含生命智慧和心血的研究成果，默默地为我国道德教育基本理论宝库增砖添瓦。张载曾立铭："为天地立心，为生民立命，为往圣继绝学，为万世开太平。"我们这个学术群体中一批醉心于道德教育研究的学者们，面对人类发展史上一座座学术巅峰，"高山仰止，景行行止，虽不能至，然心向往之"。因此，我愿以张载的《西铭》与我的学术同仁们共勉，以表达我们对道德教育学术精神的理解与不懈追求。

目 录

前言

作为生态体验教育理论的奠基性著作，本书既注重体现学术性和原创性，同时又注重打造一部饱含着丰富鲜活的立德树人实践体验案例的行动指南。本书由人民教育出版社作为《当代德育新理论丛书》的一种出版后，多次重印，激发了广大教师、德育工作者、思想政治工作者、科研工作者、生态文明建设与社会治理工作者，以及其他各界人士阅读和应用的热情。读者对书中的哲学思想、基本理念、理论范畴、思想命题、研究方法、叙述方式及经典案例颇感兴趣。本着与时俱进原则，现对本书进行修订，力图为广大读者提供更加切中新时代脉动、走心给力的原创理论支持和思想智慧滋养。

一、本书的目的和意义

生态文明是人类文明的新形态，生态法则是人类和一切生命最高的存在法则。体验是人类生存的基本方式，体验让人类在适应中超越，具有重要的道德教育价值。但在近现代科技理性占据支配地位之后，生态体验的生存价值和道德教育价值曾一度被遮蔽。今天将生态体验问题推到中国道德教育的前台，凸显其道德教育价值，主要是想为道德教育找到一个更为基础性的概念，形成新的道德教育意识和思想，以使道德教育在理论上更好地顺应中西方文化和道德教育哲学发展的大趋势，在实践上更加符合生活的逻辑和人的德性发展逻辑。本书立足于对我国当代学校道德教育理论与实践中基础性问题的思考，试图从“生态”、“体验”理念系统思考道德教育，从生存实践的视界，重新思考和探究我国道德教育的建构和创生问题。

本书的选题在国外已有一些重要的前期奠基性研究，主要集中在四个方面。一是文化和哲学领域为生态、体验争地盘的研究，主要集中在对理性主义文化和哲学传统的消解，从而使生态、体验浮出水面。主要代表人物有马克思、胡塞尔、海德格尔、海克尔等。二是文化和哲学领域对生态、体验之价值的研究，主要集中在证明生态、体验是人类生存的基本方式。主要代表人物有加达默尔、柏格森、理查德·罗蒂、狄尔泰、罗尔斯顿等。三是心理学领域关于心理体验的价值与心理体验状态的研究，主要代表人物有马斯洛、瓦西留克、罗洛·梅、诺尔曼·丹森等。四是在教育哲学领域，开始了对认知主义的消解，注意到经验、活动、情感（体验）的教育价值。主要代表人物有杜威、德罗布尼斯基、利珀、戴蒙·考贝、苏霍姆林斯基等。

本书的选题在国内也有一些重要的前期奠基性研究，主要有五个方面。一是在文化、哲学领域，中国素有重视生态和体验的文化传统，中国的两大主体观念文化——儒家文化和道家文化都有重视生态和体验的传统。这一传统近年来又得到重新整理、挖掘和弘扬。二是在教育学领域，历史上有影响的教育家都有重视体验的思想，如蔡元培、陶行知等。三是心理学领域积累了有关情绪（体验）的价值研究，主要代表人物有孟昭兰、卢家楣等。四是在当代教育学领域，已初步将体验与认知既相区分又相关联，注意到体验是一个“完整的道德教育过程”的有机组成部分，重点在“情感体验”的维度取得了较大的进展。主要代表人物有鲁洁、王逢贤、朱小蔓、班华等。五是初步的实践探索与创新。譬如，共青团中央、全国少工委在实践领域展开了“体验教育”的初步探索，受到青少年儿童的欢迎。世界自然基金会（World Wide Fund for Nature）在我国所开展的生态环境教育培训，已开始强调户外和室内体验式教学及其教育价值。新时代新方位，值得关注鲁洁、朱小蔓、梅仲荪、魏书生、李吉林的相关研究与实验。我和我的学术团队在海内外如英国、美国、澳大利亚、日本、韩国、新加坡以及我国香港、澳门、台湾等地区所做的四十多年的跨国、跨境合作研究与实验，让生态体验的思想和模式日益凸显。譬如，我们先后在北京市教委，河北省秦皇岛市、北戴河区、石家庄市，天津市，江苏省张家港市、如皋市，湖北省荆州市沙市区，广西壮族自治区凭祥市，黑龙江省哈尔滨市，广东省深圳市龙岗区，福建省厦门市海沧区，陕西省眉县、铜川市王益区，内蒙古自治区通辽市、鄂尔多斯市，浙江省杭州市下城区等，在英国剑桥大学、沃威克大学，美国夏威夷大学、哈佛大学，日本玉川大学，新加坡国立大学、新跃社科大学，我国清华大学、北京大学、中国人民大学、中共中央党校（国家行政学院）、国家教育行政学院、国家开放大学、北京师范大学、首都师范大学、北京教育学院、陕西师范大学、南京师范大学、华南师范大学、苏州大学、浙江宁波外事学校等，在北京十一学校、人大附中、清华附中、北大附中、农大附中、陈经纶中学、延庆一小、中国科学院附属玉泉小学、新疆师大附中、空军/空后直属蓝天幼儿园等实验基地所开展的生态体验、道德体验模式的探索与实验，也有一些中小学校和幼儿园的“愉快教育”、“快乐教学”、“成功教育”、“活动课程”以及“游戏”等的改革与实践，这些探索从不同的方面体现出了生态和体验的精神。

从总体上看，目前国内外在关于体验对人类生存及对教育的价值方面所展开的研究，已取得了较多的成果，使曾经被遮蔽的体验之生存与教育价值得到了空前凸显。这些研究为本书选题的提出和探索奠定了前期理论基础。教育实践中已展开初步的“体验教育”探索，艺术领域出现了“体验艺术”，经济领域亦出现“体验经济”雏形。这说明时代也有了强烈的需求。但是，目前关于道德体验教育的一系列重要理论问题，尚缺乏系统深入的研究。因此，本书的研究既有理论上的迫切性，也有实践上的广泛需求。

本书的研究揭示出生态体验是臻于圆熟的道德境界、体验是道德教育的本体，以有助于人们树立生态文明价值理念，更新道德教育观念，获得一个重新反思现行道德教育合理性和深化道德教育改革的理论突破点；突破现有道德教育的框架，以有助于扭转道德教育理论与实践中过分强调认知而遮蔽体验的倾向；拓展道德教育研究的理论视野，调整道德教育的实践着力点，以有助于丰富道德教育学科建设的内容。

二、本书的结构

本书由六章构成其思想和逻辑结构。第一至第三章主要完成理论上的立论工作，揭示出体验是道德教育的本真存在方式。第一章为导论，从生存实践的视界提出研究问题的视角，确立道德体验论的立论根据和观察视界。第二章提出基本命题——体验是道德教育的本体，从理论上厘清了体验的理论内涵，界定了体验和道德体验的理论范畴。第三章对道德体验所推崇的生态文明价值理念及达成的境界展开系统的理论阐发，提出并论证了生态体验是臻于圆熟的道德境界，三重生态圆融互摄优化生命生态系统、优化生命样态，由此实现了道德与智慧和美的有机融合。这是道德体验的理想追求和实践落脚点。第四章至第六章主要探索和阐发道德体验和道德体验教育的实践问题。其中，第四章探讨道德体验的发生，主要探明道德体验场，道德体验的诱发和唤醒，道德体验的原始发生。第五章从理论和实践的结合上探索道德体验的表达与评价，试图对道德体验评价问题有所突破，为道德体验和道德体验教育提供必要的评价标准与方法的支持。第六章道德体验教育重点探讨了道德体验教育的意涵、特征和类型，概括提炼出道德体验模式，借以有效破解德育实效性不高的现实难题，并在调查和实验的基础上，对道德体验教育作出分类并给出经典案例分析。这样的逻辑结构体现出一种前后贯通的思想脉络：生态体验是臻于圆熟的道德境界、体验是道德教育的本体的命题，不仅是一种理论上的创新，而且是一种切实可行的实践创生。道德体验论实际上演绎为一个相对浑然一体的理论体系和实践模式。

三、本书的研究方法

本书从生存实践的视界，以体验为线索，以深生态观、非线性思维和自组织理论为背景，借鉴国内外有关体验问题研究的相关成果，从跨学科角度展开全景式研究。

在方法论上，本书坚持回归生态，回归生命，回归生活，体验道德，做现场扎根性研究，力图做到理论思考与实践探索的结合、逻辑与生活的结合、世界视野与本土实际的结合。在具体研究方法上，综合运用生态融通法、全息沉浸法、体验法、体验访谈法、自我感悟法、体验式行动干预法、零距离对话法、田野调查法、行动研究法、实验研究法、文献研究法、哲学研究法等。在实际研究过程中，笔者先后深入到国内外的不同区域、基层实验学校、社区生活和自然之境中，在实地生活中现场感受、考察、访谈，发调查问卷，进行实验验证，甚至采用田野调查法，掌握大量一手资料，感悟和记录自己的实际体验，犹如蜜蜂采花酿蜜一般。

四、本书的主要特色与创新之处

（一）有独立鲜明的哲学范畴、哲学命题、道德教育哲学命题，形成原创理论

本书从生存实践的视界提出了“体验是人类的基本生存方式之一”、“体验是道德教育的本体”、“生态体验是臻于圆熟的道德境界”的基本命题，确立了生态体验、道德体验论的基本立场。从理论上厘清了生态、体验的理论内涵，界定了体验和道德体验的范畴。揭示并论证了生态体验是臻于圆熟的道德境界的观点，注重开启生态智慧、道德智慧，诱发对生活关系的立体体验。这是道德体验的理想追求和实践落脚点。还提出了道德体验场、道德体验的表达与评价、道德体验教育等重要思想观点。以其独立鲜明的哲学范畴、哲学命题、道德教育哲学命题等，构成一个思想体系和逻辑体系严密的原创理论体系，成为一种国际原创学术品牌。①

本书重点界定了体验是一种图景思维活动，克服了把体验简单等同于活动的倾向。其中，“图景”是一种跨越时空的整体性存在，它同时包含个体人过去的生态阅历、当下生活场景和未来人生希冀的蓝图，其

① 全国政协委员岳崇先生出席“中国生态体验教育2016年学术年会暨第十二届国际论坛”开幕式并发表主旨演讲。他指出：“要把教育作为重要的民生工程，全社会都应自觉践行生态理念，努力提升教育质量。‘生态＋’理念全方位走向实践领域，催生出诸多教育新形态，成为动力型创新惠民理念。‘生态体验教育’已经成为一个中国特色德育理论和教育思想体系，逐渐成为一个国际原创学术品牌。”

显著特征是整体性、现场性和超越性。体验作为一种图景思维活动，不是以单纯语言文字符号的逻辑转换为主的逻辑思维活动，而是以图景转换为主的图景思维活动。这种思维活动不是知识累加性的，而是在体验者的大脑中发生着其生态阅历、生活场景和未来希冀蓝图的关系与结构之自组织转换活动。体验不仅含有混沌的直觉领悟，也含有理性的反思，它是符号、文字、语言“串行信息”和行为、图像、情境“并行信息”综合作用的融通式思维，它源于生存实践而又超越于生存实践，穿越和贯穿具体生活经历的场景，透视生存实践的意义。为了凸显体验的这种思维特点，可以称之为“体验之思”。当一个人真正发生了体验的时候，他会领悟到人类如此丰富的语言的贫乏性，常常体悟到一种“无以言表”的感受，找不到恰当的语言来表达自己当下的深切体验，往往以惊叹、呼喊、默默点头或手舞足蹈等表示只可意会，不可言传，但头脑中却发生着活生生的图景转换思维活动。

（二）超越了宏大叙事式研究，尝试采用体验法展开研究，以体验诉说的方式阐述道德教育理论问题，探索一种新的学术研究和表达风格

体验是以个人化、个性化的话语诉说，诉说自己最喜欢的、有感动的生命故事，而且在多次复述中，每一次复述的角度不同，感情不同，感悟不同，打开的意义境界不同。体验诉说的形式很多，语词形式的诉说如生命叙事、阅历诉说、事迹陈述、开放式对话、体验诉说等，非语言形式如表情、形体动作、态度、情绪反应、动作模仿等。从某种意义上说，体验是在表达中发生和深化的。个体人在表达中诱发和唤醒道德体验，发生自我认同感，领悟道德教育和个体生存的意义。在实际生活中，有些诉说表面看纯粹是一种生存实践、一种生存需要、一种“宣泄”，似乎并没有

所谓的“意义”，实际上它是生命智慧的显现，是个体生命健康成长所必需的基本生存方式之一，因而也具有人生的意义。

（三）笔者进行了四十多年持续深入的调查、大样本访谈、实验，积累了较为丰富的道德体验案例，研究和叙述有现场感，立论血肉丰满，取材鲜活，切实诱发生命感动

笔者对不同国家、不同地区、不同民族、不同职业、不同年龄、不同性别的人进行了广泛的采访，与诉说者进行了多方位的生活对话、心灵沟通和价值观碰撞。笔者的探索过程本身就是一个“研究—体验”的过程，也正是在这个过程中，笔者对体验的道德教育价值有了日益深切的领悟。

为了深入细致地了解和比较不同体验者的生活体验和生命感悟，笔者作了多次的调查问卷设计、修改，并作了大量的访谈录音、文本记录，实地拍摄了不少照片。与不同的体验者一起沉浸在各种具体的生活场景之中，静心品味当下的生活感受和记忆中的生命感怀，笔者渐渐发现：任何人，无论他的实际生存处境如何，也无论他接受过什么样的道德教育，人人对自己的体验都有深切的记忆，只要有合适的诱发线索，他都会渐渐进入角色，娓娓道出自己“最深刻的体验”，并把它看成“生命中最有价值的精神财富”，槽刻记忆。有些人喜欢将自己的体验珍藏在心底，有些人则喜欢向他人诉说；喜欢珍藏者为自己秘藏着独特的生活感受和生命感怀而倍感满足与自豪，喜欢诉说者则把有人愿意倾听自己的体验诉说看成人生莫大的享受。有些诉说者在倾诉自己的生命体验的时候，常常会忘记时间，诉说中往往伴随着眉飞色舞、手舞足蹈，或脸色潮红、泪水涟涟。

在“研究—体验”的过程中，研究者开始只是一

个发问者、倾听者，而到后来，常常也变成了一个诉说者、感悟者。研究者本人会不由自主地随着诉说者的诉说，带着自己的心事，沉入到一种无法排遣的体验之中去，和诉说者一起体验，而忘记了“我”的存在，双方在某一个生动的人生故事中相遇，在一个生命感动中交感。笔者在访谈中，常常和诉说者一起会心地笑，一起流泪，心灵被一次一次地震撼着，道德智慧和道德境界也随之发生着奇妙的变化！

（四）把道德价值观和生存性关系领悟融通起来，凸显道德境界及道德生成观

本书指出，道德体验是内含着道德价值观的关系融通性体验。感性个体的人总是处于一定的关系世界之中，对包括自己在内的整个关系世界作融通性领悟。只要一个人对其周围的关系世界发生了含有价值判断的融通性领悟，这时的体验就是一种道德体验。在实际生活中，在有关系存在的地方，在个体人置身于一定的关系情境并与之发生关联时，其体验便是道德体验。体验的不断深化，意味着个体人周围关系世界的扩展以及他对这种不断扩展因而也日益复杂的关系世界的融通性的提升。体验者对周围关系世界的融通性越强，他照应周围关系的意识越强烈，道德智慧越高，其行为的道德性也越高，最后从三重生态关系获得融通性领悟的时候，即达到了生态体验的境界。从三重生态去领悟世界的关系存在，去感受生活世界、自然之境、他人他物和自己的内心世界，以达到互惠共生的生存状态。感性个体的人逐渐领悟到“我在世界之中，世界也在我之中”，最终生成万物与“我”的内心世界达于和谐、互惠共生的状态。

而境界正是人在这种关系融通过程中所达成的生命实现样态。它是人的生存处境与人生体验的统一，呈现为生命的总体质量规格、水平状态和风格面貌。

它是人在具体生存实践活动中，在其当下现实生存条件与其未来生存可能性之间因体验而达到开悟、取得统一后所达成的生命整体状态。人的境界的达成和表现往往依赖于其对自己的生存实践和人生意义的体验。道德境界，既是指感性个体的人在其主观努力下所可能达成的德性状态，也是指感性个体在自己所付出的主观努力和所面对的现实环境条件相结合的情况下，所实际达成的德性状态。它既注重道德体验的**实际发生**，也承认道德体验的**可能发生**。这就凸显了道德境界的差异性（多样性）、开放性、层级性和动态性特征，凸显了道德的生成观。

（五）尝试将学术研究和人生体验融通起来

尝试将学术研究和人生体验融通起来，臻于在体验中滋养研究者的生命健康、润泽、靓丽地成长的新境界，克服了那种把学术研究与人生体验相互独立、割裂以至相损相害的情形。在调查、访谈和体验的过程中，借助体验之通感力的发挥，使有限的感性个体把自己身心的当下存在和生存意义整合起来，在作为感性个体的人的生存实践中，在人与周围关系世界的相互作用与相互确证过程中，使人既在具体生存处境之中而又超越具体时空，打通过去、现在和未来，在当下的生存中体验着过去的生态阅历、未来的人生梦想和当下的生命感受，人生意义在“瞬间生成”，并不断生成新的道德境界和生存境界。如此一来，人的生存实践既源于个人的生存欲念和生命意志、生存能力和生存信念，又要靠他自己选择和承担、感受和体验，人的生命活动及其属人的“体验”从而就成为评判和取舍人的生存实践活动的最终的价值尺度。

（六）凸显了道德体验的关系性、情境性、全息性，尝试超越现行德育确定性观念与封闭性模式

本书揭示出，“道德”的原始发生并不是外部单向

灌输、内化的结果，既不单纯由环境中的信息和事件所决定，也不由导引者单方面所把握，亦不由体验者自身的主体性所决定，而是由体验场中的多重关系、特定情境和氛围之特定结构与功能所决定；是由体验者周围在场和不在场的、被认识到和尚未被认识到的一系列内生变量和外生变量有机联系而形成的一种整体道德关系情境和氛围；是在现实生活的关系世界当中，在自然之境中，在人与人的交往之中，在相互的磨合当中，在心灵的领悟之中，交互生成出来的。而传统的约束性道德教育强调教育者预先设定的道德教育任务或目标的达成，这就在根本上违背了道德生成和道德教育的规律。

为此，本书强调道德体验教育的思想意识，强调在道德体验中体验者生成的新的德性和道德境界的实际变化，强调作为德性生成和道德境界变化之主体的体验者的实际感受。在体验者生态阅历的基础上，导引者与体验者、体验者与体验者之间相互诉说生态阅历及内心感悟，相互诱发和唤醒道德体验，生成新的德性，达成新的道德境界。这样一来，不同体验者之道德境界的多样性和差异性，就不仅具有了重要的诱发和唤醒价值，而且成为道德体验之诱发和唤醒线索的基本特征。导引者与体验者的交往关系也就成为诱发和唤醒体验者道德体验的重要线索。而道德规范知识只是作为生成新道德的历史遗产性线索、引子、媒介或素材，并不是不可逾越的律令。在道德体验教育实践中，就必须重视体验者自身及其与所处周围世界之间关系的结构和功能之总体特征。这就要求道德教育由封闭走向开放，由价值一元走向价值一元并多元，积极促进不同文化和道德之间的相互碰撞。

（七）深入到生活世界、自然之境和人性内部，考察道德教育存在的合理性及其魅力源头，凸显了“道

德智慧”在建构有魅力的道德教育中的基础性地位

书中指出，完整的道德教育应该是德智融通的，而不能分离；德智分离的道德教育，责权利就无法统一。以往的道德教育往往是一种德智分离的道德教育，是一种被动的、盲从的道德教育，是一种弱者的道德教育。这种道德教育往往导致行善的人不能保护自己，不敢创造，也不能承担责任。道德体验追求道德教育中的德智统一，仅就学校道德教育来看，它也应该有丰富而独特的学校文化生态，充分尊重和张扬师生个性人格。只有这样，它才是一种充满创造性的道德教育，是一种富有朝气的生机勃勃的道德教育，是使学生成为生活主人的道德教育。

（八）创立并验证了生态体验理论和实践模式，从根本上提升了道德教育的魅力和实效

生态体验模式创立于 20 世纪 80 年代，是针对人类重科技轻生态、重知识智力轻道德体验的时代问题，依据生态体验理论而建构的一种臻于美善和谐境界的生态化育模式。该模式通过体验式干预设计，创设富有价值引领和智慧激发的生态体验之境，凸显了教育的践履性、互惠共生性和享用性，具有原创性理论气质，实践操作流程清晰，简便易行，且显现为一体万相的实践形态，形成了一套实践操作体系。其基本模式（实践环节）是：聚焦真问题＋营造体验场＋全息沉浸＋生态位优化＋开放式对话＋体验之思与反思性理论提升＋实践延伸。其实践路径是：遵循活动、体验在先，领悟、反思提升在后的逻辑线索。实践着力点，一是挖掘校内外的元生态资源，将丰富多彩的元生态因子充分激活；二是充分调动类生态资源，引导代际的沟通、理解、感恩、互助；三是唤醒生态阅历等内生态资源，悬置既往，感受并承认生命的无限多样性，向自然、他人、族群及一切原来外在于自己的

生命开放。

导引者和体验者具身体验同一生态关系的结构性变动，交互提升，共臻于蓝海遨游的新境界，自觉超越夸美纽斯班级授课制的局限，彰显教育文化的亲近感和吸引力，在实践中取得显著的教育实效和社会效应。在导引者可见的实践环节的开展中，伴随着体验者内在的一系列变化，即入脑入心的内化过程，体验者生命样态得以优化，穿越生命云层。

（九）创生出一体万相的道德体验案例森林，探索汇聚生态多样性的道德体验教育实践案例大数据，形成国际原创学术品牌

每年的中国生态体验教育学术年会暨国际论坛现场，都有一百多块道德体验教育实践成果的展板，其中不少展板上有着这样的表达，稍作汇聚即："道德体验教育走进学生的心灵世界。""生态体验教育震撼师生心灵，感动师生生命。""生态体验教育让教师充满愉悦与幸福。""道德体验教育让家长和社会感受到立德树人的无限魅力。"这样的表达显示出在这些展板中所凝结的师生、亲子的生命感受，是他们生命样态的文化生态的结晶。生态体验理论指引下的道德体验教育研究与实践在中国全域和海外有成百上千个实验区和实验基地，已有亿万师生和家长及社会人士受益，且四十余年如一日紧扣立德树人目标，以研究促改革，以改革促发展，创造出生态多样性的成功实践范例。深度参加这一研究与实验的国家或地区，遍布海内外，举例如下：

生态体验教育国际学术委员会委员、英国皇家防止虐待动物协会（Royal Society for the Prevention of Cruelty to Animals，RSPCA）国际事务总监、英国皇家教育学院院士戴维·科根（David Coggan）和荣誉院士保罗·利特费尔（Paul Littlefair，中文名李博），

围绕“生态体验模式及其应用研究”、“生态体验德育案例与问题研究”、“生态体验下动物福利教育”、“生态体验式道德价值观陶养”等主题，在英国、韩国、新加坡等国家及我国台湾、香港等地，开展了十数年的持续深入的跨国、跨境合作研究和联合科学实验与实践探索，取得了世所公认的显著成效和丰厚成果。

在我国东部、中部、西部和东北四个经济发展带，所有省份及众多的市县区参与了持续的生态体验教育研究与实验。在扎实、精细、富有工匠精神的科学实验过程中，取得了显著成效，引起了社会各界和央媒的持续广泛关注，交口称赞。其研究成果丰硕厚重，品类繁多，形式丰富多彩，饱含原创性学术基因，具有前瞻性的学术引领价值，体现出学术研究与发展上的长远规划和战略定力，且不惧艰难困苦，持之以恒地坚持走原创学术和改革创新实践之路，创新并形成了不少的区域特色和学校文化生态品牌，且进入了联合国国际孔子文化节首届德育论坛、全国文科高校科学能力提升计划（国家百千万工程）平台建设联席会规划、教材建设及高级研修班、中华人民共和国国史学会教育发展委员会规划及教育部“1+X”重点项目，铸造形成了“生态体验教育学术年会暨国际论坛”、“北京国际生态体验教育博览会”等国际原创学术品牌和社会文化教育大品牌。这不仅给国内外生态体验教育实验区、实验基地和课题组实验教师提供了巨大的展示、体验平台，还给国内外多年来坚持践行生态体验理论和模式的教育行政管理部门、大中小学和幼儿园、生态体验式研学旅行社会机构等，提供了现场体认生态体验模式理论、展示相关生态创新成果的大平台和稀有机会。如此，探索、积累和汇聚成了具有生态多样性的道德体验教育实践案例大数据。

（十）构画出德育现代化的时代新方位，清晰描绘

了三重生态圆融互摄、优化生命样态的理想境界和现实路径

进入新时代，生态体验已成为德育现代化的时代新方位。党的十九大报告把生态文明提到“千年大计”的新高度，升维鸟瞰，战略性指引当代人走生态持续发展道路。习近平总书记指出：“人与自然是生命共同体，人类必须尊重自然、顺应自然、保护自然。”“当前，生态环境恶化已经成为全球面临的重大共同问题，推动生态文明建设是人类社会可持续发展的必然选择。人与自然和谐共生，是我们必须解决的课题。”“像对待生命一样对待生态环境，实行最严格的生态环境保护制度，形成绿色发展方式和生活方式，坚定走生产发展、生活富裕、生态良好的文明发展道路，建设美丽中国，为人民创造良好生产生活环境，为全球生态安全作出贡献。”为此，要让遵循自然律、促进人类社会生态协同发展，尽快成为全社会共识。而生态文明的最高境界，是三重生态圆融互摄、优化生命样态的生态体验之境。

在此新生态哲学观的高度，本书把生态体验描述为一种人类优化着的生产生活、生存发展境界和实践模式，即人在三重生态圆融互摄中所实现和体验到的那种平安健康、舒心润泽、靓丽灵动、可持续的生命存在状态与生存实践境界，这种生命状态和境界表现在日常的生产、生活、交往、表达当中，会出现令人羡慕的生命感召力。同时，生态体验显现在社会工作、教育方式上，则表现为一种震撼心灵、感动生命的生态化育模式。它从元生态、类生态和内生态圆融互摄的哲学观，自觉反思人类的生产生活、生存发展过程，系统思考和建构德育新体系。生态体验实践过程是通过体验式干预设计，创设富有价值引领、经验开悟、洞开生态智慧的化育情境，时代性超越枯燥说教模式，

深度彰显德育实践的亲近感、吸引力和感染力，创生出具有生态多样性的魅力化育样式。

综上所述，对于一名对自己生命成长抱有美好期待的读者，无论是从作为导引者需要道德体验活动设计和开展的视角，还是从作为体验者正在探索美好人生或追寻美善灵动的人格修养的角度，本书都给出了相应的理论顶层设计、实践模式和现实行进路线图。

第一章 生存实践的视界：道德体验论

升维鸟瞰，人类对宇宙万物演进法则和自身生命存在形态的认识与探索，还是很有限的。人类认识的有限性，成为其生命和文化道德存在演进的桎梏。人类越是以为自己的认识趋于成熟并形成封闭体系而忽视当下的开放性体验，就越是陷入无知和荒谬之中。老子有言："道可道，非常道。名可名，非常名。"① 为了更加贴近宇宙生态法则地健康持续生活下去，人类有必要返本归真，从生存实践的视界重新观察、思考和表达人类的生产方式、生活方式和文化教育方式。

第一节 生存实践视界下体验的凸显

从哲学上看，体验是人类的基本生存方式。体验是人类生存的基本问题之一。今天将体验问题提到中国道德教育的前台，在理论上主要是顺应中西方文化和道德教育哲学发展的大趋势，在实践上追求更加符合生态、生命和生活逻辑的道德教育。

如果说 20 世纪是科技理性占统治地位的时代，科技理性取得了巨大的胜利，那么，21 世纪则是一个体验的时代、生态的世纪。②

站在当代的视界反思，可以说自苏格拉底（Socrates，前 469—前 399）提出了"知识即美德"的命题之后，西方人就一直

① 《道德经》。

② 孙利天在《新华文摘》2001 年第 7 期撰文认为，从哲学上看，"21 世纪是体验的时代"。

相信通过逻辑的推理和引导，思维能接触到存在的最深处，不仅能够认识存在，而且还能够改变存在。而自柏拉图（Plato，前427—前347）以后的传统哲学，主要是近代哲学，主要以“理性”为基调，以“主体性”为原则，按照主客关系的思维模式，把认识事物的普遍本质作为哲学的最高任务。这种外在的、对象性的哲学观点实际上是以科学的态度和方法看待哲学、研究哲学。就连自文艺复兴以来至20世纪相当典型的两种“人道主义”，也“都从内心对我们认识从而驾驭我们的环境和命运的力量深信不疑。在这一意义上，我们必须承认：在文艺复兴时期对人的独立于任何超自然等级制或宇宙秩序的自由的庆典，启蒙时代对理性和理性力量的信仰，和我们当代的‘科学的’人道主义者所提倡的‘社会工程’之间，有一论题上的连续性，尽管在时间的流逝中它可能曾被歪曲”①。这样的哲学思想后来逐渐演化成为科学的本能：在对一切知识的占有欲的驱使下，科学一往无前，结果对生命力的美好感受和体验就被知识的辩证法、思想的助产术破坏以致遗忘了。人们对万物的本质不再是以生命去感受，去体验，而是借诸知识与认识去测量。②德国的弗里德里希·尼采（Friedrich Nietzsche，1844—1900）和马丁·海德格尔（Martin Heidegger，1889—1976）都有一个共同的看法：西方形而上学自苏格拉底以来就误入歧途。福柯（M. Foucault）则尖锐地指出：“在我们的时代，尼采又一次地预示了一段漫长旅程尽头的转折点。不过，这一次所断言的与其说是上帝的不存在或上帝的死亡，还不如说是人的终结（那个确定的、微妙的替换，那个以同一性形式表现的回归，就是人的有限性成为他的终结的理由）。很明显，上帝之死与终结的人在进行多回合的争斗：不正是那个终结的人宣告说他杀死了上帝，因而以他的语言、他的思想、他的笑声占据了已死的上帝的空间，并且还把他自己当作那个杀死了上帝并自由地选择了这一杀戮行动的人吗？所

① [英] 凯蒂·索珀著，廖申白、杨清荣译：《人道主义与反人道主义》，华夏出版社1999年版，第11页。

② 刘小枫著：《诗化哲学——德国浪漫美学传统》，山东文艺出版社1986年版，第126页。

以，人的终结既迟于又早于上帝之死：既然他杀死了上帝，那么就必然是他自己造成了自身的有限性；然而既然他是通过上帝之死才说话、思考及生存的，那么他的杀戮本身就注定了死亡，新的东西，同样的神，已经浮出未来之海。”① 于是，当代人不得不反复追问：知识、科学是否能解决人生问题，是否能提供生存的意义和合理性？是否有了知识就有了美德？

从某种意义上说，也许正是由于自苏格拉底以来的求知欲和逻辑理性占据了西方精神，所以追求生命的本体就不但要超越科学的思维方式，也要超越历史而返归人类太初的质朴。怀特海在《思想方式》一书中指出：“哲学更接近于诗，二者都寻求表达那种对终极之善的感受，即我们所称的文明。”以此标准来衡量，在西方文献中有四位伟大的思想家——柏拉图、亚里士多德（Aristotle，前384—前322）、莱布尼茨和威廉·詹姆斯，他们对思想文明的贡献主要不是在于哲学系统化的工作，而在于哲学“汇聚”的成就。其中詹姆斯作为本质上的现代人，他的思想的关键在于对当前观念的无与伦比的敏锐感觉，他通过旅游、与领导人的私人关系，以及自己的各种研究了解他所生活的世界。与其说他是在系统化，毋宁说他是在“汇聚”，他的理性生活“反对在对体系的兴趣中漠视经验，他直觉地发现了现代逻辑仍在努力解决的伟大真理”。在哲学的两个基本方面中，系统化是通过源于科学专业化的方法而进行的普遍性的批判，它预设了一个原初观念的封闭集合；另一方面哲学是一些广义的、具有充分普遍性的概念活动。这后一种思想习惯“正是文明的本质，它就是文明本身”。②

随着自然科学突飞猛进的发展以及科学哲学的兴起，自然的存在论及实在论问题，基本上已经得到了妥善的解决。马克思（Karl Marx，1818—1883）主义哲学的诞生，则有效地解决了社会实在论的问题。可以说，思维与存在的关系问题，在20世纪虽不能说

---

① 转引自［英］凯蒂·索珀著，廖申白、杨清荣译：《人道主义与反人道主义》，华夏出版社1999年版，第8页。

② ［英］阿尔弗莱德·怀特海著，韩东辉、李红译：《思想方式》，华夏出版社1999年版，“原序一”第6—7页。

已经完全解决，但至少已有了很好的解决基础。然而，有限与无限的关系问题，尚未得到有效的解决。自古以来，人一直在追寻着对人之为人的意义和价值的领悟，只有如此人才能够心安理得地生活下去。然而，西方现代人面临一个普遍技术化的世界，深深感到人的自我失去了实在性，他们为人的意识的分裂日益加深而感到极大的苦恼，感性个体如今生活在一个与他自己认为格格不入的宇宙之中。真实的“我”被绑在时间的转轮上，驱向死亡之乡，而个人在时间之流中把握不到肯定的东西，把握不到那直接处于自我来设定的生存的信念。人们越来越发现自己并不了解自己。“我是谁”、“我为什么活着”、“我存在吗”的问题缠绕着每一个现代西方人。人作为感性个体，感到或者说正是由于感到时间的驱迫、生命的短暂，才拼命地追求价值生成。于是，时间中的自我拼命挣扎，企图通过瞬息的生存价值的创造，通过一种刹那间对真谛的领悟，来超越时间。

在这样的时代背景下，西方哲学将体验问题提到了人类生存的前台。一反以往以线性思维为特征的本质主义和逻辑主义的哲学基础，哲人们对实际生活和现实世界的积极兴趣愈来愈强烈。19 世纪下半叶至 20 世纪初，以德国为先导，西方现代哲学发生了一次重大的转变，它试图把感性个体的生存性从纯粹思辨的领域中解放出来，形成了从叔本华（Arthur Schopenhauer，1788—1860）直到狄尔泰（W. Dilthey，1833—1911）、西梅尔（G. Simmel，1858—1918）的生命体验哲学的强大冲击力量，并出现了一股激烈反抗笛卡儿（René Descartes，1596—1650）、康德（I. Kant，1724—1804）和黑格尔（G. W. F. Hegel，1770—1831）的思潮，哲学之思从抽象的概念领域一下子转向生存、生活、生命、体验。费尔巴哈（Ludwig Andreas Feuerbach，1804—1872）把笛卡儿的自我思维的哲学称为“旧哲学”而予以否弃。他领悟到人并不仅是个思维的东西，而更多的是一个真实的、有情感的动物，而旧文化哲学的思维总是与人的感性相矛盾、相冲突的。因此，新的文化哲学必须重视感性的实存，感性就是完善。身处绝对理性时代，由于其生存处境的不利，叔本华深深感受到生存意志在现实世界中所面临的处处碰壁的遭遇，感悟到人生就是在痛苦和无聊之间来回摆动。而要摆脱这种生的意志的纠缠，他提出一种具有浓厚的“体验”韵味的“无”的文化观点。① 这为后来的海德格尔、萨特留下了巨大的精神财富。任何一个人的文化哲学本身，可能就是他的生存处境和生存体验的结晶，这一点在叔本华身上表现得尤为明显。当他身处不利境遇的时候，其思想就显得消极一些或反叛一些；而当他身处良好生活境遇的时候，其思想则透射出一种积极性，一种坚定性，一种阳光感，一种引领生命向往并勇敢面对未来美好生活与幻想的色彩。在晚期的生存处境变得得意之后，叔本华的生活体验及哲学思想就表现出一种新的生机。尼采意识到传统道德过分相信物理学的定理和结论而否定生命，否定本能，扼杀了人的探索精神和创造特性，“通过编造群氓借以生长的种种德行”。于是以“权力意志”范畴替代“求生意志”，探寻人生的新意义。② 他提醒人类学会用新的视界重新看世界，洞悉人是“一种应该被超越的东西”，“创造一个比我们自己更高的本质即是我们的本质。超越我们自身!”他诉说体验道：“真的，我的朋友，我漫步在人中间，如同漫步在人的碎片的断肢中间！……我的目光从今天望到过去，发现比比皆是：碎片、断肢和可怕的偶然——可是没有人!”他的“超人”说主张“人道”应该有着丰富的人生体验，把“人类的一切最古最新事物，一切损失、希望、征服、凯旋，都纳入他的灵魂；这一切终于都齐备于一颗心灵，凝聚为一种感情：——这必将生出一种幸福，人前所未知的幸福，——一种充满力和爱、泪和笑的神圣幸福……这神圣的感情才叫做——人道!”他甚至喊出“上帝死了”的呼号，试图把每一个人的命运都交付到他自己的手中，即敢于做“上帝”。尼采体验到生命的意义不在于活得长久，而在于活得伟大，活得高贵，活得有气魄，活得有爱。③ 但是，尼采在夸大人的生活的价值、意义成分的同时，又抹杀了其中的理性、科学的成分，陷于另一种片面性之中。柏格森（Henri Bergson，1859—

① [德] 叔本华著，石冲白译：《作为意志和表象的世界》，商务印书馆 1982 年版。

② [德] 尼采著，程志民译：《善恶之彼岸——未来的一个哲学序曲》，华夏出版社 2000 年版，第 14 页。

③ [德] 尼采著，熊希伟译：《悲剧的诞生》，华龄出版社 1996 年版。

1941）从心理主义的角度，从“经验”的意义上探索到体验。他的做法是通过把自我从瞬间的生存中解放出来并使其归纳到想象中去，而成为一种内在论的自我经验。他的直观主义使人们看到许多体验的结构，他把生命理解为最强的深化内在经验。对他来说，生命文化就是获得通往深层之我的“信道”，通过把过去引进来，认识和决定就在自我经验中相遇。他还把体验的立场同生物的生命问题联系在一起。但是柏格森的“自我经验”基本上是消极的，这样，直观仅仅是释放过去的推动力罢了。① 詹姆斯与柏格森的不同之处，在于他从“自我经验”的意义上涉及体验时，强调未来比过去重要，期待比回忆重要。人在期待和实现期待的生命中了解自己。詹姆斯方案的局限在于，不能从人的行为的后果中了解这个人的全部。② 狄尔泰批评“康德的先验性是死板的”，也不满黑格尔的“客观精神”是“在假设的基础上建立这一概念的”。他们都是从普遍的理性意志建立共同性。狄尔泰以“生命体验”为主题，尝试建立以“理解”为核心的“精神科学”。他把人带入生活世界去理解生活的本质，解释生活的意义，体验人的存在价值。狄尔泰的“人的精神生活世界”是一种非理性的心灵体验。“精神科学”不同于自然科学探寻普遍的、规律性的自然法则的确定性，而是要通过历史个体的内心体验，对各种特殊、具体的生活现象及事实的意义作出解释。体验中的生命始终意味着是“体验情况”。他引入“历史性”概念，认为解释生活和生命，不能是一种平面的直观，而必须是一种全息的透影，必须形成一种圈状的解释方法，即“解释圈”，从而把人类生活置于坚实的历史基石之上。狄尔泰的“生命”概念对“自我体验”来说是作为柏格森和詹姆斯的综合体。但是，狄尔泰最后仍然局限在了认识论的范围以内，把世界分为两个世界：一个物理世界，一个精神世界；前者是人类心灵外面的世界，

① ［法］昂利・柏格森著，肖聿译：《创造进化论》，华夏出版社 2000 年版；［德］费迪南・费尔曼著，李健鸣译：《生命哲学》，华夏出版社 2000 年版，第 117—118、157—158页。

② ［德］费迪南・费尔曼著，李健鸣译：《生命哲学》，华夏出版社 2000 年版，第 118—119 页。

后者则是人类心灵的世界。狄尔泰把体验搞成了单方面主观的神秘性东西。为了回答追问，他又跌入把理解归之于科学理解的传统解释学范式之中，试图把体验客观化。①

西梅尔完成了针对柏格森、詹姆斯和狄尔泰的三种自我经验类型的体验研究的决定性转变。西梅尔的自我体验过程是由外向内，从符号到体验。这就意味着同内在经验的优先地位进行决裂。西梅尔以“同钱打交道”为典型例子，试图在想象中把个人的同一性同很精确的感受联系在一起。但西梅尔的同一性模式也有一个缺陷，那就是他用艺术性人格的例子片面地发展他的自我体验理论。他的人格概念具有明显的精华特点，这一概念主要是以一些杰出的、具有创造力的人为方向，而不可能成为每个人的自我发展的榜样。②舍勒（M. Scheler，1874—1928）超越了先验的唯一论的本质直观，从现实的角度把本质直观看作是直觉地接受“预给的”结构关系，从而把本质直观扩展到感情体验的领域。他把“生命的哲学”理解为一种“产生于生命各种体验的文化”，强调所有的事情都是变化的过程、生命的体验层面，从而通过“作为最深的和创造性的行为的自我体验来直接开发”世界的全部。生命文化是一条摆脱机械性的狭隘概念的道路，是通往直觉的本质观点的“辽阔花园”，在这些直觉的本质观点中欧洲人遇到了自我和上帝。在其主要作品《伦理学中的形式主义和实质价值伦理学》一书中，舍勒对“现象学观点”所达到的高度与胡塞尔（Edmund Husserl，1859—1938）同生命文化的基本原则认同的高度是一样的。舍勒放弃了笛卡儿主义，转向现实个人的感情生活。在取得大学教授资格的论文《先验的和心理的方法》中，舍勒把生命看作是最原始的现象，其现象性不仅仅来自内心的感知。十年以后，在《自我认识的偶像》一文

① 邹进著：《现代德国文化教育学》，山西教育出版社 1992 年版；［德］加达默尔著，洪汉鼎译：《真理与方法——哲学诠释学的基本特征》，上海译文出版社 1999 年版；李超杰著：《理解生命——狄尔泰哲学引论》，中央编译出版社 1994 年版；韩震著：《西方历史哲学导论》，山东人民出版社 1992 年版。

② ［德］费迪南·费尔曼著，李健鸣译：《生命哲学》，华夏出版社 2000 年版，第 119—120 页。

中，舍勒反对笛卡儿提出的有关内心的感知重证据的理论，同时也反对要求意识范畴有欺骗自由的胡塞尔。舍勒坚信，生命不仅在生理上，而且首先也在心理上是作为体验形式成为一种“不可转换的原始现象”。①

综上所述，西方文化从哲学、心理学和“经验”的意义上，已经逐渐领悟到生存和体验对于人的生命和自我经验的重要性，基本上冲垮了近代理性主义哲学的堤坝，使“个人”、“存在”、“生存”、“体验”、“理解”、“意义”、“生成”等概念跃上文化哲学的前台，②并开始从不同的角度尝试揭示体验对人的生存的价值和意义。

第二节　西方文化中体验的离析

在上述哲学转向中，狄尔泰、胡塞尔、海德格尔等人对时间、体验的沉思和追问，引发了西方和世界范围深入持久的哲学、美学和伦理学的大讨论，使时间和体验问题在人类的生存和每一个人的具体生存实践中空前凸显出来。既然人的生存性就是时间性，那么，要超越时间就必然要求人**借助体验去把握自己的当下存在和生存意义**，促使感性的有限生命努力把握住有限时间，去创造、充实有限人生的无限价值和意义。

胡塞尔的“现象学”与黑格尔和皮尔斯的现象学以及休谟的现象主义相反，它力求揭示“物自体”，即直接呈现于经验中的现象，它先于且独立于“自然主义观点”的假设，即现代科学的结论。以《逻辑研究》为起点，经过《笛卡儿的沉思》和《欧洲科学的危机与超验现象学》，胡塞尔建构出一种“超验现象学”。他早年的出发点是“以现象学还原”的方法和意向性理论为核心，从批判理性入手，试图拯救理性。但他在精致的哲学运思中体验到：人类的世界

① ［德］费迪南·费尔曼著，李健鸣译：《生命哲学》，华夏出版社 2000 年版，第 155、156—157、159、160 页。

② 张曙光著：《生存哲学——走向本真的存在》，云南人民出版社 2001 年版，第 91 页。

观被实证科学支配了，关注人生问题的理性主义传统遭到了破坏；自古希腊之后畸变出来的“物理主义”把人类的思考引向歧途。为了扭转这种局面，胡塞尔一生几乎是在远离人世、不食人间烟火的状态下沉思和领悟，发动了一场针对现代科学和技术崇拜的欧洲哲学最伟大的反攻。① 他首先“悬置”自己已有的思想观念，而“面向事情本身”进行直观，结果感悟到：世界是一种“流”，一种“现象流”，而不是外在的、强制的、提前设定本质的存在。晚年，胡塞尔更是明确地回归“日常生活世界”，并把它看成把握人的生存的根基性问题。这就为人的活生生的经验以至体验打开了广阔的可能性空间。在这里，“事物本身处于直观之中，是可主体际地被我们实际经验和检验的东西”。人通过生活世界，通过“直观经验”获得“亲知”，走出科学世界之不可亲知的误区。“主体间性”的思想，是一种独具慧眼的体验之思，感悟到“人类理性”不能被简单抛弃。通过深刻的体验之思，胡塞尔充分暴露了近代理性主义的困境与尴尬，这为突破笛卡儿单子性的自我主体性原则的限制，寻求一种对当下的我的自我和所有的自我普适性的原理，打开了一个信道。② 最后，他指出，应当从“教诲”的思路转向“引导”，只描述自己“看到的东西”和实际的感受。胡塞尔力图尽自己的知识和良心面对自己和大家实事求是地讲话。他把“赤诚地为文化生存的命运而献身”看成自己的“唯一愿望”。胡塞尔的思想后来得到了海德格尔和德里达的批判性继承与发展，从而形成了一条独特的发展路线，为体验敞开了一扇大门。在当代，范梅南（Max van Manen）干脆认为“现象学是对生活世界的研究……在于获得对我们日常生活体验的本性或意义更深刻的理解”，并把“生活世界”与“生活体验世界”画等号。他说：“生活世界（lifeworld），即我们的生活体验世界，既是现象学研究的来源，又是现象学研究的对象。”他还提醒说：“若要对为人父母或教学的生活体验进行研究，

① ［美］劳伦斯·卡弘著，冯克利译：《哲学的终结》，江苏人民出版社 2001 年版，第 317—318 页。

② ［德］胡塞尔著，张庆熊译：《欧洲科学危机和超验现象学》，上海译文出版社 1988 年版。

我们就必须对这一问题的意义进行认真的思考。……教育的意义必须到教育的实际生活中去寻找……我们需要在生活世界的方方面面中去寻找生活体验的原材料，并对之进行反省和检查，这样一来，就有可能获得其根本特点的某些意义。”①

作为20世纪最有影响的西方哲学家之一，维特根斯坦（Ludwig Wittgenstein，1889—1951）领悟到世界和生活是“不可言说”的，它们只展示自己，无法形诸文字。② 他继承了康德把知识与伦理学或宗教二分的思想，又吸取了叔本华把可能的知识和呈现同无自体的关系描述为在人类的个体中相遇的两个世界或领域之间关系的思想，限制了等同于客观性和科学的能够“言说”的“知识”的领地，为不能言说的留出空间，即为“体验”和“信仰”留出了地盘。③他甚至断言：“我的整个倾向，而且我相信所有那些试图写作或谈论伦理学或宗教的人的倾向，就是跨过语言的边界。……伦理学不会从任何意义上增加我们的知识。然而它是人类精神中的一种倾向，我本人对它只能抱着深深的敬意。”④ 1919年，在写给费克尔的信中，维特根斯坦谈到他尚未出版的《逻辑哲学论》一书的内容时，进一步阐明：“（对伦理学）今天许多人正在唠叨个不停的许多事情，我在自己的书中仍然对它们保持着沉默。”⑤ 在其《哲学研究》一书中深刻反思了“理想的人工语言”的缺陷，提出放弃“科学语言”。他认为日常语言在表面的含混中透射出意义。在1916年的笔记中，他写道：

> 我知道世界存在。
> 我身处其中，就像我的眼睛处在其视野中。

---

① ［加］马克斯·范梅南著，宋广文等译：《生活体验研究——人文科学视野中的教育学》，教育科学出版社2003年版，第11、65页。

②③ Ludwig Wittgenstein，*Tractatus Logico-Philosophicus*. London：Routledge，1961，p. 522，p. 53.

④ Ludwig Wittgenstein，Lecture on Ethics. *The Philosophical Review*，Vol. 74，No. 1，1965.

⑤ Ray Monk，*Ludwig Wittgenstein*：*The Duty of Genius*. New York：The Free Press，1960，p. 178.

关于它存在着一些有问题的东西，我们称之为意义。

这种意义并不在它之中而是在它之外。

生命就是这个世界。

我的意志渗透在这个世界。

我的意志是善或恶。

因此善和恶是与这个世界的意义联系在一起的。

生命的意义，即世界的意义，我们能够称为上帝……①

维特根斯坦最后领悟到，“凡是我们不能言说的，我们必须沉默地走开”②。在《数学基础评论》中，他指出时代和哲学的疾病要用“改变人类的生活方式”、“改变人类的思维方式和生活方式”的方法来治愈。当人类内在于“生活形式”之中并发生体验时，就有可能寻找到自己的“家园”，一个“安宁的家”。③

海德格尔将自己的文化哲学定位在对“存在”的领悟。尽管他承认胡塞尔的《逻辑研究》奠定了现象学的基础，但他对现象学有了自己新的领悟。在《存在与时间》中，海德格尔通过回到古希腊思想思考实存（sein）的意义，重新阐释现象学。对于康德的《纯粹理性批判》和黑格尔的《精神现象学》而言，它有所超越，让人“活”起来，成为一种敞开性的、具有无限可能性的存在。在《论根据的本质》和《论真理的本质》两文中，海德格尔反复阐发了“敞开状态”、“敞开之境”，并认为这是人的自由的真谛：向着敞开之境的可敞开者的自由让存在者成其所是。于是，自由便自行揭示为让存在者存在。在20世纪30年代的哲学“转向”中，海德格尔只是从前期对“存在的意义”的关注转到后期对“存在的真理”的揭示，其哲学的内核仍是“存在”。海德格尔以其深邃的领悟，超

① Ludwig Wittgenstein, *Notebooks*: *1914—1916*. London: University of Chicago Press, 1958, pp. 72-73.

② Ludwig Wittgenstein, *Tractatus Logico-Philosophicus*. London: Routledge, 1961, p. 7.

③ 尚志英著：《寻找家园——多维视野中的维特根斯坦语言文化》，人民出版社1992年版，第203、198、204页。

越了胡塞尔念念不忘的“主体性”，而致力于解释人的存在方式如何规定人的存在。如此，哲学就从“根基”上突出了人的生存问题。“此在的‘本质’在于它的生存”，“这种存在者的‘本质’在于它去存在”，去领悟。“此在是这样一种存在者：它在**其存在中有所领会的**对这一存在有所作为。这一点提示出了形式上的生存概念。此在生存着，另外此在又是我自己向来所是的那个存在者。生存着的此在包含有向来我属性，那是本真状态与非本真状态之所以可能的条件。”对胡塞尔“主体间性”和康德“人是目的”范畴的超越在于，放手，解放他人，而不再是越俎代庖或控制他人。超越对象之知，进入在又不在的存在之思态即体验状态，从而从根本上否弃了既定文化和道德，为体验论、生存论开辟了道路。经过现象学还原后，海德格尔发现人“向死亡存在”，在生存活动中就展现为时间性，意味着时间性的统一到时：过去、将来、现在的共同到时。在时间流中，此在的存在不仅是将来的存在，同时也是当前的存在。本真的当前并不是转瞬即逝的时间点，它恰恰是一种持存：曾在、将来与当前一起到时，一起存在，一同在场。而这一切都由领悟发生。时间性的到时意味着视界的展开与融合。如此，人生就不再是一个由生到死的衰老过程，而是生命的展开与丰富。历史也才不是可有可无的东西，而是每个此在能够且必须从中汲取存在力量的源泉：与历史的视界融合，从而展开和丰富自己的生活。这必然带来一种不同于以前的关于人的“本质的看法，人是在体验中生存”。①

从卢梭（Jean-Jacques Rousseau，1712—1778）开始，一些法国学者逐渐摆脱了德国学者在一定程度上游离于世俗生活之外的风格，而更注重现实生活的体验。萨特对人和世界的领悟颇具代表性。他对自由、选择、责任研究了一生，在弥留之际，深刻领悟到人的存在的历史图景：对我来说，不存在先验的（a priori）的本性；所以人是什么，还没有得到确定。我们都不是完整的人。我们

① 主要参考［德］海德格尔著，陈嘉映、王庆节译：《存在与时间》，生活·读书·新知三联书店 1987 年版；［德］海德格尔著，孙周兴译：《林中路》，上海译文出版社 1997 年版；孙周兴选编：《海德格尔选集》（上、下卷），上海三联书店 1996 年版。

都是在努力斗争以期达到人的关系和人的定义的存在。我们寻求像人一样在一起生活，并且寻求成为人。等到人真实地、完全地存在的时候，那么他和同时代人的关系以及他独自存在的方式，就可能是我们可以称作人道主义的目的了。在这里，民主，在我看来不仅是一种权力的政治形式或者授予权力的政治形式，而且是一种生活，一种生活方式。

加达默尔（Hans-Georg Gadamer，1900—2002）在其解释学中也透射出体验的思想。在加达默尔那里，解释学真正实现了从方法论向本体论的转变，由关注作品（文本）转向关注人的存在，由关注人文科学的知识转向关注人生的意义。并通过揭示人与历史、人与语言、人与世界、人与自身的关系的形式，真正参与、融入到人的生活世界和感性个体的体验之中。在加达默尔的老师海德格尔那里，文化哲学完成了从认识论向存在论的转向，把此在的人从一个认识主体变成了一个具体的人的存在，也把“理解”从“理论—认识”的框架下解放出来，变成“实践—情感”的体验。理解即体验就不只是人类意识或认识的一种活动，而是人类在历史性和有限性的生活中，不断超越自身当下存在的一种基本形式，即人类存在的基本形式。理解就是去思，在思中，人就在生存论意义上实现了他“在其能在中尚不是的东西”，即此在的人通过领会及其筹划性质获得他的建构，“成为你所是的”人。加达默尔在这种存在论意义上展开其领悟。在《真理与方法》中，加达默尔以一种不同于实证科学的新视野重新观照人，开始了对科学时代人的生存状态的一种深度反思。他敏锐地领悟到理性方法论时代“真理”与“方法”之间的逻辑误置，尝试把“真理”与“方法”分离开来，突破狭隘的实证意义上的真理观。“我们一般所探究的不仅是科学及其经验方式的问题，我们所探究的是人的世界经验和生活实践的问题。”他反对把人文科学“科学化”的倾向。与狄尔泰把“前见”看成需要克服的东西以求达到“客观性”不同，加达默尔主张“前见”不仅不是我们理解的消极因素或障碍，反而是一切理解的创造性基础。我们的前见并非使我们与过去相分离，而是使过去开始向我们开放，它们是使与人的有限性相吻合的历史理解得以进行的积极条件，即“视界融合”。“视界”概念本质上就属于处境概念。具有视界就意味着，不局限于近在眼前的东西，而能够超出这种东西向外去观看。而我们为了能这样把自身置入一种处境里，我们总是必须已经具有一种视界。这样一种自身置入，总是意味着向一个更高的普遍性的提升。“视界”这一概念本身就表示了进行理解的人必须要有的卓越的宽广视界。获得一个视界，这总是意味着，我们学会了超出近在咫尺的东西去观看，但这不是为了避而不见这种东西，而是为了在一个更大的整体中按照一个更正确的尺度去更好地观看这种东西。① 针对近代哲学解释学对“实践”范畴的片面性理解，加达默尔尝试回归亚里士多德的“实践哲学”，并且返本开新。他说：受现代科学的客观化方法所支配——这是19世纪解释学和历史学的本质特征——在我们看来，乃是某种错误的客观化倾向的结果。这种情况持续的结果，使得由亚里士多德所确立的实践哲学逐渐失去其合法性。亚里士多德曾提出三种“知”：实践之知（伦理之知）、科学之知（理论之知）和技术之知。实践之知的应用不是像后两者那样把一些固定的原理、规则运用于对象——它是在实践行为中实现自己。应特别注意的是实践之知和技术之知的区别。前者不是基于专门能力的生产行为，而是指根据伦理之知在具体的生活实践中自由选择生活可能性的生存行为。这也正是作为实践哲学对象的实践。而这个领域恰恰是我们最基本的生存领域。实践哲学肯定了这个领域的合法性。但近代自然科学的出现改变了这一切，人们遗忘了亚里士多德的实践之知而只剩下科学之知，而科学之知和它的对象是可以分开的。于是，实践概念也发生了变化，它是以把自然科学的原理运用于实践或转化为生产技术为模式的。这种“实践”概念实际上更接近于亚里士多德意义上的技术或生产。如此一来，实践和人的生活、生命就发生了分裂。以此种实践为对象的传统解释学也就远离了人的生命，远离了生活，远离了体验，和人的生存关系不大了。越是到其生命的晚期，加达默尔越是关注实

①［德］加达默尔著，洪汉鼎译：《真理与方法——哲学诠释学的基本特征》，上海译文出版社1999年版，第391—393页。

践问题、生活问题、体验问题。加达默尔认为解释学是哲学，而且是作为实践哲学的哲学，实践哲学就是一种反思，亦即对人类生活形态所是的东西的反思。只有这种实践才是社会理性的条件和基础，才能向我们展示真理，展示“生活世界”的科学。他在其后期著作中反复强调这种思想，认为唯有如此，一种胡塞尔意义上的生活世界的科学，一种处于路途之中的对话，一种在对话过程中人类共同体的团结，才有可能实现。一句话，作为实践的解释学才是最终走向的“真理家园”。实践哲学的理想就是要追求一种完美的人生、善、幸福和真理。加达默尔极力捍卫实践哲学、生活哲学的合法性，这实际上是对技术时代的抗议。和胡塞尔一样，加达默尔用“生活世界”这一概念对抗实证主义的科学观念，以实践理性与科学理性相抗衡，并借此向人们展示出一种美好的前景、一种美好的可能生活。在《真理与方法——哲学诠释学的基本特征》中有一段意味深长的话：“理解的现象不仅遍及人类世界的一切方面，而且在科学范围内也有一种独立的有效性，并反对任何想把它归为一种科学方法的企图。本书探究的出发点在于这样一种对抗，即在现代科学范围内抵制对科学方法的普遍要求。因此本书所关注的是，在经验所及并且可以追问其合法性的一切地方，去探寻那种超出科学方法论控制范围的对真理的经验。这样，精神科学就与那些处于科学之外的种种经验方式接近了，即与哲学的经验、艺术的经验和历史本身的经验接近了，所有这些都是那些不能用科学方法论手段加以证实的真理借以显示自身的经验方式。”①

继马克思对“绝对真理幻想”批判之后，后现代主义进一步对西方传统的思维方式，尤其是“本质主义”的形而上学思维方式进行了深入的批判，将人们从形形色色的“先验、自明的”“公理”、“原则”和“绝对”中解放出来。后现代哲学对“给定”概念的放弃，昭示了一个真理，即任何“给定”的东西都是有限的，无限的东西不可能是“给定”的。传统形而上学作为无限之物给出的“本

① 主要参考［德］加达默尔著，洪汉鼎译：《真理与方法——哲学诠释学的基本特征》，上海译文出版社 1999 年版。

质”、“主体”、“客体”、“根据”、“基础”、“原理”，在其根底上都是有限之物，都是人类特定认识阶段的产物。因此，以往形而上学“以有限冒充无限的游戏”可以休矣。同样，人们视有限为无限的错误也不应一犯再犯了。后现代主义在向旧的思维方式挑战的同时，提出了一种新的思维方式，为人们提供了一种看世界的新视角。后现代主义对多样性、差异、非连续性和开放性的强调拓宽了我们人类思维的苍穹。日本学者大峰显在在评价海德格尔的时候谈到，他重新想到了哲学思维本应担当的原始而朴素的任务，即尽可能从广阔的视野来考虑问题。与现代主义哲学一门心思追寻事物的所谓“深层本质”相比，后现代主义哲学则对现代主义无暇旁顾或不屑一顾的事物的现象和表面给予了更多的注意，也就是将事物的表面现象从现代主义的简单化的对待中解放出来，使之“复杂化了”，指出真正的本质就存在于现象之中，真正的深层就寄寓于表面之中。比起杰姆逊来，《梅洛-庞蒂以来的哲学与非哲学》一书的编者讲得更具辩证思想，发人深思：“当代大陆（指的是欧洲大陆——引者注）哲学审视事物的表面，是为了更深地进入它们的深层存在。”①

后现代思维方式在扩展我们的视野方面给我们的重要启示就是，现实（包括人自身这个现实）远比人们以前所想象的要复杂，语言、思想与现实的关系远不像人们以前所想象的那样简单，真假概念、理性与非理性概念远不是单一的、确定的，而是复杂的、多层面的，甚至是混沌的。后现代思想否弃笛卡儿“自明的我思”，主张将思想看作是进一步产生复杂性的而不是自明性的东西。这一点从福柯与康德对“蜘蛛结网故事”的不同讲述中便得到领悟。康德赞美蜘蛛般的人的心灵织结它的世界之网的能力。对于康德，经验地看，蜘蛛可能显得是依赖于自己所织之网的；但超验地看，蜘蛛网之所以是可能的完全是因为它是蜘蛛的创造。而对于福柯，经验地讲，蜘蛛网对于蜘蛛来说可以显得是一种自由的创造和设计，

① 转引自王治河著：《扑朔迷离的游戏——后现代哲学思潮研究》，社会科学文献出版社 1998 年版，第 28 页。

它结网捕捉它的受害者；然而从一个超验的角度看，蜘蛛网可以被看作是一座最有成效的“监狱”，不是蜘蛛的受害者的监狱，而是蜘蛛自己的监狱。这监狱使蜘蛛身陷囹圄，没有它，蜘蛛便不能生活，或者甚至不能知道是否有什么东西存在于这精妙的实体的时空之外。事实上，福柯一生关心的是人，是人的自由，他要把人从形形色色的奴役和束缚（包括“真理”的奴役和束缚）中解放出来。从这个意义上说，后现代主义是一种关于人的解放的学说，是对资本主义奴役和不自由的控诉。① 事实上，人类在利用科学试图创造一个文化的世界的同时，恰恰将自己的视野也封住了，使他看不到人类文化以外的更加广阔的世界。而且，人类误以为他可以把自己所认识的这个世界的图景教授给他的后代，使他们在前辈的基础上更好地认识世界，殊不知他恰恰以此方式又封住了后代的视野。

文化和哲学领域的这种新领悟，也得到了以确定性为其特征的科学的自我反思和批判的支持。挑战牛顿式的决定论的革命，是由科学本身开始的，而且早在1960年之前就开始了。以1905年爱因斯坦（Albert Einstein，1879—1955）的“狭义相对论”的发表为标志，科学开始向人们提供一套新的思维观念。在爱因斯坦看来，既没有绝对的运动，也没有绝对的时间与空间。1927年，海森堡（W. K. Heisenberg，1901—1976）的不确定性原理②的提出，进一步揭示了一个实际上是混乱的自然，同时也显示出人类认识自然的能力的有限性。这就使构成经典力学基础的概念“被深刻地改变了”。其中，客观性概念和因果概念最先受到冲击。因为在经典观点中，唯一的“客观”描述是照系统原样对系统进行完整描述，而和怎样观察它的选择无关。科学家们原先受到纯粹性偏见的影响，认为事实必然可以完完全全地加以预测。作为海森堡不确定性原理的一种推广的玻尔的互补性原理，进一步冲击了这种传统的决定论

① 王治河著：《扑朔迷离的游戏——后现代哲学思潮研究》，社会科学文献出版社1998年版，第29—30页。

② 可以集中表述为：“一个运动粒子的位置和它的动量不可被同时确定。”

的世界观，动摇了人的自信。① 从互补性原理学到的真正教训，在于强调现实的丰富性，它超过了任何单一的语言，任何单一的逻辑结构。每一种语言所能表达的只是实在的一部分。数学家哥德尔（Kurt Godel，1906—1978）于1931年提出的“不完全性定理”则进一步推进了这一认识。按照哥德尔的定理，人类建立的每一数学体系都注定是不完全的。由于数学内部有无法解决的难题，所以它将永远无法尽善尽美。在巴瑞德看来，哥德尔的发现的意义并不仅仅在于告诉我们数学知识永无止境，而在于它使人们意识到，就在毕达哥拉斯以降被视为知识楷模的数学都无法达到它的基石②，那么人类就更不可能在其他方面达到这一点了。而没有基石这一事实又意味着数学家永远无法证明数学的统一性和一致性。③ 现代自然科学所揭示的现实事物的相对性、非确定性、不完全性，暗中破坏了人们旧有的确定性的世界观，从而使体验的价值得到彰显。因为力学和数学是近代哲学赖以建立的两大科学支柱，而现在这两大支柱倾斜了，旧的世界观便失去了科学依托。

美国著名未来学家阿尔温·托夫勒（Alvin Toffler）在其著作《未来的冲击》一书中预言：来自消费者的压力和希望经济继续上升的人的压力将推动技术社会朝着未来体验生产的方向发展；服务业最终会超过制造业，体验生产又会超过服务业；某些行业的革命会扩展，使得它们的独家产品不是粗制滥造的商品，甚至也不是一般性的服务，而是预先安排好了的“体验”。体验工业可能会成为超工业化的支柱之一，甚至成为服务之后经济的基础。④ 约瑟夫·派因（B. Joseph Pine Ⅱ）与詹姆斯·吉尔摩（James H. Gilmore）

① 根据玻尔的互补性原理，我们能测量坐标或变量，但不能同时测量这两者。没有一种理论语言能把一个系统的物理内容表达无遗。各种可能的语言和对系统的各种可能的观点可以是互补的。对同一实在的观点的不可还原的多样性意味着那种可以看到整个实在的神目观的彻底破产。

② 即完整无缺的体系。

③ 王治河著：《扑朔迷离的游戏——后现代哲学思潮研究》，社会科学文献出版社1998年版，第21—23、26页。

④ ［美］阿尔温·托夫勒著，孟广均等译：《未来的冲击》，中国对外翻译出版公司1985年版。

在美国《哈佛商业评论》指出：体验式经济时代已来临。从此，“体验经济”的提法引起了人们的广泛关注。

随着科学技术的革新、网络社会的崛起、信息化及信息产业日新月异的发展，人们的需求与欲望、消费形态也相应地受到影响。经济提供物由货物、商品、服务转变为体验，经济形态的演变也经历了农业经济、工业经济、服务经济至体验经济。这是由生产力发展水平决定的，是人类社会发展的必然规律。每一次经济提供物的改变，都会导致经济形态发生根本性的变化，从而促使社会从一个经济时代进化到另一个经济时代。经济提供物的改变和经济时代的变迁，势必会影响到营销所关心的“相互满足的交换关系”。而交换关系一旦改变，营销的模式就必然要进行相应的调整，随着时代的变迁而变革。

上述这些论断是有着新时代的根据的。纵观世界经济全球化背景下，越来越多的定制化服务、精心设计的模拟化消费、各式新兴的体验项目已经成为消费领域的新潮流。追求个性化、精细化及自我实现的体验经济已悄然渗透到各行各业。应该说，体验经济是科技进步、市场竞争以及需求层次变化共同催生的产物。

综上所述，从对西方文化和哲学及科技、经济体系中的体验思想梳理中，似乎可以看到：(1) 在西方文化和哲学中，在古希腊时期有着原初的体验，近代以来在理性思想居于支配地位的同时，体验的思想有所遗忘；(2) 在近现代科技理性的缺陷日益暴露出来之后，又日益开始重视体验的思想，关注现实生活、生存实践中的体验；(3) 在理性主义思想家那里，体验存在于他们的实际生活及思想之中，但没有概念的表征，而在后现代思想家那里，体验不仅蕴藏在其生活和思想之中，而且已经出现在概念之中；(4) 体验的思想意识在经济改革、生产、信息技术、消费等前沿领域，已经出现实践形态的端倪，且已经被未来学家、经济学家所关注并予以积极的肯定和描绘；(5) 体验对于人的生存实践的价值和意义，也已出现在一些理论家的研究和阐述之中。但是，总体上来看，体验对于道德教育的价值和意义，体验的道德教育机理，都还缺乏系统的理论研究和应有的实践探索。

第三节　中国文化中体验的澄明

综观中国的传统文化，有两大主体：一是道家文化，一是儒家文化。我们可以透过这两大文化主体，考察体验的本质和过程。①质言之，道家文化和儒家文化这两大派，都是靠体验悟出来的。道家悟出来一个“无为”，“无”是宇宙之源。道家在这里讲的“无”，绝对不是我们今天讲的“有没有”意义上的“无”，而是指“世界最高的本体”，“世界的当初”，由“无形”、“无味”、“无闻”这样一个最高本体演化而来的体验之思。相对说来，儒家则从日常生活中体验出了另一个与道家的“无”不同的东西，孔子（前551—前479）把它取名为“仁”，并作为儒家文化的最高范畴。综合比较理解，儒家的这个“仁”实际上等同于人类的“人”。儒家认为，人类的世界，都应该有普遍的爱，这就是“仁”，也就是相互和谐，在理论上就升华为“仁学”。如果说道家，老子更多的是观察自然，发展了自然文化，认为世界、宇宙的本体是“无”的话，那么儒家，孔子则更多的是观察人类社会、人际关系，发展了“仁学”，人的道德学说，人的伦理学说。所以，儒家把“仁义”作为一种道德观念或道德理念。在孔子和孟子看来，人的认知是一个体验的过程。所以，我们在儒家经典文献《论语》和《孟子》中看不到他们对主体和客体的明确划分，他们不主张认识是主体向客体追求的过程。人对社会、对人、对自然的认识，就是一个“体验”的过程。而且，他们的论述往往是从身边的现实生活现象中找例子，一事一议，来谈对社会生活的感悟，对社会生活的体验。在中国早期的文化中，身与心、物质与精神、凡俗与神圣、天与人、人与社会都是合一的，没有排斥性的二分。儒家所讲的做人道理，其目的就是把人的生物性存在，通过长期的“修身”的自我奋斗、陶养，转化成

① 本书关于中国古代体验问题的分析，源自我对赵吉惠教授的采访，主要参考我与赵先生合作的文章《“慎独”与道德体验的哲学思考》（手稿）。采访时间：2001年7月8日。地点：陕西教育学院赵先生家中。赵吉惠教授时任陕西师范大学中国思想文化研究所所长，全国著名的中国传统文化研究专家，主要代表作有《中国传统文化导论》。

一种道德性存在。孔子所谓“七十而从心所欲，不逾矩”，就是把自己的生物性要求和最高的道德理想要求合在一起，即把“实然”与“应然”合为一体了。这样一来，中国的学问也就一贯强调“道德—文章”一体化，文章代表认知的方面，但更重要的是“道德”。所以，中国儒家文化评论一个人，评价他的学问，评价这个人是不是一个“圣贤”，主要看这个人是不是“道德”、“文章”都很好。这就是说，中国的儒家文化不把学问当作一个单纯的认知过程对待，而是把学问当作一个人的生存境界、道德境界的“体验”，看成一个人的“做人”过程，所谓“文以载道”、“文如其人”。所以，在中国文化看来，“做人”和“认知”的过程是合为一体的，而其中做人比做学问显得更为重要。可见，道家和儒家是从不同的视角，从不同的生态阅历出发，感悟出世界和人类的不同的存在样态。但是，他们的生存思路、思维方式，却都基本上是通过“体验”而领悟和演化出来的。

按照西方的文化思路讲，“体验”主要是“用”，而不是“体”；不是“主体”，而只是一种“作用”，一种“运用”，一个知识的“运用”、方法的“运用”，它是一个“方法”运用的过程。这是纯西方的文化认识。但是回到中国文化的元点上来，“体验”就达到体用一致、体用一体了。从“用”的层面上来说，“体验”是一种探求知识的过程，是一种方法，是一种达到道德的体验过程。这一点比较易于理解，在此不再详细展开。但是，讲“体验”是一种“体”，这就比较难于理解了。我们必须看到，中国的儒家通过“体验”，把道德，把“仁”的道德理念，从人的道德体验升华为人类的道德“本体”了。就是说，把人作为“道德体验的载体”了，即人通过道德体验才有了道德。“仁”已不仅仅是道德规范、道德理念，在儒家看来，它已经成为世界的本体。人是在体验“仁”的过程当中，才具有了道德，而且是最高的道德——“修身”。那么，这个道德是从哪里来的呢？孔子在《论语·述而》中明确指出：“天生德于予，桓魋其如予何？”他把道德看成一种最高的本体，而且是天生的本体；有了道德的人，其他人又能把他怎么样呢？由此可见，儒家是主张把道德本体化、宇宙化的。儒家把道德变成世界的最高本体，而且是天生的，这就上升到了文化的“存在”问题。正是这种作为本体的道德——“仁”，决定世界的一切，决定人类的一切。要是拥有符合“仁”的道德了，世界才会有真正的和谐（“和合”）。所以，儒家不仅把“体验”当成“用”，而且当成“体”了，起到“体”的作用了，通过“道德体验”把道德上升为世界的本体，而自己通过体验使自己的道德随之升华，这就造就出了儒家的理想人格——“圣贤”。“圣贤”是什么样的人呢？就是具有最高尚的道德的人，把一切都看明白了的人。由此可以看出，“体验”、“道德体验”不仅是“用”，而且它本身也变成了“体”，变成了“体”的一部分，变成了世界本体的一部分。①

综合而论，中国文化和西方文化的基本的、重要的区别之一，是“体”、“用”关系认识上的区别。西方文化是体用二元、体用分离的，而中国的文化是体用一体、体用不二的。与西方文化相比，中国传统文化和道德教育有注重体验的传统，其中格外重视圆融性思维和“体证”，强调“天人合一”的体验，并成为中国人生存的民族文化主题。相对来说，中国文化和西方文化所呈现的是不同的路径：西方是一个分析的思路，中国是一个整体的、融合的思路。与中国的文化相应，中国的体验刚好走了一条与西方体验相异的路。② 中国传统文化是以“生命文化”、“人生文化”见长的“和合文化”，其主流是生命、心性之学，是关于生命的学问，它以生命为对象，思考生命的意义和方向，思考人如何通过觉解和践履来安顿我们的生命，来实现我们的生命。张立文先生认为，和合思想由先秦经秦汉至唐代，其内涵已逐渐展开，两宋以后，和合不仅限于“是什么”的追究，而且是作为宋明理学形上学本体理、心、气自身是什么的追寻。这个追寻使和合由方法论层次、天地万物生成论层次而提升为本体论层次，以及本体自身层次。探究层次的提升是

① 这个问题的更深入的理论探讨，请详参本书第二章“体验：道德教育的本体”。

② 有学者认为是“相反”的路，我以为是“相异”的路。因为中国文化与西方文化也许本来就是一家，是人类从不同视界认识世界的有机组成部分，不能人为割裂。只能说东西方文化各有自己的地域和民族特色，不同学者的思想观点又带上了作者本人的生存处境和人生感悟罢了。

人类知识在总体积累的基础上，主体对于存有世界、意义世界以及未来世界的认知和体验。和合作为中国文化思想的精髓，浸润着中国文化思想的各个方面，比如人与自然、人与社会、人与人的关系以及人与自己身心灵的关系等等。① 也有学者认为，中国传统文化有一种重人的精神，“在中国人的生活和各种文化中，对人的命运，即对自己家、国、民族以至个人的兴衰荣辱、悲欢离合的关怀，永远是中心的主题。中国人在自己的文化与人论中时时表现出这样一种高度的自觉：人们的一切生活言行和思想文化创造，只有在为了人的时候才有意义；而一切事情也只有通过人、依靠人才能实现”②。如孔子体验的是“仁”、“友”，老子体验的是“道”、“无为”，庄子体验的是“生命的有限性”，建安诗人和魏晋玄学派体验的是“生命时间”的有限性等。它旨在追求内在精神的充实、圆融、永恒，生命被内化为精神和心性。它是由宇宙人生本体的认同与证悟，再由一定的修养过程，直至与天为一、与道为一、天人合一的终极境界。

但是，在回顾和梳理中国文化中的体验的时候，也不是前后完全一致的，存在一个早期和后期的差异和变化。相对来说，中国文化中的体验在早期是生命反思和人生体验型的。中国古代体验思想的兴趣不在于向外探求，不在于获得关于外在世界的客观知识，而是探索生命的意义，以及实现生命、展开生命的方法。它的重点一直是重内观轻外求、重体验轻知识、重直觉轻理智、重内省轻经验的思维模式，最后体现出来就是重道轻学，重道轻艺。比较而言，“为学”是向外积累关于各种事物的具体知识，所以是日积日多，“为道”是对事物本质以至对宇宙本体的掌握，所以要摆脱琐碎认知，不是量的积累而是质的超越，其认知的对象越广大，把握的层次越深入，认知结果就越概括、越抽象，也就越“简易”。老子说：

---

① 可参阅张立文著：《和合学概论——21 世纪文化战略的构想》，首都师范大学出版社 1996 年版；张立文：《中国文化的精髓——和合学源流的考察》，《中国哲学史》1996 年第 1 期；张立文：《和合方法的诠释》，《新华文摘》2002 年第 8 期。

② 杨适著：《中西人论的冲突——文化比较的一种新探求》，中国人民大学出版社 1991 年版，第 2—3 页。

"为学日益，为道日损。损之又损，以至于无为，无为而无不为。"① 其"损之又损"，是抽象又抽象、简易又简易，最后，宇宙人生的本质被理解为"无为"。"无为"的本质通贯一切事物，所以又"无不为"。为道的人"不出户，知天下"，为学的人"其出弥远，其知弥少"。《中庸》说："道也者，不可须臾离也，可离非道也。"孟子认为人生最重要的是"尽心"、"知性"以至于"知天"，达到内心与天道的统一。②

探讨中国文化中的体验问题，必然要带出"境界"问题。儒家、道家都很重视"慎独"，很重视"体验"。现在，无论从中国文化的角度，从道家文化的角度，从儒家文化的角度，或从"三而一"的角度看，都可以看出中国文化的体验，中国儒家的体验，中国道家的体验，最高的境界就是"天人合一"的体验。但是这里必须强调，中国传统文化中的"天人合一"是多种多样的。赵吉惠教授认为，中国的"天人合一"有着不同的发展路径，大致可以类分为四种基本范式。战国以前，已经有三种"天人合一"的学说和观念了，第一种是殷周神秘型的"天人合一"，第二种是道家自然型的"天人合一"，第三种是儒家的回到道德之人的自我同一的"天人合一"。西汉以后的"天人合一"还有丰富和发展，但是都没有超出这三种类型。比如董仲舒的"天人合一"是"天人感应"的，是一种"谶纬"学说。第四种类型的"天人合一"学说，那就是宋明理学家的"天人合一"学说和观念。

孔子的"天人合一"观念本身有其深刻意蕴。孔子既然把道德本体化，那么，他的"天人合一"观念，就是人和道德的"自我同一"，他的"天"就是道德，是人的内心外化出去的"天"，因此是人和道德的自我同一。可见，儒家的"天人合一"学说不同于道家的"天人合一"学说，但它也是对人类生存实践的一种很有深度的感悟。儒家的"天人合一"学说提醒我们，人和外部的世界——包

---

①《道德经》。

② 陈鹏著：《执有与空无——中国人的境界观》，云南人民出版社 1999 年版，第 12、12—14 页。

括人与人、个人与群体、人与自然之间要处理好关系。他把整个世界完全看成是一个道德的世界，道德化的世界，也是一个美好的世界。所以，人和这个世界应该是同一的，这个同一是道德的同一。因此，孔子的学说最后归结到：人与人之间都应当是和谐的、和平的、友爱的，未来的世界前景是“大同”的。这都是非常美好的道德体验。所以，今天要是用“科学的观念”来研究儒家的道德学说，则会发现，儒家的“天人合一”学说，是过于理想化的，是一种道德的“乌托邦”。

宋明理学家的“天人合一”学说和观念，可以说是中国文化或者儒家文化发展到最高层次的“天人合一”理念。又可将其分为两种：一种是二程和朱熹的“天人合一”学说，基本上符合孔孟的“天人合一”，不同的是，二程和朱熹把“天人合一”既道德化，又神秘化。值得注意的是张载的“天人合一”学说和观念。张载首先明确区分了见闻之知和德性之知，而且认为“见闻之知，乃物交而知，非德性所知；德性所知，不萌于见闻”①。德性之知，乃体验之知，而非知性之知、规范之知、德目（见闻）之知。通过这种发明道德之心的直观，使有限个体（人）与无限绝对（天）合而为一，因为天德良知即是未分割的统一。那种内启本心仁体的诚明、明觉、良知的功夫，虚明照见的功夫，就是理智的直观。如今人牟宗三所言，中国古代儒家的理智直观就是本心仁体的创造。张载的“天人合一”思想，既包括儒家“道德化的天”，也包括道家“自然化的天”，却又去掉了殷周“神秘化的天”。这样一个既有高尚的道德，又要服从于自然、爱护自然的“天人”观念，真正达到了“天地一体”（人已经包含在内了）的境界。② 他领悟到的人生境界是：“为天地立心，为生民立命，为往圣继绝学，为万世开太平。”庞朴先生在《天参试解》中说，没有科学、天理心性之说和宗教等精神活动，人类社会无以凭立。但对于以万物之灵和社会精英自诩的人来说，首先要参悟天地之心，更重要的是要参与到从个体到整体的

① 《张载集·大心篇》。

② 刘惊铎：《张载德育思想中素质教育理趣》，张载关学与实学国际研讨会，1999年。

和合过程中。“为天地立心”恰因为天地因心而立。① ——透过上述分析，我们或许可以说，张载的“天人合一”可以看作最高层次的体验。而张载的思想，就不是一种通过逻辑推导和证明所产生的逻辑结论，而是体验的一种“参悟”。虽无法证明，但是其道德境界之高又是我们都能感悟到的。

但是，到了近代，中国人感受到西方的“船坚炮利”，便逐渐转向了对“客观世界”的观察领悟，出现了对体验之内省层面的遗忘。我以为，中国传统文化在向近现代转型的过程中，对体验传统有三次大的遗忘。第一次是近代向西方学习科学技术和“实务”的过程中，对儒家的思想观念多所批判和否弃，自觉不自觉地出现了恩格斯所说的“倒洗澡水连小孩一起倒掉”的现象，中国传统文化中的体验思想遭受了裹挟性“遗忘”。第二次遗忘是在“五四”运动及其以后一个历史时期。“五四”新文化运动作为中国现代文化史的开端，鲜明地举起了“科学”与“民主”两面大旗，开始了对“现代化”的追求。在这种追求西方现代化的过程中，试图通过“对价值的重估”以使得中国人对自己的传统文化有一个全新的认识，从而能以科学的态度去对待一切传统观念和社会问题。但是，正如高兆明教授所指出的，在“五四”运动以后，现代中国文化中潜在着反传统主义的倾向，并在某种意义上形成了一种反传统主义的文化。这种反传统主义的文化不仅表现为一种文化思潮，而且通过主客体的反复整合，已经凝结为一种民族人文品质。这种文化，有人称之为“后五四”文化。在“后五四”文化的笼罩下，有意无意地导引着中国的道德朝着两个向度延伸：一个向度是“怨古尤祖”，另一个向度是养成人们逃避现实责任的道德品质。“五四”运动以后的反传统已成为一种具有惯性的连续性社会和学术活动，其中较为典型的有两次：“文革”中，反传统形成一种政治运动；20世纪80年代则进一步演变成为一种文化思潮。在这种“新文化”对传统文化的激烈批判之中，带有丰富的体验遗产的中国传统文化遭到了又一次大的批判和否弃。这可看作对体验的第二次遗忘。

① 盛洪：《为天地立心》，《读书》2002年第3期。

对体验的第三次遗忘，是中国改革开放之后的一个历史时期。这一时期，一方面，当代中国人受到“眼见为实”的经验认识的局限①，更多地看到西方的发达和物质生活的丰富，因此过分地看重了追求物质生活条件的改善，将主要精力投放到面向物质世界的“发家致富”浪潮之中。随之而来，追求高消费的“快餐文化”、“感官文化”和“娱乐文化”等商业性文化有所流行，在公众生活中，较为普遍地出现了物质化、平庸化、单调化、浮躁化的倾向。这不仅在成年人的生活和工作圈中表现出来，而且在新一代青少年儿童的学习、交往和生活方式上也有所反映。相比之下，人们对自己置身其中的生活世界、自然界以及对自己心灵的感悟和观照，对精神和意义的追寻却在一定程度上有所遗忘。另一方面，恢复高考制度，在强调知识学习和智力开发的导向下，教师和学生都将主要的甚至是全部的精力用于负担过重的书本知识的学习、练习和考试，而对生活、人生等问题却很少花时间去感悟和思考。这在客观上导致了对体验的遗忘。人们固然应当追求物质利益，但与此同时也要观照人的心灵，理解人与人之间的关系，着意创造焕发诗兴、富于美感和深度的精神生活，滋养人性丰富性的需求，激励人们的想象力，安妥灵魂。应当看到，“‘发见人’绝不仅仅是一件理智的工作，它更是一种人性的感觉的扩散，一种对自己的身心一体性的充分的领悟，一种对人生的完满境界的敏感和渴望。对人的认识的片面和幼稚，也绝不仅仅表现了理性的匮乏，而更是暴露了心灵的荒芜”②。高维透视，这可以看作对中国传统文化中体验遗产的第三次遗忘。由于上述几次文化转型中对体验的遗忘，在中国文化发展和教育实践上造成了新的问题，因此，今天有必要突出地提出体验问题。

现在已经有证据表明，有关人类生存实践的视界，大致走了一条由理性世界向生活世界回归，最后走向理性和非理性在生活体验中融合的历程。20 世纪 60—70 年代包洛诺夫所处的时代与狄尔

① 盛洪：《为天地立心》，《读书》2002 年第 3 期。

② 王晓明：《在制度变革之外》，《读书》1999 年第 4 期。

泰、斯普朗格所处的时代已经有了本质的不同，人们感受到了一种空前的忧虑和绝望情绪，人们的灵魂已经麻木。包洛诺夫将自己的教育作为人们麻木灵魂的“唤醒”钟声，希冀通过教育重振西方人文精神和人们的精神风貌，使人们从危机中醒过来，去直面现实。埃里克·弗洛姆（E. Fromm，1900—1980）在其《爱的艺术》一书（1956）中深刻指出：现代人已经把自身变成了一件商品，把精力当作一种他应该获取最大利润的投资……现代人正在远离自我，远离同伴，远离自然。在 20 世纪 60 年代之后，我们许多人开始领悟到弗洛姆的这种观点的正确性，生命突然间变得空虚和毫无意义了，尽情地消费享乐取代了那些抚育人类灵魂的活动，我们不再是自己生命的主宰。我们深深地意识到有必要找回我们自身，便开始提出这样重要的问题：“我是谁?”“我在宇宙中扮演着什么样的角色呢?”这种孤独、远离尘世的感觉促使我们要进行一场前所未有的、广泛的探求生命意义的活动。“我们的下一个进化的转折点是从与我们内心产生的与周围的一切保持不断联系的角度去体验、感受自我。这样我们就能感受到内心的变化。就在感受的一刹那间，我们知道自己是谁了。只有时刻感受到自身内发生的一切，才能感到我们自身的统一，认清我们的身体、思想、精神的实质。”①

如此一来，在人类文化史的时代高度，在教育思想与实践的演进过程中，内在地要求文化、教育不再局限于认识论、知识论层面，而要进入生存论、价值论、本体论层面。教育已不再是一般的教学和知识接受，而开始重塑人类理想，重新寻找人类的精神价值，培养人认识自己、认识世界，从而走出困境，构画未来的美好蓝图。这种“教育即生存”的论点，在西方当代教育文献中已相当丰厚，足见体验在现代西方社会举足轻重的地位。② 当代整个西方世界和中国本土的时代精神也已经走到了这一步：人们从来也没有像现在这样空前地关注“生态”、凸显“体验”。中共中央办公厅、

① ［美］瑞妮·威尔菲尔德著，孙丽霞译：《身体的智慧》，辽宁教育出版社 2001 年版，“序”第 1—2、5 页。

② 邹进著：《现代德国文化教育学》，山西教育出版社 1992 年版，第 192—193 页。

国务院办公厅联合印发的《关于实施中华优秀传统文化传承发展工程的意见》中明确指出："实施中华优秀传统文化传承发展工程要贯穿国民教育始终，围绕立德树人根本任务，遵循学生认知规律和教育教学规律，按照一体化、分学段、有序推进的原则，把中华优秀传统文化全方位融入思想道德教育、文化知识教育、艺术体育教育、社会实践教育各环节，贯穿于启蒙教育、基础教育、职业教育、高等教育、继续教育各领域。"一方面，国家大政方针显示出空前的重视，政策的导向已经明确。另一方面，在实践领域如何落地的问题，社会各界已经行动起来，在生态多样性的积极探索之中，新华社、《中国报道》、《人民日报》、《人民教育》、《光明日报》等记者关注到国家开放大学总部、秦皇岛北戴河区委区政府、山东省教育科学研究院、湖北省荆州市沙市区等，已经开启了"国家开放大学生态体验模式与优秀传统文化深度融合大家论坛"、"北戴河生态体验教育与优秀传统文化进校园工程"、"山东省传统文化体验教育进校园"、"湖北沙市区优秀传统文化体验诗意大课间活动"等先驱性探索典型。

第四节　生存实践视界下的道德体验

我的研究，是从东西方文化和哲学的交会点上出发，站在日益茂密的体验丛林中，沿着人类思想文化长河之网找寻其发展源流和主河道，从人类文明走向考察和思考道德体验问题。试图把体验概念引入道德教育，探索人类生存实践中的体验有怎样的道德内涵和道德教育价值，试图探明体验在本体意义上的道德教育价值。

在生存实践的视界下考察道德教育的时候，需要扬弃本质主义的"形而上学"哲学和"感性"哲学所追求与信奉的实体观及实体性思维方式，从生存过程论、历史论即"现世"生存着的人的具体感性生活过程出发，探讨人的生存实践中的道德及道德在人的生存实践中的价值与意义，探讨人的道德的实际发生和发展以及道德教育问题。马克思和恩格斯曾反复强调其哲学研究的出发点："我们不是从人们所说的、所设想的、所想象的东西出发，也不是从口头说的、思考出来的、设想出来的、想象出来的人出发，去理解有血有肉的人。我们的出发点是从事实际活动的人……”① 如此一来，人的生存实践既源于个人的生存欲念和生命意志、生存能力和生存信念，又要靠他自己选择和承担、感受和体验，从而人的生命活动及其属人的“体验”就成为评判和取舍人的生存实践活动的最终的价值尺度。② 生存实践的逻辑是：人的生存实践是开放性的，在有限中蕴涵着无限，而要对无限的东西有所把握就不可能再依赖既定知识的教授，而只能去体验；人们必须“沉入”现象之中去领会，且只能在人与人、人与自然、人与自身的开放性生存实践中相互生成、相互确证并得到领悟，而不能在某种“理念”或学科所编织成的封闭的蜘蛛网式的（前人）经验世界中去“认知”。这样，体验正是以其图景思维之“通感”力的发挥③，使有限的感性个体把自己身心的当下存在和生存“意义”融通起来，使人既在具体生存处境之中而又超越具体时空，打通过去、现在和未来，在当下的生存中体验着过去的生态阅历、未来的生命梦想和当下的生命感受，人生意义在“瞬间生成”。海德格尔曾说，“出场的东西”及其“背后的未出场的东西”一起进入了人的现实生存之中，人的生存境界发生了质的变化。所谓生存实践中的体验，是一种从对外部世界（无论是主观的还是客观的世界）的“本质化”认识走向内外交融的生成性领悟，不是去单向体认某种外在的、既定的规范条文，而是在作为感性个体的人的生存实践中，在人与周围生态关系世界的相互作用与相互确证过程中，不断生成新的道德境界和生存境界。④ 人们不断生成的新道德和新的生存方式中，有一些是这个世界上原来（传统）所没有的，甚至会与既定的规范有很大的不同，如新一代的一系列行为方式，就是在其生存体验过程中生成的与先辈社会现

① 《马克思恩格斯选集》第 1 卷，人民出版社 1995 年版，第 73 页。

② 马克思著：《1844 年经济学哲学手稿》，人民出版社 2018 年版；张曙光著：《生存哲学——走向本真的存在》，云南人民出版社 2001 年版，第 107 页。

③ 详见本书第二章“体验：道德教育的本体”。

④ 详见本书第三章“道德境界”。

有的规范和行为方式有巨大不同的行为方式，但是这种行为方式本身是向未来的生存时空开放的，又往往带有未来社会新的生活方式的萌芽及新的价值取向，具有拓展人的生存实践的新的可能性。

生存实践视界下的“道德体验论”意在阐明，体验是道德教育的本体。只有有体验发生的时间和地方（时空），才可以说有道德教育的出现和存在。换言之，没有体验，道德教育存在的有效性、合理性和合法性就要遭到怀疑。“道德的异化”实际上是道德规范与道德体验的分离或分离的结果。经验证明，缺乏体验的道德教育，即使花费许多的人力、物力、财力和时间、场地，也缺乏德性成长的实际效果。长此以往，不仅使参与道德教育过程的人对它丧失兴趣和信心，而且实际上构成了对体验者以至导引者作为感性个体的生命价值的侵犯，进而构成了对社会的虚妄价值。道德教育实验证明，道德教育的实效，是在体验中发生的，只有诱发和唤醒了体验者的道德体验的道德教育，才能对其生存实践和生命健康成长发挥实际的促进作用，它也才是有效的因而也是有真正价值的道德教育，也才能成为具有合理性和合法性的存在。从这个意义上说，传统的约束性道德教育也会生成一种道德境界，但这种道德境界往往与教育者的愿望不相符合，甚至背道而驰。如教育者强力要求受教育者坐在教室里，向他反复讲述某种既定的道德规范条文且配以严格的纪律，并通过“点名”和“综合考评”等办法约束受教育者记忆和实行教育者所传输的道德规范要求，在这样的道德教育过程中，受教育者实际也发生着体验，只是这体验带有一种不快和反感情绪（即所谓逆反心理）。这样，受教育者所生成的道德境界就会与教育者的既定道德标准不一致，甚至是反向的道德境界，例如生成伪君子人格和“假人”现象等。① 正反两方面的理论和实践都证明，体验是道德教育的本体。②

比较人类生存史和文化史，对人的生存实践的领悟和描述实际

① 详见本书第三章“道德境界”；刘惊铎著：《中华美德教育论》，黑龙江教育出版社 2003 年版，第 43—64 页。

② 详见本书第二章“体验：道德教育的本体”。

上有一个视界的问题，不同的思想家、哲学家常常得出不同的结论。为此，我想特别强调这样几点：第一，人的生存方式是多种多样的，道德体验只是人的生存方式中的一种向度。第二，当人在接受现行的约束性道德教育的时候，体验者是在他必须接受的对象之外，与对象处于分离状态，他所发生的体验也是分离性的。当且只有当人钻进对象之中去，与对象融为一体，发生了融合性的体验（哪怕是很有限的）时，他才能真正领悟到自己的生存意义。第三，体验作为道德教育的本体，不是绝对理念和实体意义上的本体，而是生存实践意义上的本体。道德体验教育并不追求某种实体性存在，它既不与现行的学校—课堂教育相对，也不是五育之外的单独一育，而是作为教育意识、教育思想渗透于整个学校内外教育之中，旨在强调道德教育要深入到学校、家庭、社区、大社会生活和自然之境中，向生活世界、自然之境和体验者的心灵世界全面开放，引起人的生命感动，诱发和唤醒人的道德体验，感受和体验其生存实践中过去被遮蔽的一些有意义的部分，并从中生成和获得一种身心品质，一种智慧地融通复杂的社会生活、自然之境和自己心灵世界的生态关系的德性与德力。

人类把自己作为类与动物界分开来的时候，标志着人类类主体意识的凸显。在类主体生存状态下，人主要还是以类的方式存在的。[①] 人类跨越这一生存状态，经过了漫长而曲折的路程。这是人类类的品性成熟所必需的。当人类由向外界物的求索逐渐转向向内在精神的求索的时候，已经是在逐渐摆脱类主体的束缚；而当人类再进到内外融合，开始了感性个体的生存体验的时候，人类有可能达到“个体主体”自由的境界。

马克思通过历史唯物论确立人的真正主体地位的落脚点，就是使关于人的研究真正回到感性生命个体的境界。他指出，任何人类历史的第一个前提无疑是有生命的个人的存在，是具有丰赡个性的现实的有生命的个人。这又和费尔巴哈的“抽象的人”有着根本区

---

① 高清海著：《高清海哲学文存》（6 卷本），吉林人民出版社 1997 年版；冯建军著：《当代主体教育论》，江苏教育出版社 2001 年版。

别。由于马克思是从人的对象性存在深入到人的对象化活动中去把握人的，因此人被理解为自因自性的在自己创设的历史中成全自己的存在，亦即一种自由自觉的存在。这存在是意义自贞或自我贞定价值的活动的存在，是凭着自己的全部积累和未了的祈向直截了当地宣布自己即是主体。而人的自由而自觉的主体意识不仅使他总能够从自然（人化的自然）、社会、历史中提升出来以免沦为自己的多重对象化活动及其产物的奴隶，而且，在逻辑的彻底处，有着自由自觉的主体意识的人也总能够把自己从自己参与造就的“人”的类形象中提升出来，以争取对“人”的类形象或类生活的批判、修正、重新创构的权利，使自己不至于只是作为人的所谓类生活、类本质的例证。让每个个人真正具有个人的独特个性，超越当下具体生存处境的有限性，绽放生命样态的生态多样性，在自由创生的意义上不断提升自己的道德境界和生存境界，应是道德教育的价值追求。

马克思的潜心体验及其原创思想结晶受到世人尊崇和广泛应用。

马克思之所以受人崇拜，被人敬仰，完全在于他自己，在于他孜孜不倦地学习，无私无畏地创造，提出了划时代的理论。

刻苦的钻研，大量的阅览，摘要、抄录卡片，丰富了马克思的头脑，使他比欧洲的高谈阔论家们高出许多。

马克思要否定黑格尔，这似乎被人们看成“轰动一时的狂言”。然而，他要用行动来证实自己的狂言；“为了嘲笑他（黑格尔）、推翻他、践踏他，我必须钻研他的学说！”而不久，人们就仰起头来看他（马克思）了。

马克思要和青年黑格尔派决裂，可他开始虚心地钻研黑格尔的全部（！）学说，因为他知道，理想之楼不可能建立在空想和冲动之上；他要把自己的理想之楼建立在地上，而且用汗水、用心血、用毕生的精力一丝不苟地雕琢。

一个人不发奋求知是可悲的，没有丰富深邃的知识就不能够否定别人；但是，光有了知识而不用于创造，则又会令人遗憾终身。因为没有创造性的吸收，只不过是充当一个知识冷藏

> 库而已。这就是马克思的治学原则。
>
> 我们所处的时代，比马克思那个时候已经前进了一个半世纪还多。我们周围的资料比马克思那时候也进步了许多。如果直到现在，我们还不去阅读马克思的著作，或者仅仅满足于背诵马克思的某些词句，学理论而拿不出一点可以聊以自慰的新思考来，那一百年以后，再来看我们的理想，也应是羞见马克思于天堂的。①

马克思主义是马克思潜心体验的原创思想的结晶，所以这思想中充盈、洋溢着亲身体验的深切领悟和系统思考的丰沛智慧，在他漫长、艰苦的体验历程中，在他的深刻思考中，不知不觉已经把“感性个体的生存体验”上升到了时代的哲学高度。也正是因为这种实事求是的体验结晶，才使得人类思想和哲学走向，发生了如此深刻的时代性转向。在《共产党宣言》中，按照辩证法的逻辑，基于切身体验铿锵有力地写下了真理的不朽信仰、人类社会发展的规律和未来理想社会的蓝图：“一个幽灵，共产主义的幽灵，在欧洲游荡。……资产阶级的灭亡和无产阶级的胜利是同样不可避免的……代替那存在着阶级和阶级对立的资产阶级旧社会的，将是这样一个联合体，在那里，每个人的自由发展是一切人的自由发展的条件。……（共产党人）没有任何同整个无产阶级的利益不同的利益……是各国工人政党中最坚决的、始终起推动作用的部分……共产党人不屑于隐瞒自己的观点和意图。他们公开宣布：他们的目的只有用暴力推翻全部现存的社会制度才能达到。让统治阶级在共产主义革命面前发抖吧。无产者在这个革命中失去的只是锁链。他们获得的将是整个世界。全世界无产者，联合起来！”②

马克思具身体验工人、无产阶级的生活，深入反思、批判人类哲学和思想的里程碑式成果，对时代问题和人类命运、未来社会发展的蓝图，产生了清晰的理论架构和实践路径。

---

① 刘惊铎：《大学生更应从马克思那里得到启示》，《当代青年》1987 年第 1 期。

② 马克思、恩格斯著：《共产党宣言》，人民出版社 2018 年版，第 26—66 页。

马克思在其青年时期写的《青年在选择职业时的考虑》、博士论文或《巴黎手稿》和思想成熟时期写下的《资本论》、《1844年经济学哲学手稿》、《1857—1858年经济学手稿》或《人类学笔记》中，都饱含着对作为感性个体的人的尊严、自由和权利的执着追求，洋溢着深厚的人文关怀。马克思指出，只有当哲学真正开始关心"感性个体"的实践活动，关注感性个体的生存体验的时候，人类才进入这样的时代："哲学真正变成了个人的精神事务。"①

可见，这次西方哲学的转向不仅影响了西方世界，而且因为两方面的原因影响到了包括中国在内的整个世界的思维方式的变化。一方面，东西方经济的相互开放空前深化，相互间文化的交流日益频繁；另一方面，西方当代哲学的转向代表着世界思维发展的潮流。其中最为典型的是，人类的思维方式由线性思维转向了非线性思维，由简单思维到复杂性思维，由逻辑思维到涌现性思维。这说明人们已从科技理性的桎梏中解放出来，实现了哲学和思维方式上的根本性解放。可以说包括中国在内的当代哲学已从本质主义、传统主义、逻辑主义，回归现象学、过程主义，回归生命生态体验。这就对中国道德教育的改革和发展提出了新的挑战和机遇。在当代，约束性道德教育所暴露的问题已相当突出，只通过学科之分科知识授受的形式进行道德教育，其实践理路已经违背了道德的精神，其实际效果及存在的实际价值也受到了人们的普遍质疑，有必要从生存实践的视界下重新对之加以观照。如果说在20世纪的科技理性时代，人类由于对科学的迷信和崇拜而主要是依靠接受"圣人"或巨擘哲学家、伦理学家和科学家们所架构起来的庞大的道德知识体系，作为自己的人生信念追求和寄托，因而道德教育主要以知识型、接受型范式出现还有一定时代依据的话，那么，在21世纪，人类对科技理性所暴露出来的消极后果的体认、对自身生存状

① 除阅读所列述的马克思著作外，还可参阅俞吾金：《人文关怀：马克思哲学的另一个维度》，《新华文摘》2001年第5期；张曙光著：《生存哲学——走向本真的存在》，云南人民出版社2001年版。

态的关注、对精神家园的渴望日益增强，道德教育则必须顺应时代的新变化，在生存实践的视界下重新审视和变革。

总体来说，约束性道德教育在道德规范知识的传授过程中，具有较为明显的外施性、控制性特点。道德体验论是把现行道德教育中被遮蔽的一个重要方面——道德体验问题——在理论上凸显出来，予以强调，引起人们的注意。换言之，我强调道德体验，并不意味着排斥和否定传统道德教育中一系列优秀的理论思考和实践经验，也并不否认人类所积累的文化科学知识在诱发和唤醒人的道德体验中的价值。人类的道德知识及一切知识在人的道德境界生成过程中，都发挥着重要的资源价值和启示线索作用。但究竟把它放置在怎样的位置，则需要重新进行思考。道德体验论主张在反思约束性道德教育的基础上，强调古今东西传统美德教育的融合，重视返本开新。虽然传统约束性道德教育的许多德目还有开新的价值，但也必须面对新时代各种新的挑战，在继承中创新和发展。这里所强调的"视界融合"，实际上是一种对旧有的道德教育意识和思想的超越。朱小蔓先生指出："我认为在这个问题上，既要看到现代人生存方式的转型，现实生活中传统美德的缺失，更加凸显了传统美德教育的当代价值，又要看到现代道德教育以传统美德教育为根基来建构，并不是简单地向'美德袋'式的道德教育回归，而是对传统美德教育的一种扬弃。新的中华美德教育要弘扬传统美德教育中具有时代感和生命力的内容与方法，淘汰其陈旧的德目和单向灌输的封闭教育方式，不断向新生活开放，向未来开放，向世界开放，向个体生命开放，在开放中返本开新。"①

教育部人文社会科学重点研究基地南京师范大学道德教育研究所和北京大学教育学院等的研究，反对过分依赖量化研究，重视质性研究、开放性对话式研究，投射出体验的精神。我国香港中文大学的郑汉文和加拿大学者科恩（Corn）所采用的"叙事法"研究，也渗透着体验的智慧。共青团中央、全国少工委在充分调查了解我

① 朱小蔓：《传统美德教育的现代视野——〈中华美德教育论〉一书代序》，《中国德育》2002 年第 2 期。

国学校德育效果与广大青少年儿童的道德学习欲求之后，已经将“体验教育”以文件的形式规定下来。有人认为体验是现代校外教育的基本特征之一。① 有人提出体验式教师培训方法。② 世界自然基金会在中国和世界各地所开展的“绿色行动生态环境教育和可持续发展培训计划”，已注意到“户外体验”和室内体验的生态环境教育价值。朱小蔓先生创立的情感教育理论，对“情感体验”予以专门的强调，在实验学校的实践探索中，已收到明显的道德体验效果。英国中小学教育中所探索的“圆圈时间”(Circle Time)，梅仲荪的爱国主义情感教育研究与实践，李吉林的情境教学法试验，一些幼儿园和大中小学的愉快教育、快乐教学、成功教育、活动课程以及游戏、生态体验研学等的改革与实践，也已从不同的方面凸显体验的精神，注意到体验的道德教育价值。我在全国教育科学“七五”规划至“十三五”规划课题的持续行动研究过程中，导引城乡学生互相交换学习、生活和交往环境，鼓励师生之间、生生之间开展开放式对话，有效地诱发和唤醒了参加实验的师生的道德体验。上述探索都从不同的侧面证明，体验是一种有价值的道德教育。

① 康丽颖：《现代校外教育的基本特征》，《教育评论》2001 年第 1 期。

② 张铁道：《关于体验式教师培训方法的个案研究》，《教育科学研究》2001 年第 5 期。

第二章 体验：道德教育的本体

第一节 21世纪：体验的时代

一、体验思想在哲学领域的凸显

体验既具有人类个体和类的生存实践的意义，又具有道德教育的价值。体验的思想在哲学、美学、心理学和诗学等领域，都曾有过多重的关注。但是，由于种种原因，在人类近现代发展史及道德教育史上，体验的思想有所遗忘。当代人面对生存实践的支离破碎、生存价值的多元化和生存意义的失落，今天又重新开始关注和回归体验，于是，在理论上就产生了重提体验的必要。

体验问题的当代凸显，其迫切性首先从西方世界集中表现出来，然而是带有世界性的问题。在西方的近现代社会，人获得了以物的依赖性为基础的独立性，但同时却产生了“货币拜物教”、“技术拜物教”。哈贝马斯（J. Habermas，1929— ）对此有深切的领悟。他指出，科学技术已不是生产力，科学技术已经是一种意识形态了。在现代生活之中，人被湮没在现代技术所创造的物质“第二世界”之中，而遗忘了人类赖以生存的“第一世界”——现实生活和自然界本身。例如，文学作品本来是生活体验的产物，但是借助电视、电脑等技术手段可以大量复制、买卖、传播，而且充斥于人的生活时空。这样，人坐在电视机、电脑跟前就可以看到五彩缤纷的“生活”时空，于是人也就不用自己去亲自体验丰富多彩的世界了。于是，在西方人的生存实践中的世界不再是整体的存在，而有一种“整体的支离破碎”感。利奥塔（J-F. Lyotard）曾概括这种状况说：“我们全都陷入这种或那种知识的相对主义之中，渊博的学者变成了科学家，科研任务日益细碎的分割致使无人能够把握全部。”① 处在这样的一个时代，饱享科学技术优越性的人们，其内心世界丧失了完整与和谐，出现了空前的精神危机。杰姆逊感悟到：我们的世界正以一种无比紧张的心情，怀着一种充满了既神秘难解又高压难受的感情，面对精神分裂的现象。②值得注意的是，精神分裂症已不仅仅是一种医学上的病症，而成了当代世界性的一种“文化病症”。德利兹甚至指出，伟大的当代英雄只可能是精神分裂的人。③ 麦金太尔（Alasdair MacIntyre，1929— ）指出：“现代把每个人的生活分隔成多种片段，每个片段都有它自己的准则和行为模式。工作与休息相分离，私人生活与公共生活相分离，团体则与个人相分离，人的童年和老年都被扭曲而从人的生活的其余部分分离出去，成了两个不同的领域。所有这些分离都已实现，所以个人所经历的，是这些相区别的片段，而不是生活的统一体，而且教育我们要立足于这些片段去思考和体验。”④ 这样的思维和教育方式，使人每天处于多重分离之中，使人无法体验到他自己的存在。在这种情况下，贝塔朗菲（Ludwig von Bertalanffy，1901—1972）在耗散结构理论中判断说：人永远不可能成为主体，人只不过是自然界中的一个因素，即使在技术时代也不是主体。恰恰相反，现代人普遍感受到了一种从未有过的“人的失落”，人的“家园的失落”。而我们现在要做的事情，就是“把每个人的生活看作是一个整体，一个统一体，他的品格使德性有一个适当的目的”⑤。

正是在这种技术和物质统治的时代，人们原本具有的“体验”

① [法] 利奥塔等著，赵一凡等译：《后现代主义》，社会科学文献出版社 1999 年版，第 15 页。

② 王治河著：《扑朔迷离的游戏——后现代哲学思潮研究》，社会科学文献出版社 1998 年版，第 18—19 页。

③ [美] 弗雷德里克·杰姆逊著，唐小兵译：《后现代主义与文化理论》，陕西师范大学出版社 1986 年版，第 22 页。

④⑤ [美] A. 麦金太尔著，龚群、戴扬毅等译：《德性之后》，中国社会科学出版社 1995 年版，第 257 页。

才成为陌生化的东西，体验和思维规定的区分才有了时代的意义。① 未来社会，人们生存和发展的核心议题之一就是找回人湮没在技术和物质世界的、失落的精神和个性，恢复人对生存实践中世界的整体感、和谐感、亲近感，找回人生存的意义和希望，减少人生存的烦恼和痛苦。归因分析发现，当代人的烦恼和痛苦，并不仅仅是单纯的技术和物质的原因，也有人们自身追逐和选择的主观原因，与人的生存方式、生存内容和生存态度有密切的关系。吴言生博士有一段分析颇有启发意义。他说："现代人的痛苦，根源于对五光十色的物质世界的追求，而失去了人性的清纯无邪……他们在物欲的大潮中头出头没，绞尽脑汁、搜索枯肠地追逐着虚幻的假相。而那来自心灵深处的呼唤，却被淹没在尘世的喧嚣之中……终于陷身烦恼深坑，逃不出利欲火毒，再也寻不回清纯的心情，得不到自在的生活了！"② ——在这样的时代背景下，当代人要想跳出充满失落和烦恼的生存状态，单纯依靠理性的逻辑分析已不能从根本上解决问题，所谓的客观、实证的推理已经表现出明显的局限性。爱因斯坦对科学的局限深有感触。他说他"所爱的是直接的体验现象"，因而"不喜欢抽象"。他曾以赞同的口吻援引歌德的话说："在歌德看来，对自然界的任何观察都是一种深沉而直接的个人心理体验，他不允许科学的抽象来干扰。"③ 在世界范围内，当代人内在地产生了凸显体验的要求，并将其上升为时代的重要主题。

人类对体验问题的重新关注与凸显，集中表现在哲学领域对理性主义哲学传统的消解，和对体验之价值的重视。至少从费尔巴哈以来，西方哲学即已开始消解理性主义的哲学传统了。费尔巴哈以感性直观，尼采以权力意志，弗洛伊德（Sigmund Freud，1856—1939）以无意识，存在哲学以人的存在——对抗哲学中的抽象理

① 参看孙利天：《21 世纪哲学：体验的时代》，《新华文摘》2001 年第 7 期。

② 张潮著，吴言生译注：《幽梦影》，陕西旅游出版社 1999 年版，"序"第 1—2 页。

③ ［德］爱因斯坦著，许良英、范岱年编译：《爱因斯坦文集》第 1 卷，商务印书馆 1976 年版，第 561—566 页。

性，消解理性在人性或意识中的中心地位。不过这些对理性的反叛和抗争仍未超越理性思维的现代性视野，因而也并未能动摇理性在哲学中的中心地位。柏格森把迄今为止的哲学认识对象的方法分为两种：第一种的前提是围绕着对象转，第二种的前提是钻进对象。第一种就是传统哲学的方法，其特点是“现成的认识方法”，是从自然科学中搬来的；第二种方法是“直觉法”。① 非理性主义通过强调非理性的情感思维和直觉方法，对传统的理性方法进行了强有力的挑战。早在19世纪前叶，作为黑格尔同时代人的叔本华就委婉地向理性方法的万能性发难，认为“有好些事情，不应用理性反而可以完成得更好些”②。海德格尔则把哲学引入了“诗的、非概念的无体系的领域”③。克尔凯郭尔（Sören Aabye Kierkegaard，1813—1855）则赋予“情感”以方法论的意义，把它当作个人把握自己存在境况的认识方式。在他看来，只有源于生活的情感体验，才是正确理解对象和自我的唯一途径。海德格尔还强调，人是用他的整个身心、整个存在而不是单用他的反思来理解自己的。人对世界的知觉，首先是由情绪和情感揭示的，而不是靠概念。另一些非理性主义者则用直觉和体悟对抗传统的理性方法。所谓“直觉”，按照柏格森的界定，就是一种理智的“体验”，人们置身于对象之内，以便与其中独特的从而是无法表述的东西相符合。这种直觉的方法“不是相对地认识实在，而是绝对地去把握实在”。柏格森强调指出，要获得这种直觉，必须强迫心灵扭转它所习惯的思维活动方向，即要使心灵认识到直觉思维与传统的概念思维迥然不同，使心灵突破三段论逻辑框架的桎梏而自由地展开。唯有直觉才能绝对地完全把握变动不居的实在。因为真正的直觉总是对于一个不可分割的连续体的直觉。它要求认识主体要置身于对象之内，与对象合一，从里面体验而不是仅仅进行外在的观察，这就要求摒除一切概

①③ 王治河著：《扑朔迷离的游戏——后现代哲学思潮研究》，社会科学文献出版社1998年版，第116、118页。

② ［德］叔本华著，石冲白译：《作为意志和表象的世界》，商务印书馆1983年版，第100页。

念，特别是“思想上的成见”。①

胡塞尔的名言“回归生活”、“回到事物本身去”，较为集中地代表着一种思维方法上的转向：人由存在的冷静观察者、分析者变为存在的关心者、参加者、体验者。更有启迪意义的是，胡塞尔是从对科技理性的偏爱入手的，他本是想为理性哲学找到科学根基，拯救理性哲学的，但是经过一生的研究和体验之后，到了晚年，胡塞尔却转向了“生活世界”，不再愿意去“教导”别人，而只想享用自己的生活体验。当他的现象学遭到“纯粹意识”之“唯我论”的诘难之后，他意识到，当“我”看到我这一自我时，也应看到他人也是一种自我，这种自我与我共在并且和我拥有共同的世界，世界不只是我的，也是你的、他的，世界是向着所有人开放的世界。于是自我与他我通过拥有共同的世界而形成“自我的共同体”，单一的主体性也随之过渡到了集体的主体性——他体验到了“主体间性”的重要。胡塞尔试图以此突破笛卡儿单子性的自我主体性原则的限制，寻求一种对当下的“我”的自我和所有的自我普适性的原理。“主体间性”问题的提出，使“我思对象”不再混淆物自体与其他人，而是细致区分它物、他人这两类对象，等于在意识深处承认了他人的存在。他领悟到：我经验他人，他们现实地存在着。一方面他们作为客体被我经验，而不仅仅作为自然物体；另一方面他们又作为相对独立的主体被我经验，这些主体经验这个世界，同时也经验着我，就像我经验他们一样。虽然有人认为胡塞尔仍然是把“他人”只看作自我的派生或统摄对象，是一个“异我”，但他毕竟是在全球沉浸于非理性主义消解形而上学的浪潮中的时候，保持了一种独具慧眼的体验之思，感悟到“人类理性”不能被简单抛弃。尽管胡塞尔提出“生活世界”和“主体间性”范畴的初衷，是出于拯救理性哲学的愿望，并将此作为自己的“使命和能力的信仰”，把人类理性当成“是对于我们的信念的检验”。但是，也许正是因为沉入科学世界之中并对其中的不合理性展开深刻的体验之思，才

① 王治河著：《扑朔迷离的游戏——后现代哲学思潮研究》，社会科学文献出版社1998年版，第119—120页。

使他有可能空前充分地暴露和感悟到了近代以来理性主义的困境与尴尬。他深深体验到，任何局限在理性的视界以内去维护理性绝对合理性和合法性的企图都已是不可能的了。胡塞尔后来明确指出，在现代哲学里，“很明显，根本谈不上哲学在方法上（甚或在内容上）要向精密科学看齐，根本谈不上哲学必须把精密科学的方法当作楷模，也根本谈不上哲学应当根据一种原则上在所有科学中同一的方法论继续进行在精密科学中所进行的工作，并且完成这些工作。我重申，哲学处于一种相对于一切自然科学来说的新尺度中，虽然这种新尺度（如这个词所形象地说明的）与旧尺度可能有本质的联系，但它符合于一种从根本上全新的方法，这种方法和‘自然的’方法是对立的。谁否认这一点，谁就没有理解认识批判所特有的全部问题”。因为“如果我作为一个自然思维的人观察我正在体验的知觉，那么我立即会并且几乎是不可避免地（这是事实）会将它统摄于与我的自我的关系中，它在这里是作为这个体验着的人的体验，作为他的状态，作为他的行为，而感觉内容则作为对他来说在内容上的被给予之物，被感觉之物，被意识之物，并且和他一同排列在客观实践中”。“这个体验的内在本质（个别地看）是绝对地被给予性。”① 胡塞尔越是到了人生的最后阶段，越是对以真理的化身教导别人的做法提出质疑。他意识到，也许只有自己呈现自己的体验才是有价值的，对生活体验的描述本身就有着生活的价值。他曾发愿：远离“教诲”，诉我所悟。并且把这种观察和体验的诉说提到“良心”的高度。胡塞尔也关注“哲学生存的命运”，但是诉说生活的体验成了他最后的追求和归宿。哲学研究的这种转向在法兰克福学派那里也得到了反映。他们认为工具理性的僭越是造成单面文化、单面社会和“单面人”的根源所在，而要改变这一切，就必须用价值理性取代工具理性。韦伯在对自然科学发展给人类带来潜在危机的沉思中发现：科学既不适合处理价值观念，也无法回答个人生存意义问题。席勒进一步指出，实用主义的人本主义坚持

---

① ［德］埃德蒙德·胡塞尔著，倪梁康译：《现象学的观念》，上海译文出版社 1986 年版，第 26—27、40、41 页。

要求包括每个人心灵的全部丰富多彩的东西，而不是把它们全部压缩为一个单一类型的心灵，人本主义还包括每个人心灵的心理财富及其兴趣、感情、意志、抱负等各种复杂内容。①

人类对强调过头了的理性哲学之合法性的追问和对体验的重新关注，到 19 世纪特别是 20 世纪中叶得到进一步的加强，在西方哲学界出现了一种新的思维方式——体验之思。这种思维方式用海德格尔的术语来说是“非规定性的思”，用维特根斯坦的术语来说是从“生活形式”的观点看，用后结构主义的术语来说是“拆解”或“解构”。这些不同的表达虽然哲学观点大异其趣，却有一种区别于理性主义哲学的共同倾向，即不再以肯定性、规定性的思维方式确立任何理论的中心，而是以否定性、非规定性的思维显示那些多样性、差异性、非同一性、不规则性的理性边缘，或是思维进入一种新思不断涌现却无法捕捉到自身的有无之境。此种新的思维方式绕开了理性主义哲学预设的陷阱，即肯定或否定某种理性中心都必然强化理性中心的理性主义必然性，开辟了或者说是回溯到了古代哲学直觉体悟的运思道路。② ——这标志着一个新的哲学时代的到来，它也预示着 21 世纪乃至今后几个世纪哲学的根本特点。理查德·罗蒂（Richard Rorty）在《哲学与自然之镜》一书中，对德国的陶冶哲学传统加以认真的考察，认为以加达默尔为代表的德国人文哲学家“以 Bildung（陶冶）概念，取代了作为思想目标的‘知识’概念。认为当我们读得更多、谈得更多和学得更多时，我们就成为不同的人，我们就‘变革’了自己”③。因此，人文哲学不应是建立一种理论的“体系哲学”，而应是以对话为己任，陶冶个人自我完善能力的哲学。他用 Edification 代替 Bildung，认为“陶冶哲学”是对智慧的爱的一种方式，它放弃追求客观真理和本质的责任，只是追求一种人生价值。陶冶哲学家以其警彻的语言和对人生深切的关注向与人生无涉的建立体系的哲学挑战，并为人们

① ［英］席勒著，麻乔志译：《人本主义研究》，上海人民出版社 1966 年版，第 13 页。
② 孙利天：《21 世纪哲学：体验的时代》，《新华文摘》2001 年第 7 期。
③ 转引自邹进著：《现代德国文化教育学》，山西教育出版社 1992 年版，第 189 页。

敞开令其惊异的人生境况，并随时注意在不断创新的语言中，防止将生命“对话”蜕化为概念演绎。罗蒂明确指出：“伟大的系统哲学家像伟大的科学家一样，是为后代而营建；伟大的陶冶哲学家，是为他们自身的时代而消除非人性的东西，陶冶哲学家想为诗人可能产生的惊异感敞开地盘，这种惊异感即在朗朗的世界中有某种新东西，它不是已然存在物的原样再现。”①

经过上述众多哲学家接力赛式的努力探索和推进，曾经一度被遮蔽的体验，已经得到空前的关注，甚至可以说世界已经进入一个全面凸显体验的时代。值得一提的是，不仅哲学思想已经走到这一步，而且经济的发展也已经进入这样一个历史阶段，空前地强调体验，甚至进入一种“体验经济”时代。《大趋势》一书的作者阿尔温·托夫勒，在其《未来的冲击》一书中曾推演过这样一个结论：在服务业之后，来自消费者的压力和来自那些希望使经济不断增长的人们的压力汇聚在一起，将推动技术社会走向未来的“体验型生产”。我们正在从“实物”经济走向“精神”经济。这可以算作是未来学家对体验经济的第一次勾画。托夫勒这样写道：“随着消费者的基本物质需要越来越多地得到满足，我们便可以充分地预见到，更多的经济力量将用于满足消费者对美、威望、个性化和感官愉悦等方面的微妙、多变而又极具个人色彩的需要。制造部门将投入更大的资源，着意设计在心理上别有风采的、令人满意的产品。产品生产的心理成分将会越来越重要。”② 在接受中国中央电视台现场采访的时候，托夫勒先生进一步明确强调，21 世纪是一种“体验经济”，“而且是从群体化体验到个体化体验，是个体体验的经济”。这种思想，被 IT 行业的前卫者因特尔公司总裁葛洛夫在 1996 年 11 月一个电脑展的演讲中敏锐地提起：“我们的产业不仅是制造与销售个人电脑，更重要的是传送信息形象的、生动的交互式体验。”以 Windows XP 为契机，体验因子成为商家普遍关注的对象。

① 转引自邹进著：《现代德国文化教育学》，山西教育出版社 1992 年版，第 189 页。

② ［美］阿尔温·托夫勒著，秦麟征等译：《未来的冲击》，贵州人民出版社 1985 年版，第 230 页。

二、体验思想在教育哲学领域的凸显

“体验”的思想在教育哲学和道德教育哲学领域，也已经得到空前的关注，成为一个理论热点，也成为教育改革与发展实践的新走向。

在教育和道德教育领域，正当西方皮亚杰（Jean Piaget，1896—1980）、科尔伯格（Lawrence Kohlberg，1927—1987）为代表的以认知发展为核心的学说，以理性判断能力为标志，将道德主体性的哲学追求具体转化为人的心理品质，其成果成为现代道德教育理论的重要学术基础时，苏联伦理学家德罗布尼斯基在其《道德的概念》一书中，通过对道德的历史起源的详尽考察，提出道德的存在方式与表达方式是多样的重要观点。同样，苏联伦理学家吉塔连柯发表《感觉论原则及其在伦理学中的地位》，从捍卫马克思主义的感觉论原则的立场出发，强烈反对西方近代以来伦理学与道德教育中的唯理性主义倾向。20 世纪 20—30 年代，美国一些教育心理学家率先提出“经验学习”（experiential learning），强调在实际工作与日常生活中积累的经验中学习。这里的经验，就偏重于“体验”（这里的“经验学习”也可以翻译为“体验学习”）。杜威（John Dewey，1859—1952）的“教育即生活”、“从做中学”的教育思想中，就已经含有体验的思想。在苏联教育家马卡连柯的《论共产主义教育》和《教育诗》中，在苏霍姆林斯基的《帕夫雷什中学》和《把整个心灵献给孩子》等教育经典著作中，都蕴藏着丰富的情感和体验教育的思想与实践探索。苏霍姆林斯基特别强调道德教育给体验者带来的快乐体验，对其道德品质的培养所具有的重要意义。他在陈述自己二十多年观察学生对道德价值的认知与感受时说：“孩子们对教师在阐发道德价值的实质时所发表的言论的敏感程度、思想反应和个人态度，取决于他们的善良情感的发展程度。”①当马卡连柯带领孩子们一起参加义务劳动，信任孩子并让他们承担

① [苏] 苏霍姆林斯基著，赵玮等译：《帕夫雷什中学》，教育科学出版社 1983 年版，第 205 页。

重要角色的时候，当苏霍姆林斯基和孩子们去大自然中一起活动、共同观察，回来后写日记，相互交流体会的时候，体验已经不仅是一种思想，而且是一种行动了。

国际上对强调过头了的“认知主义”倾向的反思更趋深入，其中凸显了“情感”、“体验”的生存和教育价值。美国心理学家利珀研究指出，人类的情感生活经历着三个时代，其中第三个时代是人们“带着情绪去体验情境”的时代。① 戴蒙·考贝在其《现代道德教育值得反思的集中倾向》中，强调了“非智力因素”或“情商”在道德教育中的理论与实践价值。联合国教科文组织 1996 年面向 21 世纪报告《学习——内在的财富》中也明确提出，“要使学习，尤其是实践能力的学习方法与地点多样化”，其中就强调了要加强体验式学习。奈斯比特则从更大的视野指出：“我们周围的高技术越多，就越需要人的情感；高技术与高情感相平衡，这是象征我们需要平衡物质与精神现实的原则。”② 美国社会学学会情感分会主席诺尔曼·丹森 1984 年在其《情感论》一书中，评述了达尔文（Charles Darwin，1809—1882）1872 年起对多种情感现象的考察之后指出，“自我的感受构成情感过程的本质和核心”，它与自身的需要相结合，是面向自身，是“感觉的再感觉”、“知觉的再知觉”。③ 体验心理学则认为，与认知因素相比，情感体验主宰着人的内心活动和精神自由；而体验使人的情感世界日趋丰富，走向成熟。因为体验不仅是“忍受痛苦的能力”，而且也是“心理上战胜情境的能力”。④ 至少，目前从道德教育的角度看，道德的发生不仅仅是“道德认识”或“道德认知”或“道德判断力”的发生，更不仅仅是对“道德知识”的接受，而是包括情感、意志、理想以至

① ［美］斯托曼著，张燕云译：《情绪心理学》，辽宁人民出版社 1986 年版，第 390 页。

② ［美］约翰·奈斯比特著，梅艳译：《大趋势》，中国社会科学出版社 1984 年版，第 53 页。

③ ［美］诺尔曼·丹森著，魏中军、孙安迹译：《情感论》，辽宁人民出版社 1989 年版，第 7 页。

④ ［苏］瓦西留克著，黄明等译：《体验心理学》，中国人民大学出版社 1989 年版，第 14 页。

梦想等一系列因素的一种整体体验，是一种生成式、融通式的发生过程。

相比之下，在中国传统文化哲学中，一直存在着一个重视体验的传统。与西方哲学的认知型和体用分立型传统相比，中国文化哲学一贯讲究体用不分的“体验型思维”。在中国传统文化中，形而上的“道”或使一切思维规定得以显现的无规定，是思的根本指向。从古代经典文献的研读中可以领悟到，中国殷周的“周易文化”和“阴阳五行文化”是通过体验形成的，战国时期中国观念文化形成的基本途径还是通过体验。中国观念文化的两大主体，道家文化和儒家文化，都是靠体验的思维“悟”出来的，而不是依靠逻辑推理或实证确认出来的。概括地讲，中国传统思想的主流是思考人如何通过觉解和践履来安顿我们的生命，来实现我们的生命意义，旨在追求内在精神的充实、圆融、永恒。它是由宇宙人生本体的认同与证悟，再由一定的修养过程，直至与天为一、与道为一的终极境界。因此，中国传统思想的根本兴趣不在于向外探求，不在于获得关于外在世界的客观知识，而是探索生命的意义，以及实现生命、展开生命的方法。它的重点一直是重内观轻外求、重体验轻知识、重直觉轻理智、重内省轻经验的思维模式。[①] 这一点恰好与古希腊以来的西方认识传统形成鲜明的对照。以儒家思想的特点分析为例。儒家经典中哲学理论水平最高的是《中庸》，而其核心概念强调的就是“慎独”，做道德“体验”的功夫。中国文化哲学一直追求的道德体验的最高境界就是“天人合一”，而“天人合一”不能单纯地当作一种“用”，一种方法，而应上升到一种“本体”，即臻于“体”、“用”不二的境界。实际上中国的儒家已经通过“体验”，把道德、“仁”的道德理念，从人的道德体验升华为人类的道德“本体”。在这里“仁”已不仅仅是道德规范、道德理念，在儒家看来，它已经成为世界的本体，人是在体验“仁”的过程当中，在沉入体验时他才具有道德。道家则揭示出，中国人与自然处于同一个生命大流

① 陈鹏著：《执有与空无——中国人的境界观》，云南人民出版社 1999 年版，第12—14页。

之中，相互交感，氤氲化生，一样地流动圆转，气运生动。这种生存智慧和生活态度，赋予了中国人超越西方人（至少在时间上）的卓越的洞察力。①《诗经》是对中国传统文化中“天人合一”思想境界的生动注脚，它所展示的是周代人对江、河、山、花等自然事物和男女爱情的活生生的体验。唐宋以降的诗词，更是洋溢着中国人对山河大地和人际情感的深刻而细腻的体验。

近现代以来，不少教育家和学者也都非常重视体验。陶行知先生意识到“中国的教育太重书本，和生活没有联系”的弊端，提出“生活教育”理论，自觉放弃中国传统的“知行”思想，而强调“行知”思想。他在给试验乡村师范全体同学的信中指出：“我们的真正指南针只是实际生活。……我们朝着实际生活走，大致不至于迷路。在实际生活里问津的人必定要破除成见，避免抄袭。”他提出，“行是知之始”，要“承认亲知为一切知识之根本。闻知与说知必须安根于亲知里面方能发生效力”；“书和书中的知识都是著书人从行动中得来的”。② 陶行知的生活教育理论已经蕴涵着丰富的、活生生的生活体验的思想。他还创办晓庄师范学校，师生一起动手创造生活和学习的条件，在行动体验中获得生活的亲知，收到了良好的教育效果。蔡元培先生把“美育”作为教育的重要组成部分，主张发展体验者的“自由个性”。在其教育理论的阐述过程中，体验的思想渗透在字里行间。在当代，鲁洁、王逢贤教授在《新时期德育基本理论》及《德育新论》中指出：“一个完整的德育过程，应该是体验者的认知活动、体验活动与践行活动的结合。”③ 并明确指出“人的道德行为的发生受情感的引发和调节”，而“人对道德价值的学习以情感—体验型为重要的学习方式”。④ 鲁洁教授在她的《人对人的理解》一文中，从哲学上进一步深化了这一思想。朱小蔓教授在《情感教育论纲》一书中，把情感教育看成是“一个

---

① 王一川著：《审美体验论》，百花文艺出版社 1999 年版，第 74 页。

② 江苏省陶行知研究会等编：《陶行知文集》（修订本），江苏教育出版社 2001 年版，第 256、259、663 页。

③《辅导员杂志》2000 年第 9 期。

④ 鲁洁、王逢贤主编：《德育新论》，江苏教育出版社 2000 年版，第 93—94 页。

辐射教育活动全域、全程的理论问题与实践问题”，突出地强调了“情感—体验”，指出体验“是人的生存方式，也是人追求生命意义的方式”，“教育的过程应该是逻辑－认知与情感－体验共同构成完整的教育过程”，“情感教育是情绪唤醒、主体感受与体验的过程”。① 在《多元社会中学校道德教育：关注学生个体的生命世界》一文中，她和刘慧博士共同揭示：“多元社会中，人类的生命意识在凸显，道德教育观应从机械论转向生命论。学校道德教育必须从远离学生生命世界的格局中走出来，回归学生的真实生活，关注学生的生命世界。关注学生的生命，实质是关注个人的生命经历、经验、感受与体验。每个学生的生命都是独特的，这种独特性以其独特的遗传因素与环境相互作用，并通过其经历与经验、感受与体验体现出来。而人又是以其经历而形成的自我经验来感受生活、感受他人、感受世界的，也是基于他的生命感受，他的自我经验来理解生活、理解他人、理解世界的。”② 孙俊三认为：“人的体验在人的生命存在、人的自我生命的升华、人的精神的解放中具有十分重要的意义。”③ 张天宝提出：“教育过程是一种体验。”④ 张志勇在其《情感教育论》中则强调情感体验是教育发生的重要机制。班华教授则提出品德是由“认识能力、情感能力、践行能力”构成的，而情感能力中就包含着情感体验。他认为陶行知先生所提出的“教学做合一”的思想，“其精神实质就是使体验者通过实践活动获得经验、体验，并将其概括化、内化为稳定的个性特征，从而达到教育的目的。在德育中，活动—体验型德育模式就是体现这一思想的教育方式。在活动—体验模式中更强调体验者亲身参与并获得切身体验的一类实践行为”。当代的体验，开始实现一种新的转化，“在关

① 朱小蔓著：《情感教育论纲》，南京出版社 1993 年版，第 6、57—59、150—153、124—225、154—258 页。

② 刘慧、朱小蔓：《多元社会中学校道德教育：关注学生个体的生命世界》，《教育研究》2001 年第 9 期。

③ 孙俊三：《从经验的积累到生命的体验——论教学过程审美模式的构建》，《教育研究》2001 第 2 期。

④ 张天宝：《关于理解与教育的理论思考》，《教育研究与实验》2000 年第 5 期。

于活动—体验模式中，并不排斥理性教育的研究。从思想品德心理的发展规律来看，从感性到理性，从具体到抽象，是必然的认识历程。所以，学生从活动中获取的经验、体验一定要概括化、抽象化，才能形成稳定的价值观和世界观，以及稳定的心理结构和个性心理品质。所以，活动—体验模式的研究还要扩展到活动体验与知识理论学习相结合的研究、经验体验理性化的研究、活动与内省相结合的研究等"①。有人认为活动、体验学习有良好的效用，可唤起积极的学习意欲，使儿童快乐地学习，造就学生的整体人格，具有道德教育价值。② 香港突破机构副总干事梁永泰博士在南京师范大学举行学术对话时，呈现了"领袖训练营"的一系列开创性探索，并提出：当代的教育和道德教育已经从逻辑分析式教授转向了学生的感官学习，进入了一个感官时代、读图时代，在这个时代，人们主要依靠感官学习，是一种去逻辑符号的学习。③

从上述分析可以看出，在时代发展的总趋势下，体验问题在教育学领域也已得到凸显，国内外都有一些教育理论工作者从不同的研究视域注意到了这个问题，并展开了尝试性的研究。其研究的视域和成果更多的是初步将"体验"与认知既相区分又相关联，注意到体验是一个"完整的德育过程"的有机组成部分，在立德树人实践中有着不可忽视的价值与作用，其中更多的是注意到体验与情感的联系，从"情感体验"的层面上生发开来。无论如何，这些现象和信息都显示出，体验不仅与道德教育之间存在着密不可分的联系，而且是道德教育的重要组成部分，是道德教育理论工作者不可忽视的问题。当代的道德教育理论工作者不仅无法回避，而且有必要将在过去的道德教育中被遮蔽的体验彰显出来，作为道德教育理论与实践共同关注的时代主题之一，作为道德教育理论新的生长点。

---

① 班华主编：《现代德育论》，安徽人民出版社 2001 年版，第 351—352 页。

② 潘发勤、汤玉莲：《重新认识活动、体验在学习中的意义》，人大复印报刊资料《教育学》1999 年第 8 期。

③ 资料来源：香港突破机构副总干事梁永泰博士举行"21 世纪领袖教育"学术对话会的记录。时间：2002 年 4 月 24 日。地点：南京师范大学道德教育研究所，田家炳教育书院南楼 712 会议室。

三、体验的实践探索与领悟

仔细观察当代青少年儿童喜闻乐见的活动，深入到他们的精神世界之中，不难发现，当代青少年儿童的个体性、主体性和自主选择性明显增长，他们对约束性道德教育都程度不同地表现出一定的负向情绪反应。近年来，有些受教育者已开始反其道而行之——教育者教授什么，受教育者就反感什么；教育者要求怎样做，受教育者就拒绝做什么，而去尝试着做那些教育者批评和反对的言行。如有不少青少年儿童提出远离教室和校园，故意“扮酷”、“扮靓”，追求成为“坏男孩”、“坏女孩”，以种种无法预测的行为向社会表现出一种调侃式的“游戏”行为。如此，可以说约束性道德教育在其原有的规范灌输形态下，已无法保证其教育的实际效果了。

但是，另一方面，当代青少年儿童对能够诱发其体验的道德教育内容、形式和关系，却表现出浓厚的兴趣。渗透和体现着“体验”精神的道德教育是体验者所喜爱的。共青团中央、全国少工委已经捕捉到了这个时代主题，在实践领域展开了广泛的探索，受到青少年儿童的欢迎。共青团中央、全国少工委于 2000 年 10 月 23 日下发的《关于动员和组织少先队员在实践中体验的实施意见》中，在第二部分，专门阐述“体验教育”，指出要“把完成体验获得真实感受作为教育活动所必须达到的具体目标”，“思想品德的形成和创新精神与能力的培养，需要在获得真实感受的基础上完成”。全国第四次少代会工作报告第六部分提出要“在实践中体验”①。世界范围内的生态环境教育和可持续发展教育的实施，空前凸显了游戏和体验。我国 20 世纪 90 年代兴起的情感教育理论及其实践探索，将情感体验放在了突出的地位。英国中小学教育中的“圆圈时间”就是关于体验的有益探索。我国一些幼儿园和大中小学已经开设了活动课程、生态体验研学课程，加强师生间的对话与交往，提高学生评语的针对性、个性化含量，有效诱发学生的切身体验。

我个人对体验的探索与领悟。一开始，我是从学校道德教育有效性的问题出发进行思考的。研究发现，“体验”有助于道德规范

① 《辅导员》2000 年第 11 期。

信息的内化，因而从“体验是道德教育内化的有效途径”的命题展开对体验问题的理论研究和实践探索。① 在进一步的研究和探索中，我逐渐领悟到“体验”不仅有助于导引者所传输的道德规范信息的内化，而且体验本身具有道德性。在全国教育科学“七五”规划至“十三五”规划课题的实施过程中，我们课题组组织城乡学生互相交换学习、生活和交往环境，鼓励师生之间、生生之间、学生与父母之间开展开放式对话，有效地诱发了学生的道德体验。四十多年来，我对体验问题作了较为系统的理论研究和实践探索，对体验的道德教育价值获得了新的领悟。

在多次设计、修改和统计体验调查问卷的过程中，在大量访谈及对访谈笔记和录音的整理中，我逐渐感悟到：体验不仅在道德教育中具有重要的价值，而且在每一个人的生存实践之中具有重要的价值，其实际价值远远超过了我所能作出的预期以及我的语言所能表达的阈限。因为无论什么人，不管他对自己目前生存处境的感受如何，也不管他接受过或正在接受什么样的道德教育，只要谈到自己的体验，几乎每个人都表现出浓厚的兴趣，而且把“最深刻的体验”看成自己“生命中最有价值的精神财富”——无论快乐的或悲伤的体验。我还发现，在访谈中人们最喜欢诉说少儿时期的体验，或当下的情感、交往和生活体验，② 而且在谈到这些体验的时候，诉说者往往会忘记了时间，谈得眉飞色舞，或泪水涟涟。在访谈中，我只是作为一个倾听者，或一个诉说者。当我作为倾听者倾听时，我常常会不由自主地随着诉说者的诉说，带着自己的心事，沉入到一种无法排遣的体验之中，和诉说者一起体验，而忘记了“我”的存在；我作为诉说者，在诉说自己的生态阅历时，也常常会将我的倾听者带进我的生命故事和喜怒哀乐之中。在访谈中，我常常和诉说者一起会心地笑，一起流泪。我的心灵被一次一次地震撼着！其实，可以毫不夸张地说，我对“体验”的道德教育价值的真正深切的领悟，是在我对不同国家、不同地区、不同民族、不同

① 刘惊铎、权利霞编著：《德育学教程》，陕西师范大学出版社 1992 年版；刘惊铎：《德育内化的动力机制》，《班主任》1992 年第 2 期。

② 这只是一般情况。实际上，不同的被采访者所诉说的内容侧重点和诉说方式存在一定差异。

职业、不同年龄、不同性别的人的采访之中，在与诉说者的心灵对话与碰撞之中，一句话，是在我的“研究—体验”生活之中深化的。

在“研究—体验”的过程中，我深切地感悟到自己属耳于心，倾听到了每个人充满灵动的生命中那美好音符的跳动；属耳于地，听到了人类时代行进的由远及近、由近及远的脚步声。

正是在理论梳理和个人感悟的基础上，我日益领悟到，现在有重提生态、体验问题的必要。现在的问题是：生态、体验的内涵究竟是什么？生态、体验的道德教育价值是什么？为什么有体验的道德教育在当代是有效的？道德体验教育的实践着力点是什么？道德体验教育有哪些基本类型？这些问题，都是迫切需要解决的道德教育的基础理论问题，同时也是道德教育的重要实践问题。为此，把生态、体验作为道德教育哲学的一个重要范畴，展开深入的理论研究，便具有重要的理论价值和深远的实践意义。

第二节　体验的理论内涵

一、“体验”概念的厘清与界定

我把体验定义为：体验是一种图景思维活动。其中，“图景”是一种跨越时空的有机的整体性存在，它同时包含着个体人过去的生态阅历、当下生活场景之生命感动和未来人生希冀的蓝图，其显著特征是整体性、现场性和超越性。① 海德格尔在其“存在的拓扑

① “图景思维”是一个直觉领悟出来的概念，不是逻辑推导出来的概念。但领悟出这个概念之后，我进行过逻辑和学理上的验证和推敲。我和导师朱小蔓教授讨论过是否可以把“图景思维”也叫做“图像思维”或其他概念的问题。我们比较了与此相关的行为科学的“认知地图”，维特根斯坦的“图画”和“奥古斯丁图式”，柏格森的“自我图像”等。对比思考和讨论的结果，出于三方面的原因，最后确定用“图景思维”而不用“图像思维”或其他概念：一是认知地图、图画和图式都是有所特指的概念，而“图像”则是一个科学范畴的概念，带有物质化、机械化的意味；二是柏格森在他的《材料和记忆》中使用“自我图像”概念时，在其直觉认识论中和在其心理学中一样，“图像”也是特指一种记忆中的“印象”；三是在实际访谈中，“图像”容易被理解为仅仅是物质的图像或心理的主观回忆层面的东西，因而不能表征体验的真实内涵。

学”中已把此在的空间性奠基于时间性之中，将来与曾在“一齐伸达并供呈当前”，“在场伸展到曾在和将来之中”。① 而吉登斯在其结构化理论中进一步将时间与空间交织在一起，指出：“在跨时空的‘遭遇’的构造中，行动主体是以一种时间延续性的方式使用对场景的占有权。”② 体验作为一种图景思维活动，不是以单纯语言文字符号的逻辑转换为主的逻辑思维活动，而是以图景转换为主的图景思维活动。这种思维活动不是知识累加性的，而是在体验者的大脑中发生着其生态阅历、生活场景和未来希冀蓝图的关系与结构的自组织转换活动。③ 为了凸显体验的这种思维特点，可以将其称为“体验之思”。其思维展开是与感性个体的生存实践具有内在一致性的整体性、融通性的思维活动，其中将认知与情感等因素统统整合起来，发挥整体的领悟功能。当一个人真正发生了体验的时候，他会领悟到人类如此丰富的语言的贫乏性，常常体悟到一种“无以言表”的感受，找不到恰当的语言来表达自己当下的深切体验，往往以惊叹、呼喊、默默点头或手舞足蹈等表示只可意会，不可言传，但头脑中发生着活生生的图景转换思维活动。

对体验进行分类，是一个具有基础理论意义的重要课题。究竟有多少种体验，我们可以作出多种维度和视角的划分，在此按其存在形态的维度分为亲验、想验和观验三种类型。所谓亲验，是指体验者亲自置身于一定的关系世界和生活情境之中，具身体认、经历或受过感动，对自身及其他存在的生存状态及其意义有所体验、有所领悟。儒家所强调的“践履”、“体悟”、“体证”是亲验，王阳明

① ［德］海德格尔著，陈嘉映、王庆节译：《存在与时间》，生活·读书·新知三联书店 1987 年版，第 128、388 页；陈嘉映著：《海德格尔哲学概论》，生活·读书·新知三联书店 1995 年版，第 125 页。

② Anthony Giddens, *The Constitution of Society*. University of California Press, 1984, pp. 118-119.

③ “自组织”是一个开放的概念，它旨在表明高度复杂的生命体在主动的生态创生过程中发起下一阶段分岔点的动态有序性。自组织的过程依赖于反思性交互作用行为，目的即体现在自组织之中，而不是外定的。它与开放性、互作性、发展性、形成性等相关。其中主要有皮亚杰的“自动调节”说、沃德森的“后成说”、普利高津的“开放组织、耗散结构”说、伯奇和科布的“生态继续”说。

的“龙场悟道”便是一种典型的亲验形式。佛教所讲的“修行”，也是亲验。在佛教中，如来所说的法和如来所达到的境界，你怎么能够知道呢？只有置身于如来所置身的情境当中，亲身体验，才能够有所领悟。这样说来，佛教讲参禅、修炼，经过一番身体力行的磨炼功夫，实际上就是促使信奉者去亲身体验的过程。佛教的修行方式与它的成佛境界的理念是相匹配的，是具有内在一致性的。世界上，像佛教这样把修行模式与修行境界有机统一的教化，道教、基督教、天主教、伊斯兰教、东正教等也有程度不同的体现。这些都可以算作亲验。所谓想验，则是指体验者基于自己的亲历、感受和观察，在积淀了一定的生态阅历的基础上，借助于别人的体验表达、自己的想象或冥想、接触或感知到某种信息，去感悟、领悟表达者和体验者的生态阅历、生存状态及其人生意义的体验形式。所谓观验，是指有缘与体验者处于同一时空，目睹体验者的亲验过程而受到身心感应或心灵触动的一种体验形式，可以将观验的人称为“观验者”。

从三类体验形式的相互关系上说来，亲验、想验和观验是相互区分、相互关联、互为条件，可以相互融合、相互转化的。在一定条件下，亲验是想验和观验的生活基础、生态阅历基础，想验、观验又是亲验之思想的、心理的结果。从体验的循环链来看，当前的想验、观验又是下一轮亲验的准备，有过想验、观验之后，亲验往往更加直接、快速、深入、丰富。当前的亲验是下一轮想验、观验的基础和身心准备状态，有过亲验之后，想验、观验才会有发生的现实生活的支持，从而更加富有亲近感、更加切己、栩栩如生。亲验、想验和观验之间也是可以相互诱发和唤醒，并可以相互促进和深化的。海德格尔曾把个体比作一个窗户，人们必须透过它才能看到其他一切存在。“凡是以没有‘亲在’的‘在’的性质的‘在者’为课题的各种本体论都是赖‘亲在’本身的‘在者状态’的结构作根基并作说明。”① 无论是亲验还是想验、观验，都倾注了体验者的肉身生命、精神生命以及情感、悟性、灵性等身心因素，而不仅仅是认知因素或认识活动。

① 洪谦主编：《西方资产阶级哲学论著选辑》，商务印书馆1964年版，第362页。

纵观传统的约束性学校道德教育，既缺乏亲验，也缺乏想验，缺乏观验，它把人的培养目标与培养方式分离了：道德教育的目标很高，也很诱人，道德教育的形式是把体验者集中在固定的场所里（如教室等），基本上采用“课堂讲授”的单纯知识灌输或要求解读方式，让体验者更多地通过记忆道德规范知识和要求，却希望他们生发实际的高尚德行。这就造成了传统教育和现行教育的时间、生命投入与教育效果的产出之间的失衡或无法匹配，在教育现场出现了让全社会难以理解以致纠结的教育者一方日复一日地“口若悬河”、“苦口婆心”、“呕心沥血”，受教育者一方却“恹恹欲睡”、“牢骚满腹”、“倍感折磨”的教育怪圈或“现代教育病”。其中既存在着无法摆脱的教育生活实践悖论，也存在着教育和教育者自身证明过程中的逻辑悖论。

纵览人类生活史和文化史，其实体验弥漫在人类生活的每一个角落，且是一个“人人熟悉，人人又不甚了解”的概念。似乎人人都可以就体验讲出些什么，但人们历来对体验存有一种神秘感，难以捕捉其内涵。结果，“体验”在历史上和日常生活中沦为一个“司空见惯”、“自以为是”的概念。在人类思想史上，“体验”范畴在哲学、美学、心理学和诗学领域出现的频率较高，近年在教育学领域也有了初步的探索。站在不同的学科角度，人们对体验有不同的描述。为此，有必要对“体验”的理论内涵作一厘清。在哲学中，体验范畴有认识论和本体论之分：在认识论中，胡塞尔在《逻辑研究》第二章中，在目的论意义上把体验概念定义为一种以“意向性”为本质特征的各类意识的一个包罗万象的“意义统一体”。狄尔泰在生命哲学中，也把体验概念首先看成一个纯粹的认识论概念，在目的论的意义上规定：“体验就其具体现实性而言，是被意义范畴凝结起来的。这是凭回忆联结起来的被直接体验或通过同情体验到的东西的统一体”，“这些意义关系构成了我现在的体验并且使这种体验充满”。①当体验作为一种生命认识方式时则是一种非理性的内心体验，体验中的生命始终意味着是体验情况，即“生命

① 转引自王一川著：《意义的瞬间生成》，山东文艺出版社1988年版，第237页。

体验”。① 在本体论中，“体验”是一种“内在于人的身体并改变人的身体存在形态的经验”。这种经验不再是在人之外、与人对立、为人所显见的外在对象，而是人的存在经验，人的生活方式的一部分，与人不可分割的或者说是人的肉身形态的存在。②王一川认为体验是对于人的存在方式的高度自觉。③ 刘放桐则把作为一种认识方式的体验本体化了。④ 在心理学中，瓦西留克是较为系统地研究体验的学者，但他在其《体验心理学》一书“作者的话”中明确强调：“我们所用的‘体验’这个术语并不是心理学中所熟悉的那个意思，即指主体的意识内容的直接的、经常是情绪的形式。在这里，它是指人在度过这样或那样（通常是艰难的）的生活事件、情况时，恢复失去的精神平衡，一句话，应付有威胁性情境时的一种特殊的内部活动、内部工作。……体验活动的结果总是一种内部的主观的东西——精神平衡、悟性、心平气和、新的宝贵意识等等，和实践活动的外部结果以及内部的但是客观的认识活动结果（不是指内部肯定真实那个意思，而是就其形式上看属于外部结果那个意思）是完全不同的。……这也就决定了我们研究的根本目的是从活动的观点的立场出发，探讨关于克服有威胁性生活情境的规律的理论概念体系，从而扩展普通心理学活动理论的范围，把其中的体验心理学作为特殊的理论研究与方法探讨的课题提出来。……很显然，这个目的不能用经验主义的方法，用积累数量已经十分庞大的事实的方法来达到。”⑤ 而当代的普通心理学则一般认为“体验”是指人对情绪或情感状态的自我感受。⑥ 在人本心理学中，把体验看作“内心体验”，着眼的是个人“自我实现”中的内心体验，最

---

① ［德］加达默尔著，洪汉鼎译：《真理与方法——哲学诠释学的基本特征》，上海译文出版社 1999 年版，第 84—85 页；邹进著：《现代德国文化教育学》，山西教育出版社 1992 年版。

② 孙利天：《21 世纪哲学：体验的时代》，《新华文摘》2001 年第 7 期。

③ 王一川著：《审美体验论》，百花文艺出版社 1999 年版，第 165 页。

④ 刘放桐著：《现代西方哲学》，人民出版社 1990 年版，第 698、696 页。

⑤ ［苏］瓦西留克著，黄明等译：《体验心理学》，中国人民大学出版社 1989 年版，第 9—11 页。

⑥ 彭聃龄主编：《普通心理学》，北京师范大学出版社 1988 年版，第 436、437 页。

高实现是马斯洛（A. H. Maslow，1908—1970）所说的包括“存在认知”在内的“高峰体验”的心理状态。① 而超个人心理学所关注的体验则是日常生活的神圣化、最高的觉知、最高人际知遇等“神秘体验”。② 美学认为，体验是一种生活感受，读者设身处地推己及人的感受能力，或读者的一种内心感受。③ 体验不是一般的内心感受，而是丰富的、活跃的、深刻的瞬间性存在领悟，伴随着强烈的情绪高涨，达到主体与客体的高度统一。这大略相当于中国古代所谓“感兴”或“兴会”。卢卡契认为，体验就是“作者自己在社会发展过程中的充分经验”，而不是“一般经验”。④ 加达默尔认为体验广泛地进入日常用语，是与它在传记文学里的运用相关联的，它是对“经历”一词的再构造。审美体验代表了一般体验的本质类型。⑤ 也有人认为是作者对自己人生经历的回顾与反思。在我国教育学界，朱小蔓教授认为：“体验作为情感教育理论中的一个重要范畴，既有认识论的意义，即通过体验的方式达到认知理解；又有本体论和价值论的意义，即体验是人的生存方式，也是人追求生命意义的方式。”在强调情感教育是人的体验过程时，还需要区分两种体验过程，即被动体验过程和主动体验过程。被动体验过程取传统心理学的含义，主动体验过程强调的不是体验直观，而是体验活动。⑥ 裴娣娜教授认为体验是“一个人对愿望、要求的（情感）感受”⑦。张华则认为是意义的建构和价值的生成。⑧ 沈建认为体验是

① 葛鲁嘉著：《心理文化论要——中西心理学传统跨文化解析》，辽宁师范大学出版社 1995 年版，第 120 页。

② A. J. Sutich, Some Considerations Regarding Transpersonal Psychology. *Journal of Transpersonal Psychology*, 1 (1), 1969, pp. 15-16.

③ 王一川著：《审美体验论》，百花文艺出版社 1999 年版，第 6、125 页。

④ ［匈］卢卡契：《卢卡契文学论文集》（二），中国社会科学出版社 1982 年版，第 333 页。

⑤ ［德］加达默尔著，洪汉鼎译：《真理与方法》，上海译文出版社 1999 年版，第 77—78、89 页。

⑥ 朱小蔓著：《情感教育论纲》，南京出版社 1993 年版，第 150 页。

⑦ 裴娣娜著：《发展性教学论》，辽宁人民出版社 1998 年版，第 25 页。

⑧ 张华：《体验课程论——一种整体主义的课程观》，《教育理论与实践》1999 年第 10、12 期。

主体内在的历时性的知情意行的亲历、体认与验证。李英则认为体验既是一种活动，也是活动的结果。

综合统计发现，人们主要是以这样一些高频词来描述体验的内涵和特征的：直觉、理智直观、（情感）感受、体认（体证）、领悟（瞬间性领悟）、感悟、反省（内省）、慎独、沉思、充分经验、理解、感兴、静观（缄默、默观）、活动、圆融、意向性、意义、生存方式、存在经验等。这些描述既可以理解为体验的不同表现形式，也可以看作体验的存在形态的不同表征形式，它们从不同的角度和侧面描述了体验的丰富内涵及多层次的存在形式。从这些高频词的分析中可以看出，东西方文化中对体验的界定是有较多歧义的，既有形而上的沉思，也有形而下的经验层面的描绘，还常常把“经验”、“自我经验”与“体验”混用，往往把体验的某种表现形式当作体验本身。而且，西方所讲的体验是在主客二分的视界下讲的，是作为主体的人去体验作为客体的世界。又有两种指向：一种指向是体验外部客观世界的，即“反映”客观世界的规律性或真理，包括体验绝对理念和上帝；一种是指向体验人的内心某种天生就有的东西，体验由“我思”而产生出来的一切东西，包括体验自我的生命神秘性。中国传统文化中的体验，不仅与西方文化中的体验存在某些差别，而且对体验的描述前后也有过多次含义和意义的嬗变，但基本上是“反省”的、“慎独”的、“体证”的。总之，迄今为止，人们在谈体验的时候，或因时代的局限，或因研究者自身的原因，有将体验单纯对象化、单纯主观化、单纯客观化或神秘化的倾向，程度不同地固着于某种既定的、不变的东西，使之演变成为一种单向的、封闭性的以致狭窄化、片面化的概念；或者给它塞进许多研究者所期望而它本身所不具有的内涵，使体验概念变成了一个大箩筐，造成了内涵和外延的逻辑混乱。一句话，体验的内涵和特征，尚未得到较为明晰稳定的揭示和表述。

我把体验定义为一种图景思维活动，其中不仅含有混沌的直觉领悟，也含有理性的反思；它是符号、文字、语言“串行信息”和行为、图像、情境“并行信息”综合作用的融通式思维；它源于生存实践而又超越于生存实践，穿越和贯穿具体生活经历的场景，透视生存实践的意义。体验之思这种超越语言逻辑思维，而以图景思维为其存在的特征，前人已经部分地意识到了，但是尚未作出明确的表述。例如，柏拉图已经意识到直觉的存在，不过他把直觉分为理性直觉、生命意志直觉，他更看重理性直觉，而且他把心灵和身体分属两个不同的世界，理性思辨和感性领悟也分属两个不同的世界。但他领悟到“在体验面前使用文字是虚假而且有害的”①。亚里士多德在《动物繁殖》一书中也提出，感官所得到的信息是首位的，超过了理智所能提供的信息（知识）。荣格用“原始意象”概念描述体验，拉康视之为一种“镜像”，柏格森说体验是一种“直觉经验”，是以“感官图像”为基础的。② 后结构主义者则在话语、书写领域颠覆语言结构、理性结构，只留下体验。而文化人类学家弗雷泽、哈丽逊、列维-布留尔、弗莱等人则致力于追寻体验的“原型”。③ 狄尔泰认为“体验”不同于认识论意义上的“经验”，或者普通心理学可以证明的“意识”，而是具有本体论意义的、源于人的个体生命深层的对人生重大事件的深切领悟。它首先是一种生命历程、过程、动作，其次才是内心形成物。相对于一般经验、认识而言，它必然是更为深刻的、高强度的、活生生的、神秘的、难以言说的、热烈的、瞬间性的深层感性素质。一些英译者干脆把“体验”译作“lived experience”（活的经验）或“heightened experience”（高强度经验）。④ 他把体验置于“生活关系”和“生活体验”的“生活地基”之上，认为生命是神秘莫测的“谜”，破解“生命之谜”的绝对中介就是深入生命流中去体验，体验常常可能仅仅持续一刹那、一瞬间，但这一瞬间意味着作为时间上的“连续体”的生命流正在生成，体验中的生命是无间歇地、不停顿地奔流向前的。

狄尔泰深刻揭示出，我们的生命之船仿佛航行在一条川流不息的河流上，每一个这样的瞬间都包含着时间的三维特性——过去、现在和未来在此相互生成。每一次的体验（瞬间），都是生命的充

① 周春生著：《直觉与东西方文化》，上海人民出版社 2001 年版，第 122 页。
② ［德］费迪南·费尔曼著，李健鸣译：《生命哲学》，华夏出版社 2000 年版，第 67 页。
③④ 王一川著：《意义的瞬间生成》，山东文艺出版社 1988 年版，第 3—9、5 页。

盈、丰满。① 赵汀阳则强调必须放弃原来的不良思维习惯，即放弃司空见惯的 to be 或 ought to be 模式。张世英以为人若“能知”主客关系之“蔽”，则可以回复与无尽整体合一之本然，回到自己“真正的家园和寓所”。美学的思维已经体现出个人生命在社会、自然的整体中畅通无碍地奔流的审美意蕴。舍恩提出“反思性实践”模式，强调实践者运用直觉、类比、隐喻而非普遍规则来进行思维，以处理“混乱”。鲁洁、王逢贤教授提出了“情感—体验型的学习方式”，甚至认为存在着一种“体验性思维”。② 但是，尚未对“体验性思维”给出明确的界说，也没有进一步揭示这种“体验性思维”的内涵与特征。这充分说明，前人都注意到体验是难以明确、难以符号化的“只可意会，不可言传”的思维活动，主要依赖于直觉和洞察力。江苏省社会科学研究院的张光鉴教授在其发表的《相似论与道德教育》演讲中，提出一种“直觉信道”说，认为在人的思维过程中存在着两大信息加工系统，一是符号、文字、语言串行信息，一是行为、图像、情境并行信息。在人与环境的不断建构中，在科学技术的不断创造中，在思维的不断运思中，会逐渐形成一种“直觉信道”。③ 20 世纪 70—90 年代以来的心理学研究中出现的“共生理论”及整个心理学的发展路向，也已经显示出这两种思维的融合趋势。④ 众多前人的这些研究，为我们今天提出体验是一种“图景思维”提供了有益的思想启迪和广泛的理论支持。

---

① 王一川著：《意义的瞬间生成》，山东文艺出版社 1988 年版，第 235—236 页。

② 鲁洁、王逢贤主编：《德育新论》，江苏教育出版社 2000 年版，第 93—94 页。

③ 教育部人文社科重点研究基地南京师范大学道德教育研究所主办的第四期“道德教育多学科论坛”。时间：2001 年 11 月 30 日。地点：南京师范大学田家炳教育书院南楼 404 室。

④ 关于心灵工作原理的研究，20 世纪 70 年代以来，出现了新的发展趋势：先是认知主义的研究取向，即符号模型占主导，接下来是联结主义的研究取向，即网络模型居于支配地位。佩珀特曾指出：这两种取向均试图建立智慧的模型，但是偏重不同。符号模型更偏重于人工的智慧，是以计算机作为理论启示，通过符号的串行加工方式建立智慧模型。而网络模型更偏重于自然的智慧，是以神经系统作为理论启示，通过神经网络的并行分布加工建立智慧模型。因分离性研究思路下各自表现出局限性，90 年代，共生主义开始崛起。S. Papert, *One AI or Many*? 1998。葛鲁嘉著：《心理文化论要——中西心理学传统跨文化解析》，辽宁师范大学出版社 1995 年版，第 92—93 页。

体验作为一种图景思维活动有其独特的生理机制。其生理机制即不单纯是主要依靠左脑的抽象思维，或右脑的形象思维功能，而是左右脑多种功能模块交互作用状态下的融通式思维，是图景信息在大脑中的转换和创生。美国哈佛大学的费舍尔（Fisher）教授提出大脑和认知的发展是一种“网状结构”，而不是梯形结构。① 另外一些脑科学的研究表明，大脑两半球对人体的运动和感觉的管理是交叉的，左半球管理右侧半身的运动和感觉，右半球管理左侧半身的运动和感觉。而且，脑左半球的功能侧重于抽象思维，它是线性方式处理输入信息的，脑右半球侧重于“直觉”形象思维，它是以视觉空间的非线性方式处理输入信息的。② 医学的进一步研究还证明，人类的大脑皮质除有明显的不同机能的区域外，还有具有整合功能的一些脑区，称为联合区，而且这个联合区很大，约占大脑皮质总面积的 4/5。对裂脑人的实验表明，大脑两半球不仅要在思维整合系统中相互配合、协调，而且在一定条件下相互代替，补偿和衍生出失去的大部分功能。因此当代许多科学家认为，脑功能的定位不是绝对的，而是相对的，大脑两半球结构与功能之间存在着分工合作的互补关系。脑功能定位说揭示：人的右脑不仅记忆容量很大，而且在认知方面也有左脑不可比拟的优越之处。如具体思维能力、对空间的认识能力、对复杂关系的理解能力、情绪表达和识别能力等方面，右脑都优于左脑。因此，右脑开发对于人的发展至关重要。北京市社科院开展的“八五”重点研究课题“关于形象思维发展的实验与研究”，从幼儿园、小学、中学到大学开设了一系列的实验班，其中通县（今通州区）弱智儿童实验班，把音乐、绘画等引入语文、数学等课的教学，利用形象思维来帮助智障儿童理解所学的知识，收到了较大的成效。浙江省慈溪鸣鹤小学“珠算式心算”实验则借助于学生的形象思维，让学生在脑子里形成一把同

① 哈佛大学零点研究中心费舍尔教授的主题演讲《多元文化的道德教育国际会议》，南京师范大学道德教育研究所，2000 年。费舍尔教授就我的选题作了深度交谈并特意寄来了他关于人脑结构与功能的最新研究彩版书稿（手稿）。

② 董奇等著：《脑与行为——21 世纪的科学前沿》，北京师范大学出版社 2000 年版，第 81—102、185—204 页。

实物一样的算盘，进行“在脑子里打算盘”。①

20 世纪 60 年代以来，脑科学的研究不断推陈出新。1962 年，美国的脑外科医生加扎尼加（Gazzaniga）和斯佩里（Sperry）发表了左右脑分工之说的论文。1995 年加扎尼加还回顾说：“70 年代就发现右半球偏好图形刺激的现象。”人类的言语功能和利手现象一并出现了优势半球的分化。一般而言，利右手者左半球优势，利左手者右半球优势；但这种优势不是一成不变的，非优势半球也具有另一侧半球相似的一切功能。20 世纪 90 年代以来，开展了多种无创性脑成像技术，实验性分离多重脑功能系统，发现大脑功能系统不是唯一按左右分工原则组装。除优势半球外，还包含着大脑皮质与皮质下结构，后头部与前头部，乃至背侧与腹侧系统等数以十计的多种形式脑组装模块按一定时序参与，并体现功能的动态变化。② 美国哈佛大学心理学教授加德纳（Howard Gardner）曾花数年时间分析了大脑和大脑对教育的影响，他在有关“多元智能”的研究中指出，我们每个人的大脑至少由八种智力构成，且脑外科和脑科学研究表明，每一种智力或能力都在大脑中有相应的位置，存在着脑功能的不同定位。③ 按照“多元智能”理论，教师在课堂教学中变以讲解为主的方法为多种方法并用，除适当地讲解外，还可利用图示、录像、音乐等形式教学，或让学生离开座位进行活动，以加深对抽象内容的理解，并通过学生之间的同桌、小组、大组活动等人际交往方式和自学、讨论等学习方式得到最佳教学魅力。美国哈佛大学的行为与脑科学专家戈尔曼教授近年相继出版《情感智力》（1995）、《情绪脑》（1996），提出我们具有两个大脑、两个中枢、两种不同的智力形式：理智的或情感的。人生成功与否，取决于这两者，不仅仅是智商，还有情商与之并驾齐驱。在人类的精神生活中，大脑边缘系统、新皮质、杏仁核及前额叶既相对独立，又

① 宗秋荣：《现代脑科学的发展及其对教育的影响》，《教育研究》1993 年第 1 期。

② 沈政：《脑科学与素质教育》，《教育研究》1999 年第 8 期。

③ [美] L. 坎贝尔、B. 坎贝尔、D. 迪金森著，王成全译：《多元智能教与学的策略》，中国轻工业出版社 2001 年版，第 2—5 页。

彼此互补，其协调合作的优势，既决定了智力水平，也决定了情感智力水平的高低。……戈尔曼指出：情感教育课程的内容着眼于儿童的实际生活，看似琐琐碎碎，而我们未来的教育正有赖于此。①这里要求有一种评价视角和评价标准的转换，破除诉说者和倾听者的求同性评价方式，而确立一种“求同存异”的评价标准和评价方式。而日本中央研究院脑科学与社会研究中心主任小泉英明教授的研究则揭示：人类心（脑）与体之间是一一对应的关系。② 上述多国跨学科的独立或合作研究，显示出多维度、多路径、多重视角的研究取向和丰富多彩的研究与实验成果，所有这些，不仅证明了体验是一种图景思维活动，也为体验在道德教育和人类生活世界中的广泛应用提供了坚实的理论基础。

案例分析

催眠术的体验意蕴

催眠术是一种对人类健康有益有效的体验方式。为了深入解读体验与脑科学的内在关系，有必要对催眠术作一分析。其实，催眠术大家并不陌生，在童话中、国内外电影中都多次出现过催眠术，如：悬疑大片《催眠大师》中精彩演绎的催眠与反催眠；在著名童话故事《睡美人》中，只要巫师一念神奇的催眠咒语，整个王宫包括美丽的公主、她的仆人、卫士以及宠物等都会陷入深深的睡眠之中；而《哈利·波特》中威力无比的催眠咒语，也为催眠咒语添加了一份神秘感。这些文学作品中的催眠术效果给其蒙上了一层神秘的面纱。实际上，催眠术就是通过诱导来帮助被催眠者解除疲劳、治疗神经衰弱或是获得一些平日里无法问出的潜意识中存在的信号或问题等。

① 刘力：《脑科学与教育：值得关注和拓展的研究领域》，《教育研究》1999 年第 8 期。

② ［日］小泉英明：《脑科学与教育：先端研究与未来展望》，中央教育科学研究所，2004 年。

从科学发展史的角度看，人类在现实生活中需要且产生了催眠术。在日常生活中，因为种种压力或矛盾纠葛，有为数众多的患者需要催眠治疗。所谓催眠术，就是使用催眠技术使被催眠者进入睡眠状态，并通过暗示作用达到催眠效果或治疗目的的一种治疗方法。一般常用的是催眠暗示疗法。在催眠现场，我们发现催眠与睡眠既有关联又有不同：睡眠的人对外界的刺激一般不会感受到；而被催眠的人，虽然对外界的刺激一般也不起反应，但对实施催眠术的人的一切言行都非常敏感，往往表现为“言听计从”，用经验去理解似乎不可思议。在催眠过程中，我们看到被催眠的人只能按施术者的指令做各种反应，进而使被催眠的人在大脑皮层中建立新的兴奋点。这样看来，“催眠暗示疗法”就是借助诱导作用，来抑制其原先的病态性行为的脑图谱（脑认知地图和脑情意地图），建立新的健康行为的脑图谱，从而达到治疗目的。事实证明，通过催眠治疗可以很好地治愈一些身心的疾病。一般来说，催眠术可调理和治疗的适应症主要是神经系统的疾病，如抑郁性神经症、癔症、强迫性神经症、恐怖性神经症，也可以使失眠病人解除痛苦，它对神经衰弱、遗忘症、癔症性失音，或瘫痪、恐怖症、夜尿症、口吃、儿童多动症等，具有一定的疗效。

作为催眠师最常用的催眠方法的暗示法，主要包括言语暗示和环境暗示等。言语暗示是用言语的形式，将一些暗示的信息传达给被催眠者。如对被催眠者说：“你现在置身在一个非常幽静的森林里”、“你现在是谁……”等；环境暗示是让被催眠者处在一个适合催眠、有助于使被催眠者进入催眠状态的场所，如室内的音乐、陈设、光线、色彩、角色服饰等。但有特殊情况也可以在紧张和嘈杂的地方进行。①

① [日] 美童春彦著，纪思、孟宪文译：《催眠术入门》，科学普及出版社 1987 年版；[日] 藤本正雄著，王思骥译：《催眠术》，中国卓越出版公司 1989 年版；马维祥著：《催眠术》，科学技术出版社 1989 年版；杨建峰著：《神奇的催眠术》，外文出版社 2013 年版；马维祥著：《中华经络催眠术》，厦门大学出版社 2010 年版。

深入分析不难发现，催眠术是一种把意识与潜意识深度融合的体验形式。在这种体验形式的展开过程中，催眠师即导引者，被催眠者即体验者。按照体验论的原理，催眠师作为导引者，同时也是体验者。按照弗洛伊德的精神分析学，把人的心理意识分为意识、前意识、潜意识（无意识）三个层次，在学界被称为“精神层次论”。而精神分析这门科学是以潜意识（无意识）作为理论前提，治疗人的心理疾病，研究并提示人类的心的构造和行为的。精神分析的目的及成就，仅在于发现心灵内的无意识，对于无意识心理过程的承认，乃是对人类和科学别开生面的新观点的一个决定性的步骤。弗洛伊德认为人的精神活动的能量来源于本能，本能是推动个体行为的内在动力。人类最基本的本能有两类：一类是生的本能，另一类是死亡本能或攻击本能。生的本能包括性欲本能与个体生存本能，其目的是保持种族的繁衍与个体的生存。强调“原欲”能量（libido、“性欲”）给人的全部活动、欲望提供动机的力量。但在这里，“原欲”或“性欲”是广义的，不是仅指性器官、狭义性生活，即与生殖联系的性，而是泛指生理快感和与之相连的心理快感，包括许多自发性追求的行为和情感活动，它是人一切心理活动的内在动力，当这种能量积聚到一定程度就会造成机体的紧张，机体就要寻求途径释放其能量。在1913年以后，弗洛伊德把精神分析理论广泛应用到人类社会生活和文化历史发展的各个领域，对哲学、心理学、美学、伦理学甚至社会学、文学等都有深刻影响。弗洛伊德坚持认为“性欲乃是人类取得一切成就的源泉”，他借用“升华”这一术语，指人将原有的本能冲动、欲望转向崇高的目标或方向和对象的过程，即：“本能的升华是最引人瞩目的文化发展特征，正是由于升华，高级的心智活动、科学活动、艺术活动或思想活动才成为可能。”在精神分析的心理治疗中，梦很重要，口误甚至心理疾病也变得有意义，潜意识会借由这几种形式显示出来，而精神分析则是通过对这几种形式的意识进行分析和探讨，从而去推测更深层次的潜意识的内容和所代表的主体的重要意义。弗洛伊德指出：“关于梦与幻想的关系，我们在夜间所做的梦，不是别的，正是幻想。”他认为“梦是一种在现实中实现不了和受压抑的愿望的满足”，夜间梦和白日梦完全一样，是欲望的满足。梦、白日梦、艺术想象便是性力转移的结果。如果人们的欲望在真实生活中受了压抑，那么他就会在幻想中去创造“一个属于他自己的世界，或者说，他用一种新的方法重新安排那个世界的事物，来使自己得到满足”。① 幻念也有可以返回现实的一条路，那就是艺术。艺术作为逃避痛苦的方法，用来制造一种幸福的感觉。在 20 世纪 20 年代，由于解释社会现象的需要，弗洛伊德提出了新的心理结构理论，他说：“一切美与完善的价值，都要依其对我们的感性生活的意义来确定。”在这个意义上，有进一步提出“三部人格结构”说的必要，把人格和人的精神主要分为三个基本部分，即本我、自我和超我。人在人生和社会的体验之旅中，渐次拾级而上。

那么，催眠术和梦境的脑科学原理究竟是什么呢？脑科学研究发现，人类的脑波主要分为四种，即 β 波、α 波、θ 波、δ 波等。β 波代表一般状态，α 波代表放松状态，θ 波代表打盹状态，δ 波代表熟睡状态。睡眠（sleep）是高等脊椎动物周期性出现的一种自发的和可逆的静息状态，表现为机体对外界刺激的反应性降低和意识的暂时中断。正常人脑的活动，和所有高等脊椎动物的脑一样，始终处在觉醒和睡眠两者交替出现的状态。这种交替是生物节律现象之一。觉醒时，机体对内外环境刺激的敏感性增高，并能作出有目的和有效的反应。睡眠时则相反，机体对刺激的敏感性降低，肌张力下降，反射阈增高，虽然还保持着自主神经系统的功能调节，可是一切复杂的高级神经活动，如学习、记忆、逻辑思维等活动均不能进行，而仅保留少量具有特殊意义的活动，例如，鼠叫可唤醒沉睡的猫，乳儿哭声易惊醒乳母等。α 波每秒 8～13 个周期，发生在人们清醒状态和 REM（rapid eye movement，快速眼动）睡眠时；β 波是最快的脑电波，每秒 13～40 个周期，通常只出现在人们处于非常紧张或者注意力高度集中的情况下；θ 波每秒 4～7 个周期，

① ［奥地利］西格蒙德·弗洛伊德著，朱更生译：《梦的解析》，中国华侨出版社 2010 年版；［奥地利］西格蒙德·弗洛伊德著，林尘、张唤民、陈伟奇译：《自我与本我》，上海译文出版社 2015 年版。

发生于浅睡眠阶段；δ波是最慢的脑电波，每秒0～4个周期，只见于深睡眠状态。脑科学实验和检测发现，在人心情愉悦或静思冥想时，一直兴奋的β波、δ波或θ波此刻弱了下来，α波相对来说得到了强化。因为这种波形最接近右脑的脑电生物节律，于是人的灵感状态就出现了。人在清醒、安静并闭眼时该节律最为明显，睁开眼睛（受到光刺激）或接受其他刺激时，α波即刻消失。除了这种周期性特征外，睡眠还有可逆性和自发性。前者指睡眠状态能被外界或体内的较强刺激所唤醒；后者则表示睡眠的发生是内源性的，尽管它有时在一定程度上受环境和一些化学因素的影响。① 从脑科学的角度分析，所谓催眠，即是在α波与θ波的状态下进行的人与人之间的大脑开放、互动、离合的活动及相应的行为反应之体验。经过实施催眠术，被催眠者或患者经催眠师的诱导，进入一种特殊的意识状态，在这种状态下催眠师会把自己的言语或动作整合、植入被催眠者或患者的认知、思维和情意系统之中，从而产生唤醒、钩沉、纠偏、治疗的生态体验疗愈效果。

人在深度地、全息沉浸地畅游于体验状态时，其脑海中的图景思维会豁然涌现出一种“体验之思”。

体验之思是一种非规定性的思，从而也是非统治、非宰制存在的思，它倾听着、感受着、领悟着，在主客统一性中经历着生命过程和周遭世界的变化。体验者的诉说性表达，携带着生命沉淀和凝聚在体验者生态阅历中的丰富的、活生生的关系世界或生活场景的信息。倾听者从诉说性体验表达中所获得的更多的不是规范的语言文字所呈现的相对封闭性的抽象意义，而是在头脑中形成一种开放性的生活图景或场景画面。它能够较为容易地把人带入一种生存实践的情境之中，倾听者的情感、思维和想象容易被激活而处于活跃状态。倾听者的体验运思所形成的生活图景和场景画面，与诉说者头脑中的生活图景和场景画面是不一样的，因此他们所发生的实际

① 何大江著：《超能脑波》，北京联合出版公司2016年版；王德堃著：《实用脑波图谱学》，上海远东出版社1992年版；廉慧编著：《100Hz非常脑电波·调戏科学》，北京联合出版公司2015年版。

体验会不相同。但无论如何，体验可以使我们欣喜，或者使我们战栗，或者使我们若有所思。一方面，体验使我们的身体、我们的存在和生活发生确定性的改变，这种改变在我们的生命过程和时间意识中留下了痕迹，但不能测量和规定它的准确意义；另一方面，体验给予我们的周围世界以一种深度的模糊，自在的奥秘，理性或思维规定边缘的不规则性、异质性、流变性，都使意义的世界难以中心化、理性化。体验着的人当然在生活、在行动，他已没有理性主体的轻狂和傲慢，而具有了自然赠予的厚重和丰富。① 列宁曾指出："全部历史，特别是历次革命的历史，总是比最优秀的政党、最先进阶级的最觉悟的先锋队所想象的更富有内容，更形式多样，更范围广阔，更生动活泼，'更难以捉摸'。"② 就是说，事物发展的多样性、丰富性和流变性，任何理性无法预测其过程与结果，而只有在实践中去体验。柏格森强调"直觉"的"思"，即人们置身于对象之内，以便与其中独特的从而是无法表述的东西相符合。要获得这种直觉，必须强迫心灵扭转它所习惯的思维活动方向，即要使心灵认识到直觉思维与传统的概念思维迥然不同，使心灵突破三段论逻辑框架的桎梏而自由地展开。唯有直觉才能绝对地完全把握变动不居的实在，因为真正的直觉总是对于一个不可分割的连续体的直觉。它要求认识主体要置身于对象之内，与对象合一，从里面体验而不是仅仅进行外在的观察，这就要求摒除一切概念，特别是"思想上的成见"。这与胡塞尔的名言"回到事物本身去！"是紧密呼应的，代表着思维方法上的一个转向：人由存在的冷静观察者、分析者变为存在的关心者、参加者。③ 在中国古代哲学中，在后期海德格尔的"思"之探索中，形而上的"道"或使一切思维规定得以显现的无规定，是思的根本指向。

综上所述，作为一种图景思维活动，体验具有整体领悟性、时空贯通性、情感与理智的交融性和意义生成性等特征。加德纳曾提

---

① 孙利天：《21 世纪哲学：体验的时代》，《新华文摘》2001 年第 7 期。

②《列宁全集》第 39 卷，人民出版社 1986 年版，第 74 页。

③ 王治河著：《扑朔迷离的游戏——后现代哲学思潮研究》，社会科学文献出版社 1998 年版，第 120 页。

出一种“人格智能观”，强调了情感与认知的交互作用和相互融合。他指出：“在全世界范围内所出现的大量不同的‘自我’，使人感到，我们最好应把这种‘感’看成是某种混合物，看成是从一个人的内省认知与人际认知的结合或融合中出现的。”① 这种智慧观揭示了情感和认知的统一，如内省智慧是个体对主观体验的一种自我认知，人际智慧是个体对他人情感体验和行为表情的一种认知——它们既是认知能力，又是情感能力。感受、感悟和领悟等，是体验的重要的发生方式和存在侧度。体验不同于经历、经验、感受等，相比之下，经历是随机的、遭遇性的，而体验具有选择性；经验是连续性的、累积性的，而体验是非连续性的、爆发性的；感受是感官的、短暂的，而体验不仅有感官的参与，还有心灵的介入，具有长久性。对体验来说，情绪、情感和认知都是体验发生的重要的内在的基础性因素。体验是情感和理性交融的结晶性产物。朱小蔓教授等从情感体验的角度揭示：“情感体验不是对当前刺激物、当前情境的瞬时、单一的体验，而是个体用自主的、全身心的经验参与的一种全方位、全历程、全情境的整体性体验。”② 体验注重与感性个体生命、个体人的生存实践的内在联系，在体验中，体验者可以对当下具体的生存处境有所超越，而生成一定的人生意义。

二、道德体验

道德体验是内含道德价值观的关系融通性体验。感性个体的人总是处于一定的关系世界之中，对包括自己在内的整个关系世界作融通性领悟。只要一个人对其周围的关系世界发生了内含道德价值观的关系融通性领悟，这时的体验就是一种道德体验。在实际生活中，在有关系存在的地方，在个体人置身于一定的关系情境并与之发生关联时，其体验即是道德体验。体验的不断深化，意味着个体人周围关系世界的扩展以及他对这种不断扩展因而也日益复杂的关

① ［美］加登纳（加德纳）著，兰金仁译：《智能的结构》，光明日报出版社 1990 年版，第 277—281。

② 朱小蔓、梅仲荪著：《儿童情感发展与教育》，江苏教育出版社 1998 年版，第 11 页。

系世界的融通性的提升。罗洛·梅（Rollo May，1909—1994）揭示出人生存在当下的生活之中，但通过体验涵摄过去和将来。① 张世英领悟到从时间上说，一个人当前的生存实践是他的一切过去和未来的东西的结晶和聚焦点，每个人当下的日常生活实际上是一个互相融通的“无底深渊”，其独特性与相互融通是人与无底深渊结合为一的两个方面。② 张立文在“和合学”的线路上运思前行，他领悟到“和合是指自然、社会、人际、心灵、文明中诸多元素、要素相互冲突、融合，与在冲突、融合过程中各元素、要素和合为新事物、新生命的总和”。融通和合“地”、“人”、“天”三界的“整体贯通与生生不息”，“既是同一世界内部纵向层间贯通，亦是三界之间横向界际贯通”。③ 体验者对周围关系世界的融通性越强，他照应周围关系的意识越强烈，道德智慧越高，其行为的德性境界也越高，最后从三重生态关系获得融通性领悟的时候，即可能达成生态体验的境界。④

由于种种原因，个体人对周围关系世界的融通性领悟力常常受到遮蔽，结果出现以有限的逻辑推理去理解无限多样化的生态关系的情况，其中最容易出现的一种可能性和当世结果，就是某个作为道德修养主体的个体人只看到自己以及与自己密切相关的人或物的存在价值，而小看、忽略以至否定他人他物以及与自己关系不甚密切的人或物的存在价值。这样一来，三重生态的完整关系就被肢解得支离破碎，因而“这一个”个体人在生存实践中的体验所达成的生存境界就被限定。这种倾向和状态以“这一个”人的具体的生存、生活态度和行为方式的形式表现出来，与周围的人和物发生动态运动时，就会出现一定程度的关系紧张、不和谐以至紊乱现象，进而影响到“这一个”人及与他有关的人和物的正常存在，也致发“这一个”个体人内生态的紊乱，降低其生存和生活质量——这就

① 杨韶刚著：《寻找存在的真谛》，湖北教育出版社1999年版，第56页。

② 张世英著：《进入澄明之境——哲学的新方向》，商务印书馆1999年版，第264页。

③ 张立文著：《和合学概论——21世纪文化战略的构想》，首都师范大学出版社1996年版，“自序”第5页、正文第122—393页。

④ 详见本书第三章“道德境界”。

是人们通常所说的“不道德”现象，其实这是一种“道德有限”现象。① 体验中的道德有限现象的发生，主要是个体人对关系世界领悟的局限性所致。个体人对周围关系世界的领悟越是受局限，其行为的超越性越低，道德境界也越低，其生存质量越低。当一个人对周围关系世界的领悟趋于狭窄化、片面化的时候，其道德境界就会反向下滑，最后可能突破人类的底线伦理，而沦落为俗人、假人或

① 关于人类的“道德有限”现象，在此作如下补充说明。从道德教育哲学的角度看，有限的道德，从某种意义上说，恰恰就是一种不道德。例如，将原有的人际道德的境界置于生态观下来看，就是一种受局限的道德境界。在以往的“人际道德”视角下，学校和社会教授给受教育者的道德信条之一是：人类只要不是在“阶级内部”或“人民内部”之间相互斗争、相互杀食，而是指向“外部”如异族、异类或自然界，那就不涉及道德问题，即属于“非道德范畴”，因而也就不需承担道德责任。道德发展史显示，在人类的不断领悟中，道德的标准也处在不断的更新之中，在过去看来是道德的态度和行为方式，在现在看来却是一种道德有限或不道德的现象。正如斯宾诺莎（Baruch de Spinoza，1632—1677）所深刻指出的那样：“在上代人那里是道德的，在后代人却是邪恶。”恩格斯在谈到原始社会道德的狭隘性与奴隶社会道德的进步性时，曾深刻指出：对原始人来说，一切“自己人”即氏族和部落内部之间的关系尽可以平等、自由、诚实、互相帮助，但和一切“外族人”之间的关系则意味着敌对和仇杀，而且在仇杀中要表现出“勇敢”。这种狭隘性在部落与部落之间因争夺猎区、牧场而发生搏斗时表现得特别明显。有时因血族复仇引起部落间长时间的互相残杀，甚至把对方的俘虏杀食。“部落始终是人们的界限”，而奴隶制则“一般地消除了杀死俘虏和食人之风”，表现了人类道德上的一定的进步。因此，“在当时的情况下，采用奴隶制是一个巨大的进步”。这样一来，在中国和世界其他国家的不同历史阶段上都曾出现过“民族英雄”、“爱国英雄”、“伐木能手”、“打猎英雄”等被当局和社会表彰与推崇的人物。显然，在全社会和人们内心深处，不仅不认为这些人的行为是一种道德有限现象，反而还普遍地认为他们的行为是一种值得推崇的高尚道德行为。但是，在生态体验的视角下重新来评价人类的行为，我们则领悟到上述一系列所谓的“道德行为”实际上不能被看成达到了较高的道德境界。因为生态学揭示：种群之间存在着“互惠共生”的关系，“一些有关的生物相互协助而彼此都能获得某种利益”，人类与其他生物之间同样以这种关系生存和发展。人类如果破坏了这种关系，就会受到惩罚，例如“受到了人类损害的土壤，是再也不能形成顶级土壤的”。人类对自然的种种破坏行为，不仅会程度不同地伤害到同时代的其他周边人群，而且可能危及自己的下一代、下几代人和人类本身“类”以及每一个个体的生存与发展。换言之，它虽然会给一定圈子的某些人带来一时的利益，却将损害整个人类的长远利益，违反可持续发展的精神。请参考《马克思恩格斯选集》，人民出版社1995年版，第4卷第94页、第3卷第220页；[比利时] P. 迪维诺著，李耶波译《生态学概论》，科学出版社1987年版，第22—23页；本书第三章“道德境界”中的“生态体验”。

歹人。① 由此可见，当我们讲体验就是道德体验时，是从生态体验的视界去观照的，即从三重生态去领悟世界的关系存在，去感受生活世界、自然之境和自己的内心世界，以达到互惠共生的生存状态。感性个体的人逐渐领悟到“我在世界之中，世界也在我之中”，最终生成万物与“我”的内心世界达于和谐、互惠共生的状态。这样看来，虽然体验有境界的不同，但无论在哪种境界上，它总是带有道德意涵的。因此说体验本身就具有道德教育的价值。

在理解道德体验是内含着道德价值观的关系融通性体验的时候，必须意识到两点：

第一，道德价值是一个不断生成和发展着的历史性概念，它受一定的价值观支配。人类的价值观是在不断追求人的领悟力与世界存在本然之相符程度的过程中向前发展的。库尔兹把人类的价值分为保全人的生命、保持人的健康、满足合理要求和与某种幻想相吻合等四种价值层阶，不同层阶的价值在人的生存实践中居于不同的地位。② 孔子以仁为其价值观的核心，老子以道法自然为其价值观的核心，柏拉图以人的理念为其价值观的核心，亚里士多德和狄尔泰等以人的生命（意义）为其价值观的核心，马克思以人的自由个性发展为其价值观的核心，卡逊、莱奥波德、罗尔斯顿和纳斯等以人对自然存在所应承担的责任为其价值观的核心等。在不同的价值观下，道德体验所生成的道德的意涵是不同的，所达成的道德境界也是不同的。我持一种生态价值观，主张以“生态之道”为价值观的核心，它强调人是生存在三重生态之中，人的生存是在元生态、类生态和内生态的涵容互摄和互惠共生之中实现其理想的生命存在样态，生成其存在意义的。“人道”即“生命之道”是“生态之道”的一个组成部分，人道应与生态之道相益，而不应相害。老子曰：“故道大，天大，地大，人亦大。域中有四大，而人居其一焉。”③

---

① 详见本书第三章“道德境界”。

② ［美］保罗·库尔兹编，肖峰等译：《21 世纪人道主义》，东方出版社 1998 年版，第 32 页。

③《道德经》。

庄子也说："天地与我并生，而万物与我为一。"① 只有这样，才能在实现生态之道的同时自然地实现人道，而人道又成为生态之道的有益补充和有机丰富。在人类的生存实践进程中，对三重生态关系和这"两道"的融通性领悟程度或融通性领悟力，体现出人的不同的道德境界，同时也体现为个体人不同的生命实现样态。

第二，在道德体验中，体验者是将自己"置身局中"的，而不是"置身局外"、客观地领悟对象之间或对象情境中的道德关系。因为这后一种情形的体验并不导致体验者本人与对象或对象情境之间的价值关联，因而也不致发体验者以一定的价值标准去选择自己的态度和行为方式。那么，这种体验又是怎样成为道德体验的呢？原来，这种体验所领悟到的关系融通性，会成为体验者的生态阅历或积淀到他的潜意识之中，在后来的道德体验中被诱发和唤醒，由此形成一个大的"体验循环"。在体验循环中，当体验者将自己置身局中，将对象之间或对象情境中的关系与自己发生了价值关联，并领悟到自己应当采取的态度和行为方式的时候，这时的体验，即成为道德体验。当下的道德体验会诱发和唤醒体验者过去生态阅历和潜意识中积淀的体验。所以，尽管从体验本身看，它就具有道德体验的意涵，但是仍有提出道德体验概念的必要。因为道德教育本身是一种使命性存在，它始终承担着立德树人、导引体验者领悟自己与周围关系世界的关联，并学会更合理地选择自己的生存态度和行为方式的责任。体验的自发状态和自觉状态是有一定区别的，道德体验教育可以自觉地导引体验者在生态观下展开其体验。只有这样，体验者与其周围关系世界的互动和共生才不会由"在场"所限定，他还会领悟"缺场"的联系，从而保证道德体验境界的开放性和"超越性"。② 换言之，道德体验是在具有道德意涵的情境中，或是在生活情境中所发生的具有道德意涵的体验，而这里，道德情境是三重生态关系之在场和缺场的共在，是有限和无限的涵容互摄。在这个意义上，可以说道德体验就是生态体验，而生态体验才

① 《庄子·齐物论》。

② 鲁洁：《关系中的人：当代道德教育的一种人学探寻》，《教育研究》2002 年第 1 期。

是真正的道德体验。当人的道德境界更多地受到人类或个人自身利益和人际圈的局限的时候，在其意识深处，埋藏更多的是对自身直接利益的关心，境界较高的也仅仅是对人类较长远利益的关心，而缺乏对超越于自身和人类直接利害关系的生态因子及其结构性关系的关注意识，要让他们超越自己直接的现实生存时空去思考和关注在他看来是遥远的、与自己的利益毫不相干的问题，经验证明是相当困难的。张世英说："'欲壑难填'，这种主—客模式所给人的束缚是无止境的。从认识论的角度来说，主客关系式的认识只是一种外在的认识，总不免抽象性，而且认识必然性并不如一般人所认为的那样就等于是自由，至少不等于获得高层次的自由。"①

至此，为了深入理解道德体验的概念，有必要进一步澄清以下几个重要问题。

第一，要对"道德"作出新的解释和理解。按照伦理百科辞典的解释，道德是通过社会舆论、内心信念和风俗习惯调节人与人、个人与社会集体、社会集体与社会集体之间关系的原则和规范的总和。② 但是，任何概念都要不断地接受检验和修订，道德概念也不例外。从源头上看，道德是在人类的生产和生活过程中逐渐生成的正确对待和处理周围关系的规范或原则。但是，后来经过文化史的历演流变，人们逐渐遗忘了道德的本意，而误以为道德就是某些"圣哲"、"先贤"确定下来的一些不可以改变的行为规范的总和。如此一来，道德实际上就演变成了历史上的"先人"对"后人"行为的约束规范体系。这就使道德便离开了它本源的意义，而演化为当下生存着的人的生活之外的既定的规范教条。于是，在"道德"面前，人们只是听到一种身外的声音，却丧失了自己做决定的自由

① 张世英著：《进入澄明之境——哲学的新方向》，商务印书馆 1999 年版，第 266 页。

② 徐少锦等主编：《伦理百科辞典》，中央广播电视出版社 1998 年版，第 1059 页。

意志和行动上的自主选择性，① 感性个体当下生存的体验与道德处在了实际的分离状态。恢复人类道德本意的有效探索，就是把道德交给每一个生存着的感性生命个体，让他们在自己的当下生存实践中，在自然之境中，在与其他人和群体的互动交往中，体验在多重关系构成的生活世界中自己的恰当位置和应有的行为方式。随着时代的发展和人类对周围关系世界领悟力的提高，人们日益体验到世界之相互依赖性的增强与感性个体生命独特性凸显之间的辩证统一关系，不断生成更高的道德境界。在与我国台湾中央大学黄藿教授讨论时，他认为，道德应是一种不成文的调节规范，适用于每一个有理性的个人，自觉地调节个体之间和个体与集群之间的关系。黄先生同意我对道德概念的新推展，即：道德是在领悟三重生态关系的过程中生成的生存境界。如此一来，个体人在三重生态关系的体验中感悟已有的道德规范、原则，生成新的行为准则的活动，就都是道德实践活动。

第二，道德体验观对道德与利益之关系的澄明。我以为，道德体验除了具有体验的一切特征之外，它还具有价值澄明性领悟力（不同于认知学派所说的“价值判断性”）、行动选择的中庸性、切己关联性、推及性等基本特征。其中，“价值澄明性领悟力”和“中庸性”是道德体验的核心特征。因为，当作为感性个体的人置身于一定的社会生活环境、自然之境或心灵世界的领悟之中，回忆其过去的生态阅历，筹划未来的生活梦想，通过自我反省和诉说性表达，诱发和唤醒了他的人生感悟的时候，这种体验即是道德体

---

① “自主选择性”是道德的根本精神之一。康德、叔本华和尼采、萨特都注意到了人的道德责任感与自由意志和其行为的自主选择之间的内在关联。个体人之所以需要也应当负责，仅仅是因为那行为是他自己自主选择的结果，而不是被迫的反应。叔本华站在道德行为承担者的立场上说：“我对某种行为负有责任，因为这行为是我自己自主选择的结果。”当代中国学者吴康宁针对中国学校道德教育一度忽视学生自主选择的问题，指出：“教会选择是 21 世纪我国学校道德教育的必由之路。它不仅是‘选择的世纪’对学校道德教育的一种根本期待，而且是‘选择的学生’对学校道德教育的一种根本需求。”吴康宁：《教会选择：面向 21 世纪的我国学校道德教育的必由之路——基于社会学的反思》，《华东师范大学学报（教育科学版）》1999 年第 3 期；朱小蔓主编：《道德教育论丛》第 1 卷，南京师范大学出版社 2000 年版，第 92—109 页。

验。道德体验是在感性个体生存实践的视界上立论的，但又常常是在道德发生的意义上呈现的，它离不开体验者具体的关系世界和实践活动，其中总是体现着个体及群体的德性生成和道德境界的动态变化，具有生存实践的价值与意义——不仅对这一个感性个体有益，而且对其他感性个体的生存及一切存在来说都是有益的。这既符合亚里士多德和麦金太尔把“有益”作为“德性”的根本的界定，[①] 也符合孔子“仁爱”的思想旨趣。在某种意义上，正是道德体验的这种特性，决定了道德的生成性和道德导向的超越性、历史性与发展性。

案 例

卖鱼人和“垃圾王”的体验

在南京有一家人以卖鱼为生，夫妻俩每天批发许多的鱼零售出去。对这一对夫妻来说，他们每天的基本生存实践样式就是蹲在由装各式鱼的水槽围成的半圆形狭小地方里边，根据顾客的需要，选鱼，捞鱼，称鱼，杀鱼。如此这般，重复着同样的动作。他们的衣服又湿又脏，而且脏得反光。他们的手在水的长期浸泡下，已经溃烂了。我们看到的就是这些。这就是他们在场的生存实践样式，也就是他们的实际生存。我们的“想验”以为他们很辛苦，活得很单调、乏味，一辈子的大部分时

① 传统道德教育哲学对道德与利益的关系存在认识和实践上的误置：道德境界越高，获得的利益应当越少。当代伦理学家麦金太尔看到了道德教育的哲学与事实悖论，明确提出道德的利益性本性。他在《德性之后》一书中明确指出：“德性必定被理解为这样的品质：将不仅维持实践，使我们获得实践的内在利益，而且也将使我们能够克服我们所遭遇的伤害、危险、诱惑和涣散，从而在对相对类型的善的追求中支撑我们，并且还将把不断增长的自我认识和对善的认识充实我们。”我们在《德育学教程》中提出“利益分析原则”，让道德、德育重置其合法性、合情理性地位与正当性功能（刘惊铎、权利霞著：《德育学教程》，陕西师范大学出版社 1992 年版，第 15—16 页）。这是中国道德教育哲学研究应当特别重视的基础性问题。

间都在这狭窄、肮脏的地方度过，也没有时间去风景秀丽的地方游览一下，也没有时间读书，真是人生的遗憾。但是，他们本人的“亲验”与我们的“想验”有所不同：虽然每天的实际生活过程“很苦很累”，但他们的心里是甜甜的，只要每天鱼市的行情不错，鱼卖得又快又多，价钱又好，他们就心满意足了。他们对每一个顾客都是笑脸相迎，甚至与经常光顾他们鱼铺的顾客建立了十分友好的关系，一见到这些老顾客，他们就老远地打招呼，主动给这些顾客让价、让斤两。为什么呢？因为他们还有一种不在场的“希望”，一种对未来生活的希望。

我所采访的水阁村的“垃圾王”们，其实际生存样式，在常人看来，比这些卖鱼人还要“惨”得多：他们每天守在垃圾场，跟在垃圾车后面，钻进刚倒下的新垃圾堆中，甚至相互争抢一堆相对有价值的生活垃圾的时候，他们当下的实际感受是“臭味、臊味，很难闻”。许多环境教育专家和教师只是到垃圾场上走一圈，考察一下垃圾场的环境问题，不少人都要戴上口罩。但这些“垃圾王”们“乐滋滋的”，生活过得“蛮充实的”。当他们起了个大早，赶上一车新鲜而有用的生活垃圾，捡到自己想要的那些有价值的垃圾的时候，他们的脸上便泛起了惬意的笑容。这又是为什么呢？因为他们每天在这样辛勤劳动的时候，他们心中想到自己用捡垃圾换来的钱，可以供自己的孩子上大学，可以赡养自己的父母，可以买房子，可以在亲戚、邻居和周围的人群中有地位，有自豪感，自己将来还有希望去世界各地，至少是全国各地旅游观光，他们积攒了足够的钱之后，还可以做自己想做的任何事情……他们有无穷的希望在，这希望就是他们的意义世界，这意义世界是他们生存实践的一部分，而且是重要的部分，这希望引领着他们的实际生存，使他们在每天辛苦的现实生活中体验到一种别人无法体验的快乐。

上述案例中，卖鱼人对自己的生存状态及其生存意义的感悟有一种切肤的、深入骨髓的感觉，这体验来自他的直接的生存实践，决定着他的道德境界，这就是“亲验”。而“我”对卖鱼人的生命故事、生存状态及其意义的感悟，则是在“我”的生态阅历的基础上，加上了“我”的猜测和想象，它来自卖鱼人当下的生存实践和“我”的生态阅历的交互感应之中，影响到我的道德境界，这就是“想验”。想验和亲验具有不同的特点和功能，只能相互促进，不能相互替代。从某种意义上说，亲验是想验的基础，想验是亲验的重要补充。人与人之间正是在亲验和想验的交叉转换中，逐步实现人对人的理解、人对人的尊重、人对人的关爱，提升各自的道德境界的。

按照传统的理性思维方式，这些卖鱼人和“垃圾王”们的苦和累是真实的，而希望是虚幻的，也许他们一辈子也没能攒够实现自己那么多梦想的钱。但是，从道德体验的境界去看，每天的苦和累以及他们的希望，对他们来说，都是一种真实。每天的苦和累固然是一种真实，但那仅仅是物理意义上的真实；而他们的希望也是一种真实，一种精神意义上的真实，而且这对他们来说，可能是更为重要的真实，是他们生命中的“亮点”，使他们的生活有阳光感。如果没有后一种真实，仅仅为前一种真实而活着，他们也许就丧失了生存下去的意义和勇气。冯友兰和牟宗三从不同的角度注意到了“实有形态”与“境界形态”的区别。冯友兰指出，玄学家所谓“体无”并不是对本体“宗极”的把握，而是指一种精神境界，是“以无为心”的境界。他在其《新原人》中提出人生四境界，把境界与人对意义的觉解联系起来，认为人有什么样的觉解就有什么样的境界。牟宗三则认为，道家“无”的形上学是境界形态的形上学，在于提炼“无的智慧”达到一种境界。他说：“境界形态我译作 vision form，就是说你自己的修行达到某一个层次和水平，你就根据你的层次和水平看世界，——你看到的世界是根据你自己主体的升降而升降，这就叫做境界形态。”① 这样看来，人生的境界中，在实际生存的界面上，可能会遇到各种各样的遭遇，甚至是难以想象的苦难，但是只要这个人在他自己所能理解的意义上对未来

① 牟宗三著：《四因说演讲录》，上海古籍出版社 1998 年版，第 73 页。

抱有希望，他就会有勇气克服各种困难，吞下各种苦难而生活下去。如红军长征过程中面对千难万险，在抗日战争中，中国人民面对日寇铁蹄蹂躏，坚定抱持必胜的信念，对未来新中国充满美好的向往。但一旦人对未来丧失了任何的希望，那么，他可能立刻就丧失了生存下去的勇气和毅力。当江苏有线台让我谈对某中学生之死的看法时，我谈的主要体验是：如果这孩子还有一线生的希望，他就不会死。因为那位教师、那个学校的校长和这学生的家长逼得太急，气势太猛烈，超过了孩子的年龄和经历所能够承受的压力的限度，他已经丧失了生的希望、勇气。可见，学校对教育教学计划、学习任务和活动的安排，对学生各种行为的处置态度、方式与分寸，应充分考虑学生一方的实际体验，而不能由教师群落想当然地确定。

在这里，我遇到过这样的质询："这些卖鱼人和'垃圾王'知道他们所做的事情的意义吗？如果他们不知道这些行为的意义，能叫做道德体验吗？他们能有道德境界吗？"固然，我也不反对把人对自己生存实践的意义世界的领悟作为道德体验的重要内涵，但我以为，不能仅以体验者是否意识到自己行为的意义作为衡量道德体验和道德境界的标准，而应当主要地考察：体验者是否向社会提供了自己力所能及的——以利己不损人为底线的诚实劳动，其中包括以劳动换取金钱和荣誉的行为。在这种劳动过程中，他发生了实际的生存体验，这种体验即道德体验，发生了这种体验的人，也达成了一定的道德境界。如果说劳动意识的缺乏和对劳动者的尊重意识淡薄，是当代青少年儿童的"思想意识症候"，那么切实加强劳动教育就显得格外重要。实际上，有些人由于知识的限制，他可能一辈子都没有能够明晰地领悟自己所从事的活动的意义，但他的行动本身确实构成了自己所在社区以至人类社会和整个世界和谐运行的重要的组成部分，因此这行动本身就是一种道德境界。相比而言，这比那些只是意识到某种行动的意义，却不愿意去积极行动的人的行为来，是一种更高尚的道德境界。

可见，理解道德体验并由此建构道德体验教育，已经不能仅仅将视野局限在学校专门组织的教育活动之中，而是要深入到广大而平凡的劳动人民之中，从他们的日常生活之中去感悟和挖掘蕴藏着的朴实无华而又高尚的道德境界，并把它作为学校道德教育的活的资源，滋养青少年儿童道德的健康生长。周辅成先生在为高兆明的《道德生活论》一书所写的序中深有感触地写道：“应该是以普普通通的、过惯道德生活的人民的道德为出发点，以至是最终点。我们的民族精神，也是靠这些诚诚恳恳过生活、尽神圣义务的人去维持。人民伦理学是非常朴素但又非常扎实的东西，也是十分广大、十分深远的东西；既不以甘言媚世，也不对有权势者奉承；他只是如劳动者的手足，一步一脚印地耕耘。……农民辛辛苦苦劳动一年，把收获的百分之二十，以至百分之五六十作赋税上交，归公用，这还不算‘利他’、‘自我牺牲’算什么？修桥铺路、各种公共建设，以至老爷建楼房，无报酬或低报酬出劳力，这不算‘毫不利己，专门利人’算什么？‘利他’、‘自我牺牲’、‘毫不利己，专门利人’，本是人类常有的事情，在朴实劳动人民中普遍存在。”凡是见不到这种潜力的人，大抵都是轻视人民、轻视人民道德生活的结果。“至于那些见人落水不肯去救的人，是些什么人呢？多半是穿君子服装或坐在小汽车中的人。”①

确实，“垃圾王”和卖鱼人的生活是朴素的、无言的，也许有人认为是肮脏的，但是，他们以自己默默无言的朴实劳动创造着自己及家人美好生活的同时，也为自己所在的社区和更广范围的人民的美好生活，奉献着一份力所能及的力量，自己甚至并不会分析其中高尚的道德价值。② 但是，可以毫不夸张地说，南京市人民能够生活在一个卫生文明的新都市，与水阁村等垃圾填埋场“垃圾王”们的平凡劳动是分不开的；南京市鼓楼区人民能够过着正常的日常生活，与各个菜市场中卖鱼人等每天的平凡劳动也是分不开的。推而广之，在北京、上海、广州、西安等现代化文明都市中，也像南京市一样，存在着同样的情形。相反的结果，只需要试做想验就可

---

① 高兆明著：《道德生活论》，河海大学出版社 1993 年版，“序一”第 4—6 页。

② 我在访谈时亲眼看到，确实有人瞧不起这些人和他们的生活，见了他们，有人就戴上口罩，或掩鼻而过，还有人认为他们的生活是“不自觉的”，因而也是“没有意义”的，无所谓道德境界可言。这种思想意识和言行已经脱离了人民群众的生活世界。

以明白，在此不再赘述。

针对理性哲学和科技理性长期占据支配地位，而排挤、放逐社会科学和人文科学的状况，许多哲学家和教育学家、道德教育理论工作者都进行了深刻的揭示和坚持不懈的为人文科学“争地盘”的努力。体验在这个文化哲学的大潮中渐渐浮出水面。对道德教育自身的改革与发展来说，要彻底扭转学校道德教育缺乏魅力的现状，在原有的视界下对现行道德教育的实践过程作小修小补的优化，看来已不能解决根本问题。如欲使道德教育返魅，就有必要在教育意识和教育思想的深处进行根本的转换，更新教育观念，创新教育模式。我以为，将一度被遮蔽的道德体验从道德教育和整个教育中凸显出来，在克服约束性道德教育过分强调道德规范知识传授而忽视体验者自主选择性弊端方面，不失为一种有益的理论指向和实践改革探索。

第三节 道德教育过程中的体验

一、生存本体之探寻

在当代，由于生存状况的新变化，人们的个体性、主体性日益凸显，因而对那种要求体验者简单接受既定道德规范知识和终极价值的道德教育，从认识到情感都已很难为体验者继续接受。因此，现行学校道德教育的有效性问题日益突出。问题的实质在于，现行的学校道德教育形态已经不符合当代人的生存状态和成长需要了。

我的道德教育哲学基本命题是：体验是道德教育的本体，道德体验是有魅力的道德教育，道德体验就是回归道德教育真谛的道德教育。然而要证明这一点，会不断遇到来自既定的关于道德及道德教育的传统理念、思维方式和道德教育模式参照系下所产生的种种问题的质疑和困扰。目前，虽然传统的道德教育在实践上暴露出许多问题，在理论上也日益暴露出其逻辑悖论，从而导致人们在现象层面对其存在价值普遍质疑，但是也应当看到这样一个事实，那就是在当代，逻辑理性哲学仍然占据着重要的地位，传统道德教育模式不仅以其理性思维方式给人提供一种既定的明确具体的道德教育目标体系，而且因其长期浸染已经拥有一批习惯于这种道德教育模式之“是”，而不能看到其所“能是”的教育者。而有些道德教育理论工作者本人则也常常会受到来自自己既有知识结构和现有理论思维方式的拘囿而难以有所超越。换言之，现有的人，是传统的道德教育观念和模式培养出来的，大家已经“如入芝兰之室，久而不闻其香；如入鲍鱼之肆，久而不闻其臭”了。而从根本上看，有怎样的道德教育观念和道德教育实践模式，表面看是教育的关系、场所和情境的转换，是时间和精力投入的变化，实质上则是导引者的道德教育观念的变化，是导引者对体验者的看法的变化，是对体验者情感以至生命投入的变化，是对体验者是否真心关爱的态度的外显。因此，更新教育观念在某种程度上是确立体验是道德教育本体之理念的先决条件。特别是，目前我国正处在社会转型时期，社会转型时期的教育改革和发展的深层问题，更是教育观念的更新问题。吴康宁教授曾深刻指出，社会转型时期“不仅存在着新老观念之间的碰撞与地位争夺，而且还存在着：各种老观念相互之间以及各种新观念相互之间的碰撞与结构重组”，“社会转型时期实际上也是‘观念大战’时期。更准确地说，是‘观念混变’时期。而与体制混变不同的是，在观念混变中，行政的权威与权力的强制并不起实质性的‘裁决’作用。这也使得观念混变更易呈现混乱状态”。而这种“观念混变状态极易导致人们感受到程度不同的价值困惑或价值迷惘，产生选择的困难”，“它使得教育系统经常处于无所适从、无可归依的困境，结果出现大量失范行为”。在这种状况下，广大教师很难辨别教育教学观念的对错和优劣，这必然影响到他们对先进的教育教学观念的选择，从而影响其教育教学改革行动。可见，“任何社会转型从其最终结果上来看，都不只是体制的转轨，而是还包括观念的转变。进一步来说，体制最终能否真正实现有效转轨，有赖于观念有无真正实现应有转变。换言之，观念转变乃是体制转轨之前提”。①我以为，也许正是因为面对着这样一个特殊的历史发展时期，面对着传统道德教育观念和模式的巨大惯性作用力，尝试凸显体验的道德教育价值，并自觉重视道德体验，实施道德体验教育，才更具有时代性的实践价值与理论指向意义。

在这里，先哲们对“道德是人生存的本体”的命题所作出的证明，给我们提供了有益的启示和智慧支撑。孔子把作为其道德核心的“仁”上升为人的存在的本体，而康德则展开了视道德为本体的系统的哲学探索。王啸博士认为：康德反对把道德仅仅看作获取幸福的手段的观点，他认为把道德变成对他物有用的一种东西、一种工具，那样就根本不再有本身为善的道德。康德道德哲学的特色之一就是从价值取向而不是从认识取向去把握“本体”。他指出，人在不断地由自己生成新道德，又由自己亲身体认遵从道德的自由。正是在道德的不断生成和遵从过程中，人可以成就一个伟大的“人格”，“亦即超脱了整个自然的机械作用的自由和独立性”。而人正是凭着其德行的创生、人格的生成成其为人的。如此一来，康德也就通过自己的深刻的体验之思把道德连同体验一起，由人的生存的工具变成了人的生存的本体。在斯宾诺莎和黑格尔那里，自由与真理的关系一直被理解为自由与对必然的认识的关系。认识了必然才有自由，没有认识就没有自由，认识得越充分就越有自由。对自由与真理的这种理解最后引发出了人类的生存悖论：新的历史时代总是无根的时代，因为它总是嘲笑和否定以往的一切历史。海德格尔洞悉哲学史的反反复复的矛盾纠葛，指出“实体主义”由于遗忘了人的存在而成为一种“无根的本体论”。为了回归有血有肉的人的生存，海德格尔把人的存在问题提升到本体论的高度，即“有根的本体论”，这个“根”就是作为“此在”的感性个体的人。人是世间唯一能够追问在者之在的在者，实体世界乃是由于人的此在而得以揭示、照亮。换言之，脱离了此在的人，存在就不可能得到揭示，哲学也只能走向歧途。如此一来，哲学开始关注有体验的人的

① 吴康宁著：《教育社会学》，人民教育出版社 1998 年版，第 188—190 页。

生存意义，而他就使哲学从认识论转向了存在论。于是人也就不仅仅是一个认识的主体，而是具体的人的存在。对人的理解也就不是理论—认识的，而是实践—情感的。再准确的“经典注疏”所提供的“有典可稽”的解释和理解，都是一种“先入之见”。他由此确立了“前理解”的基础地位。作为此在的人的理解活动，实际上是此在的前结构向未来进行筹划的存在方式，即我们总是用我们全部的生命力，用我们的欲望、希望、期望以及我们全部的生活经验来“筹划”未来，来理解我们自己和世界。这样，解释、理解就不只是人类意识或认识的一种活动，而是人类生活或人类存在的一种基本形式。由于我们存在的历史性和有限性，这种解释和理解既无开始也无终结，它就是我们人类生命的历史过程本身。由此，解释学也就不再仅仅是一种解释和理解的“技术”或人文科学的基本方法论，而是人类生存的一种基本形式。理解也就是人的存在。理解就是思，就是去思，在思中成为这个人自己。海德格尔揭示说：此在在生存论上就是它在其能在中尚不是的东西。只因为此之在通过领会及其筹划性质获得它的建构，只因为此之在就是它所成为的或所不成为的东西，所以它才能够领会地对它自己说：“成为你所是的！”海德格尔的存在论立场表明：“自由使人成其为人。”顺着“自由”的思路，海德格尔提出了其对伦理学的看法：“伦理学”这个词的本源含义是“安居之处”；既然伦理学深思人的居留，那么它必须以存在论或人的生存为前提和根据。换言之，如果传统伦理学研究的是道德原理及规范，那么如果没有人存在的自由的可能性，它们怎么能出现？在海德格尔看来，传统伦理学恰恰遗忘了这一前提。人们不是把伦理学作为自己的生存行为或生命实践，而是把它仅仅当作解决问题的工具和实现目的的手段。这样，伦理学就与其生命之源脱节了，就与自由脱节了。而一旦丧失了存在论、本体论的可能性，伦理学也就没有了根基，只能成为且只注意“约束之事”了。为此，回归激励导引敞开自由的伦理学，就成为一件有意义的事情。如果哲学劝导人们以真理为重，在根本上也就意味着它鼓励人们追求和维护人的自由。海德格尔进一步从根本上颠覆理性哲学，他深刻指出：“真理”首先不是认识论意义上的，而是存在论意义上的。在古希腊人那里，“真理”一词的本义是指一种无蔽状态；或者说，真理最初就是存在者的自身存在或自身显现。自由的本质正是让存在、让显现、让敞开。所以，“真理的本质乃是自由”。显然，真理作为世界的敞开性，根本不是知识范畴，而是存在论范畴。海德格尔就这样站在存在论的立场上，突破了狭隘的认识论意义上的真理观，从而把真理和人的生命、人的生活联系起来了。海德格尔把自由当作真理的本质，人生与真理就融为一体了。① 而在针对道德教育的调查和访谈中发现，不少教育者却仍然习惯于海德格尔所批评过的“约束之事”，人们对道德教育之生活性、开放性和体验性等特征的认识还远远没有到位。

二、体验的道德教育价值

我以为，体验作为道德教育的本体，不仅具有合法性，而且具有自足性和自恰性，其合法性、自足性和自恰性植根于现实生活的深厚根基之中，也经受得起道德教育哲学的追问。② 西梅尔就曾指出：“体验不受逻辑悖论的影响。持续的体验自己说明自己，不需要别的解释。”③ 根据前文对体验的界定，体验是一种图景思维活动，它具有穿越具体时空，唤醒体验者过去生态阅历和对未来的梦想的力量，还会使体验者作为一个生存实践的主体在其当下体验的豁然贯通之中，发生道德境界的实质性变化。在这种体验过程及其道德境界的变化中，体验着的人进到了自己新的生存实践状态，已经超越了自己原有的道德境界和生存境界。这样看来，体验是道德教育的基本存在方式。

下面，从逻辑和事实的结合上进一步揭示体验的道德教育价值，以便说明体验是道德教育本体的命题。体验的道德教育价值是多方面的，但归结起来，主要显示在以下七个方面。

---

① 王啸：《教育人学》，南京师范大学博士学位论文，2000 年。

② 刘惊铎：《体验：道德教育的本体》，《教育研究》2003 年第 2 期。

③［德］费迪南·费尔曼著，李健鸣译：《生命哲学》，华夏出版社 2000 年版，第 120—121 页。

（一）体验使道德教育与体验者发生实际的情感关联，使体验者经历感动

从总体上看，现行道德教育的存在形态，仍属于一种通过传输和强化道德规范知识（“德目”）而建构起来的道德教育体系，它是被一种强调过度了的理性哲学支配着。对于这种道德教育体系的称谓，在梳理各种习惯用法的基础上，我将其称为“（传统）约束性道德教育”①。这种道德教育以要求体验者接受既定的道德规范知识，遵守和服从既定的、明确的和统一的道德规范要求，并以外部纪律约束来保证其实施效力为主要特征。它带有明显的主客二分的、分离性的和单纯外施性特征，尚未进到主客合一、内外一体的道德体验的境界。

长期以来，传统约束性道德教育努力追求一种接近或符合科学逻辑的教育模式。其一，道德教育实践追求精确化与客观化的所谓“真理式”的道德知识，并以“规律”、“本质”等来实在化，试图建立一套完整（其实明知道不可能）的客观知识体系与道德教育的事实相对应。其二，试图以科学化的精确化语言（如物理学语言）来描述道德教育的事实，或者把道德教育领域的叙事知识形态以客观逻辑化的语言来建构。这是以科学范式建立理论的话语来要求道德教育的叙事话语。其三，试图把所谓的道德教育学的科学理论演化成一套技术原则和操作规程（即所谓“道德教育模式”），从而可以在道德教育实践中直接或间接地操作应用，以获得期望的道德教育“产品”。这是把道德教育实践看作可用技术控制的技术工艺流程的典型的科学主义立场。其四，尝试以科学理论与技术实践的关系替代道德教育理论与实践的关系。②沿着这条“科学化”的路径继续走下去的结果，势必造成道德教育实践的确定性越来越强的同时，它与马克思多次强调的“人的生活世界”和“自由个性的

① 也有人称之为“传统德目论道德教育”、“知性论道德教育”或“支配性道德教育”、“训化性道德教育”，在不同的叙述语境下，为了叙述的方便和明了，可以使用其他一些同等含义的称谓。

② 金生鈜：《道德教育学的合法性与价值关涉》，《华东师范大学学报（教育科学版）》1996 年第 4 期。

人”也会越来越远，所谓道德教育的“实效”或者成为不可能，或者成为不道德的追求。要深入领悟约束性道德教育的这种违背生活和人性的深层缺陷，提到维特根斯坦的思考和一段发人深思的谈话是有益的。维特根斯坦很赞赏克尔凯郭尔的观点，把伦理和宗教维度从客观或理性和可呈现的世界（领域）中分离出来，因为“理性主义的解释”“是肤浅的”。1930年在与弗里德里希·韦斯曼的谈话中，维特根斯坦直言道：“假如我被告知一种有关价值是什么的理论时，我会说：算了吧！我不感兴趣。就算这个理论是真实的，我也不感兴趣——因为那根本就不是我所寻找的东西。”① 比较地看，约束性道德教育已经远离了人的内心追求，它必须对自己作出深层的改造才有可能回到活生生的“人”的心中。这就需要以一种真正的“人的道德教育”——道德体验教育来发展（不是颠覆或否弃！）传统的约束性道德教育。因为只有真正有“自己的”独特道德体验的人，才有资格和能力冲破约束性道德教育试图套在自己头顶上的“规范的枷锁”，打开活生生的人的生存的意义世界，体验到人之为人的个性独特性和不可替代性，使人脱离人类“自己所加之于自己的不成熟状态。要敢于认识！要有勇气运用你自己的理智”②，体验到“真理和正义是决不妥协的”③，进而在思想上敢于省思，在行动上勇于创新，在体验中不断地去领悟和融通更为广阔的关系世界。

面对约束性道德教育日益暴露出的问题，有人批评现在学校道德教育抓得不紧，做功太少，有“架空”之嫌。其实这种批评未必中的，或有隔靴搔痒之嫌。因为指责现行的学校道德教育花费的时间过少，做的工作不够多，是不符合道德教育工作的实际的。真正从事过学校道德教育工作的人内心都深深地感悟到：第一，有些学

① Ludwig Wittgenstein, *Ludwig Wittgenstein and the Viena Circle*: *Conversations with Friedrich Waisman*. Oxford: Basil Blackwell, 1967, p. 116.

② ［德］康德著，何兆武译：《历史理性批判文集》，商务印书馆1990年版，第22页。

③ ［美］约翰·罗尔斯著，何怀宏等译：《正义论》，中国社会科学出版社1988年版，第2页。

校所实施的还不能叫做"道德教育"，而是"德育"，或者说还没有真正的道德教育；① 第二，有些学校的德育每天不是做功太少，而是做功很多，花费了大量的人力、物力、财力、信息、时间、场地②，除了专门的德育课之外，还在各科当中设法渗透德育内容，又有德育处、班主任、班级及大队辅导员等做大量的具体德育工作，真如有些德育教师所说达到"三心"牌了，即所谓"苦口婆心"、"良苦用心"、"呕心沥血"③，但学校德育未能达到教育者预期的效果，理论界称之为缺乏"德育实效"④。确实，约束性道德教育只能保证教育者做了多少教育工作，使人获得了多少有关道德的知识，但是，它无法使道德教育本身与体验者个体之间发生有效的情感关联，也不能使体验者个体把有关的道德知识与一定的实际道德情境有机结合起来，发生实际的体验，因而无法保证道德教育的实效。（在暂不考虑道德标准之合理性的情况下）这样看来，道德教育是否有效，并不在于它的教育者做了多少功，而在于道德教育是否与体验者发生了实际的情感关联，它的体验者是否受到了感动，发生了实际的道德体验。

前人已经从不同角度对体验于人的德性成长之本体论意义及道德教育价值作出了有益的探索，这可以作为我们理解问题的参照。作为论述"真知"与"德性"的开山鼻祖，苏格拉底认为：假如德是知识的话，那么是可教的；假如德不是知识，则是不可教的。德应该包含知善与行善两个层次。从一定意义上说，德并不是可教的（知识），而是一种"识见"，是人类受益于上帝的恩赐而具备的。

① 这里涉及一个"德育"和"道德教育"概念的争论，虽已经争论多年，仍存在争议，但在理论界基本上倾向于由庞杂的"德育"概念转向专纯清爽的"道德教育"范畴。参见刘惊铎：《探索有中国高师特色的道德教育学——面向 21 世纪德育学课程教学内容和体系改革与实践研究报告》，《高等师范教育研究》2002 年第 1 期。

② 如有些学校专门建立"德育室"、"校史室"，在教室内外的墙壁上悬挂领袖人物、科学家画像，建立校园"碑林"，建设校外"德育基地"等。

③ 这些说法，系调查和访谈中一些德育教师的总结性描述，因其是一些德育教师亲验的结晶，具有形象逼真的特点，故借以描述现行道德教育实践中教育者的实际工作状态，以及其中暴露出的某些问题。

④ 参见上海师范大学古人伏教授有关"德育实效"问题的系列研究。

作为实践性的识见，是不能靠德目的说教习得的，它是在拥有这类实践性识见的人的个别行为中具体地领悟的，是“借助伴有识见的行为化起来的”①。亚里士多德认为道德知识是“实践的知识”，杜威认为关于道德的知识是可教的，而道德的知识是不可教的，因为道德知识是一种“见识”。波兰尼则认为道德知识是一种“缄默的知识”。这里较为一致的领悟就是，道德知识是不能单纯地靠理性的思考获得的，而更多地依赖于体验和直观。当代德育思想家鲁洁、王逢贤教授在把道德价值的学习分为“事实性知识、评价性知识和人事性知识”三种类型的基础上，认为后两种知识的学习主要属于“情感—体验型的学习方式”。② 朱小蔓教授在其《情感教育论纲》一书中，从情感教育的角度出发，强调体验对于人的存在的本体论意义。“我们将体验作为情感教育的一个主要范畴，并不把它局限于认识论中的体验概念。我们认为，体验作为情感教育理论中的一个重要范畴，既有认识论的意义，即用体验的方式达到认知理解；又有本体论和价值论的意义，即体验是人的生存方式，也是人追求生命意义的方式。教育学要从传统的单一认识论的框架走向本体论、价值论的视野，就必须提出体验范畴的独特意义。”③

约束性道德教育把活生生的道德实践转换成规定性的道德规范知识，并主要以口头传授的形式予以实施，这是缺少体验的道德教育形态。在教育者与受教育者的关系理解和处置上，带有一种“我（教育者）的道德知识比你（受教育者）的道德知识更加渊博”、“我的德行比你的德行高尚”、“我是真理的化身”——所谓“闻道在先，术业有专攻”——的未言明的形而上的经验论预设。这违反道德和道德教育的精神，也已经不符合新时代的新知识掌握状态、动态生成的新道德境界。固然，约束性道德教育也讲“师生交往”，但它对师生交往的理论定位是在一种不平等预设的意义上寻求表面的所谓“平等交往”，似乎教师对学生做出一种施舍性的“平等”

① 钟启泉、黄志成编著：《西方德育原理》，陕西人民教育出版社 1998 年版，第 8—9 页。

② 鲁洁、王逢贤主编：《德育新论》，江苏教育出版社 2000 年版，第 93—94 页。

③ 朱小蔓著：《情感教育论纲》，南京出版社 1993 年版，第 150 页。

姿态，给出一种礼节性的平等待遇，而学生则应该努力看出教师的“平易近人”的修养境界，感恩教师的礼遇，虚心接受教师的教育。这种教育观念的实践既缺少体验者的体验，也缺少导引者的体验。它没有致力于给体验者和导引者创造共同体验的机会、情境和条件，也缺乏对体验的互惠共生的报偿机制。但作为体验者的当代青少年儿童，其道德选择的自主性、实践主体性日益提升，他们在心理、认知、情感、行为等方面已经日益不适应或反感这种模式的道德教育。换言之，约束性道德教育已经很难吸引当代的体验者。①

有感于传统约束性道德教育日益暴露出的多方面弊端和费力不讨好的状况，多尔认为必须建立起“一种新的教育秩序，并形成一种新的师生关系”，一种教师与学生之间的“反思性关系”。“这种关系将更少地体现为有知识的教师教导无知的学生，而更多地体现为一群个体在共同探究有关课题的过程中相互影响”，“教师不要求学生接受教师的权威，相反，教师要求学生延缓对那种权威的不信任，与教师共同参与探究，探究那些学生所正在体验的一切。教师同意帮助学生理解所给建议的意义，乐于面对学生提出的质疑，并与学生一起共同反思每个人所获得的心照不宣的理解”。② 布鲁纳强调教师要善于引导学生运用“发现法”去自己“发现”知识和真理。保罗·弗雷尔的态度和观点更为直截了当，他在《不平常的教育思想》中明确提出：在传统的驯化教育实践中，教师是学生的教师，学生是教师的学生。在新的解放教育实践中，教师作为学生的教师必须“死去”，以便作为学生的学生重新“诞生”。同时，他有责任向学生建议：学生作为教师的学生应当“死去”，以便作为教师的教师而“重生”。语源学分析发现，在日语中，教育有“教诲”

① 查阅中国迄今为止的有些教育学和德育原理的教材、专著，我们还可以看到，在判定受教育者的本质特点的时候，还保留着这样的判定，即认为受教育者是“不成熟的人”、“未成熟的人”，甚至认为在当代青少年儿童身上所表现出来的一些新态度和行为属于“道德滑坡”现象；心理学中也有判定为“由不成熟走向成熟的人”，甚至认为少年期是“狂飙期”、“危险期”。

② ［美］小威廉姆·E. 多尔著，王红宇译：《后现代课程观》，教育科学出版社 2000 年，第 5—6、148 页。

和“培养”的意思，在汉语和德语中教育有“启发”、“引导”之意。我主张在道德体验教育中，导引者的职责主要是创造机会和条件诱发和唤醒体验者的道德体验，同时也诱发和唤醒导引者自己的道德体验，体验者则主要是通过共同参与的体验活动和诉说性表达诱发和唤醒自己及导引者的道德体验，从而引起双方道德境界的变化。

在这里，从“体验论”的立场，我提出三大重要的道德教育哲学命题，以从根本上真正实现道德教育实践由“约束性道德教育”向“体验式道德教育”转向。这三大命题是：（1）教育者不再被称为“教育者”，而称为“导引者”。导引者承担社会道德体验引导的角色、责任和使命，同时有权利体验职场幸福。（2）受教育者不再被称为“受教育者”，而称为“体验者”。体验者享用道德境界提升、生命健康成长的乐趣。（3）导引者也是“体验者”。导引者不再以真理化身自居，也不再放弃同时享有道德境界提升、生命健康成长的权利。如此一来，在道德体验教育理念和实践现场，便在“体验论”的高维时空，从根基部位克服了“单主体论”或“双主体论”的教育哲学领域的“鬼打墙”式争论。① 从社会分工看，“导引者”是社会赋予其角色使命的教育要求的传播者，教育过程的设计者、组织者，但从根本上看，“导引者”首先是“体验者”，他要先受教育，并且在道德体验教育过程中要与体验者一起沉入生活世界、自然之境和心灵世界之中相互诱发和唤醒道德体验。这样，体验使道德教育由外在于体验者的事物转化成内在于体验者和导引者的事物，使体验者和导引者与道德教育一体化，道德教育因而也就变成了与体验者和导引者密切相关的教育活动，变成了一种

① 在20世纪80年代以后的一个历史时期，中国教育领域缺乏原创理论，于是一度热衷于翻译、学习和推行西方教育哲学（流派），此间，一种强调“主体性”的现代教育理论一度占据学术前台，认为现行教育种种弊端的根源，在于忽视了学生的主体性，所以必须以张扬学生的主体性作为教育改革的价值取向，结果一边倒地强调尊重学生的主体权利、主体地位。后来发现这样单方面地强调，又忽视了教师的地位，于是又提出“双主体论”，解释师生双方都是教育过程的主体。不过，这两种主体论，都先天地带上了形而上学的胎病。于是，后来出现了“风吹两边倒”的墙头草式争论，暂时鸣金收兵于现象学哲学代表人物胡塞尔的“主体间性”，而未能潜心培植出中国本土的教育哲学根苗。

导引者和体验者一起体验、相互促进道德境界提升和相互促进双方生命健康和谐成长的道德体验教育活动。

（二）体验使道德教育的存在形态与价值形态取得一致

从现行道德教育中道德体验的含量及道德教育的存在状态看，道德体验的实际发生状况决定着道德教育本身的魅力以及它对体验者的吸引力，决定体验者对道德教育本身的感情投入、态度定向和行为反应。

严格来说，传统的约束性道德教育是一种存在形态与价值形态相分离的道德教育样式，是一种缺乏亲近感和亲切感的道德教育，因而也是缺乏自身魅力和吸引力的道德教育。这样的道德教育对体验者缺乏实际的生活价值、生命价值，甚至于剥夺体验者的生活乐趣，挫伤他们对道德和道德修养本身的天然好奇与自然兴趣，对导引者的职业自尊心和自信心也构成威胁，使体验者的父母和社会对道德教育有太多的意见，失去支持的兴趣和信心，对导引者和体验者的生命都造成巨大的浪费。从道德教育的本意检视，它是为了关心体验者道德的健康发展和生命的茁壮成长；而实际上，它在不能够与体验者发生实际关联的状态下日复一日地运转的结果，不仅不能够在体验者那里入脑入心，反而给他们带来一定的“痛苦”与“折磨”，徒然浪费青少年儿童的宝贵时间和生命。① 这样，至少从体验者直接感受的角度看来，约束性道德教育就不仅丧失了它本身存在的应有价值，而且在实践上已沦于不道德的境地。

这种状况实际上显示出道德教育地位和价值的变相缺失。解决问题的办法之一，就是引入体验概念，彰显道德教育中被遮蔽的体验，使道德教育的存在形态与价值形态取得一致，进而使道德教育实践恢复道德性。因为诱发和唤醒了体验者道德体验的道德教育，一方面，它必定是去掉了其实践过程中的虚伪性，而恢复了自身魅力的道德教育；另一方面，它不再需要导引者通过强迫性约束措

① 这是在接受调查和访谈时一些体验者的说法，其中还有一句话是：“这种德育实在是在浪费我们的生命！”措辞可能重了一些，但有助于教育者反思和警醒。故借用这种说法。

施，而是体验者自觉自愿地参与其中并有所体悟。新近的脑科学研究揭示：对两组小白鼠的实验研究发现，脑内神经元连接的增加只发生于处在“多姿多彩环境”中的动物，处在普通笼子中的则没有。而“脑内神经元的绝对数量并不如它们间的连接那么重要，这些连接不仅在发育中，而且在成年期都是高度易变的。特殊的体验会增加高度特化神经元回路中的连接程度”。因此，对人而言，“毋宁说关键因素是对脑的刺激。课余愉快的交谈，有意义的交往，填字游戏和勤奋的阅读，都可以不拘一格地使人脑得到刺激，不管这些活动是发生在城内还是加勒比海滩上”。① 事实也证明，真正诱发体验的道德教育，才能给体验者带来情感上的愉悦感、行动上的自觉性，从而真正建立起导引者与体验者之间的良性关系。

调查结果也显示，体验者更关心导引者的真实体验。在开放性问题的回答中，有学生写道：“我们更关心老师的真实体验，希望与老师有交流人生体验的机会。”郑汉文先生将鲁洁教授的生命故事以“叙事法”呈现出来的时候，在国内外引起了广泛的共鸣。我在无锡市心理健康与德育教师培训班主讲“班主任与德育”时，以体验呈现的方式展开，也受到了学员的热烈欢迎，学员们的生态阅历（包括班主任工作的阅历）和人生体验被唤醒了，许多学员产生了诉说自己道德体验的欲望，他们纷纷登上讲台，诉说自己的体验。在完全开放性问卷的回答中，有100％（$n=93$）的学员回答说“在这次上课过程中，我的生态阅历被唤醒，促发了道德体验”，95％的学员回答说“我有过生命感动”，并且以较大的篇幅诉说出自己的生态阅历和生命感动的故事，每个参加答卷的学员，基本上都以16开纸写了两至三页自己的道德体验和生命感动。读之，令人感动。② 为什么会出现这样的魅力呢？我认为这是因为相互诉说生态阅历和人生体验的方式，满足了当代人的某种生命渴望之内在需要——交流人生体验以填充在市场经济的激烈竞争状态下，人们

① ［英］苏珊·格林菲尔德著，杨雄里等译：《人脑之谜》，上海科学技术出版社1998年版，第85页。

② 资料来源：我在南京师范大学教育科学学院无锡市心理健康与德育教师培训班上课时所作的调查。时间：2001年12月。

物质生活相对充裕之后心灵和意义世界的空缺，顺应了时代发展的必然要求。

（三）体验可恢复道德教育实践过程的道德性

访谈和问卷分析发现，在约束性道德教育下，教育者与他所讲的道德规范之间存在着游离的可能性，即导引者在讲台上所讲的道德规范知识，可以只是口头上的，他自己可以没有体验，甚至并不相信，但可以讲得头头是道、口若悬河，并要求体验者单方面相信和践行。从马克思主义教育人道主义的角度审视，有口无心、缺乏人文关怀的道德教育，就是一种不道德的道德教育。主观上，道德教育的目标可以很高且诱人，但是道德教育的实践过程无法吸引人时，灌输之外还必须配备严格的纪律约束。① 同时，在约束性道德教育的实施过程中，过多地强调教育者的权力和对受教育者设计的选择，而剥夺了体验者在道德教育中参与、践履、体验的机会。这里暗藏着一个假定——教育者的道德境界比受教育者高，我有权设计和教育你、处罚你。这样，当受教育者的言行方式与教育者的言行方式不一致时，其裁判结果总是教育者正确而受教育者错误，较轻度的处理是给予“批评教育”。② 这样做的结果之一是，在一定程度上造成了教育者与受教育者之间的分别念和情绪对立。可以说，在违背受教育者意愿和生活逻辑的学校道德教育中，教育者越卖力可能越不道德。事实证明，“一个有失道德水准的人，企图通过假惺惺的道德示范教人以道德，那是办不到的。但是，伪君子不能做道德榜样，并不说明美德不可教”③。看来，现在面临的问题是：道德教育如何恢复有效性？我以为，从根本上转换思维方式和实践样式，超越时时处处欲由一方“明辨是非”的道德教育，把

① 关于教育中约束的严格性问题，近年来在有些学校、有些教育者的约束或惩罚手段中已表现出某种“严酷性”。这在近年来的报刊上已有连续的、有时候是令人惊心动魄的披露。

② 陈伯璋教授认为，从知识与权力的角度看，学校里的道德裁判者总是教育者而不是受教育者。以教育者的绝对权威来裁判道德问题的做法本身是否道德，则又是一个值得讨论的问题。

③ 黄向阳著：《德育原理》，华东师范大学出版社 2000 年版，第 78 页。

"体验"作为一个重要的范畴引入道德教育，不失为一种有益的探索。因为体验可以使道德教育与体验者个体发生现实的关联，有所关联才可能发生对其规范的理解，从而克服约束性道德教育远离体验者的弊端。而有效的道德教育必须是，导引者"对具体德育对象的具体的'个体性'实际有透彻的了解，并在这个基础上进行德育"①。

但实际上，每一个接受现行学校道德教育的体验者每天都有体验发生，只是其中有些体验者所发生的道德体验不为教育者所了解，也不是教育者所期望的东西罢了。当然，要解释和超越中国现行德育存在的这一悖论，不仅是一个简单的学术问题，它还会涉及国际国内更多的因素、关系和结构。仅仅从学术上看，也不仅涉及道德教育理论问题，而且涉及哲学、生态学、人类学、生命科学、心理学、科学等许多学科的问题，同时涉及教育者教育观念的更新和教育态度的根本性转变。但是，一个当务之急是消解主客二分的约束性道德教育的哲学思维方式，在此基础上反思单向灌输的道德教育的实践样式，凸显其中被遮蔽的一些有价值的因素。从这样的角度考察，我们发现，在根基部位，一方面道德体验教育赖以存在的社会基础和心理基础已经逐渐涌现出来，因为社会生活方式和文化价值已多元化，而社会的开放性空前提高，与此同时，当代青少年儿童的反思批判性、自主选择性明显增强；另一方面，当代社会不断生长的新的社会需求和心理需求本身又呼唤着一种新的道德教育意识和教育思想的出现，这种教育意识和思想应当既融于生活之中，而又充分体现出超越性的价值，带人超越理性思维的局限和日常生活处境的局限。② 道德体验教育是一种倡导回归生活世界、回归自然之境和体验者心灵世界的道德教育意识和教育思想，它主张教育的过程向体验者和导引者双向开放，并开发能使其内心敞亮的多样化、个性化的实践样式。在其中，导引者和体验者都有极大的

① 檀传宝著：《学校道德教育原理》，教育科学出版社 2000 年版，第 54 页。

② 参考我对香港中文大学刘国强教授讲座《从罪恶根源、心灵的凝聚与开发说道德教育——新儒家唐君毅的观点》的记录稿。地点：南京师范大学。时间：2002 年 4 月 1 日。

诉说与自主选择的机会，他们诉说着、自主选择着，因而也伴有责任感，自己对自己的选择结果主动负责任，双方不断地互励生成新的道德境界。

道德体验教育作为一种教育意识和教育思想，它肯定约束性道德教育传输人类普世伦理规范知识的做法，但同时，它认为体验者的德行和道德境界中除了道德知识而外，还包含道德智慧的增长、道德觉悟和道德能力的提高。大量实践证明，道德智慧和道德觉悟的生成，不能仅仅依靠接受有关道德规范知识去达成，而是有赖于体验。体验者的德性和道德境界不能由导引者灌输给体验者，而只能是在导引者的导引下，由体验者自己在其亲在的生态阅历的基础上被诱发或唤醒而获得。亚里士多德正确指出：青年人学习道德和善的课程之所以魅力不佳，是由于“他们对生活尚无实践经验，而道理却是来自生活经验并说明生活经验”的。从根本上看，“我们必须先进行实践活动，才能获得这些德性”。由此可见，传统约束性道德教育的一系列做法要在道德体验教育的视界下突破和重新整合，由此才能寻访到道德教育的真谛。

在道德体验教育的视界下，体验者所生成的德行和道德境界中，也包含关于道德知识的积淀，但这里的道德知识已经不能再理解为仅仅是通过课堂或教材文本获得的，而是生活世界中的知识。对知识的掌握也不再是通过单纯的“道德教授”，而是“道德学习”了。其中的重点是“学习”，而不是“教育”。要实现从道德知识教授向道德知识学习的转变。就“学习”本身来看，人类的学习可以分为知识的学习、技能的学习和道德的学习三种。每一种学习都有自己的特点，不可互相替代。其中，知识的学习，重在习得、理解；技能的学习，重在练习和训练；道德的学习，重在体验。只有研究和体现每一种学习的特点，才能取得各种学习的实际效果。道德教育，从其实际发生的角度讲，应是一种道德学习，因而就必须有亲身的参与，学校道德教育就应该给学生更多体验的机会。① 美

① 参阅西南师范大学：《中国教育学会教育学分会德育论专业委员会第十次学术年会简报》，第 2 期第 5—6 页。

国学者吉利根等人已把关怀作为道德教育实践的核心问题之一，强调人的情感体验。英国的彼得·麦克费尔等人创立的体谅模式，反对以往道德教育中过于理性的方法，主张把道德教育的任务建立在体谅的基本原则之上，强调关怀和体谅的道德情感，并强调道德教育要浸透情感关怀。他们调查研究发现，人类的基本需要是与其他人友好相处，爱或者被爱。每一个学生都需要教师的关怀，而且教师“榜样”的力量是巨大的。富有成效的道德教育本身就是在模仿中学会关怀，因为它在行为上体现了体贴的生活方式。关怀的方式不是外铄的、被动的和不情愿的，而是内发性、主动的和愉快的方式。在关怀他人的生活中，学生会获得许多有益的东西。帮助人们去满足这种需要是组织教育的首要职责。① 美国的诺丁斯强调爱、关怀和关系在伦理学和道德教育中的重要作用。她认为“关怀是所有成功教育的奠基石”。她把道德分为两种类型：第一种是自然关怀，第二种是伦理关怀。从关怀伦理学来看，道德教育主要由四部分构成：榜样、对话、实践和认可。诺丁斯认为，在道德教育中，人们是通过同被关怀方建立关系来表明如何关怀的，关怀的能力来源于被关怀的体验。为此，教师必须是一个并非以导引者身份出现的关怀者。要公开地与学生讨论信仰、爱情、希望等问题。关怀的经验不会自动地出现，必须由学校作出安排。诺丁斯从关怀伦理学视角，对学校如何进行道德教育提出了六点建议，其中包括每天至少有一部分时间从事关怀的主题，帮助学生彼此以礼相待，给他们以从事关怀实践和体验的机会。②

由此可见，真正体现出对体验者和导引者的人文关怀的道德教育，才是有道德性的道德教育。道德体验教育的思想就是以倡导真正的人文关怀为己任，因而它有助于恢复道德教育的道德性。

（四）体验使体验者对道德规范发生切己的理解和领悟

我国近代以来的道德教育一度受到三方面思想的影响，而表现

① ［美］理查德·哈什等著，傅维利等译：《道德教育模式》，学术期刊出版社 1989 年版，第 56、57 页。

② 肖巍著：《女性主义伦理学》，四川人民出版社 2000 年版，第 48—57 页。

出了一定程度的脱离中国具体国情、具体道德教育对象和具体道德教育情境，简单灌输既定道德规范知识，忽视道德体验的情形。一是受到西方理性哲学的影响，在道德教育学的学科发展上受到赫尔巴特及凯洛夫的道德教育思想观念的深刻影响，因此在道德教育过程中表现出重视“德目”灌输和纪律约束，轻视体验者的道德主体性、自主选择性和德性创造的倾向。二是受到中国“正统思想”① 的影响，过分强调单向灌输社会既定的“圣化”道德规范，强调导引者对体验者的纪律约束的正当性，而较少关注作为感性个体的体验者的实际生存状态及其生命感受，较少导引者与体验者之间、体验者与体验者之间的交往互动与相互唤醒。三是受到对马克思主义哲学的理解出现的一些偏差的影响。相当长一个时期，有些人实际上是在以西方近代哲学和在一定程度上被遮蔽了的苏联的视角去解读马克思主义创始人的思想的，对马克思主义的“物质决定意识”作了带有形而上学机械论倾向的理解，而没有领悟到马克思主义创始人的哲学的本质。正如马克思所指出的那样：“我的普遍意识不

---

① 不同的思想家对中国传统文化哲学有不同的界说，可谓仁者见仁，智者见智。冯友兰认为中国传统哲学可以视为一种“境界哲学”；牟宗三称中国传统哲学是一种“实践的智慧学”；梁漱溟先生认为中国文化是以意欲自为调和、持中为其根本精神的；张岱年先生认为中国的文化哲学思想基本上凝结于《周易·大传》的两句名言之中；有人视为一种“群”的哲学；有人认为中国传统思想的主流是生命、心性之学；有人认为中国传统哲学家一方面具有将思想观点建立在确定性基础上的自觉，另一方面又不把这确定性支点安放在知性分析的基础上，而是安放在人的情感体验的真实性上。儒家哲学集中阐发、运用了这一生存论反思的方法论原则，而道家等其他流派则突出探讨了如何保证这一方法论原则有效运用的前提条件。赵吉惠先生认为中国文化哲学可以概括为“道德型的”，而且是体用一体、体用不二的，做人和认知的过程是合为一体的。如果将关于所有界定中国传统哲学的思想观点汇聚起来，你会发现这些观点之间，甚至是同一个人的同一论著中的不同评论观点中都会存在着相互之间的矛盾。实际上，中国传统哲学就像一头大象，后人只是在不同的时代中依据自己的立场、知识、智慧和体验所能达到的境界，看到、摸到、悟到或突出强调了它的不同侧面罢了。在对西方哲学思想的梳理和评价中，也存在着同样的问题。我认为，中国传统文化哲学本身蕴涵着丰富的体验和智慧的思想。但千百年来的历史发展实践证明，实际上存在着一个中国“正统思想”路线，在这个路线上，中国传统文化哲学的智慧并未得到充分的彰显，在某些特定的历史阶段还有被遮蔽的情形发生，反而有强调“约束性”的一面，存在着以群体挤压个体的倾向。

过是以现实共同体、社会存在物为生动形态的那个东西的理论形态，而在今天，普遍意识是现实生活的抽象，并且作为这样的抽象是与现实生活相敌对的。”① 也忽略了马克思是把作为感性个体的人的解放作为其哲学的最高目的的，并对马克思的“（社会）实践活动”的概念作了曲解，以至于常常忌讳谈具有独特体验的感性个体的人，而只谈具有“集体主义精神”的人。久之，人们对传统道德教育的不合理性和哲学上的非法性的敏感性有所降低。

但是，从现行道德教育实效性的调查研究中可以发现，依靠道德规范知识的传授本身无法使体验者对道德规范发生切己的理解和领悟并体现在行动上，而只能达到“记熟”、“背过”的效果。

调 查

呼唤有魅力的道德教育

我对在1999—2002年三年多的时间中所作的道德体验调查②结果进行统计分析发现，绝大多数人并不缺乏对道德规范知识的了解，有不少人认为自己对有关道德规范的知识“很了解”，其原因是“因为我大多都能够背得出来”，“能默写出来”，“我每次考试随便都能拿八九十分”。但是，有相当多的人说他自己“很少感受到现实生活世界中的道德关系和道德意

① 马克思著：《1844年经济学哲学手稿》，人民出版社2018年版，第233页。

② 用我所设计的道德体验问卷进行调查。共发放调查问卷10 000份，回收有效问卷8 525份。调查包括“问卷调查”和“试卷调查”两种，有封闭性问题和开放性问题。在我国分发达地区、中等发达地区和欠发达地区，在教育、行政、企业、旅游业等多种行业取样发放，范围主要包括北京、上海、天津、广东、浙江、福建、湖北、陕西、江苏、河南、山西、新疆、内蒙古、西藏、宁夏、山东、辽宁、安徽、四川、云南等省份，还利用出席国际会议、出访和参加世界自然基金会的研讨班等机会，对美国、英国、加拿大、澳大利亚、乌克兰等国家以及我国台湾地区和香港特别行政区、澳门特别行政区的师生、环保工作者、个体工商业者、公务员、旅游者等人士进行了主题访谈。调查时间为1999年9月—2002年4月。

义”，觉得“体验不到自我存在的价值”和意义。从问卷的开放问题回答中最困惑和最关注的问题看，当代大中小学生和已经离开学校的成人在学校道德教育中的主要感悟是：最感兴趣和最受启发的是在道德教育中“教师讲他自己的人生体验（故事）”，“同学之间互相讲述各自的学习、生活、交友体验（故事）”，“讨论现实生活中的热点问题”。最兴奋的是“今天的德育课时间，老师有事请假”。最反感的是“有口无心”的道德教育。最痛苦的是“坐在德育课堂上受罪”，“浪费生命”。“其他”（任意项）中写道：“我的魔鬼词条是：德育就是明知道你反感却硬要你爱她的一个怪物！”“德育就是让有些老师……混碗饭吃的活动。”“德育是一种本来很高尚而实际很虚伪（或不道德）的活动。”被调查者感触较深的是：（现行的德育）“离我太远”，“跟现实生活不一致（或不沾边）”，“老师所讲内容和所提要求与现实生活刚好相反”。大家呼唤“有魅力的道德教育”，呼唤能够有效诱发和唤醒自己“生活体验”、“内心体验”、“自然体验”、“生命体验”、“道德体验”的道德教育。

相反，从日常生活领域和道德教育现象领域的大量观察和体证中则发现：体验者真正获得了切身体验的东西，才容易入其脑入其心，珍藏久远，成为其德性中的有机组成部分，有效提升其道德境界。瓦西留克正确指出：“人，永远是自己也只能是自己才能体验所发生的事情以及产生危机的那些生活环境和变化。谁也不可能代替他这样做，就像最有经验的教师也不可能代替自己的学生去理解所讲的内容一样。”① 我在学校道德教育场域下所作的有关调查发现：学生很珍惜自己直接的学习生活、交往生活和各种人生体验。他们对与自己有密切关系的人物、关系、事件或故事，都有浓厚的兴趣。如果班主任、德育课教师或其他任课教师对学生的生态阅历

① [苏] 瓦西留克著，黄明等译：《体验心理学》，中国人民大学出版社 1989 年版，第 9 页。

和人生体验心不在焉，漠不关心，则会造成师生之间心灵上的隔膜；如果教师认为学生的生态阅历和人生体验“太浅薄”、“太幼稚”而不屑一顾，那么，学生则宁愿将自己的生态阅历和人生体验藏起来，但是，绝对不会因这些导引者的不屑一顾而随意抛掉自己的生态阅历和人生体验。如在被调查者中，有约35.8%（$n=500$）的中小学生将自己的人生体验（“心里话”）写到“第三本日记”里锁起来，写在博客、空间里加密①，或在小朋友、“哥儿们”、“姐儿们”之间进行所谓“低水平交流”，也不愿意让班主任、德育课教师或其他任课教师和家长知道。

由此可见，在道德教育实践中，不仅要重视道德规范知识的传授，而且要重视道德情感的投入，加强道德实践活动和情境的创设，丰富生态阅历，从而有效诱发和唤醒体验者的道德体验。迈克尔·舒尔曼（Michael Schulman）和埃娃·梅可勒（Eva Mekler）研究发现：“要培养出心中有爱的小孩的方法，就是让孩子感受到被爱。被父母钟爱的子女较可能喜欢别的孩子，也较受欢迎。”在这方面的证据相当明显。马丁·霍夫曼（Martin Hoffman）发现：“那些肯花时间跟孩子游戏、交谈及开玩笑并念书给孩子听的父母，便会有友善、宽大及有情的子女。另外的研究证实了事实的另一面，觉得被父母所排斥的子女具有侵略性而又无情。”② 这就要求导引者在做好课堂说理疏导的同时，积极创造条件组织体验者自觉回归生活世界和自然之境，亲自参与学校、家庭和社区的生活实践活动，如新冠抗疫中的社区志愿者，直接感受健康社会关系中人与

① 这里的调查数据来自我在1998—1999年关于师生关系的一项小型调查。中小学生中不少人对自己的日记进行了分类写作和保管：第一本是可以按照老师的要求作为一种准作业交上去让老师看的；第二本是可以让同学看，也可以给父母看的；第三本则只供自己保存或可以给自己特别信赖的好朋友看的。同学们对这“第三本日记”的保密性是十分看重的，过去是把它锁在家里自己的抽屉里的，但是，有些父母为了了解孩子的情况，背地里撬开或从桌子后面打开抽屉“偷出”孩子的第三本日记来看。因此，孩子们不再相信父母，便在日记本本身的安全性上下功夫。现在，有些商家看到了这一新情况，制造出一种本身带有小锁头的日记本，深受孩子们的欢迎。

② [美] 迈克尔·舒尔曼、埃娃·梅可勒：《教养出心中有爱的小孩》，《道德教育研究》2001年第2期。

人之间的爱与被爱，导引体验者积累丰富而又充满爱意的生态阅历，增加美善道德体验的原始发生资本，以便体验者对所学习的道德规范知识凝结于其中的情感与智慧达到切己的理解和领悟。

（五）体验有助于体验者融通生存实践中的关系，达到一定的道德境界

在实际生活中，通过体验并在体验中发生着人对人的理解，使人保持对生活的亲近感，使人保持对一切事物的兴趣，也使人深刻细腻地理解生命存在样式及其内涵的丰富性，保持对自己的生命及其他生命的热情。体验使人的整个发展状态发生了并继续发生着变化，使人的道德境界有实质性的变化。罗森塔尔等人的实验证明，学生对于分解后的小小的成功的体验，如在兴趣小组中的体验，促发了他走向成功的信心，激发了他学习、人格修养和发展的热情，感受到了自己成功的能力。“皮格马利翁效应”的秘诀，就在于罗森塔尔教授在教育教学过程和师生交往过程中，成功地组织和利用了教师的期望传递，让“人为提高组”的学生经历了教师的期望、赞赏和学生自我肯定、自我欣赏的愉快体验，这种愉快体验导引“人为提高组”的学生提高了学习成绩、智力水平和行为方式。[①]杨瑞清校长在长期教育实践中发现，教师“赏识”孩子，对孩子道德体验的发生具有不可忽视的积极诱发和唤醒作用。为此，他提出并实施一种“赏识教育”。[②] 当代著名传统文化学者赵吉惠教授在谈到他自己成长历程的体验时说：“我是在反省、检讨自己的生活历程的过程中经历（道德）体验的，在不断体验的过程中，我常常觉得自己的心灵似乎得到了一种净化，似乎净化、提升了自己的人生境界，使自己的心灵、道德的心境得到净化，得到升华。新中国成立以来，特别是粉碎‘四人帮’以来二十多年的反省，使我明白了：在道德体验中，‘道德实践’和‘道德反省’缺一不可，要辩证地对待。新中国成立以后道德教育的失误之一可能就是，单纯地

---

① [美] 罗森塔尔、雅各布森著，唐晓杰、崔允漷译：《课堂中的皮格马利翁——教师期望与学生智力发展》，人民教育出版社 1998 年版。

② 对南京市江浦县（今属浦口区）行知小学杨瑞清校长的访谈要点。地点：南京市。时间：2002 年 4 月 14 日。

强调了‘道德实践’和‘道德讲授’，而忽视了甚至是批判了‘道德反省’。这可能是导致当今的社会中一些人缺乏道德的自我反省精神，缺乏中华传统美德中的‘慎独精神’，有些人的国民公德和德性浮躁、不正。所以，今后强调‘道德体验’是具有理论引导意义和重要的实践指导价值的。”①

实际上，一旦体验者的道德体验发生的时候，对这一个体验者来说，道德教育已经实际地存在了，并在这一个体验者身上及其所处的导引者与体验者的关系世界中发生了并继续发生着道德的感染作用。从一般意义上来说，只有以体验者的道德体验为出发点和归宿，由导引者导引体验者与他一起进入体验状态，诱发和唤醒体验者的切身体验，道德教育才算得真正发生并实际存在，对于道德教育的实践来说，也才有实际的意义。朱小蔓教授强调，只有当人从内心体验某种价值，或产生认同、敬畏、信任的情感或产生拒绝、厌恶、羞愧的情感时，才谈得上道德学习和道德教育的实存性。心理生物学家认为，带有强烈情感内容的体验，与其随之而来的是神经元受到特别强烈的刺激。刺激的强度导致有关神经元在很长时间里对相似的刺激变得更为敏感和更易于产生响应。体验活动有强烈的个人色彩，是个人化的经验。因此，只有重视体验活动，才能使道德教育真正达至个体，产生影响，逐步生成个人的心性品质。②否则，即使做了大量的道德教育工作，组织了大量的道德教育活动，投入了巨大的人力、物力、财力和时间、场地去“搞”道德教育，仍然是缺乏魅力和实效的，因而也是缺乏实际意义的。用一些体验者的话来说，那“无异于浪费我们的青春和生命”，这样的道德教育自身就已经违背了道德的精神，因而成为非法的存在。反复的实践和实验证明，体验者的道德体验本身就是一种道德教育，而且是返魅的道德教育，体验不仅使道德教育成为自足性的存在，而且使其成为自恰性的存在。

① 此处引文系我于2001年7月8日在陕西教育学院赵先生家中采访录音的一部分。

② 朱小蔓：《主体体验式道德教育及探索》，《田家炳基金会道德教育研讨会第二届会议获奖论文》（汇编），武汉，2001年3月。

(六) 体验中可生成新的道德，达到新的道德境界

在访谈和调查中发现，一个人几乎是伴随着他自己**独特的体验**而成长的。个体人有什么样的实际体验，他就有可能成为什么样境界的人，就有什么样的人生；而有什么样的道德体验，他就有什么样的道德境界。而对每一个体验者来说，他实际介入的体验（机缘）以偶然性的形式出现，而发生必然性的人生影响，改变其生存实践状态，进而可改变其生命实现样态。换言之，对任何一个具体的个人来说，一个偶然的、小小的令他在其中发生了真正体验和领悟的关系、情境、事件或行为，往往可能影响或改变他的人生。①

案 例

一个工读学校学生的体验

我追踪研究某所工读学校的一个学生（初中生），他因一次偶然的机会，跟随一个同学偷了一家商店的东西而被送到工读学校。他在工读学校时，曾弹着吉他给我唱过《流浪歌》，唱得十分动情，听得我泪眼汪汪。尽管由于这学生在工读学校的表现优异而早日“毕业”，但这事件还是改变了这学生后来的人生历程。当这学生从工读学校“毕业”，“兴冲冲”回到原来所在的学校时，虽然学校在组织上接纳了他，但老师和同学对他都有了“看法”（偏见），在情感和交往上不再接纳他。他体验到一种从未有过的“失望感”。这时，原来带头偷东西的那个同学又来动员他“入伙”，于是，经过一番“思想斗争”之后，他又跟随那同学去干了几次“坏事”。当我不久再到工读学校去调研时，又看见了他，就问他为什么又进来了，这学生眼里含着泪回答说：“他们（指原来那学校的老师和同学）

① 这一点，在对近三十年来的《名人传记》、《老照片》杂志、诺贝尔奖获得者及其他一些普通人的传记资料的广泛翻阅、分析和领悟中，也得到了支持。

不要我了！没办法，他们又拉我入伙了！”①

这个工读生的遭遇和体验之所以将他改变到另一种发展方向上去，主要是因为他实际介入的交往关系、生存环境不利于其健康发展。莫泊桑的小说《项链》中的女主人公玛蒂尔德太太因一次舞会丢失了借别人的一条项链而改变了她的一生。一个演员仅仅是一个偶然的机会参加了某个电影、电视的演出，成功了，走红了，这就改变了他的生活样式和境界。一个大学毕业生，本来想去某市的一家合资企业工作，但因一个偶然的机会被分配到拉萨市某中学当上了一名教师，而他从中感受到了在西藏当教师的乐趣，而且他的工作做得很出色，获得了自治区和国家的奖励，这就改变了他的职业生涯和人生境界。一位高中生本想上大学的汉语言文学专业，但在高考招生时，因某个偶然的因素被招进一所大学的教育学专业。他刚进校时还说是“走对了路，进错了门”，但经过入学教育、熟悉教育学课程，深度接触上课的老师，他逐渐喜欢上了这个专业。在读期间，这学生的学习成绩优异，积极参加集体活动和社会公益活动，发表了有影响的学术论文，被评为学校的“三好学生”，还获得了奖学金。其中的一连串偶然事件，不断地诱发和唤醒着他的多重体验，改变着他的人生发展历程，从而影响和形成了他的人生定位和实际道德境界。

但也应看到，体验者喜欢什么样的环境和选择什么样的事情去做，并不完全取决于环境和偶发事件，在体验的过程中也有体验者的潜质在其中发挥选择作用，而在体验者与其所做事情的相互作用过程中，又生成了这种选择意义上的新的境界，而这境界本身又包含着体验者的潜质。实验证明，个体人的生存环境和交往关系是可以选择和改变的。

① 这里的故事系真人真事。但考虑到学生今后的发展，也出于学术道德之保密的需要，将工读学校和学生的名字隐去。

实验

协作互励体验小组行动

我在陕西师范大学担纲“德育学”课时，曾帮助本科生和研究生创造有益的发展环境，建立积极有益的交往关系。其中的一个做法就是带领本科生和研究生下到西安交通大学附属中学、陕西师范大学附属小学等七所实验学校中，每个本科生和研究生与5～8名中小学生建立“协作互励小组”，进行学习、生活和人生体验的对话与交流。与距离较远的如宝鸡虢镇小学的学生之间则进行信件交流。这件事对我来说，可以说是一项有计划的活动，但对这些本科生、研究生和中小学生来说，则是一件很偶然的事情。根据他们写的体会文章分析，参与其中的体验者在这项道德教育实验活动中发生了深刻的体验，从而改变了他们的学习、生活、交往和人生的方向、轨迹与境界。

一般来说，什么样境界的人就会选择做什么样的事；反过来，长期做什么样的事，也就可能使人成为什么样境界的人。我在无锡市进行教育调查（2001）时，有不少教师谈到这样一种感受，很值得我们搞理论研究的人反思和体悟。其中一位教师这样讲道：“有些专家学者下来作报告，对基层学校和一线教师的教育实践多所批判，他是根据书本上的材料进行批判的。这批判带有很大的盲目性。其实，他所批判的有些思想和做法，我们基层学校的教师在行动上早就改掉了，我们现在已经是在一种新的思想观念下，而且作出了不少新的有益的实践探索。只是这些‘专家’对基层学校新的改革和探索并不了解罢了！”这些一线教师所讲的教育科研情形，是客观存在着的。我也听过一些学者发言，一开讲就首先对他所研究的这个领域的实践进行一番批判，认为实践中存在着许多的问题。当然学术研究具有批判精神是对的，找出实践中存在的问题也是必要的。但基层教师有疑问的是，有些学者往往对基层学校的教育实践批判过多而建设甚少，似乎只有某种“新的”思想观念才能有效地解决实践的问题。甚至有些学者为了自己的立论有批判的针对性，还有意将实践领域的探索说得比较落后，似乎只有这样做才显其观点的新颖独到并有针对性。恩格斯在《反杜林论》中曾入木三分地指出，杜林为了批判别人，把别人打倒，自己先将别人的思想歪曲，说成他想要批判的那个样子，然后进行批判，实际上他是在唱“黑白脸”，是自己批判自己罢了。而长期这样做的结果，就是使这些专家学者形成了一种不良的学术研究品性并习以为常而缺乏敏感性。但是，一线教师一听，就立刻感悟到了其中存在的问题。毛泽东曾指出：“没有调查研究，就没有发言权。”在《在延安文艺座谈会上的讲话》中，他深刻地批评了那种对实际情况缺乏了解，就在那里“指手画脚”指导实际工作的人。再进一步，如果有些学者研究的所谓“新观点”已经落后于实践，又要拿这种理论去到处宣讲，指导实践，那本身就是一种不道德的行为了。中国启蒙思想家严复常引赫胥黎的一句话说：“能观物观心者，读大地原本书；徒向书册记载中求者，为读第二手书矣。”① 相反，也有一些求实的专家学者，他们的研究喜欢从实际生活出发，从自己的观察或实验出发，而且在讲话或写文章的时候，作出较为严密的限定，如自己读了哪些书，研究了多少所学校，访谈了多少人，调查的选样有多大等，不作人为夸大。这样的研究过程本身也会使他产生一种道德体验，生发出一种道德境界。有过这样体验的人，他们往往认为道德是不可以教授的，而只能靠自己的道德体验。如果你要强意请他去讲道德，他并不讲许多的道德规范和律则，而只是与倾听者进行相互之间的生态阅历和生命感悟的呈现或诉说，导引者与体验者之间以生命叙事和反思性理论提升的方式相互展开各自道德体验的表达。表面看，这似乎不是道德教育，但这恰恰是容易诱发和唤醒道德体验的真正意义上的道德教育。在这种富有个性化的道德体验表达过程中，每一个身处其境的人都切切实实地诱发和唤醒了

① 赵扬等编：《睿语珍言——著名社会科学家治学谈》，中国城市出版社 2001 年版，第 2 页。

新的道德体验，每一个人的实际道德境界都发生了实质性的变化。鲁洁教授与研究生相互讲述自己的学术生活和人生感悟，大家虽然话语很朴素，但是确实感受到了比在一般的道德教育课堂中所受的教育大得多的道德体验。听过鲁洁教授讲课的博士生，最津津乐道的就是课间休息时听鲁老师讲述她的生命故事所诱发和唤醒的道德体验。

由此可见，导引者的道德境界本身就是一个重要的道德体验的诱发和唤醒因素，道德体验就在学校的教育教学工作和师生的生活样式之中，道德教育不可能从学校生活中分离出来，构建成另一个与学校的现实关系世界和教育氛围无涉的乌托邦式的所谓理想的道德教育。在学校的教育环境和过程中，学校的办学模式和风格，导引者与体验者之间的关系，都是重要的道德体验的影响因素；特别是导引者口头上所讲的道德规范知识与要求，必须和学校的办学方向与风格、师生关系的性质和境界在精神上保持内在一致性。这样一来，学校关系和师生关系是一个由多重关系所构成的网络关系结构，而其中维系这种关系的教育性质的可能就是“育德”关系，而不是知识、技能的授受关系。实际上，在整个教育过程中，导引者的口头讲授与他的行为相比，实际行为的道德影响要大得多。因此，朱小蔓教授指出，“育德是教育的灵魂”①。事实上，当导引者和体验者都不在乎他们置身其中的实际关系和体验，而想象着一种遥远的未来道德关系状态时，现实的师生关系也就发生了畸变。

对一些研究者的研究生活访谈研究发现，当他们的研究与自己的人生、生活体验分离的时候，其成果带有“纯客观性”的特点，缺乏真情实感，有些人甚至讲一些成果发表之后连自己都不愿意再去读（他们嚎称之为“制造文字垃圾”），而在这种研究过程中，他们体验到了一种为了某种身外之物（如职称、津贴、住房等）而“不得不”从事研究和写作的枯燥感、烦恼感，以致人格分裂。而当导引者的教育教学与他自己的实际

① 朱小蔓：《育德是教育的灵魂，动情是德育的关键》，《教育研究》2000年第7期。

生活和道德境界相分离的时候，他就可能沦落为兜售知识技能的贩子，他只出卖知识技能，当然其中可能也包括“关于道德的知识”。而一旦学校的教育和道德教育不能够保证它所培养的人才的道德质量，而只剩下知识、技能资格，甚至只剩下提供一张文凭的时候，道德教育以至整个教育也就丧失了其存在的本体价值、尊严和意义，它在人们心中也就丧失了应有的位置，从而在社会系统中也就丧失了应有的地位。① 蔡元培先生在谈到大学的职责时曾深刻指出：大学不是塑造资格的场所，而是研究高深学问的所在。大学的主要目的应在后者。一旦大学、教育成了塑造资格的场所，它也就彻头彻尾地与价值无涉，而成了社会交换的一种形式罢了。

上述访谈感悟启示我们，学问与人生体验一体化是原创学术的重要特征。真正的学者、专家，应当使自己的研究与自己的人生、生活的观察、体验、发现保持内在的一致性，把研究的过程变成生命成长与生命发现之旅的体验过程。这样，其研究成果才会具有深度融合的特点，富有研究者的真情实感，溢流着研究者的生命感受和思想智慧，也才会写出或讲出让人喜闻乐见的原创作品、生命精品及思想观点，才会克服习近平总书记《在哲学社会科学工作座谈会上的讲话》中所揭示的问题。讲话深刻指出：“我们的哲学社会科学有没有中国特色，归根到底要看有没有主体性、原创性。”总体上，我国哲学社会科学的“学术原创能力还不强”，“还处于有数量缺质量、有专家缺大师的状况”。这些问题是真实存在的，体现出我国哲学社会科学包括教育科学发展的现状与困局，也是制约其发展的深层阻力，我们必须勇于破解这些难题，突破哲学社会科学包括教育科学改革发展的瓶颈。只有当我们提升到原创性学术研究的水平，创作出受中国人民和世界人民尊

① 有人说，这是一个“文凭的时代”，也是一个“贩卖文凭的时代”，一些学校和教师缺乏维系教育过程中师生关系的“育德”意识和责任感的时候，它就很容易在不知不觉中沦落为“文凭贩子”。《中国教育报》1983 年 8 月 25 日有文章指出，在我国出现了“学校滥发学历证明”的现象，后来这种情况就更加严重起来，以致有些学校的文凭出现贬值。这是当代学校和教育者都应该引起高度重视的一个问题。

敬的原创作品，才会出现让人爱不释手、感人至深的效果，也才会溢流原创思想和实践智慧，发人深省，散发出生命智慧的开悟价值和人生实践的切实指引作用。①

（七）在体验中切实发生了震撼心灵、开启生命智慧的生态化育效应

真正深入道德教育改革实践一线，俯下身去仔细观察、贴身感受生态体验教育的科学实验及其实践探索创新，侧耳谛听、用心感受师生、亲子参与体验的生命状态，切身的生命感受，恍然发现，生态体验理念、道德体验教育不仅转变着根深蒂固的教育传统惯性和教育实践模式，而且在体验中切实发生了震撼心灵、开启生命智慧的生态化育效应。下面，从区域、学校与个体人的不同角度和立场，提供这种道德体验效应的支撑证据，也从体验者经历这种体验时所发生的震感心灵效应的折射视角，作出真实、切实、细腻的描述。

案　例

北戴河打造“国际教育小镇”开展生态体验教育②

在北戴河区打造“国际教育小镇”的教育战略目标指引下，在区委区政府的高度重视和积极引领下，北戴河区中小学校有幸与生态体验理论结缘，并在国际生态体验教育学术委员

① 苏州陈芳女士在微信中谈到她研读《道德体验论》的切身体悟，她写道：“我从来没有看过一本学术著作让我欣喜若狂，夜不能寐。这段时间我一直在潜心学习《道德体验论》。这一学说于我而言，犹如千年幽谷照进了光，一霎那间便明亮了。照见自己的内心，照见他人，照见世界。在这学说里，我所有的人生经验和困惑都找到了答案。三重生态，我能够清晰地感受到自己的内心和他人、社会甚至自然世界的关系。这思想是点亮的一盏灯。在这学说里，找到了我想要的思想精髓、实现路径。这学说虽然高，但接地气，好比告诉我们天堂在哪里，还给了一条上天的路，恰是一个完美的解决方案。这让我拨云见日，内心狂喜，深深地拜服。我想在这里，有我的精神家园，既在精神上可以毕生追随和学习，又在现实世界中可以有所作为。我没有别的事情可以像这件事一样充满持久热情，我的愿望是用一段时间安顿现在的事情，然后全身心地跟随教授学习和把他的理论发扬光大！”

② 网易新闻。

会专家组的顶层设计和科学指导下，一改以往传统教育所采取的说教式、填充式做法，引入生态体验理论和实践模式，启动了“北戴河区生态体验教育暨优秀传统文化进校园工程”，使学校德育工作、师生生命样态发生了喜人变化。

把生态体验师资培训作为第一要务。生态体验理论作为一个中国原创的完整的思想体系，其顶层哲学命题为三重生态圆融互摄优化生命样态，理论主体部分包含三重生态观、体验本体观、生命样态观、生态化育观、魅力实践观，凸显了生活世界观、和谐价值观、生态智慧观，构建并长期大样本验证了道德体验模式、生态体验模式、网络体验模式、生态创生模式等。对于各个学校、各位老师来说，要掌握这样一种全新的教育理念及其理论含义，必须把生态体验师资培训作为第一要务。

2017 年 3 月起，作为党的十九大召开之前的重要战略部署，北戴河区先后三次邀请生态体验理论创始人刘惊铎和姚亚萍教授所率领的专家团队，到我区进行了生态体验导引者技术培训、元生态体验国际培训等三次全员培训。其中，有英国皇家教育学院院士戴维·科根和荣誉院士保罗·利特费尔倾情授课，使北戴河区生态体验教育绽放国际魅力。各校校长、德育校长、综合实践课程教师、班主任代表都参与培训，三次培训 400 余人次，参训教师在“浪淘沙·北戴河吧”中表达的参训感悟有 150 多篇。参训教师回到学校后，各校分层次开展二级培训 15 场次，“你是我的眼”、“生命丛林”、“红海蓝海”等十余个经典生态体验活动，让教师们先参与体验，再感悟享用，在头脑中初步建立起了生态体验理论的基本概念，达到了“入脑入心”的神奇效果。

生态体验主题活动课直接指向学校、班级管理和学生身上存在的问题。开展生态体验教育要让教师的生命样态首先润泽、靓丽起来。开展生态体验主题教育活动，实现“网格式”区域德育大格局。各校以生态体验教育理念为基点、为统领，站在生态体验理论的哲学高度，重新定位“学校文化建设”，包括环境文化建设，人际关系文化建设，学校与家庭、社会关系文化建设，教育活动文化建设，等等。开展生态体验式学科教学，力争在实现新课程的三维教育目标上有新突破。①

学生在体验过程中，在全身心放松的、不设防的心态之下，进入生态体验之境，感受、体悟自己的日常言行，在对话与反思中澄明了思想意识，提升了道德境界。

北戴河区在开展生态体验教育的过程中，不断收到一些老师、家长和社会人士的反馈，他们表达了对生态体验教育的高度认同和赞赏，虽然开展的时间不长，但已经收到了显著效果。北戴河区将继续以生态体验教育作为全区教育工作的上位理念，深化推进、加速实现德育和整个教育工作的深刻变革。

教育部、省教育厅有关领导到我区调研生态体验教育工程实施情况②

5月5日上午，国家语委副主任和教育部语用司司长姚喜双、河北省教育厅总督学韩爱丽、河北省教育督导室主任王占林，在秦皇岛市委副书记、北戴河区委书记田金昌的陪同下到我区调研生态体验教育工程实施情况。

调研会上，部、省、市领导先后观看了我区生态体验教育工程研讨会、导引者技术培训班视频回放，听取了培训参与者对生态体验教育工程的理解和思考，并就此问题和与会人员进行了深入细致的对话、交流。

教育部领导对北戴河区在生态体验教育方面所做的工作给予了充分肯定，他表示，北戴河区对生态体验教育有思考、有思路、有思想、有设计、有成效、有成果，希望北戴河区借助生态体验教育对中华优秀传统文化的传承工作作出更多创新举措，作出更大努力。就如何进一步深化开展好生态体验教育，田金昌书记指出，北戴河是能量汇聚之地、梦想开花之城，之

① 《北戴河以生态体验教育为突破口加快推进文化建设》，北戴河区人民政府网。

② 北戴河区人民政府网。

所以将生态体验教育引进北戴河，是希望通过生态体验教育使北戴河区的校长、教师及家长的教育理念得到提升，并将这份幸福传递给更多的学生和家长，让课堂更快乐、更有效、更有魅力，也更开放，从而使全区的教育事业得以快速发展，进而使其推动区域经济、社会的发展。秦皇岛市教育局局长刘红军、副局长吴野平，北戴河区教育局局长王晓光等陪同调研。

原创学术助力北戴河暑期重点工作 生态体验成为北戴河社会治理大会亮点①

6 月 14 日，在北戴河文化宫盛大启幕了“百日攻坚总结创城推进暨旅游旺季工作动员大会”。此次大会，既是百日攻坚活动的总结大会，也是创建全国文明城市的推进会，又是进入旅游旺季暨暑期接待工作的动员大会。有来自全区及秦皇岛市的政府、企业、文化、教育及社会各界的党员领导干部，有中直机关驻北戴河的领导、国直机关驻北戴河的领导、全国人大驻北戴河的领导、全国政协驻北戴河的领导、中央军委驻北戴河的领导、中央纪委驻北戴河的领导等 1 000 多人，会议特邀生态体验理论创始人、国家开放大学生态体验教育中心主任刘惊铎教授和姚亚萍教授等一行出席大会，并对大会上展示的生态体验教育课程进行指导与点评。在会议的黄金时间段，由北戴河小学的学生和家长们在老师循循善诱的导引下，上了一堂生动感人、震撼心灵的生态体验活动课“爱与责任”，生态体验活动结束后由专家代表作了主旨点评和理论提升，人民政府区长陈秋华对暑期工作作出了重要部署，秦皇岛市委副书记、北戴河区委书记田金昌作了主旨讲话，阐明了在这样一个重要的社会治理大会上，大家全息沉浸体验一堂大型生态体验活动课的社会效应和价值引领意义。

据记者了解，今年初春，北戴河区委区政府就在全区启动

① 国家开放大学网。

了“北戴河区生态体验教育与优秀传统文化进校园工程”，并对该区的高中、初中、小学、幼儿园的全体一把手校长、德育副校长、班主任骨干老师等，进行了两次全封闭的生态体验式道德价值观教育培训。此前，又邀请国际生态体验教育学术委员会委员、英国皇家教育学院两位院士一行，在这里举行了三天的全封闭的生态体验式道德价值观教育与元生态体验国际培训。这次大会上所展示的生态体验教育课程，只是专家老师深度合作下所创新的系列生态体验教育活动课程的冰山一角。

下面，分享“浪淘沙·北戴河吧”的部分热点发帖、回帖，随机依序排列，以飨读者。

> 今天的百日攻坚总结会以一堂生动的生态体验教育活动课作为开场，由浅入深，让人领悟到了母亲的伟大、家乡的可爱、祖国的博爱。

> 所有的孩子和母亲都未经提前演练，现场真情流露，让人潸然泪下。感动、感恩、感谢、感激，相信是现场每个人的心声。

> 感悟自然，融入自然，细心体会，深入挖掘，这是教育的本质，是教育者的责任。

> 让我们拥抱自然，感悟生命，提炼文化，共谱北戴河教育的新篇章。

> 现场观看，吧里再看直播视频，无不感动，触及心灵。

> 有大片的感觉。当初培训时看沧州市运河区的片子，很感动。没想到，三个月后，我们也做到了。

> 在片子中看到了熟悉的领导、熟悉的学员，更多的感动与敬佩，大家用实际行动践行了培训班上的承诺，用实际行动创造了一个又一个奇迹，谢谢你们！同样又给予我新的动力，我将把这部片子珍藏，作为我的动力源泉，因

为只有亲身经历过的人才懂得其中的意义和价值。再次感谢大家又给了我动力！

让我又找到了久违的激情！永远在路上，你我都不忘初心，一直在努力，真好！

北戴河的孩子好幸福！

看了视频，很令人感动。三重生态、浸润心灵、触动生命，无论是体验者还是观验者都会被深深地唤醒！

融通生命世界，生命品质得到唤醒，优化生命样态。

这是智慧凝结的生命乐章，这是汗水浇灌的生态硕果，为优秀的研发团队点赞，为家长和孩子们的精彩表现点赞！

令所有人难忘的一课——爱妈妈，爱家乡，爱祖国。

“爱的呼唤”体验活动之感受

“爱的呼唤”生态体验活动，唤醒了大家内心深处最深的一种情感！是终生难忘的一次体验，在亲验活动中，孩子和家长的感情完全被激发出来，那种巨大力量的感情无法用语言来表达，只有经历过的人才会明白。这样的体验也许生命中只有一次，不过一次也就足够了，会让人记一辈子。

亲验活动“生命之旅”给我们的感触最深，活动中，多少孩子、家长和观验者都掉下了眼泪！模拟体验了生命的一段旅程，更要好好珍惜现在所拥有的，不要等到失去才后悔莫及。开放式对话，他们都踊跃地将自己的体会诉说出来与大家分享，更是满满的感动！

感恩北戴河区委区政府、北戴河教育局，让我们认识了生态体验、三重生态圆融互摄，感恩生态体验教育的美好！在以后的工作中，我们的孩子也会接触到生态体验，那会是多美好、多感动、多幸福！

这种生态体验教育比单纯的说教要生动形象，不管是孩子、大人都容易接受和欢迎，要把这种模式的教育培训应用到更多的学习教育活动场景中。

辛苦的付出，结出了硕果，没想到“爱与责任”生态体验活动如此震撼心灵，圆满成功！

生态体验让教育更精致，让生活更美好，让人们更向善。

生态体验教育，我们行走在路上！

有这样一群无私奉献的人们，相信未来北戴河一定更加精彩。
致敬！北戴河的建设者！
致敬！生态体验教育专家团队！

人之初，性本善。

生态体验使教师由教育者转化为导引者，使学生由受教育者转化为体验者，开启了教育的新时空。

生态体验教育在师生、生生和亲子互动与反思性对话中，经历生命感动，体认美善人生。

一百多年前，梁启超先生曾经说：“今日之责任不在他人，而全在我少年，少年强则中国强。”一百多年后的今天，其实道理反过来是一样的。“中国强则少年强，中国强则中国少年强。”

因为强大的国家能赋予一个少年强大的安全感，基于安全感，他可以自由地选择他想生活的地点、职业、状态乃至心情。他是轻装上阵去看这个世界，又理直气壮地回到自己的家园。今天的生态体验教育紧紧围绕着爱祖国、爱家乡、爱妈妈这一家国情怀主题，教育者们正是从这个角度出发，导引着孩子们，让他们发自内心地去感受、去体验从小爱到大爱，这是心灵的洗礼，在生命历程中体验到责任，作为一名北戴河人，有责任让家乡改变。

改变传统原始的说教方式，利用场景、道具、声光电等环境系统为学生打造一个利于敞开心扉的环境，体验式教育干预直抵灵魂深处，产生强烈的共鸣，达到发自内心地接受教育的效果。这种新式的生态体验教育效率非常高，教育效果好，非常值得推广。上个月参加过一堂类似的课，对我的生活产生了不小的影响，而且经常回味，久久难忘。

北戴河，谢谢你，你教会了我们“海纳百川，有容乃大”。北戴河，我爱你。

北戴河的外在美和内在美都很让人着迷！大美北戴河！

生态体验，一种震撼心灵的教育①

参加过很多次培训，但这次生态体验教育培训给我的心灵震撼是最强烈的，这份震撼和感动来自亲身参与和全息沉浸，来自和领导、专家的近距离接触，听着区委书记高站位、接地气的讲话：教育是民生工程，生态体验教育是提升人民整体素质的教育新模式，甚至在一定意义上会带动一个地域的经济、社会发展……我感受到了北戴河教育要蓬勃发展的力量，我要更加努力为我热爱的教育事业贡献自己的全部力量。

这次三天的培训与往常纯粹的讲座完全不同，从进门时随机领到的小组序号，随机组成的团队，到座椅人性化的摆放，

① 浪淘沙·北戴河吧。

看似随意，却都体现出了活动策划的精心。每一项活动看似只是对于人与人关系的简单思考，但多多品析便会发觉都与体验者的生命样态、人生幸福有关，都让人深有所思。

在最初进入生态体验之境时，“正能量池”体验活动使小组成员相互认识，通过共同合作设计小组的Logo，确定目标，达成共识，这是一个创生、融合、改造的过程。就这样有了我们的幸福种子队三组的诞生，我们写组诗、画组徽，成员之间相互开放、相互悦纳、相互学习，体验人与人之间精神生命的开放、经验世界的交会和心灵的交融。

“教海体验”活动让我明白正确的思想、科学的方法，以及精准的语言、适当的指导对于一个教师教育教学工作的重要，以及对学生学习和成长的帮助。

体验活动中感受最深的是“红海与蓝海”的较量。在体验活动中，在A组组长的带领下我们学会放下，学会共赢，充分理解了“圆融互摄”的内涵，懂得尊重对方，学会舍得。一个好的团队需要一个好的领导，同样需要能积极配合的团队成员，只有大家相互尊重、相互理解，才能建设一个幸福的教师团队，才能建设一所幸福的学校，才能有幸福的教育。

在今后的教育之路上我们还任重而道远，让我们共同努力，沉静自己，全息投入，做一位值得学生尊敬和喜爱的老师。

体验活动让我深受感动①

三天的培训，受益终生！

在整个体验活动过程中，我没有发过一次言，所有的人都不曾注意到角落中的我，但是静静的我在全身心地参与、倾听、感悟。我领悟到了很多，什么是自强，什么是自信，什么是感恩，什么是信任……这是一次对心灵的洗礼，导引者边诉说我边回忆，那些曾经发生在我和孩子之间的一幕幕浮现在我

① 浪淘沙·北戴河吧。

的脑海中，每次都有瞬间的感动。不是吗？学生是我们生命中出现的一个个生命的个体。当他们背着书包入学那一天，家长把他们郑重地交给我们，希望自己的孩子会在我们的手中，被我们塑造成一件件精美的工艺品，绽放自己的异彩。刚入学的孩子就是一张白纸，我们用什么样的画笔，什么样的颜色，怎样去描绘，那是我们做教师的艺术。教师传道、授业、解惑，传授知识的同时，更要教他们如何做人，怎样去做一个幸福的人，让这件工艺品从里到外都是精彩的。学生就像一个蒙眼的求助者和猜测者，一切选择都取决于教师这个帮扶者和表达者，我们应与学生融为一体，形成默契。

很庆幸能够参加这样一个生态体验大课堂，体验到了从未有过的生命感受，对自己未来的工作有了进一步的深切认识，体验到了自己肩上的责任，更感受到作为一名教师的光荣与骄傲。

我的内心渐渐升起一种新的决心：从明天起开始做一个幸福有为的教师，在自己的工作岗位上默默耕耘，静静收获。

综上所述，可见导引者和体验者全身心地沉浸于体验现场，发生了难以言喻的多层面的生命感受和领悟，这都是在体验过程中对体验者的生命开启、智慧陶养，通过体验者自由自在地在网络贴吧里发帖、诉说，只是冰山一角式地折射出现场体验过程的无穷趣味、意义和巨大收获，也通过体验者个性化的生命诉说折射出生态体验、道德体验的实践魅力。一言以蔽之，体验的本体价值，有着多方面、多层面的立体体现，在体验的视界里，我们看到了五光十色的生命色彩。

从道德教育领域审视，体验具有明显的多方面的道德教育价值，它使那种形未散而神散的道德教育变成一种形散而神不散的道德教育，使道德教育因体验价值的彰显而恢复其魅力（“返魅”），在导引者的使命性诱发、唤醒和体验者手舞足蹈的沉浸式体验中，悄然提高着德育的实效，焕发出德育的迷人实践魅力。

国内外生态体验教育学术团队的实验教师行列之中，充满了这样的成功实践案例。我曾应邀给一线教师的生态体验教育经验总结书籍和案例作点评，写了一段深有感触的体验：

> 当把最后一页合上时，我心中跳出一种感觉：我被书里的教育故事和生命故事所感动，为作者作为班主任和学生心灵的相遇交融而感动，为这些鲜活的生命故事所书写出来的教育诗而感动。这不正是对我所倡导的“生态体验教育”的一种实践触摸吗？
>
> 生态体验网首页有句版头语：“只有先感动自己的生命，才可以谈论和实施教育。”感动是教育，也是生命最动人的节拍，是教育得以发生的精神引线。有句教育谚语：“教育是一朵云推动另一朵云，一棵树摇动另一棵树，一颗心灵唤醒另一颗心灵。”只有感动生命，教育才有魅力。一个教师，如果没有感动自己生命的体验，何来力量去推动、摇动和唤醒学生，诱发他们的生命感动呢？当代教师，尤其是班主任，在学生面前首先应是一个有血有肉的丰满形象，有生命中生动的东西。同时，重视自己可持续的健康成长，自觉加强业务进修和学习，提升自己的学识和教育艺术。由此出发，去融洽师生关系，去发现和诱发学生的生命感动，创造教育生活中的生命韵动。
>
> 在实践探索中我发现，一个老师要感动个别学生并不难，难的是能感动众多的学生。王老师的一个可贵之处，在于她触摸到了感动众多学生的境界。在这种大面积的生命感动之中，一颗敏感的、善良的、博爱的心灵就显山露水了。父母将孩子送往学校的时候，所牵挂的就是关心孩子能否像在家里一样得到关爱；学生每天和老师面对面的时候，内心的一种重要渴求也是希望得到老师平等的关怀和爱。雅洁向老师的问好是轻声的、怯怯的，饱含着一种对老师的爱，而在她的内心对老师爱的期待则是急切的、强烈的。王老师能够细心体察到学生的这种期待，并以恰当的时机和感人的方式满足学生对师爱的渴求。雅洁们的学习生活因此而充满了愉悦和幸福的感受，于是学习也变得有趣和动人了。“说实话，我从来就没有要出书的打算。只是和孩子们经历了太多的故事，让我感动。真心地走

进他们，和他们一起选择诗意的栖居，他们洋溢的热情和全部的信任，真的能将人融化。”她已经将这样的教育意识变成了日常的教育行为，所以说起来显得不怎么经意似的。其实这就是一种有教育意义的原生态体验。

学生的真情话语，折射出一种真实的教育境界，这种教育境界中所蕴含的是一种教育之爱。王桂芝身上表现出来的是一种率真的爱，纯净的爱，是从生命里流出来的如清泉般的爱。这种爱，在超越传统教师境界中对成绩优秀的学生的偏爱，也在超越学生同伴文化中对权力、金钱的崇拜等俗常关系。在当代，当公民精神和行为方式不断被呼唤和凸显的时候，一种具有平等、博爱精神的教师、班主任及其群体，显得格外抢眼。在王桂芝的《日记》一书中和她的身上，我静静地感受着这种对学生的发自内心的博爱，一种不加修饰的、令人感动的爱。这样的爱，对营造动情、令人尊敬的人道主义的教育氛围，是有其人文关怀价值的。

社会上曾一度流行过两种误区：一是把德育和教学都变成了枯燥的知识记忆和认知训练；二是把德育和教学看成截然对立的两种教育存在，学科教学仍然以认知训练为主，而在德育中则逐渐回归生活世界，凸显情感体验，一些实验性的德育活动已经有了生命感动，而学科教学则仍然没有恢复精神的光彩和魅力。其实，没有生命感动的学科教学是很难入脑入心的，因而缺乏动力支持。我在生态体验课堂教学探索中发现，科学知识的教学也可以变成让师生“怦然心动”的过程，日常教学也可以充满精神魅力，焕发生命的活力。王桂芝的课堂教学，印证了我的思想观点，可以作为一个有生命感动的课堂的案例。有学生这样写道：“您的声音虽轻，却有一种韧性。在课堂上，您的朗诵像是一种对课文的回忆，是如此轻车熟路，仿佛那些大师写作时，您就在现场。”在这样有生命体验的课堂，会出现学生流连忘返的情景。在这种情景和氛围中，熏陶日久，学生便渐渐地用心灵回应着教师的真情感动，师生之间出现高频度的心灵对话，而且学生的心灵回应是那么的令人动容。为此，我要明确提出这样一个新时代的道德教育哲学命题：“没有生命感动的教育难以走远”①。

《德育报》总编、主任记者周海平亲身参加了一次千余人的大型生态体验教育活动，感受到了在道德体验教育过程中，心灵受到震撼，生命受到感动。他在《德育报》头版发表整版的长篇报道，对当代中国德育实效不高的瓶颈性难题及其表现形式作出分析，对生态体验理论指引下的道德体验教育实践破解学校内外的德育实效难题之奇效，作出生动、鲜活、深入的分析，不禁击掌慨然赞叹：

“一次体验胜过百次说教。”②

而且从中外德育史的思想脉络和经典案例分析中，可以真切感悟到，体验本身就具有道德教育的价值。因此，我的基本结论是，体验是道德教育的基本存在方式，是道德教育的本体。换言之，没有体验发生的地方，就不存在真正的道德教育。

① 刘惊铎：《没有生命感动的教育难以走远》，《中国教育报》2007 年 2 月 15 日。

② 周海平：《一次体验胜过百次说教——中央教科所学校教育部部长刘惊铎博士主持大型生态体验德育报告侧记》，《德育报》2007 年 1 月 15 日。

第三章 道德境界

要深入纵深地带讨论道德体验问题，有必要从哲学上廓清“道德境界”范畴。道德境界既是道德体验的外显性标志，也是衡量道德体验的性质、水平和品质的重要实践指向和理论依据。

第一节 道德境界及其生成

一、“境界”的内涵

我把境界定义为：境界是人的生命实现样态。它是人的生存处境与人生体验的统一，呈现为生命的总体质量规格、水平状态和风格面貌。它是人在具体生存实践活动中，在其当下现实生存条件与其未来生存可能性之间因体验而取得统一后所达成的生命整体状态，其中主要包括当下的生存处境、生存态度和行为方式以及对未来希望的追求、意义的筹划。“境界”在中国传统文化中多用来指示人的精神世界，是指人的精神世界或精神品质的某种层次、状态水准，特指人的内在精神修养所达到的水准或境地。中国古代把境界归为精神境界的时候，无疑是将其视为一个有机的整体，一个人综合的精神状态就是他的精神境界，在这个境界中包含了价值信念、情感模式、思维方式、心理反应等所有的精神内容。一个人在一定的时间或状态下，在一定的领域或事件中，其主观精神，如认知、情感、意念、心理等有何种表现、何种反应，就显示出他有怎样的境界。你有什么样的境界，世界就会有什么样的呈现。在境界中尤其强调人的精神修养和道德行为的整体实现状态，而且“个人的道德修养和知识修养在人生境界中是混沌不分的”①。因此，在中国传统文化中常常把境界称为“人生境界”，也可以说它侧重于一种“道德境界”。

人生境界是人生体验的结晶，人生体验达到怎样的高度就实现为怎样的人生境界，而人生境界又以个体人的体验的方式存在和表现着。因此，人的境界的达成和表现都依赖于其对自己的生存实践和人生意义的体验。冯友兰曾解释说：“人对于宇宙人生在某种程度上所有底觉解，因此宇宙人生对于人所有底某种不同底意义，即构成人所有底某种境界。”② 换言之，“人生的境界，主要指的是人生的意义世界，或者说精神境界，而不是物理世界”。人生境界的差别主要是表现在对“公共世界”的“意义的领会上的差别”。③人是境界性存在，无时无刻不生存于一定的境界之中，每一个人都有自己的实际生存境界和可能的精神境界。处于不同的生存境界，体验者往往有不同的身心感受。在实存与可能性生存之间，往往是有什么样的精神境界就可能导出什么样的生命状态。你的精神修造达到某一个层次或水平，你就根据你的层次或水平去看世界；你看世界的水平或方式，会随你的修养的水平和层次的不同而不同。因此从某种意义上说，“境界决定了你的存在”，而“人的生命境界是一个永无停滞的过程。在人的心灵面前是一个多彩的世界，人不断追求理想，不断打破、超越现存的界限，不断感知到、体证到更广大、更深刻的真实，现有的真实慢慢褪色，逐渐被新的真实所替代，在这样不断超越的过程中，人创发出新的境界，实现新的生命”。④ 人处于某境界是对人的道德修养水平和品质的一种评估或标示，最能够反映人的真实状况的就是其整个生命的实现样态。僧肇在《维摩诘经》注中说：“万事物形，皆由心成；心有高下，故

① 鲁洁、王逢贤主编：《德育新论》，江苏教育出版社 2000 年版，第 37 页。

② 冯友兰著：《贞元六书·新原人》下册，华东师范大学出版社 1996 年版，第 552 页。

③ 彭锋著：《美学的意蕴》，中国人民大学出版社 2000 年版，第 60 页。

④ 陈鹏著：《执有与空无——中国人的境界观》，云南人民出版社 1999 年版，第 11—12 页。

丘陵是生。”冯友兰强调说：“中国哲学的传统，它的功用并不在于增加积极的知识，而在于提高心灵的境界。——中国传统哲学里有为学为道的区别，为学的目的是增加积极的知识，为道的目的就是提高心灵的境界。”① 从这个角度说，中国传统哲学可以视为一种“境界哲学”，它旨在指出人生的理想境界，以及达到这种境界的方法和过程。中国智慧甚至整个东方智慧就是这种“境界之学”或“精神修养之学”。

牟宗三称中国传统哲学是一种“实践的智慧学”，中国先哲关注的生命智慧，不是客观知识的求取，而是在长期的体证、践履、修养中提升自我的生命境界。按照境界学的结构和方法来理解传统儒道佛，它们都是具有内在系统的境界学。中华传统文化中的境界学至少包括这样几个方面，一是境界本体论：人生终极境界的确立及其原因，如本体论、宇宙论、终极境界论；二是境界修养论：获得终极境界的过程与方法，它又包括现实论、认知论、功夫论、境界层次论等；三是境界结果论：最高境界的精神状态和生命状态。

综合分析可见，中国传统哲学的境界观都依据于一定的本体论或实存论，境界观与宇宙人生的实存形态有着内在的关联。如老子的“无”，本体的道是无形、无象、无名、无为，是不可见、不可言、不可思，至少可以说“无”是客观的“道”的客观特征。至于人通过修行达到的“无为”境界，则是一种精神境界，但它与客观性的“自然无为”有着某种内在的一致性。又如，儒家的“万物皆备于我”无疑是一种精神境界，但这种精神境界与儒家关于“万物一气流通”、“天德生生”、“万物并育”、“天理体万物不遗”等客观天道的认定有内在的关联。比较地看，儒家的境界可以说是“有”，道、佛的境界可以说是“无”。从本体的层面上说，有是有道德，无是无道德；有是有善恶，无是无善恶。从修养的层面上讲，有是可见可言可思议，无是不可见不可言不可思议；有是格物致知，无是绝思弃虑；有是有分别，有善恶是非，无是超分别对待，超善恶是非；有主动，无主静；有主刚，无主柔；有主有为，无主无为；

① 冯友兰著：《中国哲学简史》，北京大学出版社 1985 年版，第 6 页。

有主实践，无主反省；有是泛观博览，无是反证本心。道家的“自然”、佛家的“清净”在后来儒家人生境界观中都占有一定的位置，它们是互相影响、互相包容的。

二、道德境界

道德境界，既是指感性个体的人在其主观努力下所可能达成的德性状态，也指感性个体在自己所付出的主观努力和所面对的现实环境条件相结合的情况下所实际达成的德性状态。它既注重道德体验的实际发生，也承认道德体验的可能发生。一个人，无论他取得了道德意识、道德智慧与道德行为方式的综合性显示，还是只产生了一定的道德成就感，或只有实际的道德行为而无意义的觉解，都是一种道德境界，即标志他达到了自己独特的道德境界。儒学经典四书之首的《大学》开篇即开宗明义地阐明：“大学之道，在明明德，在亲民，在止于至善。”这就是给人们清晰地描绘出人生修养的“道德境界”。

道德境界具有差异性（多样性）、开放性、层级性和动态性等特征。这就是说，道德境界承认个体人的具体生态阅历的道德体验价值。不同的个体人，由于其当时当地所处的生活环境、交往情境和自然之境不同，在各自独特的生活和交往中，在道德的践行与体验过程中，每一个体验者的道德境界便呈现出总体不同的质量规格、水平状态和风格面貌。正如马克思所指出的：总体永远是具体的、不断形成中的，它必定沉落到个体中，显现为个体的不断形成，从而在这种个体形成中同时使自身臻于完成、圆满。马克思和恩格斯还指出：“全部人类历史的第一个前提无疑是有生命的个人的存在。因此，第一个需要确认的事实就是这些个人的肉体组织以及由此产生的个人对其他自然的关系。”① 在承认多样性、多层次性和动态性的前提下，道德境界有方向和侧重点的不同。在实际生活中，在不同的个体人身上，存在着不同的道德境界，而且其道德境界总是处在不断的变化之中。有做事的境界，有认知的境界，有

① 《马克思恩格斯选集》第1卷，人民出版社1995年版，第67页。

情感的境界，也有审美的境界。从认知境界方向说：有山是山，水是水；有山不是山，水不是水；有山既是山又不是山，水既是水又不是水。从行为境界方向说：有不害他，有利已利他，有毫不利已专门利人；有一家是一家，有一国是一家，还有天下是一家。冯友兰先生说，对同一个人来说，他有什么样的“觉解”，就有什么样的境界。

在实践着力点上，传统的约束性道德教育强调教育者预先设定的道德教育任务或目标的达成，强调教育者做了什么，其道德教育的“任务”完成得如何；而道德体验教育则强调体验者生成的新的德性和道德境界的实际变化，强调作为德性生成和道德境界变化之主体的体验者做了什么，体验到什么，生成的德性和所达到的道德境界的实际状况如何。与以体验者所接受和理解的道德规范知识之多少为主要衡量标准的传统约束性道德教育相比，道德体验教育似乎没有预先设定的固定的统一目标，而是在体验者生态阅历的基础上，导引者与体验者、体验者与体验者之间基于人类优秀传统文化相互诉说生态阅历及内心感悟，相互诱发和唤醒道德体验，生成新的德性，达成新的道德境界。鲁洁教授指出，“道德、道德规范是生成的，它不是神、圣喻等等不可逾越的先定假设”，即使是对人类代代相传的道德观念和规范的继承，也“并不是原封不动的，在人的每一具体活动中，它们都在人对人的理解中不断地再生成并赋予它以新的意义。它们不是不可改变、不可逾越的，随着人自身以及人与人关系的变化，它们也在发生着变化。这种变化不会是自然发生，而是人——道德主体在人际交往过程中通过人对人的理解，所达成的新的共识，对原有规范的新的超越”。① 伦理学和人类学的研究发现，人类“道德”的原始发生并不是外部灌输的结果，而是在现实生活的关系世界当中，在自然之境中，在人与人的交往之中，在相互的磨合当中，在心灵的领悟之中，交互生成出来的。在这里，道德规范知识只作为生成新道德的历史遗产性线索、引子、媒介或素材，并不是不可逾越的律令。而体验者自身及其与所处周围世界之间的关系的总体特征，则起着决定性的作用。

---

① 鲁洁：《人对人的理解：道德教育的基础》，《教育研究》2000 年第 8 期。

如此，道德体验的境界内含几个重要的超越：一是超越“群”的“共性”；二是超越既定道德规范或律则的规定性；三是超越简单的善恶划界；四是超越终极意义追求；五是超越现有的“存在”、“客观性”、“真实性”标准，而进入另一种“真实世界”、另一种“存在”，这种存在不再是单纯外在的客观，而包含了内在的、主观的真实，即心灵的真实感受。① 这个真实是属于个人的，属于自我的，从某种意义上说，它更真实，更接近于我们每一个人，它实际上就是我们生命的一部分。牟宗三深刻领悟并区分了两种真理：一种叫做“外延的真理”，一种叫做“内含的真理”。他说：“如我相信上帝存在，这个上帝对于我就是一种存在，这种存在对于我就是一个内在的真，一个自我的真。这个真实性不具有外在的普遍性，但它对于当事人，对当下作出决定的自我是真实的。”② 事实上，从自己的感受说，只有自己的心灵才是真实的，而且是唯一的真实。从这个意义上说，心灵就是整个世界，可以说“吾心即宇宙”。梁启超发挥此义说：“境者心造也，一切物境皆虚幻，惟心所造之境为真实。欲言物境之果为何也，将谁氏之从乎？仁者见之谓之仁，智者见之谓之智，忧者见之谓之忧，乐者见之谓之乐，吾之所见者，即吾之所受之境之真实相也。故曰：惟心所造之境为真实。”③ “境”不是物理意义上的“实”，而是心灵意义上的“实”，是主观感知、主体解释意义上的“境”。它是以主观心灵以自己的方式的建造，如同人们常说的，一千个人读《红楼梦》就有一千个林黛玉。这种“境”的主观性、解释性的特征是理解道德境界的内在性、个体差异性、多样性和多层次性的重要哲学基础。

三、道德智慧是道德境界的内在基础

道德境界既作为道德体验的结晶，又实现为道德体验，那么，

---

① 吴言生博士认为：“本心的根本特征是超越性。举凡一切……二元观念，在澄明的本心中都得到了超越。”吴言生：《禅宗哲学象征》，中华书局 2001 年版，第 13 页。

② 牟宗三：《中国哲学的特质》，转引自陈鹏著：《执有与空无——中国人的境界观》，云南人民出版社 1999 年版，第 5—6 页。

③ 梁启超著：《饮冰室文集》卷二《自由书·惟心》，大达图书供应社 1935 年版。

它就必然地与道德智慧发生密切的关系。从某种意义上说，道德境界是以道德智慧为内在基础而达成的生命存在样态与人格修养水平。新近的研究发现，完整的道德教育应该德智统一，而不能分离，德智分离的道德教育，无法统一责权利。以往的道德教育往往是一种德智分离的道德教育，是一种被动的、盲从的道德教育，是一种弱者的道德教育。这种道德教育导致行善的人不能保护自己，不敢创造，也不能承担责任。道德体验追求道德教育中的德智统一，仅就学校道德教育来看，它也应该有丰富而独特的学校文化，充分尊重和张扬师生个性人格。只有这样，它才是一种充满创造性的道德教育，是生机勃勃的道德教育，是使学生成为生活主人的道德教育。在这种环境中，既注重培养学生的认知能力，清醒的理解能力，对公正、正义的判断能力，也注重对内心情感体验的能力的培养。应当看到，我国社会主义市场经济尚未完善，改革开放以来受到西方价值观的影响，人们的道德修养水平参差不齐，加之我国既往的道德和道德教育体系中，缺乏一种报偿性道德机制，缺乏一种支持性的社会机制，而片面强调单向遵从性、付出性、牺牲性的道德，使道德教育培养的人缺乏自立意识、批判性思维和创新精神。这种状况容易使有道德的人受到不公正的待遇，因而使人们不愿意亲近道德。①

而古往今来，道德的世俗存在形式是“善”，但是道德的本然存在则必须内涵着“道德智慧”。在善与道德智慧的关系上，道德智慧是使善得以产生和保持下去的内在基础。美国发展心理学家加德纳在扩展研究人的智慧时，将道德智慧视为人的第十种智慧，他认为道德智慧是那些有助于人类生活尊严的能力或倾向，或是个人对这些方面的立足观点。在有道德智慧参与的情况下，感性个体对本体的不断明觉和体证的过程，就是修养的过程，或者叫“用功夫”的过程。如果说没有善，社会关系就会出现混乱，那么没有“道德智慧”，形成的道德行为也是软弱的，它不能够在事实上保证善行的公行，反而助长了社会的恶行。尼采在其《快乐的知识》一书中敏锐地意识到并尖锐地指出：“过去一直而且仍然悬在人类头

① 朱小蔓主编：《中小学德育专题》，南京师范大学出版社 2002 年版。

上的最大危险，就是疯狂的爆发……需要的是德性的愚蠢，是迟钝生命的呆板的节拍，以确保相信伟大的共同信仰的人仍能聚在一起继续他们的舞蹈。……我们这些另一种人，是异类和危险。……实际上可以说存在着一些有利于异类的事情，前提是它绝不变为成规。"① 其实，苏格拉底、亚里士多德曾多次强调：善、德性离不开"智慧"和"明智"；没有道德智慧，就等于没有真正的善或德性。麦金太尔说："核心的德性是智慧，指那些在特殊场合知道怎样下判断的人。"② 根据亚里士多德的见解，品格的卓越与理智是不能分离的。在康德看来，一个人可以既是善的又是愚笨的；但是对亚里士多德而言，某种愚笨的人就不是善者。而且，真正的理智又需要善的知识，智慧本身有、需要有某种善在它的拥有者那里。

既然道德智慧是道德境界的内在基础，那么，什么是道德智慧呢?

我把"道德智慧"定义为个体人对周围关系世界的融通性领悟力，它是一种具有统摄性、圆融性的领悟力，而不是分析性的知解能力。加德纳认为，不能把智慧分得很细，于是他尝试提出一个超出人际和内省智慧范围的更笼统的概念，来表示智慧的统摄性、圆融性领悟。他认为可以把"道德智慧"这个名词限定在那些有助于人类生活尊严的能力或倾向，或是个人对这方面的立足观点。一个人只要牵扯到如何对待其他人，探讨个人生存的机会，决定和选择如何生活得更好的问题时，他就涉及了道德智慧。③ 道德智慧内涵于道德之中，而不是分离于道德而单独存在。正如亚里士多德所说："智慧创制幸福，但……它是作为德性整体之一部分，它用具有和实现来创制幸福。"④ 高维审视，道德智慧是使体验者的言行

---

① Friedrich Nietzsche, *The Gay Science*. New York: Vintage Books. 1974, p. 76.

② [美] A. 麦金太尔著，龚群、戴扬毅等译：《德性之后》，中国社会科学出版社 1995 年版，第 194 页。

③ [美] 迦纳（加德纳）著，李心莹译：《再建多元智慧》，台湾远流出版事业公司 2000 年版。

④ [古希腊] 亚里士多德著，苗力田译：《尼各马科伦理学》，中国社会科学出版社 1999 年版，第 137 页。

合乎“中庸之道”的那种领悟力。具有道德智慧的人，其言行中透射出一种勤于、善于和敏于领悟周围关系世界的意识与能力。在这种领悟中，他逐渐体悟到一种难以言表的道德智慧，这种智慧使得他在生存实践中能够遵循“中庸之道”，恰到好处地处理种种关系。孔子与亚里士多德的“中庸之道”虽然含义上存在差异，但是都强调了做事的适宜性、合度性、权变性，凡事懂得适可而止。亚里士多德认为：德性是一种“中道”，“过度和不及都属于恶，中道才是德性”①；“它是一种具有选择能力的品质，它受到理性的规定，像一个明智的人那样提出要求。中道在过度和不及之间，在两种恶事之间。在感受和行为中都有不及和超越应有的限度，德性则寻求和选取中间。所以，不论就实体而论，还是就所以是的原理而论，德性就是中道，作为最高的善和极端的美”②。孔子认为人的言行要适中、合度，并在自己的言行中体现出“温、良、恭、俭、让”的品性。③

佛教从强调生存智慧的角度凸显道德智慧。其中，“佛”的梵文本义即“智慧”，有智慧才有“佛性”，才可能参悟到“自性即佛”的境界，而不再“颠倒执着”地去向身外求有相的“佛”。一日，五祖唤诸门人前来：“吾向汝说，世人生死事大。汝等终日只求福田，不求出离生死苦海。自性若迷，福何可救？汝等各自去看智慧，取自本心般若之性，各做一偈，来呈吾看。若悟大意，付汝衣法，为第六代祖。火速急去！不得迟滞！思量即不中用！见性之人，言下须见。若如此者，轮刀上阵，亦得见之。……慧能不识字，但作一偈曰：‘菩提本无树，明镜亦非台。本来无一物，何处惹尘埃！’”五祖见其自悟本心和本性便“三更授法，传法衣为信”，并告以“若传此衣，命如悬丝”的道理。六祖慧能自悟佛性之后，恐人加害，遂星夜南潜，后来广为学徒“直说见性法门，总令自悟成佛”。

①② ［古希腊］亚里士多德著，苗力田译：《尼各马科伦理学》，中国社会科学出版社 1999 年版，第 37、30 页。

③《论语·学而》。

“原夫真如佛性，本在人心。心正则诸境难侵，心邪则从尘易染。……悟法之人，自心如日，遍照十方，一切无碍。见性之人，虽处义伦，其心自在，无所惑乱。”①

亚当·斯密领悟到：“与其说仁爱是社会存在的基础，不如说正义是这种基础。虽然没有仁慈之心，社会也可以存在于一种不很愉快的状态之中，但是不义行为的盛行却肯定会彻底毁掉它。”②亚当·斯密和罗尔斯所说的“正义”其实就是一种“中道”智慧。

道德智慧显示在体验者身上。体验者具有和表现出如下主要特征时，即是具有了产生道德智慧的条件并显示着这个体验者的道德智慧。

（一）具有关系融通性领悟意识和行动

关系融通性领悟意识和行动不同于世俗的功利盘算或算计，而是勤于思考生存实践中的各种关系的性质和状态，并对之保持一种探究状态，敏于和善于体验其中的奥妙。具有这种意识和行动的人，表面看好像“无知”的样子，缺乏各种现实功利盘算的心计，但实际上是古人所谓“大智若愚”的境界。《论语》记载：“子入太庙，每事问。或曰：‘孰谓鄹人之子知礼乎？入太庙，每事问。’子闻之，曰：‘是礼也。’”③ 在这里，孔子领悟到了太庙这种场所的特殊性，以及进入太庙之后应该有的虔敬之心，所以，他入太庙之后保持了一颗虔敬探究之心。这是其道德智慧的一种表现。任何人，他产生关系融通性领悟意识和行动的时候，既表示他已经具有了一定的道德智慧，也预示着他可能生成更大的道德智慧。

（二）具有知人知物意识，承认他人和他物的存在价值，并领悟与自己的恰当关系

道德智慧总是涉及对他人他物关系的领悟，并从态度和行为上表现出来。约翰·怀特（John White，1934—　）说：“每个人都

---

① 李安纲主编：《心经·坛经》，中国社会出版社 1999 年版，第 59、64—69 页。

② ［英］亚当·斯密著，蒋自强等译：《道德情操论》，商务印书馆 1997 年版，第 106 页。

③《论语·八佾》。

会同意，教育应当在某种程度上力图使学生对其他人的权利和利益有一种敏感性，使学生养成遵守诺言、不说谎、不伤害别人以及帮人排忧解难的习惯。”① 老子曰：“知人者智，自知者明。”② 就是说，一个人既要懂得爱自己，也爱别人；自己想得到什么时，想到别人也想得到什么。孔子领悟到“己所不欲，勿施于人”③，“己欲立而立人，己欲达而达人”④ 的人我关系。田家炳先生对这两句话所指称的境界有切己的领悟，达到现在的人生境界。⑤ 又如老子所领悟的：“圣人后其身而身先，外其身而身存。非以其无私邪？故能成其私。” “圣人不积，既以为人，己愈有；既以与人，己愈多。”⑥进而悟之，则如卡逊和罗尔斯顿等人那样，领悟到了其他生物和荒野的存在价值，即拥有生态智慧。

（三）面对传统道德典籍，具有谦恭和勤奋好学的态度与行动

传统道德典籍是各民族道德智慧的结晶，在其中凝聚和蕴藏着人类祖先丰富而深刻的道德智慧精华，这是一笔巨大的道德智慧财富。具有道德智慧的人，他对待传统道德典籍有一种谦恭的态度，勤于和敏于钻研、体悟其中的道德智慧，给予足够的重视，并能领悟其中所包含的道德智慧和道德意蕴。人们都认为孔子具有很高的人生智慧，但是孔子深有感触地说“我非生而知之者”，只是“好古，敏以求之者也”。⑦ 他常常感到“学如不及，犹恐失之”⑧。因

---

① ［英］约翰·怀特著，李永宏等译：《再论教育目的》，教育科学出版社 1997 年版，第 78 页。

②⑥《道德经》。

③《论语·颜渊》。

④《论语·雍也》。

⑤ 时任教育部师范教育司处长的李桂兰在《华夏之星——田家炳》一文中指出：“近 20 年来，田家炳先生已为中国的 28 个省、市、区大规模捐资，用来修建公路、桥梁、医院、学校等，金额达数亿元。”（广东省大埔县《兴学重教的田家炳》编撰委员会编：《兴家重教的田家炳》，暨南大学出版社 2001 年版，第 37—38 页）我参加了田家炳基金会资助的多次“21 世纪学校德育发展路向研讨会”，在会上，田家炳先生都诉说到他当年跟随妈妈在香港艰难生存的经历，反复提到他是怎样领悟到这两句话的，目前又领悟到什么状态。听之，令人感动，不少人落泪。

⑦《论语·述而》。

⑧《论语·泰伯》。

此，每每“学而时习之，不亦说乎？”① 他曾深有感慨地说：“加我数年，五十以学《易》，可以无大过矣。”② 孔子学习传统典籍非常刻苦，他说：“人一能之，己百之；人十能之，己千之。果能此道矣，虽愚必明，虽柔必强。”③

（四）善于向周围的人和物虚心学习，不断地丰满和完善自己的人性

每一个感性个体一时一地所置身其中的关系，总是有限的、局部的，在这些关系之外还存在着更多、更复杂的生态关系，虽然有些存在不在场，但也是与体验者的感性个体相互依赖的重要生存关系。道德智慧为人领悟这一切关系提供一个内在的基础。任何个人，他的生命都是有限的，要在自己有限的生命中依靠自己直接地探索和体悟这些关系，是有相当难度的。因此，有必要向周围的人和物保持一个虚心的态度，而这本身就是一种道德智慧。毛泽东就说过：“虚心使人进步，骄傲使人落后。”孔子一生善于虚心向别人学习，他曾说：“三人行，必有我师焉。择其善者而从之，其不善者而改之。”④ 同时，还要有一种向万物学习的心态。例如，当你对着一朵花、一株草、一棵树、一条河流，忽然领悟到人生或世间万物的本然存在及其与你的本然关系的时候，这就是从他物那里得到了智慧的启迪。由此可见，只要你存有一颗虚静之心，你就会随时随地获得生存智慧。

（五）具有善于内省的品质，不断放弃自身的狭隘性，不断开放自己，优化自身的言行方式，超越自己当下的生存样态

每个人都有着丰富的经历，而有些经历，过后不去内省，就无法转变为经验，更不会转变为生态阅历。因此，有道德智慧的人，善于珍视自己的独特经历，并对自己的各种经历善于内省，从中可领悟到许多生存智慧。在每一次的内省和领悟中，其道德境界就有所变化。孔子就是一个善于内省的人，他常常反省自己的周游经历

---

①《论语·学而》。

②④《论语·述而》。

③《中庸》。

和道德境界，并明确表示："见贤思齐焉，见不贤而内自省也。"①他的学生曾子深受启发，说："吾日三省吾身：为人谋而不忠乎？与朋友交而不信乎？传不习乎？"② 如此成为大智慧之人。

（六）心存敬畏感，常存感激之情、感恩之心

新冠肺炎疫情之下所发生的一系列对比鲜明的人和事及其截然不同的结果，让我们尤为深切地感悟到：一个真正拥有道德智慧的人，能够感悟到自己孤立存在的渺小与轻浅，懂得自己的生存价值是存在于关系世界之中的，因而心中常常存有对他人、他物、自然以及自己内心的敬畏之感。"敬畏感的存有为人的内心提升提供了一种适度的张力，它使得人们在追寻'超越于自我之上'、'高于自我'的意义与价值的同时，能够冷静地反观自身，意识到自身的不足与局限，并进而依据意义、价值的指引，及时、恰当地调整自我、净化自我、提升与超越自我。""在个体人格的发展中，敬畏感促发个体走向了人格的内敛与隐默，这一点有效调整了人与人之间的交流与合作，体现了人际道德的成熟；而在个体生态伦理观念的形成过程中，敬畏感引领个体看到了自然宇宙之中的深层价值以及自然生命的高尚与不可侵犯，从而有效改观了人类面对自然宇宙的态度与行为，它实现的是个体生态道德的发展与成熟。"③ 对大自然的恩泽和他人、他物的恩惠常存感念和感激之情、感恩之心，有"结草衔环"、"滴水之恩，当以涌泉相报"的心情实属大智慧。

实践证明，由于每个人的生态阅历不同，各人对道德智慧的理解也会不同；在不同的道德智慧下，则形成不同的道德境界。譬如科学家牛顿、爱迪生、爱因斯坦、门捷列夫等，更多地把道德智慧或人生智慧理解为勤奋地、全身心地、争分夺秒地工作，不断地进行科学创造与发明。爱默生深有体会地说："智慧的总和就是献身工作加上不浪费一分一秒。"而瑞妮·威尔菲尔德则认为：很久以

① 《论语·里仁》。

② 《论语·学而》。

③ 王靖：《敬畏感的教育价值及其培育》，南京师范大学硕士学位论文，2000 年，第 18、23、30 页。

来，许多人太忙了，没空去注意自己的身体，或者是由于宗教教义的原因，或者是由于传统文化教育的影响，我们“厌弃肉体，脱离肉体，虐待肉体”，“我们更注重我们的智力，我们一贯认为思想永远高于肉体。我们与自己的身体失去联系，与自身的智慧脱节了”。为此，“我们的下一个进化的转折点是从与我们内心产生的与周围的一切保持不断联系的角度去体会、感受自我。这样我们就能感受到内心的变化。就在感受的一刹那间，我们知道自己是谁了。只有时刻感受到自身内发生的一切，才能感到我们自身的统一，认清我们的身体、思想、精神的实质”。体验内心的感受能排除自私之心，使妄自菲薄心态的害人之心变为爱心，同时也是治愈“消沉抑郁心态”和“妄自菲薄心态”的过程，帮你认识“乐观自信心态”的感觉、愿望。在作决定时，体验内心的感受能保持你考虑你的“乐观自信心态”的需要，认识、评价你的乐观自信心态，能使你把他的乐观肯定生活的态度与你的直觉自我结合起来。① 中国传统哲学中的道德智慧领悟到人的生存的最高境界是“天人合一”，天是道，是理，是佛，总之，是本体；天人合一之境，是与道合一，与理合一，与佛合一，总之，是与本体合一。境界不是本体本身，却是主体的内在精神对本体的最大明觉和体证。冯友兰提出“自然境界”、“功利境界”、“天地境界”。“自然境界就是原始的、盲目的人”，“功利境界就是社会人”，“天地境界就是生态人”。张世英指出：“按人的精神发展阶段之由低级到高级的顺序来说，人乃是先有‘原始的天人合一’，然后才有‘主客关系’（其中包括认识、实践），最高的是‘高级的天人合一’。”② 而深生态主义者则把道德智慧理解为以“人的生态意识为开端，来逐步实现人与人、人与自然的相互认同”，即“人对一切相互联系的事物的洞察力”，亦即“自己不断地向深层发问、思考和寻求答案”。“当一个人具有了深层生态意识，他（或她）便会自觉地改变自己的生活方式，放弃物

① ［美］瑞妮·威尔菲尔德著，孙丽霞译：《身体的智慧》，辽宁教育出版社 2001 年版，第 5、7、95—99 页。

② 张世英著：《天人之际——中西哲学的困惑与选择》，人民出版社 1995 年版，第 232—233页。

质生活的高标准转而追求生活的高质量”，“最终达到人与自然合一的‘自我实现’”的境界。① 马斯洛曾说，在罗伯特·哈特曼的价值论中，“他把‘善’定义为一物实现它的规定性或概念的程度。这使我想到，或许可以为了研究的目的把人性概念理解为一种数量的概念。例如，丰满人性（full humanness）可以用分类的方式说明，即丰满人性是抽象的能力，运用合乎文法的语言的能力，爱的能力，有一种特定的价值观，能超越自己，等等”②。

四、道德境界凸显了道德的生成观

由传统的规范道德教育到道德体验教育，必然要求确立道德的生成观，而道德境界本身就凸显了道德的生成观。从实际发生的角度看，生成性、境界性的道德教育，它是一种由体验者和体验者、导引者和体验者之间共同地、相互地不断生成新的道德境界的道德教育，而不再是单向授受一个完善的道德规范知识体系的过程，也不再是“纸笔测验”的知识掌握结果。这在人的“利己”行为和“利他”行为之间的关系问题上，表现得尤为突出。

现象透视

“经济人”现象与道德境界的生成

在现当代，“经济人”现象是客观存在的。有些人以为，“经济人”现象的存在说明，社会上已经不存在也不可能存在“利他性”的道德了，而只有“自利”的行为。自古以来，伦理学家和道德教育学家一直倡导人“利他”。但是，亚当·斯密却揭示出：社会生活中实际存在的，更多的是人的“自保”或“自利”的一面。那么，怎样能够从人的功利本性（“经济

① 雷毅著：《深层生态学思想研究》，清华大学出版社 2001 年版，第 93—94 页。

② ［美］马斯洛著，林方译：《人性能达的境界》，云南人民出版社 1987 年版，第 34 页。

人”）开始，推导出没有丝毫功利动机的道德人呢？这说明过去所定下的丝毫没有功利动机的道德，可能就是一个“道德陷阱”，因为人们不可能在一个自毁的意义上去追求道德，而只会在一个有利有益的意义上去追求道德。斯宾诺莎曾提出道德的本性是“自保性”。如果从宗教教化的迷宫中走出来，反观既有道德教育的理论与实践，我们似乎豁然顿悟：原来，功利计算在道德形成过程中，扮演着非常重要的角色。反过来，一个社会中道德的形成，又会给整个社会带来功利结果：由于道德被普遍接受，人与人之间的冲突大大减少，这自然减少了用于冲突的社会资源。这些社会资源还可转用于更具生产性的用途，更何况，人与人之间的和睦相处本身，就是人们福利函数的一部分。这种结果，又会对个人福利产生影响。经济学研究证明，合作可以有合作红利或双赢结果。从这个意义上讲，人们也能依据“经济人”的功利主义原则导出遵从道德的结论来。——正是在此意义上，墨子断言“义者，利也”，亚当·斯密则从人们的自利本能推出了道德情操。

关于人的“自利”行为和“利他”行为之间的关系，历史上曾经出现过多次争论，都未能取得满意的答案，其深层原因盖出于道德对道德践履者来说是作为外在的存在，是道德践履者的身外之物，而不是在他们自己的生活关系世界之中生成的，换言之，是缺乏切己体验的道德。而当人们在自己的生活关系世界中生成了自己有切身体验的道德的时候，体验者本人也往往发现，道德原来是有“利他性”的。不过，这样说仍然存在问题，因为它是偏向另一极的片面化理解。实际上，本体意义上的道德，是“利他”和“自利”的有机统一，利他的道德即自利的道德，而真正自利的道德亦即利他的道德。当自利与利他相分离的时候，这种道德既不可能利他，也不可能自利。朱小蔓教授深刻指出：“自保、自利与同情、利他可能本身就是唇齿相依、互利互存的。两者至少不是非此即彼，而是一个镶嵌的关系，你中有我，我中有你。其实，我们观察一个人的行为，就无法说清楚是完全自保还是完全利他。"① 以往道德教育存在的深层悖论，就是道德的自利性和利他性是处在分离状态的，是一种分离性思维方式所导致的结果。而在"互惠共生"的视界下，这一问题将会得到更合理的理解。在日益开放和对话合作的新生活关系中，许多人已经开始体验到：人性本身可能就是善的，即使表现出恶的时候，可能也是某种善性支配的。斯宾诺莎曾从"自保是人的本性"出发，推出了人与自然和谐相处的道德境界。他首先提出人类道德完善的道路是遵循理性的命令，保存自己的存在。但是，他认为人是自然的一部分，人没有理性所赋予的征服自然的特权，也不能像笛卡儿那样将其他生物都看成"机器"，由所谓"具有灵性的人"来统治，为人类的利益服务。他把自然提高到"神"的地位。他在《伦理学》中说，一切事物都是神的表达，通过所有事物神显现自己。他认为人只有达到了真善或至善，才能获得真正的幸福，而这种真善是与自然联结在一起的。追求至善就是追求人的心灵与整个自然相一致的知识，而要达到这种境界，就必须充分地了解自然。而且，这种至善是"人人可以分享"的东西，"那种因为他享受到别人享受不到的好处，因而认为自己更幸福的人，不知道真正的幸福是什么"。实际上，只有当大家都享有善的时候，才实现了真正的幸福。② 斯宾诺莎本人以他的实际行动证明了他的理论的可行性。他一生过着简朴的生活，他有着崇高的精神境界。英国哲学家罗素（Bertrand Russell，1872—1970）评价道："斯宾诺莎是伟大哲学家当中人格最高尚、性情最温厚可亲的。按才智讲，有人超越了他；但是在道德方面，他是至高无上的。"③

道德教育的实践也证明，在道德教育中，当"教育者"把"利

① 朱小蔓著：《教育的问题与挑战——思想的回应》，南京师范大学出版社 2000 年版，第 326—327 页。

② ［英］罗斯著，谭鑫田、傅有德译：《斯宾诺莎》，山东人民出版社 1992 年版，第 45 页。

③ ［英］罗素著，马元德译：《西方哲学史》下卷，商务印书馆 1976 年版，第 92 页。

他”作为道德规范要求而传授给“受教育者”时，“受教育者”生成的实际道德行为则往往是“利己”的。而当导引者导引体验者在一定的道德情境和关系世界中，在交互作用和对话中体验道德时，“体验者”实际生成的道德境界则往往体现出“利他”的指向。孔子“一以贯之”的“忠恕之道”之“道”就是“己欲立而立人，己欲达而达人”的肯定环节与“己所不欲，勿施于人”的否定环节的统一。表面看，二者的出发点都是我思、我欲或不欲，都是私人性、利己性。其实不然。因为这里的我思我欲是在与人的关系中的，是与他人之思、之欲同一的。也就是说，这里的我思我欲并不是我的一个随意性，而是一个在他思他欲的制约关系中的我思我欲。存在主义先驱克尔凯郭尔就已感悟到，如果“我”不是出于“他人”的意愿，而是出于“我”自己的考虑，那么，“我”也会有遵从习俗的行为，“我”也会顾及他人，但这是“我”自己的选择。由于这是“我”自己的选择，因此“我”可以为“我”的选择负起责任。我在道德体验教育的实验过程中观察发现，体验者开始表现出来的行为是“自利”的，而最后生成的新道德境界则是“利他”的。

案例分析

一次道德体验课中道德境界的生成

观察和访谈显示：上课之初，体验者开始更多地只关注自己的所得，如自己得到了多少表扬，得到了多少奖品，得到了多少荣誉，还较少关心到自己所在的小组和整个班级。继而开始关注自己所在的小组的利益，如自己所在的小组得到了多少表扬，得到了多少奖品，得到了多少荣誉。在出现不合理事件的时候，其归因抱怨常常指向其他小组—小组外的其他人—小组内的其他人—导引者。当体验者对其他小组还存在竞争与防备的双重心态时，他在自己所在的小组内已经表现出推让奖品的行为意向和实际行动。在继续展开中，体验者开始谋求组际的合作。如在国际贸易的生态体验活动中，有些小组之间发生了各种形式的实际贸易合作。最后，在出现不合理或不愉快的事件时，其归因指向自己，开始反省自己的行为方式、内心世界和整个道德境界，体验到了其他人的令人感动的行动，而觉得自己表现出的境界还不够高。如在最后几天的上课及课间活动中，在最后的开放式对话活动环节中，每一个人的体验诉说都已表现出了较高的道德境界，如生成了宽容、公正、分享、合作及团结协作、帮助（互助）、为他人服务（利他）等道德境界。

上述现象透视发现，体验者只要置身于某种文化氛围或生态情境中，只要在现实人群的交往生活之中有过实际的体验，人几乎都会程度不同地理解和领悟到利己与利他是统一的，并在理解中学会团结协作。鲁洁教授曾指出：“理解”表面看是理解人的言语和行为，理解人的存在状态，实际上理解比这更为复杂，理解人是在探询中“理解人与人之间的意义关联”。“即使如萨特这样只讲个人行动的存在主义者，在转向马克思主义以后对个人的理解也发生了变化，指出了不存在‘孤独的个人’。一个人的存在是一个整体，不能分割，内部与外部，主观与客观——无论是什么人，只有作为一个社会存在才能理解他，为此理解人即是理解人与人之间的意义联结，这种意义联结也是道德关系的本质，每个个体的道德发展有赖于每个人对‘我’与他人、社会之间关系的正确把握，认识到他人的存在对于‘我’的存在的必要性，也有赖于每个个体的自由意志能够超越个人盲目任性的冲动，意识到‘我’的自由对他人所具有的牵涉关系。人的道德意识即是对于这种意义关系在观念状态中的建构。”另外，人对人的理解过程也是一个不断发生“视界融合”的过程，“自我与他人（也包括作为主体的我与客体的我）视界的融合，对方的视界走向自我的视界，每个个体都可能接触到他的‘前理解’所不熟悉的境遇，‘前理解’不断向理解开放，从而使人不断地向前发展，实现自我道德的提升，人际道德关系的进一步协调”。[①] 亚当·斯密曾从人的本性出发，提出“合宜”是道德评价的标准，同情感是人类的天性，“自爱”与“仁爱”具有统一性。[②] 因此，当我们主张道德发展的主体性时，其中要进一步明确强调：一个人成为道德主体就是既能非常自觉地服膺人类的基本美德，做一个诚实、公正、善良的人，同时又能适应新环境，不断影响和改变周遭环境，限制恶人，影响恶人，改造恶人。为此，道德教育的约束性、控制性应与道德的支持性、利他性相互依存、有机结合，逐步转向一种支持性的道德，转向保护人的道德、正向激励人的道德，同时也是一种有自主意识、有思想、有智慧的道德，人们才会对道德和道德教育产生一种向往感，从而人人自觉地遵守道德，亲近道德教育。[③] 因为在根本上，“良知不是他律，而是自我立法，是人的本性的自我立法。人的本性便是对自己的一个律法……有了最高权威的良知，外在的规范也就是多余的”[④]。当康德说“唯吾上者灿灿星空，道德律令在我心中”时，他已经进入了以“自由意志”为内核的道德之“自我立法”的境界。

第二节　道德境界的理论划分

一、应然境界和实然境界

在实际的社会生活中，道德体验的发生是十分复杂的，它所达成的结果也是动态变化的。如此，道德教育的目标要从根本上由过去的使人变成不是他自己转变为：使人在不断的创造与生命体验之

① 鲁洁：《人对人的理解：道德教育的基础》，《教育研究》2000年第8期。

② 请参较中国传统文化中的“中庸”思想。

③ 朱小蔓主编：《中小学德育专题》，南京师范大学出版社2002年版，第21页。

④ ［美］默里·斯坦因著，喻阳译：《日性良知与月性良知——论道德、合法性和正义感的心理基础》，东方出版社1998年版，第17页。

中成为（他）自己。① 使人成为他自己的，只能是人的创造性生活及其体验。从某种意义上说，富有创造性的生活才是“富有人性的生活”。费尼克斯曾深刻指出：“富有人性的生活就是把每一时刻都体验为一种新的创造，并且认识到，这一时刻尽管与过去是连续的，然而却是一种有区别的新生。这种新生将会进一步达到创新性的实现。”②

但是，在理论研究中，我们却不可能采取例举的办法穷尽无限丰富的生活世界之中感性个体的道德境界的所有样态。为了理论的明晰和对个体人的生存实践有理论的指引，根据历代道德境界生成之实际状况及时代演进透视，我把个体人的道德境界按其存在的综合状态及表现出的特色，类分为应然境界和实然境界。从应然境界上，又区分为四种境界，即灵人境界、真人境界、善人境界和凡人境界。在实然境界上，区分为三种境界，即俗人境界、假人境界和歹人境界。③

二、七种道德境界的理论解读

综观历史和现实，在世界发展史上，相对来说，在社会发展秩序相对紊乱的情况下，灵人、真人的比例较高，而与此同时，俗人、假人、歹人的比例也较高。在社会发展秩序比较有序时，真人、善人、凡人的比例相对较高，而俗人、假人、歹人及灵人的比例较低。在社会由原有秩序经过改革而构建新的社会秩序并向新的社会秩序发展的过渡时期，灵人、真人的比例较高，同时俗人、假人、歹人的比例也较高，善人、凡人的比例则相对较低。当社会由战乱或旧社会走出来，进入一个充满生机和活力的新社会之后，开

① 在这里，马克思提出防止人的“异化”，呼唤具有“自由个性”、“全面发展”的人；马斯洛提出“自我实现的人”；挪威著名生态哲学家阿恩·纳斯在“深生态学”中提出生态“大自我”的人；费尔曼说“我们都只是我们自己，‘变成你自己吧!’”；生命教育理论创始人刘慧提出“成为优质自己”。

② Philip H. Phenix, Transcendence and the Curriculum. *Teachers College Record*, Vol. 73, No. 2, 1971.

③ 详参拙著《中华美德教育论》第43—64页。

始了平稳的发展期，人们安居乐业，物阜民康，灵人、真人、善人、凡人的比例相对较高，与此同时，俗人、假人和歹人的比例则明显降低。

我对七种道德境界的划分，只是一个力图写实的揭示，尽量避免主观褒贬，但是，道德问题本身就是一个价值判断问题，无法避免价值判断。对人生道德境界所作的一些概括仅仅是出于理论上的考虑。实际上，在现实生活中，人们的道德境界问题比这里所描述的状态要复杂得多，在这七种境界之间，还存在着多种过渡性的境界。即使是这里的每一种道德境界，落在每一个人身上，又是极其个性化的，用任何语言文字都很难将它完全概括出来，即使权作概括，也难免挂一漏万。

还应当看到，上述不同道德境界的人的德性可能是一种复杂的集合体，各种德性成分之间不是截然分开的，也不是机械相加的结果，而是存在着紧密的千丝万缕的全息性生态联系。实际上要将某一个人用单纯的一种德性状态描述出来几乎是不可能的，每一种德性表现之间存在着极强的关涉性。只是为了理论表达的需要，才不得不将每一种德性相对地分开。但是我们在思考问题的时候，要尽量地运用自己的体验之思去感悟其中的复杂性联系。

在实际的社会生活中，每一种道德境界的人也不是完全分开的，要将不同境界的人完全清晰地分开，只给出一种典型的特征也几乎是不可能的。在现实生活中，如果你试图联系实际“对号入座”，那么就会发现在一个人身上，往往同时存在着不同的德性，也同时交织存在着不同的境界，只是各种德性在每个人身上所占的比例、程度和各种德性修养的质量有所差异和变化。在现实生活中的某一个人，可能既有一部分灵人的德性，也有一部分真人的德性，又有一部分凡人的德性，等等，最后实际上成为什么样的人，主要需看哪一种德性显现得更加充分，而哪一种德性被相对地遮蔽起来。因此，应当放弃历史上对人进行简单的“性善”、“性恶”判定的习惯性做法（或传统做法），而确立一种生态德性观，使我们经常能够看到一种完整的、丰富的、无法简单评判善恶的、充满了生命冲动的人性。在此天平上看，把学生人为地分成三六九等，划分出一部分“差生”，并在教育过程中进行种种讽刺、排挤甚至剥夺其受教育权的做法，就是不符合人的生存之本然样态的，因而也容易出现不公正现象。

现象分析

对待“韩寒现象”的态度和行为反应

对待“韩寒现象”的态度和行为反应，最能够反映教师在面对学生个性发展时的道德境界。韩寒对教师所设计的固定的学习模式和统一的发展样式，敢于表示反对，他发现“鞋子”夹脚就嚷嚷，甚至索性把夹脚的鞋子脱下扔了，光着脚，自己拣一条似路非路的学习途径往前走去。那么，究竟怎样对待“韩寒现象”呢？要接纳韩寒这样的学生，教师在学生观上需要超越传统的泛善恶观念。持善恶观念的教师认为，人世间万事万物非善即恶，非对即错，非进步即落后。学生亦然。这样的教师在面对学生中的新异现象时，容易把它人为地道德化，一定要先分出个对错善恶出来，并将所谓错误的和恶的现象封杀。韩寒敢于表现自己的个性，其实这就是一种做人的独特性，就是一种做人的境界，这种独特性境界中蕴涵着创造性。韩寒年龄虽小，却已取得了丰硕的成果，就是例证之一。

教师既可以出于多种原因赞成韩寒，也可以出于多种原因反对韩寒，这主要取决于教师的教育观念和道德境界。过去，有些教师的学生观认为，学生上学以后，就应该按照教师所设计的统一模式学习，按照学校规定的统一规格发展。学生如果表现出不同的学习样式，就会被教师认为“猎奇”、“好表现自己”，学生如果表现出不同的生活和发展样式，就会被教师判定为“出格”。这样，学生按照教师的设计去学习、生活和发展，其学习模式就比较单一；按照教师的发展规格去发展，其发展就缺乏个性，进而缺乏创造性；按照教师设计的生活样式

> 去生活，生活就单调枯燥。有些较有个性的学生，在学校中，常常受到一些教师的限制，教师给这些学生穿“夹脚鞋”。但新近的多项研究都发现，学生的个性与其创造性呈高相关关系。新世纪的教师，应该尽可能提供多种型号的“鞋子”来适应学生们不同的小脚丫，而不要让学生削足适履，以有利于发展学生的个性。研究发现，越是有个性的学生，越是有创造性。历史上那些让教师感到奇异的学生，后来往往做出了惊人的发明创造。随着国际社会向多极化发展，国内实现经济体制和经济增长方式两方面具有全局意义的根本性转变，社会对人才的需要日益多样化。这就迫切要求在人才培养目标上克服单一和统一规格要求的积弊，真正体现素质教育的精神，让每一个学生在全面发展的基础上，个性特长都得到充分的、生动活泼的发展。现代教育信息技术，特别是多媒体、融媒体线上教育教学的广泛应用，为每个学生不同能力、兴趣、特长的发展奠定了科学技术基础，而国家开放大学的成立则奠定了制度保障。

站在新的道德境界观下来看，可以确立这样的新道德观：承认他人他物多样化存在样式的态度和行为，就是道德的，而忽视或抹杀他人他物多样化存在样式的态度和行为则是不道德的。对于一个教师来说，承认学生的个性独特性、鼓励学生多样化发展的态度和行为是道德的，而压抑学生个性发展的态度和行为则是不道德的。习近平总书记在全国教育大会上发表重要讲话，强调指出：“教师是人类灵魂的工程师，是人类文明的传承者，承载着传播知识、传播思想、传播真理，塑造灵魂、塑造生命、塑造新人的时代重任。”① 他还多次指出，要“让每个人都有人生出彩的机会。”

也要看到，现实生活中各种道德境界之间的位置排序并不是固定不变的，而是相对的，处在动态变化之中，在一定条件下各个德性境界的人是可以相互转化的，歹人、假人、俗人可以变灵人、真人、凡人，灵人、真人、凡人也可能变歹人、假人和俗人。这将随

①《习近平在全国教育大会上发表重要讲话》，新华网，2018 年 9 月 10 日。

着每个人所处的实际生存实践状态的变化而变化，需要细心体悟。而最终要改变人的道德境界，可能要从根本上关注和改变其生存处境。由此看来，道德体验教育不能像传统的规范道德教育那样只给人讲授道德规范知识，而要有效地诱发和唤醒作为体验者的感性个体积极改善和优化自己生存处境的智慧，以及改善自己学习、生活和工作关系的德力。——这样一来，我以为，新的中华美德的构成就不仅由“意识”和“精神”构成，而且“德力”是其中的重要组成部分。例如，“团结协作”主要包括：团结协作意识，指人际的平等、公正、友善、关爱、分享意识；团结协作精神，指独立性、赤诚、宽容、团结、合作、互助等精神；团结协作德力，指共处力、和合力、互助力等。“创新”主要包括创新意识，指危机意识、问题意识、竞争意识、效能意识、变革意识；创新精神，指大胆探索精神，冒险精神，勤劳、勇敢、奋进、艰苦奋斗、独立自主、自尊自强等精神；创新德力，指文化敏感力、人际感悟力、事际感悟力、独创力、共创力。“生态”主要包括三重生态意识，指万物平等意识、和自然界及其他生物的和谐共生意识、代际可持续发展意识、内心精神世界保持平衡协调的意识；生态精神，指爱护地球，热爱大自然，珍惜生命，爱惜同类，也爱护异类如动物等的精神；生态德力，指维持生态平衡的能力、资源节约与共享的能力、造福后代的能力、保持自身身体和精神之内生态平衡的能力等。

我在揭示和描述人的道德境界的时候，尽量不去遵循传统道德价值标准进行简单的善恶价值褒贬，但从人类目前的认识和感悟水平来看，还是希望有一个相对的优劣评判，以便于现实生活中人们在选择自己的道德行为时，能有一个“理论的依据”。为此，对处在上述三种实存道德境界的人进行善恶、优劣、美丑的综合判断，从人类自身和整个自然界互惠共生的角度看，在道德体验过程中，俗人、假人、歹人的境界是相对不受欢迎的。

第三节 生态体验：臻于圆熟的道德境界

一、生态体验的理论意涵

新时代，生态体验已成为德育现代化的时代新方位。生态体验自觉关注、研究并促进生态文明建设。党的十八大报告首次把生态文明建设提升至与经济、政治、文化、社会四大建设并列并贯穿始终的高度，列为建设中国特色社会主义的“五位一体”总体布局之一。党的十九大报告则把生态文明提到“千年大计”的新高度，升维鸟瞰，战略性指引当代人自觉走生态文明的、可持续的发展道路。习近平总书记指出：“人与自然是生命共同体，人类必须尊重自然、顺应自然、保护自然。人类只有遵循自然规律才能有效防止在开发利用自然上走弯路，人类对大自然的伤害最终会伤及人类自身，这是无法抗拒的规律。”“必须树立和践行绿水青山就是金山银山的理念，坚持节约资源和保护环境的基本国策，像对待生命一样对待生态环境，统筹山水林田湖草系统治理，实行最严格的生态环境保护制度，形成绿色发展方式和生活方式，坚定走生产发展、生活富裕、生态良好的文明发展道路，建设美丽中国，为人民创造良好生产生活环境，为全球生态安全作出贡献。”① 为此，要让遵循自然律、促进人类社会生态协同发展，尽快成为全社会的共识。而生态文明的最高境界，是三重生态圆融互摄优化生命生态系统，优化生命样态的生态体验之境。

给生态体验下定义，需要廓清“生态”的含义。我所讲的“生态”不仅仅是朴素意义上“生物与其居所的关系”，而是经过浅层

① 习近平：《决胜全面建成小康社会 夺取新时代中国特色社会主义伟大胜利——在中国共产党第十九次全国代表大会上的报告》，人民出版社 2017 年版，第 50、23—24 页。

生态到深层生态的发展 ①，并融进了我的个人体验之思所形成的新生态概念。这就是：生态包括元生态②、类生态和内生态之三重生态及其结构性关系与功能。所谓“三重生态”，一是元生态，即人类登场之前已经存在了 45 亿年的元生态圈，亦即人与大自然的关系，又称为自然生态，其中包含“人化自然”③；二是类生态，即人与人、人与族群、人与文化、族群与族群、文化与文化的关系；三是内生态，即人与其身、心、灵的关系。我的哲学命题是：当代人生存于三重生态之中。当三重生态圆融互摄的时候，我们把这样一种生命存在状态下的生活称作“生态体验”。生态体验范畴的提

① 生态学思想可追溯到很早以前，在布丰和林奈的著作中已有初步的阐述，海克尔于 1873 年明确提出了“生态学”的概念，但其含义带有静态、封闭的特征。在相当长的时间里，人们普遍认为生态是“生物与其居所（环境）之间的相互关系”，生态学即“研究生物及其环境的科学”，复杂的生物系统被称为“生态系统”（［比利时］P. 迪维诺著，李耶波译：《生态学概论》，科学出版社 1987 年版，第 236 页）。如今，生态学的思想在自组织观念下已有了新的发展，人们注意到自然是一个复杂的自组织的整体，而并非一个无序的存在。施罗丁格揭示出：滋养生物的不仅是能量，还有负熵。埃德加·莫兰认为人类对生态系统的认识已超越了两个封闭实体之间外在关系的水平，而意识到两个开放系统之间的相互包容关系。比较地看，“浅层生态运动”的出发点和最终依据是人类利益而不是自然界的整体利益，“深层生态学”所持的生态中心主义的立场，试图以培养现代人的生态意识为开端，来逐步实现人与人、人与自然的相互认同，最终达到人与自然合一的“自我实现”的境界（雷毅著：《深层生态学思想研究》，清华大学出版社 2001 年版，第 24、93 页）。或者说，深生态学把人的自我利益与大自然中的所有物种、生命共同体、生态系统的利益紧紧联系在一起，把人类道德共同体的范围扩大到整个生物圈或生态系统（王正平：《深生态学：一种新的环境价值理念》，《上海师范大学学报（哲学社会科学版）》2000 年第 4 期）。我则主张三重生态圆融互摄的新生态范畴。

② “元生态”范畴早期称为“自然生态”，后因姚玉萍教授的缘分，经柏林禅寺方丈明海法师进一步提炼，表述为“元生态”，更加准确深刻地体现出该范畴的思想意涵。在哲学范畴和基本理论阐释中，一般使用“元生态”范畴，在一些具体问题的分析阐述中，根据语境，也可以使用“自然生态”的概念。

③ 在这里需要注意，马克思的生态思想以人与自然之间的辩证关系为逻辑起点，通过物质变换的理论视域揭示出生态思想的发生域，上升到价值、技术和制度三重维度统一的时代高度。在价值维度上，他用人化自然观包含生态化的科学技术，统摄自然的先在性和人的主体性；在技术维度上，他用生态劳动观阐释人与自然之间的物质变换；在制度维度上，他用生态社会观指导资本主义制度到社会主义、共产主义制度的彻底变革与演进。

出，从哲学观和实践观两大向度，在生存论、实践论、本体论、认识论、价值论、方法论诸方面，都作出了原创性贡献。

那么，什么是生态体验境界呢？在新生态哲学观的高度，我把生态体验描述为一种人类优化着的生产、生活和生存发展境界，即：生态体验是人在三重生态圆融互摄中所实现和体验到的那种平安、健康、安宁、舒心、润泽、靓丽、灵动、可持续的生命存在状态与生存实践境界。

这种生命状态和境界表现在日常的生产、生活、交往、表达当中，会出现令人羡慕、令人向往的生命感召力。同时，生态体验显现在社会治理、教育方式上，则表现为一种震撼心灵、感动生命的生态化育模式。它从元生态、类生态和内生态圆融互摄的哲学观，自觉反思人类的生产生活、生存发展过程，系统思考和建构德育新体系。生态体验实践过程是通过体验式干预设计，创设富有价值引领、经验开悟、洞开生态智慧的化育情境，时代性超越枯燥说教模式，深度彰显德育实践的亲近感、吸引力和感染力，创生出具有生态多样性的魅力化育样式。①

著名历史学家赵世超在“生态体验教育 2016 年学术年会暨第十二届国际论坛”上，从中国在地球上所处的特殊地理位置、气候变迁、季风带、生产和耕作方式的历史演进、历代人口大迁徙对生态的影响、

---

① 生态体验理论主要有八大观：一是三重生态观，主张宇宙世间的生态关系类分为元生态、类生态和内生态，这三重生态圆融互摄优化生命生态系统，优化生命样态。二是体验本体观，认为体验是教育的本体，是人类的基本存在方式。换句话说，没有体验，做再多的德育工作也很难入脑入心，因为有体验才有本体，才会有心灵的震撼和生命的感动。现在进一步揭示体验不仅是教育的本体，也是人类生存的本体。三是生命样态观，主张存在着不同的生命样态，而教育的功能在于优化生命样态，陶养健康、润泽、靓丽的生命样态。四是魅力实践观，主张教育应当而且可以通过提升亲近感和吸引力而增强教育自身的感染力、迷人魅力，臻于祛枯返魅的教育新境界。五是生态智慧观，即超越人际智慧，开启生态智慧，从三重生态圆融互摄的高度重新反观生活方式，选择和培育新的生态行为习惯，提升生命存在质量。六是生活世界观，主张回归生活世界，找到教育的生活实践源头。七是和谐价值观，即个体人要与他人、社会和自然达到和谐美善状态，渐次达到安身立命。八是生态化育观，主张教育要如春风化雨润物无声般地浸润、滋养体验者的心灵，让道德文化和科学文化知识变成体验者生命成长的阳光雨露，而不仅仅是考试升学的跳板。详参《生态体验论》。

古人和现当代掌握高科技的人类的生产生活方式变迁比较、荒漠化、生态文明时代、深层反思人类生存方式与人类持续发展命运的历史文化高度，发表充满真情、激情和生态智慧的主旨演讲。他指出："如果说古代人对于生态环境的影响还只是身体本身能力所及的范围，破坏力还很有限的话，那么，近现代以来的工业化发展，人类手中掌握了许多高科技手段之后，开始了'狼奔豕突'般的掠夺式发展，使我们周围的空气、水源、土壤、食品都快速地、大规模地受到了破坏，我们的生存环境已经变得非常危险了。这一系列做法的背后，是因为人们没有把'义'和'利'的关系处理好。义利关系问题，在古代贤哲那里是被高度重视的，它是人类生存和发展的大问题。当然，在受到一次一次的教训之后，人们现在越来越意识到，而且逐渐确立起一种新的道德观，那就是维护生态才是真正的道德，破坏生态则是不道德的。"①

生态体验的深层思想意涵和实践意蕴是，人置身于一定的生态关系及生态情境之中，在生态互摄的状态下全息感受、理解和领悟三重生态关系及其结构与功能的生态生灭之道，经历内心感动，诱发和生成生态智慧、生态意识和生态能力的一种过程和境界。在生态体验中，作为感性个体的人在其生态阅历的基础上，唤醒和发展其生态潜能，不断领悟自己内部世界与外部世界之间错综复杂的矛盾关系，人类及其个体与自然界、人类社会和文化精神保持多样性的内在之"道"，自觉调整和优化自己的生存态度与生存方式，以求得新的生态和谐，达成新的道德境界。② 生态体验可以诱发和

---

①《方家云集　大家助阵　生态体验教育学术年会暨国际论坛盛大启幕》。国家开放大学网站，http：//www. ouchn. edu. cn/Portal/Category/ArticleDetail. aspx? ArticleId＝b9f03153-9831-4103-bd44-700e7f78d850。

② 我在《德育学教程》一书（1992）中曾从生态现象入手揭示其中的道德问题，提出把"爱护生态环境的意识"列为德育目标。1996 年以来，我在《生态德育是一种新德育观》（《新华文摘》1999 年第 1 期）、《生态德育的理论架构》（《中国地质大学学报》2003 年第 2 期）等系列论文中，把"生态"领悟和提升到"三重生态"的境界。多年来的生态德育研究已走到一个理论与实践的交会点上：内在地要求找到一种既体现生态德育新理念，又能返魅的道德教育实践样式，达至生态德育的本体境界。我以为"生态体验不仅是一种有价值的道德教育，而且是一种新的道德境界"（刘惊铎：《生态体验：一种道德境界》，《成才导报》2002 年 2 月 6 日）。

唤醒。

对个体人来说，他时刻生存在元生态、类生态和内生态三重生态关系之中，作为三重生态系统中的一个生态因子。个体人在三重生态关系和谐的状态下生存，才能保持身体健康，精神饱满，达成较高的道德境界。有人将古代东方生态智慧概括为“天人合德、自然无为、生命与慈悲、直觉体悟”，而当前“我们这个世界面临的两大变革即人同自然的和解以及人同本身的和解”。① 否则，如果三重生态处于矛盾、分离或缺失状态，人就会出现身心失衡或紊乱，道德境界也便表现出不稳定或畸形发展的情形。三重生态关系及其和谐性存在对于人的生存价值，在其和谐存在状态下一般不被人意识到，而当三重生态关系出现缺失或过饱和状态时，三重生态的和谐存在对于人的生存价值即得到凸显。换言之，当你体验到自己置身其中的自然环境是美丽的、令人流连忘返的时候，那必定是因为你周围的类生态关系并不缺乏，而你的内生态也是充盈的。例如，在三重生态和谐状态下，你并不会意识到身边同你一起生活的个人和群体于你生存的价值，甚至于“烦”他们，而更喜欢游历和欣赏自然美景；但一旦他们都失去（如逝世或隔离）了②，你的内生态则会失衡或紊乱，而原来的同一自然美景也许不再会引起你的美感，反而可能会成为一种“从未有过的单调”，“让人毛发倒竖”，引起你“心烦”、“意乱”、“恐慌”。

① 佘正荣著：《生态智慧论》，中国社会科学出版社1996年版，第1—35页。

② 参加过亲人或友人追悼会的人，往往有过这样的体验：当你站在火葬场默哀告别遗体的时候，不由自主地空前领悟到他的生命存在的价值，甚至于更多地怀念起他平时的“好”处，而反思自己待他的“不好”处，也会由此对自己的生命价值发生新的领悟，并在此后的一个时期里格外注意珍惜自己的生命。

案例分析

南沙战士的生命体验

驻守南沙群岛的战士，大多是年轻的士兵，他们刚到岛上的时候，感到南沙群岛的自然环境新奇而美丽。战士们充满了好奇感。由于不同的战士来自祖国各地，谈起各自家乡的感受，富有相互交流的乐趣。新战士个个多才多艺、反应敏捷、生龙活虎，给南沙带来了一股新鲜空气。但是一方面，岛上的自然环境是多风、多水、多盐，战士们的肌体很难适应。饮食也很单一，老是吃罐头，战士们吃得看见罐头就害怕。另一方面，岛上的类生态发育不良，人文环境单一。不同的战士生活在相同的自然环境当中，为了消除单调感，虽然鼓励战士们之间相互聊天，但聊了半年、一年、三年之后，聊天的内容都比较一致了，也感到没有新意了，提不起每个人的兴趣了。时日一久，战士们的内生态失调了，经过两到三年，战士们比较烦躁，情绪不稳定，身体反应也开始迟钝起来。为了消除这种负面影响，请慰问演出团赴岛上演出交流，增加图书、报刊、电视、网络等文化设施，开发多种文体娱乐项目；同时，动员战士们自己动手种菜、种瓜、做木工活等。这一系列做法，明显减轻了驻岛战士的烦躁情绪，逐步恢复了内生态平衡。①

从上述案例中可以看出：

1. 三重生态的完整和谐，是体验者生态体验顺畅生成的必要条件，只有当三重生态处于完整与和谐状态时，才可能发生健康的生态体验并达成较高的道德境界。由于驻岛战士是在一种缺乏完整与和谐的三重生态关系之中，自然生态虽然优美但缺乏足够的变化性，类生态缺乏足够的多样性和差异性，结果，战士们的内生态发

① 资料来源：2001年8月2日中央电视一台《东方时空》栏目。

生了紊乱：情绪烦躁，身体动作反应迟钝，因而很难出现较高的生态体验境界。为此，可以通过丰富类生态关系，激发内生态创生力，以实现三重生态的结构性优化。

2. 三重生态的完整与和谐状态是以元生态、类生态的多样性、差异性及其相互之间的开放性、互动性为特征的。生态体验要有足够的“殊相感应”度，即必须处在有足够多样性和差异性的生态环境之中发生体验。如果体验者所处的生态环境缺乏足够的多样性和差异性，那么，开放性也是没有实际意义的。如战士们一开始相互聊天减轻在岛上生活的单调，但后来聊天的内容都比较一致的时候，也感到没有意思了，丧失了聊天的兴趣。而请慰问演出团赴岛上演出交流，增加图书、报刊、电视、网络等文化设施，开发多种文体娱乐项目，明显减低了战士们生活的单调感。

3. 元生态和类生态的多样性和差异性的生态体验价值是潜在的，需要体验者去主动挖掘和享用，只有在体验者的实践活动中与之发生相互作用，才能真正实现其生态体验价值。如果体验者缺乏足够的活动性、自主创造性，那么，元生态和类生态的多样性和差异性的价值也是无法得到体现的。如动员战士们自己动手种菜、种瓜、做木工活等一系列创造性的做法，明显减轻了他们的烦躁情绪，逐步恢复了内生态平衡。

以生态体验的视界反观人类发展史，在迄今不同的历史阶段，都不同程度地存在着生存实践上的分裂状态和道德修养上的片面性，离生命的和谐存在境界还存有相当的距离。譬如人们常常觉得世界处于矛盾对立状态，因而人性也便不能够统一于自身与生活世界和自然之境的和谐之中。其实，人的生态体验既是过去生存实践的结晶，也是未来生存境界的母体。你在当下有什么样的生存境界，可能导出什么样的生命样态；而你在当下有什么样的生命样态，又可能导致你对世界的不同的态度和行为方式，进而影响未来的生存境界。人对世界的不和谐体验，在某种意义上说明人类的整个生存方式尚未真正优化而达于理想境界。而在实际生活中，当人的生存实践与生活世界和自然之境尚处于某种矛盾对立状态时，其肉体和精神的体验也常常处于分裂状态，感受到的往往是“烦恼”、

“压抑”、“枷锁”、“痛苦”、“地狱”等感觉，把他人、社会、自然甚至于连体验者自己都看成自己生存的“地狱”，而较少感受到生活世界和自然之境的丰富多彩与和谐，较少感受到自己生命在这种和谐中的活力与欢乐。为了获得生命的欢乐，人们常常不得不进入一种与现实生活不一致的特殊情境之中，寻求一种变形的生存样态。如古希腊诸神要进入“酒神仪式”，柏拉图以迷狂逃离感性之污河，叔本华以静观弃绝痛苦之苦海，海德格尔以对古希腊世界的“回忆”告别此在之沉沦，弗洛伊德从原欲本体论出发把此在确定为“焦虑”，荣格以“幻觉”遗忘失掉原始神话的世界，狄尔泰也将生命视为神秘之谜，而历代的世间凡人则要进入“狂欢节”、“泼水节”、“裸浴节”或“醉酒”状态。有些人则是出于各种现实的功利（经济、政治等）的盘算，有意识地违反元生态之道而向自然开战，如乱砍滥伐森林、滥垦、过牧以致富等。有些人违反类生态之道而与其他人、其他族类紧张、对立、互相残害，如总要自己力量更强大而支配或统治其他人或其他族类，自己占得更多的资源和财富而使其他人或其他族类只得到很少的资源和财富；如果不能在和平、公平交往和竞争中实现自己的这种愿望，就找各种借口发动战争，以非常的手段夺取实际的利益。有些人则痛恨自己的生命存在，采取极端手段扭曲甚至损毁自己的肉体，虐待自己的精神，如吸毒、实施或接受性虐待、以利器割自己的身体等。

类生态体验、元生态体验和内生态体验是互为条件的，在相互制约中动态提升人的道德境界。进入生态体验境界之后，当代人可以试图逐渐消除和结束人与人之间、族类与族类之间的相互对立、相互封闭的关系状态，逐步确立人与人、人与自然、人与社会环境之间的相互依赖关系，相生相克、流演互育、互惠共生的关系，特别是当代人要树立人类是一种“生态因子”的思想观念，为保持整个生态关系的和谐与协同进化，① 自觉地爱护大自然、保护环境、关心动植物，人类互爱，爱护自己的内生态，并将这种思想观念贯穿到以下几个主要方面：在人对人的态度上，要友善、关切、团结

① 可参阅刘湘溶著：《生态文明论》，湖南教育出版社 1999 年版。

协作，共同创造和享用人类的一切物质文明和精神文明成果；在科研、生产和使用中，时刻记得避免和防止对生态环境的污染和破坏，而努力利用科技去有效地净化和保护环境，维护生态平衡；在日常生活中，节约用水、节约用电、节约用粮、珍惜可耕地，防止虐待动物、自觉拒食珍稀动植物，生活垃圾分类投放，自觉消除污染或破坏环境的行为等。经过较长时间的努力，当代人可望生活在一个更为理想的生存状态之中。由此出发，还可进一步导引当代人对人类未来的生存方式进行筹划，逐步构建可持续发展、协同进化和和谐共生的新的人类生存方式。

二、元生态体验

元生态是人类登场之前已经存在了45亿年以远的地球自然生态圈，可以简化理解为人与大自然的生态关系。元生态是人类生命的物质滋养，是人审美的对象，是人休养身心的栖息地，是生态智慧的源头，是生命回归的故乡，是人生存的终极边界。元生态体验是体验者在自然之境中的生态体验。它侧重于对人与大自然之间关系的领悟。老子曾领悟到："人法地，地法天，天法道，道法自然。"① 元生态体验的实际发生可以有多个切入点，只要体验者有所沉入、有所领悟。林语堂在《张潮的警句》中说："大自然整个渗入我的生命里。大自然有的是声音、颜色、形状、情趣和氛围。人类以感觉的艺术家的资格，开始选择大自然的适当情趣，使它们和自己协调起来，这是中国一切诗或散文的作家的态度……《幽梦影》是一部文艺的格言集，但更是一部人生的格言集，而且是对大自然审美情趣的最佳表现，处处渗露着禅的情趣。"② 马克思曾领悟到"人直接地是自然存在物"，是"有生命的自然存在物"。"人靠自然界生活。这就是说，自然界是人为了不致死亡而必须与之不断交往的、人的身体。所谓人的肉体生活和精神生活同自然界相联

① 《道德经》。

② 张潮著，吴言生译注：《幽梦影》，陕西旅游出版社1999年版，"序"第5页。

系，也就等于说自然界同自身相联系，因为人是自然界的一部分。”①

案　例

荒野生存体验

2000年8月1日，吴文荣和女友张玲开始了他们的荒野生存体验计划。体验地址最后选定在幕阜山的密林中。那里海拔1 500多米，山高林密路陡，没有人烟，游人并不多。他们在树丛的间隙中攀援着枝杈，下到谷底，除了一大片奇形怪状的岩石外，只有浅浅的树丛和青草，还有一条小溪绕着岩石蜿蜒而流。四周的密林成为这片洼谷的天然屏障。他们丢下行李，脱掉衬衫和短裤，全身赤裸地跳入溪流。寒冷的山泉水刺激得张玲大声惊叫起来，她爬上岸，赤裸裸地舒展着身子躺在草地上。她觉得青草刺得皮肤有些不舒服，便从行李袋中取出毛巾被。吴文荣兴奋地大声喊：“要像野兽在山林中生存一样，除了果腹的食物，我们不需要任何人为制造的舒服感。”张玲听后，又将毛巾被放回袋中。他们在这片几百平方米的溪流与草地上嬉戏、奔跑，尽情地享受着大自然美丽的恩赐。此时，他们倒是希望有人闯入这块禁区，与他俩共同享受这种野性的生活。可是，连个人影都没有，一种与世隔绝的孤独与荒凉之感突然袭来，两人情不自禁地搂抱在一起，接下来他们自然而然地做爱。随着夜幕降临，山林间的温度越来越低。张玲害怕感冒，穿上了汗衫和短裤。吴文荣仍是全裸。为了防止夜间野兽和蛇的伤害，吴文荣选择了一块立于溪涧中的巨大岩石作为睡眠的床，并将身体裹上了毛巾被，同时将随身带来的那把足有半尺长的水果刀紧紧地攥在手里，以防不测。可两个人总是睡不着。特别是张玲，人生第一次过这种野人一样的生活，白

①《马克思恩格斯全集》第42卷，人民出版社1979年版，第95页。

天还不感觉害怕，可在空旷漆黑的夜晚，风萧萧，凉飕飕，四周传来小野物的怪叫声和小溪的流水声，越想就越觉得有一种毛骨悚然的恐怖感。她紧紧地抱着吴文荣，将头贴在他的胸口，身子微微抖动。直到天快亮时，两人才迷迷糊糊地睡去。醒来后，两人围着山谷在周围的山林间转了一整天，累了就躺在草地上歇息一会儿，饿了就吃饼干喝矿泉水。他们除了不时遇到一些兔子、狐狸、松鼠等小动物四处乱窜外，并没有遇到凶猛兽类。天近傍晚，当他们正要返回山谷草地时，突然，一条茶杯口粗的眼镜蛇横在他们面前。张玲吓得直叫唤，直往吴文荣身后躲。好在吴文荣沉着冷静，经过一番搏斗，终于用木棒将毒蛇打死。晚上，两人又是一宿未合眼，张玲担心有毒蛇越过小溪爬到岩石上来。吴文荣一个劲地安慰鼓励她别害怕，其实他自己心里也直发怵。为了打发时光和壮胆，两人说一阵话又唱一会儿歌。好不容易熬到天亮，两个人的心里才踏实一些。两人又坚持了两天，哪儿也没去，而是坐在溪边草地上，张玲当裸体模特，吴文荣拍摄了不少照片，画了好几张速写和素描。由于三个夜晚都没睡好，两人感到非常疲惫和困倦，此时吴文荣也开始动摇了，不得不提前返回。①

从上述案例分析可以看出：

1. 三重生态之间是紧密联系、不可分割的。罗尔斯顿在生态哲学中所讲的人类“栖居于自然”，要看到“荒野的价值”，也只是揭示了在类生存意义上生物与荒野之间存在相互依赖性，人类不能脱离自然和荒野，因此道德要实现“从文化向自然的转向”。但是，在人类个体生存的意义上，纯粹的元生态是没有意义的。例如，在吴文荣所谓纯粹自然的荒野生存体验中，实际上也是置身于类生态关系之中，他在与人类其他成员发生着关系，他用到了别人制造的“饼干、矿泉水等”“够吃一周的方便食品”，他希望“其他朋友”

① 资料来源：《现代家庭》。http：//www.china-bk.com/wz/my113.htm/2001/01/03。人名用化名。

参与，当遭到“断然拒绝”后，他动员自己的女朋友和自己一起去。但当他将自己这种标新立异的想法告诉女友时，她虽然认为这是一件冲破世俗观念、全身心融入大自然的美妙之举，但仍有顾虑，因为在长沙认识她的人很多，万一被人发现，人家怎么看她？她自己又如何面对那些熟人？

2. 作为体验者的感性个体，一方面身处茫茫人海之中——类生态过饱和时会心烦他人，但当只身一人置身于纯粹的荒野自然生态之中——缺乏类生态环境时，则又内在地需要他人，希望有其他人和自己在一起。当吴文荣和张玲“在这片几百平方米的溪流与草地上嬉戏、奔跑，尽情地享受着大自然美丽的恩赐。此时，他们倒是希望有人闯入这块禁区，与他俩共同享受这种野性的生活。可是，连人影子都没有”，其内生态无法达到平衡，反而陷入另一种紊乱之中，“一种与世隔绝的孤独与荒凉之感突然袭来”。解决的有效办法，是人与人之间的相互开放和交流，因此他们内在地产生了对他人的需要和依赖感，于是“两人情不自禁地搂抱在一起”，甚至不由自主地想到了做爱，如此，以减轻心灵的孤独与荒凉之感。

3. 人类进化至今，已经成为适应三重生态的存在者，它不能生存在一个三重生态分离的世界之中。从个体生存的意义上看，个体人在纯粹元生态环境下是很难健康、持续地生存的。例如，吴文荣和张玲“这次只在山上呆了四天，而且张玲染上了一种皮肤病，全身长满了红疙瘩，奇痒难忍，一回长沙就住进了医院。这次体验没有完成预定在山林中呆一个星期的计划”。体验过程中，女友有恐惧感，弄得吴文荣也提心吊胆。从生态体验的境界看，个体人在过度喧嚣嘈杂的人类环境中会产生撤离出来、深入到清净幽邃的自然环境中歇息疲惫心灵的需要，也会在经历纯粹自然环境中的孤独寂寞之后，渴望返身人类丰富多彩的人文环境之中，感受人类的亲情和愉悦，并通过合作创造而实现自己的存在价值，以求得内心世界的充实满足感。

案例

动物福利，一种元生态体验

动物福利（Animal Welfare）是指动物因人类的态度与行为而产生的生存状态，其基本的自然需求能否得到满足，动物遇到困难或灾难时能否获得人类的照料。① 在人类与动物共处的生态圈中，人类与动物如何处理关系是一个无法回避的重要问题，人类深层影响着动物的生存处境和生存质量。科学证明，如果动物健康、感觉舒适、营养充足、安全、能够自由表达天性并且不受痛苦、恐惧和压力威胁，则满足动物福利的要求。而高水平动物福利则更需要疾病免疫和兽医治疗，适宜的居所、管理、营养、人道对待和人道屠宰。动物福利尤指动物的生存状况。1822 年，被称为“人道的迪克”的理查德·马丁提出“反对虐待以及不恰当地对待牛的行为”的法案在英国国会获得通过。两年后，在伦敦一家咖啡屋里，牧师亚瑟·布鲁姆召集成立了世界上第一个动物福利组织“防止虐待动物协会”。1840 年，英国女王维多利亚给协会冠以“皇家”头衔。1965 年，英国政府为回应社会诉求，委任了罗杰·布兰贝尔（Roger Brambell）教授对农场动物的福利事宜进行研究。根据研究结果，于 1967 年成立“农场动物福利咨询委员会”。该委员会提出动物都会有渴求“转身、弄干身体、起立、躺下和伸展四肢”的自由。在此基础上，动物福利被认定为“五大自由”：

（1）有不受饥渴的自由，保证提供动物保持良好健康和精力所需要的食物和饮水；

（2）享有生活舒适的自由，提供适当的房舍或栖息场所，

① 这是我给出的定义，世界动物卫生组织（OIE）《陆生动物卫生法典》（2011）的定义是：“动物福利是指动物如何适应其所处的环境，满足其基本的自然需求。”

让动物能够得到舒适的睡眠和休息；

(3) 享有不受痛苦、伤害和疾病的自由，保证动物不受额外的疼痛，预防疾病并对患病动物进行及时的治疗；

(4) 享有无恐惧和无悲伤的自由，保证避免动物遭受精神痛苦的各种条件和处置；

(5) 享有表达天性的自由，被提供足够的空间、适当的设施以及与同类伙伴在一起。

但迄今为止，世界上还有不少国家、地区和民族的部分人群，仍然存在着大量残酷对待动物、虐待动物的人和事。在世界上许多地方，我们会看到包括农场动物在内的大量动物生活在狭窄、拥挤、脏乱差的环境之中，由于人类的贪欲和利益诉求，而使得有些动物每天在痛苦的呻吟之中度过，那些在人类近边生活着的动物，甚至会遭遇惨不忍睹的血腥对待。要在人类主宰的这个世界上真正实现动物福利的五大自由，恐怕还有很长的路要走。

在中国，动物离人类很近。由于中国饲养动物的种类格外繁多，许多在世界上大多数国家并不作为食用种类的动物，目前在国内某些地区都被驯养繁殖为食用动物。加上许多药用动物的活体取药等等，令一些动物（其中许多是野生动物）极为难受，痛苦不堪。对这类动物的驯养繁殖和残酷利用，都应该在新的伦理眼光下重新审视，并在立法时加以考虑，设立合理的限制措施，有些则应该完全禁止驯养使用。中国有着五千年文明史，地域辽阔，人口众多，如果能对无法用人类语言表达自己的动物负责，对和人类一样能够感受到生之喜乐和死之恐惧的动物有所关切，就可以在动物福利事业推进中既适合我国国情又具有世界先进理念。

为此，在“生态体验教育 2008 年学术年会暨国际论坛”上，开辟出专题围绕“生态体验下动物福利教育”举行的体验式培训暨教育资源开发研讨，开启了“国际生态体验下动物福利教育理论与实践”这样的新视域、新时空、新学术生长点。2009 年在北京召开了“生态体验下动物福利教育与生态文明国际论坛”，专题探讨了生态体验下动物福利教育与生态文明建设的内在关系与科学路径选择。2012 年在河北举办了“生态体验下动物福利教育国际论坛”，凸显了“尊重、感恩、责任、善待”的道德价值观。2016 年在广西凭祥举办了“元生态体验与动物福利教育国际论坛”，2017 年在秦皇岛又多次举办“生态体验下道德价值观陶养国际论坛”、“北戴河区元生态体验与动物福利教育培训暨国际论坛”等，进一步彰显生态体验理论的生态文明价值取向，责任、人道、合度的道德价值选择。迄今已经在生态体验教育学术年会上联合举行了 24 届生态体验下动物福利教育国际论坛，为人类和动物界福荫双重福祉。

正是在这样的国际学术创新战略格局下，伴随着人类生态文明觉醒的脚步，基于英国皇家近两百年的先驱探索，英国当代两位著名动物福利专家戴维·科根和保罗·利特费尔，与中国生态体验教育专家团队进行了十多年深度合作，专注于研究生态体验下动物福利教育、生态体验下道德价值观陶养等问题，为欧美、亚洲乃至世界的生态文明进程、社会治理与道德教育改革实践提供了科学的价值理念、途径和方法。由于进行这一项国际合作研究，两位专家一位获得了英国皇家教育学院院士，一位获得教育学院荣誉院士。这也说明生态体验理念与动物福利教育在国际上已经有了相当的影响。

从上述案例分析可以看出，人类与动物关系的处置方式及其时代变迁，实际上显示出不同国家、地区和民族的不同人群的元生态体验境界。对比发现，不同站点高度、观察视界、行动方式的民族或人群，对与人类共生共存的动物及其栖息地，会自觉不自觉地采取不同的对待态度和行为方式。这必然会影响人类生态文明的进程，给动物的生存环境和生存福利造成不可逆的影响，也会制约人类道德境界的提升速度和高度。

从生态体验理论的视野来作界定，动物福利可以作出如下描绘：人类应依据一定的道德价值观，自觉合理、人道地理解和处理人类和动物界的生态关系，包括对动物的人道使用和利用，自觉地臻于与动物之间健康、科学、和谐、文明、持续相处的生态文明境界，即动物福利境界。具体来说，人类要自觉地尽量保证动物享有最基本的权利，保护和帮助动物顺利适应其所处的生存环境，满足其基本的生命需求，强调动物的“五大福利”或“五大自由”。为此，从生态体验理论所主张的三重生态观、体验本体观、生命样态观等理论视野去研究和考察动物福利教育，从道德价值观陶养的立场去重新规划、部署和实施动物福利教育，则成为国际动物福利教育理论研究与实践拓展的时代新方位、新趋势、新走向。

21世纪，生态体验下动物福利教育与道德价值观陶养问题，已经成为全球关注的热点问题。在国际上，随着中国经济、政治、社会地位的提高，无论是从与大国、强国地位相匹配的生态文明期待，或是大面积提升其教育水平的内在诉求，动物福利教育都应当受到足够的重视和切实的加强。生态体验下动物福利教育注重情感态度价值观和过程与方法，注重知识与能力的相互渗透融合，开启体验者的同理心、感恩心、责任心，使他们渐次领悟功利原则与人道—兽道之道德精神的内在统一，使精神生活与人格境界与时俱进。如此，生态体验下动物福利教育上升到道德文化创新的时代高度，为动物恢复优质生存而保驾护航，亦使人自身焕发出熠熠的生命光彩和丰沛的道德价值。

但是，调查和访谈发现，当代有不少人习惯于从历史经验的证明和现实观察的印证角度看生存方式的合理性问题，即强调生存的实在性和既定的可验证性。这种对生存方式上的理解境界是世俗化的、短视的、暂态的，遮蔽了个人独特的生存慧眼，限制了当代人探索理想生存方式的可能性。生态体验重视从未来的视野和意义上对理想的生存方式作新的筹划，升维鸟瞰。未来人类将日益摆脱物性生存，实现意义生存、人道生存，注重精神享用价值，逐步转变人与人、人与自然的主客二分、二元对立的思维和认识，人与人之间将建立日益充分的自由平等的交往关系，人与自然之间则不断凸显互惠共生共荣的生态依赖关系。人与人、人与自然之间的依赖性越强，越显示出其发展水平和复杂性程度的提高。

> 生物学革命的先驱之一施罗丁格提出了这样一个极其重要的观念：滋养生物的不仅有能量，还有负熵（施罗丁格，1945），也就是复杂的组织和信息。这个建树被以各种方式发展着，而我们可以提出生态系统是被融合在它里面的生物系统的共同组织者和共同设计者之一（莫兰，1972）。易言之，生态系统的关系不是两个封闭实体之间的外在关系，而是两个开放系统之间的互相包容的关系，其中每一个系统既构成另一个系统的部分，同时又自成整体。一个生物系统愈是具有自主性，它愈是依赖于生态系统。事实上，自主性以复杂性为前提，而复杂性意味着和环境之间的多种多样的极其丰富的联系，也就是说依赖着相互关系；相互关系恰恰构成了依赖性，而这种依赖性是相对的独立性的条件。同理，在自然界享有最大自由的人类社会以对自然界的多种依存性来滋养它的自主性。而生态系统的复杂程度愈大，它愈是能够以极其丰富和多样的食品和产物来滋养人类社会，愈是能够促成社会秩序的丰富和多样化，亦即其复杂性。人类个体这个复杂的最后果实，他本身也一样，对人类社会既享有最大的自由，又具有最大的依赖性。他的自主性的维持和发展与在教育方面（很长的上学时间，很长的融入社会的过程）、文化方面和技术方面对于社会的大量依赖性是分不开的。这表明人类的生态学的依存—独立的关系是在两个重叠的层次上展开的，而这两个层次又是相互依存的：它们一个是社会环境系统，一个是自然环境系统。①

个体人要能够超越自身生存时空去筹划未来，就要生成在以往看来是无法同时兼顾的因素的复杂性思维方式，而有益的办法之一是在生态体验中，通过生态体验，臻于生态体验的境界。

蕾切尔·卡逊毕其一生，试图通过探索和著述告诉人们，人类

① ［法］埃德加·莫兰著，陈一壮译：《迷失的范式：人性研究》，北京大学出版社1999年版，第10页。

所生活的这个世界比我们所认识到的更加庞大，其中充满着美丽和惊奇。她强调人类也是整个自然界的一分子，然而过去一度却不自量力地想要去改变自然，脱离自然。她在1962年出版的《寂静的春天》一书，旨在唤醒全球性的生态环境意识。这本书记录了杀虫剂的副作用，促使美国对杀虫剂的使用制定规范，最终改变我们对自然界的观点。1995年，加德纳把原本的七种智慧加以扩展，加进了第八种智慧——自然观察者智慧。“自然观察者智慧”即“能够辨识动植物，对自然万物分门别类，并能运用这些能力从事生产（如打猎、耕种乃至生物科学方面）”，并擅长确认某个团体或种族的成员，分辨成员或种族间的差异，且能察觉不同种族间的关系。他指出：“在迈入21世纪的前夕，我们所处世界的变化远大于千百年前。今天，能够轻易接触未开发的蛮荒之地的人为数极少，儿童和青少年大部分的时间要不是在室内，就是在柏油路上，少有机会接触大自然。”“虽然电子技术日渐融入我们的生活之中，但在本质上它还是无法取代人类在大自然中的互动与经验。”① 斯宾诺莎曾经体验到，自然中任何在我们看来荒唐、谬误或邪恶的事，都只是我们对事物的片面了解所致。“我们对自然作为一个整体的秩序和统一性一无所知，却总想根据我们自己的道理来安排一切。实际上，我们的理智认为是恶的事物，对于大自然的秩序与法则来说并不是恶，而仅仅是我们单独从人性的法则进行判断的结果。”② “自然是通过自身而不是通过任何他物被认识的。它包含无限多的属性，其中每一个属性都是自类无限和自类完满的。存在属于它的本质，因此，在它之外没有另外的本质或存在，所以，自然恰好符合无上荣耀和神圣的神的本质。”③ 因此，斯宾诺莎相信，必须让自然陈述它自身，而且尽可能用它自己的术语。自然的任何一部分都

---

① ［美］L. 坎贝尔、B. 坎贝尔、D. 迪金森著，郭俊贤、陈淑惠译：《多元智慧的教与学》，远流出版事业股份有限公司1999年版，第196—197、217—218页。

② ［美］威尔·杜兰特著，朱安等译：《哲学的故事》，文化艺术出版社1991年版，第182页。

③ ［荷］斯宾诺莎著，顾寿观译：《简论上帝、人及心灵健康》，商务印书馆1999年版，附录。

没有反对和伤害其他任何部分的特殊权利。①

体验回放

融入自然

在新疆戈壁滩上体验那广阔无垠的沙漠的滚烫与纯洁，骆驼草的顽强生命力，胡杨林千年不朽的生命神话，火焰山所燃烧的神话般的激情，月光下那古城堡所洋溢的千古沧桑感，和在前童古镇里的体验，是两种不同韵致的美，但都诱发和唤醒着人对生命和生活的新的领悟。

“塔峰斜峙双华表，溪水周流一玉环”，这是对浙东宁海县前童古镇的诗情描画。前童古镇位于浙东宁海县城南十二公里处，四山围护，二水交汇。古树、神泉、明山、秀水，遍布前童古镇的各个角落。自“濠公引水”后，水便成了前童的生命之源。清清的溪水汩汩而来，流入百沟千渠，流过家家户户。溪水流经之处，鱼儿欢快地游着，鸭子扑动着翅膀欲从水中飞起，不知是翅膀扇动的风还是流水带起山涧里清凉的空气，带给水边忙碌回来闲聊的人们一种温馨与惬意。

当我置身于古镇，徜徉于老街，青砖、卵石、巷陌，它们历经风吹日晒而古貌犹存。从古巷老宅前走过，看见在那昏暗的房子里，闪烁着黑光的柱子旁，坐着一位正做针线活的老婆婆，心中便立刻萌生一种幻觉：那位老婆婆仿佛就是我的奶奶，那幢老屋仿佛就是我故乡的家。熟悉、亲切而又陌生，勾起人对往事的回忆和思念之情。也许在人的心灵深处，总会留有这么一个宽敞而透亮的空间，期盼飘逸着灵性和激情的古典安然回归。而最纯真幼稚朴素古拙的情景常常也许是最感人

① [英] 罗斯著，谭鑫田、傅有德译：《斯宾诺莎》，山东人民出版社 1992 年版，第 45 页。

的，最能让心灵满足和安宁的。

古镇的夜幕给人一种深沉的寂寥感。在静悄悄的古街上，驻足倾听，那涓涓流水声仿佛在低声私语，沉浸于对往事的回忆。古镇的夜是真正的黑夜，是不曾被光污染过的纯洁的夜，一种在城市里生活久了的人早已遗忘了的夜。徜徉在古镇漆黑的夜晚，如服一剂让人心灵重归宁静的良药，沉进去细细体验心灵净化的历程……

生态体验作为一种道德境界，其发生经历一个三重生态由模糊到清晰，再由清晰到混沌的过程。一般来说，人总是先体验到与自己距离接近、联系密切的生态关系，后体验到距离较远、联系不甚密切的生态关系。正像丹尼斯·米都斯指出的那样："一个人在时间和空间上正确地观察事物相互关系的能力，取决于他的教养，他过去的经验，以及他在每个层次上面临的问题的紧迫性。大多数人在把他们所关心的事情伸展到较大领域里的问题以前，必须已经成功地解决了较小领域里的问题。一般说，与问题有关的空间愈大，时间愈长，真正关心其解决办法的人数就愈少。"①

但是，人的生态体验的实际发生过程具有多开端性，既可能从元生态体验开端，也可能从类生态体验开端，也可能从内生态体验开始。不过，从现象形态看，人的生态体验的发生更多的是先体验到外部世界，即先体验到元生态或类生态，后体验到内生态，即人自身、人的内心世界。按人的精神发展阶段之由低级到高级的顺序来说，人乃是先有"原始的天人合一"，然后才有"主客关系"（其中包括认识、实践），最高的是"高级的天人合一"。②

三、类生态体验

类生态是人与人、人与族群、人与文化、族群与族群、文化与

① ［美］丹尼斯·米都斯等著，李宝恒译：《增长的极限——罗马俱乐部关于人类困境的报告》，吉林人民出版社 1997 年版，"英文版序"第 12—13 页。

② 张世英著：《天人之际——中西哲学的困惑与选择》，人民出版社 1995 年版，第 232—233 页。

文化之间的生态圈。它是人生命的社会依托，是人生命安全的保障，是人心智模式的经验源，是人行动模式的范型，是人生命发展的平台。类生态体验是体验者在人类生存实践、生活世界中的生态体验，它侧重于对人与其族类之间关系的领悟，其中包括人与他人、人与社会群体、人与国家民族、人与文化、民族与民族或国家与国家等的关系的领悟。其核心是重点感悟人之感性个体和族类的生存方式的多样性或具有多样性的生存方式的存在价值，从而自觉调整自己的态度与行为，以实现类生态和谐。

案 例

“9·11”事件诱发国际类生态体验

2001年9月11日，作为美国象征的纽约世贸大厦被恐怖分子用多架飞机撞毁，造成巨大伤亡和空前恐慌，此即震惊世界的“9·11”事件。“9·11”事件对美国和人类造成的创伤是巨大的，但它成了世界上类生态体验的一个重要线索和案例，促发美国人和非美国人对世界各国和各民族之间及其与恐怖分子的关系，产生新的领悟，唤醒了新的类生态体验，生成新的类生态智慧，达到新的类生态道德境界。

“9·11”事件是当今世界上一个重要的类生态体验线索和案例。“9·11”事件不仅诱发了美国人对世界各国和各民族之间关系的新的领悟，也诱发和唤醒了世界各国和各民族人民对美国与世界各民族及其与恐怖分子之间关系的新领悟。在“9·11”事件后，世界各国人民都程度不同地体会到，要促进和开展不同国家人民之间的开放对话，在这种开放对话中，生成一种新的既尊重各个国家和各个民族的生存与发展需要，又相互合作、互惠共生的类生态境界。各国之间相互封闭和自以为是，会限制各个国家的生存和发展视界及其发展空间，也容易造成各国之间的对立、误解和矛盾，容易让恐怖分子钻空子。

在“9·11”事件发生百日之际，《国际先驱论坛报》设在华盛顿的皮尤研究中心（Pew Research Center）在得到普林斯顿调查研究协会的指导和认可下，于2001年12月20日公布了一项全球大调查的结果。通过为期一个月的对24个国家的275名有影响的政界、商界、传媒界、文化界名流及政府高层官员分别进行的电话采访，结果显示，在如何看待美国“9·11”恐怖袭击的问题上，美国人和非美国人的体验是有很大不同的。在回答“美国所推行的政策是不是发生‘9·11’事件的主要原因”时，除了欧洲和美国以外，世界其他地区的受访者大多认为美国的反应“过度”了，亚洲、东欧及中东国家的受访者最不赞成把反恐怖战火烧到阿富汗以外的国家和地区。非美国受访者中有超过60%的人认为，美国“主要为自己的利益”而战。90%的美国受访者谈到，有人不喜欢美国是因为他们对美国主导世界不满，70%的美国受访者还提到美国不受欢迎是因为美国支持以色列；而在美国以外的受访者中，约50%的人提到美国的国家力量，只有30%的人谈到美国支持以色列。非美国受访者认为，美国应对世界贫富差距的扩大负有责任，而且美国作为世界上最富有的国家对帮助穷国做得太少。在西欧和中东的受访者中，60%的人认为这是美国不招人喜欢的主要原因。参加此项调查的皮尤研究中心主任安德鲁·科胡特表示，令人特别吃惊的是，在美国以外的受访者中，竟有超过2/3的人说，美国人现在终于尝到了遭受袭击的滋味，让世人知道他们其实也很脆弱，这未必不是件好事。不过，有近2/3的美国受访者期望美俄和美中关系更密切一些。科胡特认为，美国无论如何不能避免人们的批评，这表明了一个事实：美国“正在扮演着世界老大的角色，尽管决策层自我感觉世人对他们是友好的，但人们的反应并不总是如此”。①

对中国的大学生和研究生所做的一项调查显示，在这次事件中及事后，同学们普遍体验到：作为一种非理性的破坏行为，恐怖主

① 史宗星：《全球调查令美国深思》，《环球时报》2001年12月25日第5版。

义并不是孤立存在的，它总是与其他一些诸如民族、宗教和国家间的矛盾缠结在一起，与世界的贫富急剧扩大有关，与美国主导的现有世界体系和国际政治经济秩序的不公正有着密切的关系，美国中东政策的失败就是其中一个重要的因素。由于美国对中国屡屡无端指责、封锁和打击，包括撞毁中国战机事件，这使得有些同学对美国遭受恐怖主义袭击持一种幸灾乐祸的态度。但是有不少同学指出，作为一个在世界上有着广泛影响与崇高声望的大国（中国）的国民，尤其作为其中的精英，应该更为理性与冷静地看问题，一切民众的无辜伤亡都值得同情，而一切造成这种伤亡的行为都应当受到谴责。

对美国及其盟国军事打击阿富汗塔利班的行动，同学们的体验是：这不仅不能彻底消灭恐怖主义，反而可能会加剧文明的对立和恐怖主义的蔓延。在报复战争中，数十万无辜的阿富汗人民被迫离开自己的家园成为难民，数百万人更是忍受着饥饿、寒冷和“飞厕”的威胁。无论如何，恐怖主义和战争都是残酷和野蛮的，世界上没有“人道的恐怖主义”，也没有“人道主义的战争”，因为“人道”的基本要义是对人的生命的尊重与关爱，而战争和恐怖主义则是对人的生命的否定，包括对基本生存权利的剥夺。热爱和平的世人，都是不愿意看到战争发生的。基于上述体验，绝大多数同学希望把打击恐怖主义的代价尤其是平民伤亡减少到最低限度。不少同学领悟到，如果美国反省不力，由此引发的带有复仇主义色彩的趋于保守的民族心态，将使美国等一批国家的内外政策更富有敌意与攻击性，这不仅不利于世界经济一体化进程，而且有可能是更严重的恐怖主义行动乃至世界大战的导火线。

不少同学说，“9·11”事件的巨大影响可能是多方面的，但它至少可以促使美国人和其他国家的人民都更加全面地思考整个世界的政治经济形势，思考各国的内政与外交政策，进而思考东西方文明的优势与缺陷及其互相碰撞时所应注意的方面，不能仅仅把它视为一个发泄民族情绪的契机。可以预见，反恐怖主义势必成为日后国际关系发展的主要内容之一，反恐怖主义的思潮将陆续出现在包括经济与环保等各个国际组织中。为了根绝恐怖主义和战争，世界各国有必要在以联合国为核心的国际社会的框架范围内，加强沟通与合作，在相互尊重的基础上进行“文明对话”，通过相互理解减少分歧，建立一个合理的国际政治经济新秩序，让所有的国家、民族各得其所，实现互惠共生！①

在“9·11”事件两年之后，美国“普优人民与新闻研究中心”对全球44个国家的3.8万多人进行了入户调查，其主题是“2002：世界在想什么”，重点是各国人民对美国的看法。这是迄今为止世界上规模最大的民意测验，共耗资400万美元，但结果令美国人沮丧。尽管多数人对美国保持善意，但妄自尊大的“第一强国”，由于在国际事务中片面追求自己的“绝对安全”，因而在世界各国民众中的地位急剧下降，大多数国家的公民已由美国的同情者变为美国的批评者，他们不同意美国人对世界重大问题的看法，认为美国在国际事务中根本无视他国利益。在27个参加过2000年同一调查的国家当中，有20个国家对美国持正面看法的人数明显下降。在素有美国“铁哥们”之称的英国，对美国持正面看法的老百姓从两年前的83％下降到75％，喜欢美国的德国人从两年前的70％下降到61％。而多数伊斯兰国家的老百姓对美国没有好感，只有6％的埃及人和10％的巴基斯坦人对美国有好感。对于正在对伊拉克作战问题上寻求各国支持的美国总统布什来说，各国人民的态度让他尴尬。在欧洲，许多老百姓认为，美国要对伊拉克作战的根本原因是那里的石油，而不是什么“大规模杀伤性武器”。持这一观点的人数，在英国占44％，在德国占54％，而在法国和俄罗斯则分别高达75％和76％。在伊斯兰国家，许多人坚决反对美国对伊开战。在埃及，79％的老百姓反对美国攻打伊拉克，在约旦，这一比例达到85％。在非伊斯兰国家，阿根廷和韩国的多数民众也反对美国对伊开战。在阿根廷，正陷入经济危机的人民对美国见死不救的做法颇为反感，而在韩国，布什政府在朝鲜问题和驻韩美军问题上的态度和做法，让多数民众不满。美国攻打伊拉克必须倚重土耳其的

① 此处分析参考了南京师范大学研究生部（处）和研究生会：《南京师范大学大学生和研究生对“9·11”事件的态度调查》(2001年)，第11页。

空军基地和港口，而土耳其的老百姓只有30％对美国持正面看法，而两年前这一比例是52％。对于美国的反恐战争，同样只有30％的土耳其人表示理解和支持，更有74％的民众表示，美国在制定政策时没有考虑到土耳其的国家利益。

多种信息显示，当代某些美国人喜欢将他们自己的价值观强加于别的民族、别的国家和地区。1864年以前的美国白人对待黑人的态度就犯过类似的错误。1963年，马丁·路德·金梦想“从前奴隶的儿子和奴隶主的儿子像兄弟一样坐在佐治亚山上”时，这种想法曾被认为是多么荒谬绝伦，如今已变成现实。“9·11”事件也许能促使当代美国人的眼界和心胸更开阔一些。上述调查结果在许多美国人中引起了不小的震动，就连布什总统也不得不出面挽回影响。布什在调查结果公布的次日发表讲话时重申，美国的反恐战争要打击的并非整个伊斯兰世界，而是极小部分的极端分子。布什还向世人保证，美国将证明自己“不是一个征服者的国家，而是一个解放者的国家”。① 这话似乎更适合美国国内的情形，因为美国国内多种族、多文化经过反复的较量，已经从种族歧视到种族平等，再进到接纳、欣赏种族、文化多样性的境界，堪称世界“大熔炉”。然而美国在国际上的种族、文化交流仍然处在一种较为狭隘的境界。但克林顿在2000年的国情咨文中已经提出：“我们不仅应该接受人类多样性，而且应该尊崇它、庆祝它。”② 但是，中美贸易战和新冠肺炎疫情之下美国当局的一系列做法，让人不得不担忧，这种认识和领悟要成为整个美国和全世界人的共识，也许还需要一段较长时间和漫长的路程，需要美利坚民族和世界各民族人民的自觉共同的努力。

大量实践活动证明，不同民族间开展的“民宿活动”，有助于当代青少年在亲历中体验到不同民族、国家和地区的文化和生活环境的多样性，加深他们对各地区、各民族、各国家不同的文化背景

① 以上数据及资料源自梁燕：《44个国家开展的调查显示　美国不招人喜欢》，《环球时报》2002年12月9日第6版。

② 方舟子：《正视人类的多样性》，《中华读书报》2000年7月26日。

的理解和领悟。同时，还有助于加强他们与不同民族、国家和地区间各种人的相互交往能力和合作意识，提升青少年的类生态意识、类生态智慧和类生态能力，促进国家间人民的相互谅解、相互包容与关心。

案 例

穿越民宿体验

中国吉林省延边州的车海兰在采访吉林省延吉市曾经多次参加民宿活动的一位老师时，这位老师感慨地说："我们延边地区与朝鲜、韩国、日本等周边的同源文化国家的接触比较密切。在民宿体验活动中，我们可以进行文化交流，加深彼此的了解，从而达到相互尊重、相互促进的目的。我们 1997 年带了三十多个学生去朝鲜，活动时间是十多天。那次活动给我的感触很深。在长达十多天的民宿活动中，很多孩子由最初的好奇、什么也不懂不会，进而转变为融入了当地的生活，渐渐地对当地的生活产生了思考。为什么同样的山水，不同的地域会产生这样不同的风俗信仰、生活习惯呢？在长达十几天的体验活动中，很多同学也明白了，虽然我们的风俗、习惯各不相同，但我们的心是相通的，都是勤劳善良的。在外民宿的过程中，他们感受到了家一样的温暖。"

延边地区一位多次组织民宿体验活动的教师谈到多元文化对青少年成长的影响作用时说："我是这样理解多元文化的，文化是人类的创造，是人类特有的存在方式，是人类共同的财富。但是人类是以地区、民族、国家为根基存在和发展的，因而文化也呈现出它的多种形式，每一种文化都各具特色。……多元文化的介入，可以帮助青少年了解与本地区、本民族、本国家不同的文化教育背景，提早使青少年与更广大的社会生活接轨，从而缩短青少年成熟的时间。同时也可以让青少年了解

> 不同文化的价值，学会尊重与自己不同的文化。当今社会对未来人才素质的要求越来越高，而各国文化的精华正是武装头脑的重要材料……对多元文化的吸收不是仅仅靠书本渗透就可以切实有效解决的，所以民宿活动的一个重要意义，就是把文化的学习以极其形象、直观的方式——体验、实践表现出来。……要了解外国人，了解外国文化，最好的途径就是体验。”

王宏印先生曾赴美国学习跨文化心理学和跨文化传通学，他在其《跨文化传通——如何与外国人交往》一书中深有感触地说：“要了解外国人的内心，当然有不少的途径，最好的办法莫过于到有关国家去实地考察一番，而且最好能住上一段时间，和那里的人共同生活，共同体验，才可见其真心。……要了解一国的人心，意味着要学习该国的语言和文化，至少还要了解一下该国的历史地理、人情风俗、社会状况、生活习惯、文学艺术、哲学宗教等方面。……就像美国人类学家本尼迪克特那样来一个‘远距离文化研究’。当时正值二战，美日是交战国，她不可能前往日本进行实地考察，于是就收集有关日本的电影、录像等视听资料，加以分析，在此基础上写成的《菊花与军刀》这本探索日本民族心理的名著，连日本人也佩服之至。……了解外国人和外国文化，最容易犯的错误就是从有限的资料作出不正确的推论，往往把个别特征认为是普遍倾向，或者还会犯‘时代错误’。……最大的障碍不是别的，乃是我们自己头脑中的本民族文化中心观念，即认为只要是自己民族的就是好的，合情合理的，可以理解的，而别人的未必如此。反之亦然，那就是民族虚无主义……只有实际接触和交往，而且在交往中主动关心和认识他人，才能真正理解他人，也就是养成交往中的‘同感’。这也就是逐步学会从世界范围的角度看问题，并实事求是地看待交往中的问题和人类所面对的一切问题。”

在对青少年的类生态体验教育中，如果有可能的，应创造一切条件让体验者到不同民族、不同国家和不同地区的文化环境之中去，从事实际的生活和交往，也可以请不同民族、国家和地区的孩子到当地来，与我们的孩子一起生活，相互交往，以增进他们之间的相互理解和宽容。北京月坛中学的孙冉同学在谈到她的研究成果《中日中小学生勤苦状况对比研究报告》时，深有感慨地说："我是因为参加多次民宿活动，与日本的同龄伙伴有共同生活的难忘经历，才完成了这项研究课题。我感到读书再多，听课再生动，也不如亲自体验印象深刻。作为一名中学生，我在自己的家中接待过四个日本朋友，并两次去日本，在三个日本人家住过两个月，胜读十年书。因此，我呼吁全中国乃至全世界，架起友谊的彩虹吧，让广大青少年朋友像一家人那样亲密，这世界必将更加美好！"①

英国演员彼得·邓肯带着全家六口人——脾气暴躁的父亲、对生活安排井然有序的母亲、三个处于青春期的女孩及一个充满激情的11岁男孩，在中国徒步旅行了七周的时间，游历了北京、新疆、陕西、云南、上海等地。在众多地方的亲历和体验中，对中国迅速发生着的改革和发展变化欣喜若狂。他在英国《卫报》发表题为《伟大的旅程》的文章。他写道：

> 21世纪的中国是一个奇迹，与你想象的完全不同。我们经常按那些老照片和老电影的样子来设想一些国家，而不是按它们现在的样子来设想。我不觉得中国是一个压抑的国家，我们遇到的大部分中国人都不觉得自己受到了压迫。中国人自豪、积极、勤勉，现在他们生活得非常充实。
>
> 在中国，自助旅行会变得越来越容易。中国年轻一代中有许多人会说英语，所以你不必跟着以神秘的东方为卖点的费用昂贵的旅行社。预订一个便宜的航班，带着孩子去看看未来。②

可见，有亲身经历的体验和通过资料分析或照片、电影等的感受所诱发和唤醒的类生态体验，是有较大区别的，会形成不同的德

---

① 以上资料参见孙云晓主编：《体验成长——青少年民宿地球村报告》，天津教育出版社2002年版，第71—75、4页。

②《带着孩子去中国看看未来——一个英国家庭的中国旅程》，《参考消息》2002年12月10日第8版。

性境界。

类生态体验还可能帮助人类发现当世人类的“囚徒困境”。所谓“囚徒困境”在经济学上称作“负外部性”或“外部侵害”，其含义是说，在当代，一般是贪图个人利益或局部利益的人获利，而顾及社会利益或整体利益的人受损或倒霉。例如，一个不愿污染环境的化工企业，必然要支付更多的成本。这样，它就会在市场竞争中因价格较高而败给那些不惜污染环境的同类企业。卢跃刚先生在他的一篇报告文学《辛未水患》中，直观地描绘了一些当代人“以邻为壑”的图景：在大水灾来临时，一些地区的人或地方政府，是如何处心积虑地把水患引向其他地区。结果是加重了大家共同的灾难。正是在这种“囚徒困境”下，经济学所揭示的“经济人”的理性，使人们选择恶化他们共同环境的行为。在此不妨对我们曾经批判过的“因果报应”思想重新进行哲学观照，也许可发现其中所蕴涵的可持续发展的思想萌芽。“因果报应”思想是说，一个人在现世做了“善事”或“恶事”，要么在现世，要么在来世，总会有所报应，即“善有善报，恶有恶报；不是不报，时候未到”。有关“因果报应”说的典型论述，如孔子在注《易经·坤》时说：“积善之家，必有余庆；积不善之家，必有余殃。”这里讲的是“因果报应”会扩展到不同世代。

现实的社会生活中一直存在着一个矛盾，即对一个人来说，“生也有涯，报也无涯”。“当一个人没有任何功利考虑和外在强制，自觉地去履行自己的义务时，他的行为才是道德的，在这时，指导他的，只有纯粹理性的道德律令，一个绝对命令。这同时也意味着，任何被迫遵循的‘道德’都是不道德的。”① 例如，当一个人为了自己的利益对别人说“你为什么不学雷锋”时，他已经亵渎了道德。因为道德的行为只能发自一个人的内心。而不同宗教对人的灵魂和转世的处理，虽然具有假设性，但在现实中，至少在头脑中延长了人的生存实践和生命计算的时间长度，这就开掘和拓展了生态体验的时空观，从而在功利主义的意义上起到了“道德教化”的

① 盛洪：《道德·功利及其他》，《读书》1998年第7期。

作用，不失为一种生态智慧。

四、内生态体验

内生态是人与其身、心、灵的生态关系。它是人生命存在（寄居）的载体，生命安顿的身心居所，放飞梦想的无限时空，生命安宁的精神家园。内生态体验是人关于自己身、心、灵世界之存在状态及存在境界的体验、感受和领悟。在生态体验中，内生态体验的重要性日益得到充分的展现。为什么内生态体验不断展现出其重要性呢？因为人在进行生态体验的时候，实际上是在寻求自己内在的身、心、灵世界与外部世界（包括社会生活世界和自然之境）之间的生态平衡与和谐，人皈依神性的时候，实际上是皈依他自己内心的生命声音，人最终还是在了解他自己，与自己求得身、心、灵和谐。佛教的《金刚经》和《华严经》讲到最后，都归结到"自性即佛"，佛即"自性"的境界。但是，在矛盾复杂的现实世界中，要一个人真正接纳自己、欣赏自己，并不是一件容易的事情。在现实生活中，人往往对自己存在着不满情绪，他会埋怨自己、痛恨自己，甚至虐待自己。事实证明，只有当一个人对他自己采取了公正、平和、爱惜的态度的时候，他才可能真正地对他人表现出公正、平和、爱惜的态度。一个连自己都不爱惜的人，你能相信他会真心实意地爱惜你吗？

从可以领悟的境界看，三重生态最后是在内生态体验中达到统一和谐状态的，即生态德性最后生成的关键取决于内生态的状态和境界，类生态体验和元生态体验都是以内生态体验为内在基础而发生的，并以内生态体验为最高境界。一般来说，内生态体验达到怎样的境界，类生态体验和元生态体验就达到怎样的境界，尚未见到有类生态体验和元生态体验超过内生态体验之境界的，也没有见到内生态体验境界高而类生态体验和元生态体验境界低的。台湾师范大学社会教育系教授、教育学博士邱天助在为《生命教育——与孩子一同迎向人生挑战》一书所写的序中这样写道："早在 1973 年，经济学家舒马赫就预言：除非彻底改变我们的生活秩序，否则终会走向经济的灾难。麦杜斯、梅沙罗维克和裴斯特等人强调指出：人类若要避免经济上和生态上的祸害，就必须从人最内心深处做改变。”华特士（J. Donald Walters）在其《自我痊愈的主张》（1997）一书中，进一步强调克服外在的困难，首先必须面对自己内在的领域，唯有涤清自己的心灵，才能掌握未来的幸福。① 事实上，美国人和非美国人对“9·11”事件的看法和反应，由于其内生态的境界不同，表现出的类生态体验的境界就不同，而且在存在明显差异的不同境界上，要取得一个公认的普适性标准是困难的，各国人只是从本国和本民族生存与发展的角度，体验到部分关系和前景，并未从整体的类生态关系的视界上获得领悟。通过族际开放式对话可能达成一定的相互理解，但不可能完全相互理解。世界各国对生态危机和环境保护问题的看法和行动，也存在着类似的问题，由于本国和本民族利益、文化与目前在世界发展格局中所处地位的不同，相互之间不可能都达到同一的境界，但通过各国和各民族之间开放式对话和共同参与绿色行动，则可能达成适度的相互理解，在保持各国和各民族利益与独特性的前提下，全球可取得适度的生态合作。

那么，人最终究竟要达至一个什么样的德性境界，才是人们所盼望的理想境界，才能够使人的灵魂得到安顿呢？

生态体验的理想境界，对个体人来说就是一种内外和谐的境界，一种万物和谐的人格境界，它是生态智慧、生态意识和生态能力的和谐统一。张世英认为，“自我就是他（一个人）最终的安顿之所”，“每一当前的活动都是无穷尽的过去和未来的未出场者的聚焦点，各个聚焦点各有其独特性和个性，各个当前活动的具体目的和具体方式各不相同，但因其皆与万物一体，皆与无底深渊一体，所以它们又是互相融通、互相扶持的。独特性与相互融通是人与无底深渊结合为一的两个方面”。“但是通常人并没有上述这种领悟。通常人总是人为地把人从无穷无尽的整体中分裂开来。”② 克尔凯郭尔对战栗、绝望、献身的思考，是内生态体验，“悠然见南山”、

① ［美］杰·唐纳·华特士著，林莺译：《生命教育——与孩子一同迎向人生挑战》，台北张老师文化事业股份有限公司1999年版，“序”第2—4页。

② 张世英著：《进入澄明之境——哲学的新方向》，商务印书馆1999年版，第261、264页。

"清泉石上流"也是内生态体验，马斯洛的"高峰体验"是一种内生态体验。内生态体验并不是纯粹心意性的、非现实性的；相反，它是纯粹给予性的，它也有自己的实在性，这就是诗的语言，但绝不能把它转化为一种实体性的东西。这是一个绝对超时间的世界，人生价值的寄托之所，在内生态体验中，时间被取消了，刹那可能凝化为永恒，永恒可能只在一刹那。内生态体验的根据就不是逻辑，不是工具理性，而是像施勒格尔所说的，是由爱的感情所激发的热情介入的事。它必然浸透在感性个体的遭遇、命运和思慕之中，在有限人生的孤苦、忧心、思虑、绝望的沉沦中，自持温柔，赋志高云，保持自己所拥有的那诗意的"同一心境"。①

马斯洛从人本心理学的角度对"高峰体验"的描述，就是一种内生态体验的呈现。他描写道："存在爱的体验，也就是父母的体验、神秘的海洋般或自然的体验、审美的知觉……这些以及其他最高快乐实现的时刻，我将称之为高峰体验。"这种体验是人所具有的最高的整合、完善、同一的感觉，是与整个对象世界融为一体的感觉，是我你一元论的完成。高峰体验可能是瞬时产生的、压倒一切的敬畏情绪，也可能是转瞬即逝的极度强烈的幸福感，或甚至是欣喜若狂、如痴如醉、欢乐至极的感觉。在这一体验的时刻，他们沉浸在一片纯净而完美的幸福之中。他们觉得自己已经与世界紧紧相连，融为一体，感到自己是真正属于这一世界的，而不是站在世界之外的旁观者。"自我"与"非我"的区分不复存在，"是什么样"和"应该怎么样"也合二为一，没有任何差异和矛盾。富有高峰体验的人恬然自发，天然纯真，其认知和行为将以一种清净无为的道家方式来塑造自身。吴为山②的雕塑《梦中妻子》就表现出了这样一种"恬然自发，天然纯真"的人生领悟。富有高峰体验的人摆脱了各种意义上的过去和未来，摆脱了一切怀疑、恐惧、压抑、紧张和怯懦，超越了欲望、畏惧、仇恨和希望，成为非驱动、非需

---

① 刘小枫著：《诗化哲学——德国浪漫美学传统》，山东文艺出版社 1986 年版，第 110—111 页。

② 吴为山，中国美术馆馆长、中国城市雕塑家协会主席、法兰西艺术院通讯院士，雕塑家。

要的纯粹精神。高峰体验中的表现和交往是诗一般的、神话式的、迷狂的表现和交往，仿佛他们已近似于一种美的死亡。更为重要的是，他们都声称在这类体验中感到自己窥见了终极的真理、事物的本质和奥秘，遮掩知识的帷幕似乎一下子给拉开了。整个自我仿佛突然步入了天堂，出现了奇迹，达到了尽善尽美。在这一体验中，个人的认知能力、认知特性发生了深刻的变化：挣脱了功利取向的羁绊，超越了缺失性认知的偏狭，进入了存在认知的境界，领悟到了“存在价值”。自我的特性也发生了深刻的变化：在这一时刻，人们往往有他们最高程度的同一性，最接近于他们真正的自我，最有特异性。因此，他更真正地成了他自己，最完善地实现了他的潜能，更接近于他的存在核心，成了更完善的人。从这一意义上，这一体验又可看作是一种“剧烈的同一性体验”。这种体验的强度太高以至让人承受不了，我们不过是不够坚强所以不能承受太多！它太震撼、太耗损人了。因此，这种极乐时刻的人往往说，“那是过多了”，或“我受不了了”，或“我简直要死了”……发狂的幸福不可能长久承受。我们的机体太弱，承受不了大剂量的伟大，正如它们太弱不能承受长时间的性爱高潮一样。由此可见，马斯洛的“高峰体验”不仅是个人的最高幸福时刻，而且还带来个人对存在价值的领悟以及对自我同一性的发现。这一发现彻底动摇了弗洛伊德理性与激情二歧对立之主张的根基。它仿佛告诉人们：热爱生活吧，幸福不在天国，它就在你身边；追求幸福吧，它不仅能给你情感上的愉悦，而且能使你发现人生的意义，使你获得涅槃后的新生，高峰体验表明个体获得了最大的同一和自律。①

人的生态阅历和生态智慧不同，体验的策略不同，其生态体验会表现出程度和个性的差异，有些人能够体验到某些深层的生态之道，而另一些人则只是体验到一些浅近的生态之道。同时，由于个人当下的生存处境和内生态状态等的交织影响，生态体验的发生过程具有多开端性。从类生态体验的角度看，有的人更容易体验到人

① 彭运石著：《马斯洛走向生命的巅峰——马斯洛的人本心理学》，湖北教育出版社 1999 年版，第 165—168 页。

类相互之间的斗争、仇杀的景况与后果；有的人可能敏感于和平的世界关系、人类相互之间的合作与共荣；有的人可能更容易体验到人类文化的多样性，人类相互之间和谐相处的美感，人类与动物、植物和谐相处的生态美感。从元生态体验看，有的人更容易体验到环境破坏的现状、生态失调的后果；有的人可能更容易体验到人类对各种生物的依赖性、各种生物对人类的功用；有的人可能更容易体验到各种生物存在的合理性及其生态位、各种生物的多样性及其审美价值；有的人更容易体验到各种生物之间的相互依存性（生物链）、各种生物的互惠共生性；有的人更容易体验到自然现象的运化（如分解、再生）、大自然的神奇造化和人的渺小与伟大，产生对大自然的敬畏感。从内生态体验看，有的人容易体验到人对社会生活、大自然和自身的融入感，心物一体感，身心的舒泰感、美感；有的人则更容易体验到置身于生态文明之中的和谐、神奇与魔幻般的美妙，体验到与“神”共在、与“神”共舞的境界。① 虽然每个人所体验到的境界不同，但只要是在三重生态的任意一点上有所领悟，有所突破，那么，生态体验的整体提升就开始“发芽”了。

案 例

“生命梦土”之体验

游乾桂先生曾经讲了一个真实的故事：

有位在大学当教授的朋友，有天来我家品茗用膳，我们聊到了人生，他有感而发地说了一串话。他说原本他心目中的成功是读好书、做好事，当个有名望的教授。当这些全达到之后，竟发现自己最不会做人，身体不健康，生活没情趣，生命没活力，做事没动力，工作如“狗”，出门上课，入门睡

① 这里的“神”不是某些宗教所谓的“神”，而是荷尔德林所说的那种心中的“神”，实际上是人自己内心世界的一种外部投射，与神共在、与神共舞，实际上是实现了肉体的自己与意义或“灵魂”的自己的高度同一性。

觉。……现在他对成功的界定改了，他说缺乏“快乐”的人，都不算成功者，他希望未来能活得像“人”。

游乾桂先生在给华特士的《生命教育——与孩子一同迎向人生挑战》中文版一书写的序中深有体会地感叹道：“诚如作者所言：现代的教育，多了物质、知识的追求，少了精神生活的建构，多数成人依着传统的期待希望，训练孩子们出人头地、生活无虑，却很少教导他们成为成功的‘人’。”这种肺腑之言我也感同身受。科学家、律师、医师是成功者，但是一位能使得满园花团锦簇的园艺家，难道不是成功者？或者我什么都不是，但很有生活情趣、生活品位，把家里布置得如生命梦土，人称“生活家”，是不是也可称成功者？如果这些你都同意，没有高下之分，那么成功便可因人而异。“生命只是活着的一种历程，既然活着，就不妨活得好，让身、心、灵兼备的生命态度，成为未来教育的新元素。”①

由此可见，内生态体验受着两对矛盾的制约：一是体验者的心气及某方面的发展预期与其生命的整体实现状态之间的矛盾，二是体验者所追求的“人道”与“生态之道”之间的关系。

案　例

“健康杀手”与生态养生

现代人生病的临床表现越来越怪，种类越来越多。为什么现代人病得五花八门？现代人越来越多的疾病，很多都是由不良饮食习惯、吸烟酗酒、精神紧张和运动不足等不健康的生活方式所引起的，中西方医学界几乎异口同声地提出不良生活方

① ［美］杰·唐纳·华特士著，林莺译：《生命教育——与孩子一同迎向人生挑战》，台北张老师文化事业股份有限公司1999年版，“序”第6—7、8页。

式是人类健康的头号杀手的断言。

医学界所作的大数据分析指出，大体有20种常见致病原因，分别是：过劳、起居无常、饮食无节、嗜烟酗酒、不讲卫生、“三高”食物、饮食精致、肥胖、减肥不当、穿着不当、运动过量、纵欲过度、环境污染、慢性中毒、电磁辐射、输血不当、滥用药物、过分抑郁、心胸狭隘、遗传等。

生活方式不合理，长期过度疲劳，缺乏睡眠，饮食无节，几乎可以导致任何疾病的产生。譬如，过劳死就在给现代精英人群敲响生命的警钟。近年，一大批青壮年精英因为过度劳累而突然撒手人寰，敲响了过劳死的警钟。归因分析发现，过劳死是因为工作时间长，劳动强度高，心理压力大，存在精疲力竭的亚健康状态，由于积重难返，突然引发身体潜在的疾病急剧恶化，救治不及时而危及生命。直接促成过劳死的五种疾病依次为：冠状动脉疾病、主动脉瘤、心瓣膜病、心肌病和脑出血。除此以外，消化系统疾病、肾衰竭、感染性疾病也会导致过劳死。

生活中，有八类人容易操劳过度，是发生过劳死的危险人群。这八类人是：只知消耗而不知保养的人；有事业心，特别是称得上“工作狂”的人；有过早死亡家族遗传又自以为身体健康的人；超时间的工作者；夜班多，作息时间不规律的人；长时间睡眠不足的人；自我期望高，并且容易紧张的人；几乎没有休闲活动与嗜好的人。过劳死的人当中，有的是患有某些致命的疾病，比如冠心病、心瓣膜病、心肌病、高血压、糖尿病等，但这些病平时没有症状，或者是有症状但因为太过忙碌，没有及时发现和探查到，也没有引起重视，这些病就隐蔽起来，没有先兆却在潜滋暗长地发展着，一旦身心劳累过度，达到了极限，抵抗力、免疫力下降，便会突然发作，夺去性命。再有就是癌症。过度劳累的人，整体免疫力低下，身体失去监控，导致癌细胞悄悄地蔓延扩散，一旦发现，一般就到了晚期。这是过劳死的另一个直接病因。所以，美国当代医学指出，中国有句老话叫做“病来如山倒，病去如抽丝”。这句话最多只说对一半，事实上，“病来”也如“抽丝”，是长期不科学的生活方式日积月累导致的。

对于今天仍然健康地生活和工作着的你我来说，某一天忽然能够自觉地、深刻地认识到内生态体验的矛盾及其化解之道，内心都应当感到无比欣慰：既然知道许多疾病都是由我们的非生态、反生态的生活方式所致，那么有意识地改变我们的生活方式，养成良好的生态行为习惯，不就可以预防这些疾病的发生了吗？是的，一旦真正找出了疾病发生的根源，健康的主动权、不生病的主动权、生态养生的主动权，其实也就掌握在我们自己的手中了。

《黄帝内经·素问·上古天真论》集中阐述过内生态的紊乱与和谐的种种表现、辩证关系及其与生活方式、行为习惯之间的内在联系。其中写道：

> 昔在黄帝，生而神灵，弱而能言，幼而徇齐，长而敦敏，成而登天。
>
> 乃问于天师曰：余闻上古之人，春秋皆度百岁，而动作不衰；今时之人，年半百而动作皆衰者。时世异耶？人将失之耶？
>
> 岐伯对曰：上古之人，其知道者，法于阴阳，和于术数，食饮有节，起居有常，不妄作劳，故能形与神俱，而尽终其天年，度百岁乃去。今时之人不然也，以酒为浆，以妄为常，醉以入房，以欲竭其精，以耗散其真。不知持满，不时御神，务快其心，逆于生乐，起居无节，故半百而衰也。
>
> 夫上古圣人之教下也，皆谓之：虚邪贼风，避之有时，恬惔虚无，真气从之，精神内守，病安从来？是以志闲而少欲，心安而不惧，形劳而不倦。气从以顺，各从其欲，皆得所愿。故美其食，任其服，乐其俗，高下不相慕，其民故曰朴。是以嗜欲不能劳其目，淫邪不能惑其心。愚智贤不肖不惧于物，故合于道。所以能年皆度百岁而动作不衰者，以其德全不危故也。

从生态体验哲学的高度审视，人类的教育（包括德育）和医学，已经在某种程度上被功利化、实用化、世俗化了，忽视了人的生态道德价值观陶养和生态行为习惯的培育，以致衍生出了大量的非生态、反生态的行为习惯，违背了生态之道和生命之道，在概率上降低了当代人的生命存在质量，从而给人的工作、生活和交往带来难以排解的深层烦恼和痛苦、恐惧，也缩短了寿命。它既不利于生命的健康、幸福、持续的存在，也不利于社会的健康、和谐、持续的发展。我国经过潜心深入持续的调查研究，抓准问题，迎接挑战，从战略上勠力找寻破解之道。党的十九大报告明确指出："建设教育强国是中华民族伟大复兴的基础工程，必须把教育事业放在优先位置，加快教育现代化，办好人民满意的教育。"① 与此同时，在顶层设计上顺应 14 亿人民的热切期盼，把对全民健康的关注和重视，融入健康中国的国家战略。从分析性的学科视角和行业区隔的怪圈里解决不了的世纪难题，一旦升维鸟瞰，从生态体验哲学的视角高维观照，从教育与医学深度融合的新高度，便可恍然发现，当代人日益关注自己的行为习惯与健康快乐幸福的关联度，并设法使自己的行为习惯变得更加科学合理、日益生态化，而为未来的健康快乐幸福积累福运。为此，一方面，自觉弘扬《黄帝内经》中"上工治未病"的预防医学理念；另一方面，切实落实立德树人根本任务，实现教育强国战略目标，有必要鲜明地提出"培育生态行为习惯，提升生命存在质量"的时代性重大命题，并将其作为当代和未来的教育、道德教育以及医学领域需要着力发扬光大的核心命题。② 基于此，可以从战略上宣讲、体认生态养生理念，建立"生态康养"产业，深切体认生态体验哲学理念，建设"生态体验教育"实践基地及产教融合体系。

迄今为止的科学研究一致揭示，人的身体是一个神奇的生命生态系统，是复杂且精致的一种存在。因此，要自觉奉行"生命有多

---

① 朱国仁：《建设教育强国：中华民族伟大复兴的基础工程》，人民网，http://theory.people.com.cn/n1/2017/1201/c40531-29680214.html。

② 刘钟芬、刘惊铎、卢峰：《培育生态行为习惯　提升生命存在境界》，《中小学德育》2016 年第 4 期；李顺玉、王志英：《生态体验下幼儿生态行为习惯陶养路径探索》，《中小学德育》2016 年第 4 期。

精致，教育/医护就应当多精致”的价值理念和实践操作模式。培育生态行为习惯与提升生命存在质量之间是辩证统一的关系。国际生态体验学术团队三十余年的国内外生态行为习惯培育实验发现，行为方式的体验式干预，可以有效改变人的情绪状态、思维方式、生命样态。独立或群集清点和整理习惯，臻于生态行为习惯的新境界，是优化生命样态的智慧性行动。① 新的良好的生态行为习惯一旦形成，会给人以成就感、舒畅感、新鲜感，增益生命的乐趣。

古今中外许多学派的理论探索和宗教的实践体证都显示，内生态在下面的状态下有可能达到美善和谐境界。

第一，承认生命实现样态的多样性及其他生命存在样式的价值，与其他一切人和一切生命和睦相处，互惠共生。当自己置身于某一个地方或人群中时，将自己融入进去，而不去破坏人家既定的和谐关系。第二，看破放下，不为既得的利益所累。生态体验导引人超越占有性生存的有限视界，感悟生命开放的乐趣，懂得放弃自己已有的物质、知识、信息、职位等，悟出把自己从地球上拿掉，世界照样会运行的生命生态辩证法。其中，懂得承认，心中才存有敬畏感，才能拥有一个平静的心态和友善的行为，才会有“公正”和“宽容”。亚里士多德曾揭示说：公正和宽容自身是“一种完满的德性，它不是笼统一般，而是相关他人的”。“它之所以是完满的德性，是由于有了这种德性，就能以德性对待他人，而不只是对待自身。”在各种德性中，唯有公正和宽容关心他人的善。② 当人们相互宽容别人的生命实现样态和生活方式的时候，显示出人们道德境界的实质性提高。罗马的宽容就是一种生态道德境界。③ 还要懂得放弃。懂得放弃，自己才没有负担，实际上是没有我，臻于无我

① 刘惊铎：《给德育一个理由》，《中小学德育》2015 年第 7 期。

② ［古希腊］亚里士多德著，苗力田译：《尼各马科伦理学》，中国社会科学出版社 1999 年版，第 97 页。

③ 在罗马，你在马路的两边，随处可以看见有人架起画板画画，路边到处是一对一对的情侣拥抱亲吻，人们不会觉得“有伤风化”，也没有人干涉。这成为罗马街头的一道风景线。这就是一种罗马特有的宽容精神。在这种环境中，你会感到人与人、人与自然已经天然地融合了。

境界。邱天助先生指出，对杰·唐纳·华特士而言生命是迈向“圆熟的境界”。圆熟意味着什么呢？“圆熟意味着内在均衡的状态，处于这种状态下，没有任何事物可以摇撼一个人的平静安详，生活不再慌乱，生命不再迷惑。”① 例如，当你在西安工作、学习和生活的时候，经过较长时间，你已经习惯于各种工作和生活方式，心灵也安宁于这种状态，心理能够保持平和。当一想到去一个陌生地方，如到北京、到加拿大重新创业，建立人际交往关系，熟悉自然环境时，心中不免有些突兀感、不适感，感到需要重新调适身心，去作各种适应，即打破了自己已有的生态平衡。这种陌生感、畏惧感的产生，说明你内心还有一个自我，还存在着人—我区分，还是以我为中心的，说明你还没有放下。当你什么时候体悟到无论是在西安，还是到北京、到加拿大，对你来说都是一样的，都是要面对其他的人和环境，而你对他们并不存在贪心，你只想做一个“凡人”，并不想非得怎样不可，那么，你就已经达到了看破。当你要离开原生活的地方和一起生活的人的时候，你割舍不下这个，放心不下那个，那你还没有达到放下的境界。当你感悟到离开你，其他人照样会工作和生活下去，世界还是这样的时候，你已经可以放下了。你到了北京、到了加拿大，会很快地融入当地的人群和环境，以新的方式开始新的工作、学习和生活。这时，你的心里会忽然觉得很亮堂、很轻松，没有了什么挂碍。这时你就进入了内心自由的境界。有句话说得好：“当你走出了心灵的沼泽地之后，你的眼睛里就充满了阳光感。”

五、生态体验：三重生态的圆融互摄

在元生态、类生态和内生态三重生态圆融互摄的状态下，生态体验即臻于圆熟的境界。

生态体验是超逻辑的，不是通过工具理性的分析测度去认识客观实在，而是返回内心；它阻断、中止了以客观时空的尺度去体认

① ［美］杰·唐纳·华特士著，林莺译：《生命教育——与孩子一同迎向人生挑战》，台北张老师文化事业股份有限公司 1999 年版，“序”第 2—3 页。

社会历史现实的视界，而根据自我内心所体验过的内在时间重组重构出一个新的时空。生态体验处于时间、空间之外，不沾滞于感性和理性两边，沉浸于活生生的、具体的而又具有不可预测之深度和无限可能性的超越时空的直观领悟之中，在这种直观沉浸中，用心去体验自己生命的生生流动，达到超生死之境。

从生态体验的视界观照，面对人生境界，既有修养和达至的问题，也有感悟和表达的问题。有些人是尚无缘分进入生态体验之境，或人生修养不够，从来就没有达至或享有人生的高境界；有些人已经达到了较高的人生境界，也过上了高品质的生活，但缺乏深切的人生感悟，只是自己享用性的，而缺乏分享性价值；而有些人是有了真切的人生感悟，却因为各种担忧而不敢说真话。

臧克家曾深切感悟到：很多人不敢说真话，怕别人瞧不起，或者怕人来喷，一个人最可悲的是没有形成自己独立的思想体系和价值体系，人云亦云，随波逐流，过着行尸走肉般的生活。有的人活着，他已经死了；有的人死了，他还活着。

环顾社会，可以说杨绛先生的人生境界是高的，她既达到了人生的高境界，又及时恰当地将自己的人生感悟作了表达。她通晓英语、法语、西班牙语，由她翻译的《唐·吉诃德》被公认为最优秀的翻译佳作；她早年创作的剧本《称心如意》，被搬上舞台六十多年；杨绛 93 岁时散文随笔《我们仨》出版，风靡海内外，96 岁时哲理散文集《走到人生边上》出版，102 岁时 250 万字的《杨绛文集》（八卷）出版。2016 年，杨绛仙逝，享年 105 岁。

杨绛先生曾情真意切地写道："三里河寓所，曾是我的家，因为有我们仨。我们仨失散了，家就没有了。剩下我一个，又是老人，就好比日暮途穷的羁旅倦客；顾望徘徊，能不感叹'人生如梦'，'如梦幻泡影'？但是，尽管这么说，我却觉得我这一生并不空虚；我活得很充实，也很有意思，因为有我们仨。也可说：我们仨都没有虚度此生，因为是我们仨。……我们这个家，很朴素；我们三个人，很单纯。我们与世无求，与人无争，只求相聚在一起，相守在一起，各自做力所能及的事。碰到困难，锺书总和我一同承当，困难就不复困难；还有个阿瑗相伴相助，不论什么苦涩艰辛的事，都能变得甜润。我们稍有一点快乐，也会变得非常快乐。所以我们仨是不寻常的遇合。现在我们三个失散了。往者不可留，逝者不可追，剩下的这个我，再也找不到他们了。我只能把我们一同生活的岁月，重温一遍，和他们再聚聚。”①

记得杨绛先生在100多岁时曾说：“我正站在人生的边缘上，向后看看，也向前看看。向后看，我已经活了一辈子，人生一世，为的是什么呢？我要探索人生的价值。向前看呢，我再往前去，就什么都没有了吗？当然，我的躯体火化了，没有了，我的灵魂呢？灵魂也没有了吗？有人说，灵魂来处来，去处去。哪儿来的？又回哪儿去呢？说这话的，是意味着灵魂是上帝给的，死了又回到上帝那儿去。可是上帝在吗？灵魂不死吗？”②

我们知道，杨绛先生一家人曾经历了“文化大革命”的艰难岁月，即使在那种时候，他们也没有放弃生活。钱锺书先生创作了《围城》，又与杨绛先生各翻译了一本书。在晚年，钱锺书先生仍坚持写作，他们的女儿钱瑗也十分优秀、可爱，后英年早逝。虽一生坎坷，虽没有永远，但有着有意义的一生，有一个可安顿的居处，一起走向人生道路的尽头，也不失为一种圆满吧。杨绛先生一家人的一生，经历了如许的生命磨难和幸福岁月，让我们从他们身上看到了人生那种优秀的品质，乐观、谦逊、懂得珍惜、坚持不懈。杨绛先生的生活体验、人生修养和文学表达深度融合为一体，其隽永的作品就是美好人生境界的溢流。令人夜半冲一杯咖啡，慢读细品，回味悠长，似乎人生的美好生命时光也在延伸、延长、弥漫。

在生态体验境界，感性个体会领悟到一切理性和感性处于分离状态时都无法概括的东西，面对丰富多彩的个体生命存在样式，满心欢喜，放飞无限的希望梦想。

① 杨绛著：《我们仨》，生活·读书·新知三联书店2003年版，第63页。
② 杨绛著：《走到人生边上》，商务印书馆2007年版，第15页。

案例

先贤曾点的体验

子路、曾皙、冉有、公西华侍坐。

子曰："以吾一日长乎尔，毋吾以也。居则曰：'不吾知也！'如或知尔，则何以哉？"

…………

"点，尔何如？"

鼓瑟希，铿尔，舍瑟而作，对曰："异乎三子者之撰。"

子曰："何伤乎？亦各言其志也。"

曰："暮春者，春服既成，冠者五六人，童子六七人，浴乎沂，风乎舞雩，咏而归。"夫子喟然叹曰："吾与点也！"①

朱熹曾对曾点的境界作过一番评论。他说："曾点之学，盖有以见人欲尽处，天理流行，随处充满，无稍欠缺。故其动静之际，从容如此……而其胸次悠然，直与天地万物，上下同流，各得其所之妙，隐然自见于言外。视三子之规规于事为之末节者，其气象不侔矣。"②

徐复观对朱熹这个注释又作了一番这样的注释：按朱子是以道德为最高境界亦即仁的精神状态，来揭示曾点在当时所呈现的人生境界。若果如此，则孔子何以只许颜渊"其心三月不违仁"，而未尝以此许曾点？实际朱元晦对此作了一番最深切的体验工夫；而由其体会所到的，乃是曾点由鼓瑟所呈现出的"大乐与天地同和"的艺术境界；孔子之所以深致喟然之叹，也正是感动于这种艺术境界。此种艺术境界与道德境界可以相融和；所以顺着此段文义去体认，便作最高道德境界的陈述。③

---

① 《论语·先进》。

② 朱熹：《四书集注》。

③ 徐复观著：《中国艺术精神》，春风文艺出版社 1987 年版，第 16 页。

可见，生态体验是达到了道德的根基部位，亦即最高境界。在这个境界上，诗、礼、乐等艺术的形式与道德理念的存在样态发生了必然的联系，具有相通性。而诵诗作乐，可以将人还原到他的本然状态，可以体验人的“情直”，即所谓“不知手之舞之，足之蹈之”。在生态体验中，正如王夫之所说：“夫景以情合，情以景生，初不相离，维意所适。”① 狄尔泰领悟到“诗的问题也就是生命问题”，“对人类存在、诗和文学作品的理解将成为一条到达生命伟大神秘处的途径”。② 徐复观也领悟到“乐与仁的会同统一，即是艺术与道德，在其最深的根底中，同时，也即是在其最高的境界中，会得到自然而然的融和统一”③。在生态体验中，人达到了超越一切对待的非意志的“忘我”境界，是无时间、无固形的直观者，它与审美心境合二为一了。这是人的意志的“澄化”，成为无我（非意志）的纯粹主体。叔本华所推崇的那种“审美人格”，就是非意志的、陶然忘我的人格，超越了一切对待的纯粹主体，它只沉浸于一种由自己的体验所领悟到的那一片心境之中。在这心境之中，如弗洛伊德所说的生命的本我被彻底否弃了。这种心境“是纯粹的观审，是在直观中沉浸，是在客体中自失，是一切个体性的忘怀，是遵循根据律的和只把握关系的那种认识方式之取消；而这时直观中的个别事物已上升为其族类的理念”④。

在生态体验中，那操持百业的人生，那同一尽于百年的有限，那欢寡而愁殷的悲哀，统统都在体验中被融通、被超越了，有限的感性肉体的个人产生了对于自然界、社会生活和人际关系的汇入感、融入感、一体感，生态体验使他体验到对世界的开放性、亲在性、超越性，他随着体验之思融入浩然宇宙之中。而与此同时，世界也被摄入他的生命世界之中，他因而也体验到了自己生存的充实感、丰富感、悠远感、历史感、洞彻感、明晰感、安宁感、幸福

① 王夫之：《姜斋诗话》卷二。

② 转引自王一川著：《意义的瞬间生成》，山东文艺出版社 1988 年版，第 237 页。

③ 徐复观著：《中国艺术精神》，春风文艺出版社 1987 年版，第 15 页。

④［德］叔本华著，石冲白译：《作为意志和表象的世界》，商务印书馆 1983 年版，第 274—275 页。

感。他开始可以平静地面对死亡、走向死亡，对他来说，已经有死生一体感，死也成为人生的一种意义世界。孔子所说的“朝闻道，夕死可矣”，这“道”只是一种体验，而不是存在论上的实在。正如卢梭所说：“当你脱离个人狭小圈子，你的生活就渐渐地融合在宇宙的生命之中。一个人的存在应该像一条江河，不断由狭窄的山谷奔涌向宽阔的地带。当你的事业已经后继有人，你的人生价值和意义已经有所寄托，这样，当死亡来临的时候，你不仅不应当害怕，反而应当很平静，可以笑着迎接死亡的到来，就像河流融合在海洋之中一样。”① 而马斯洛则在这里获得了空前的狂喜和陶醉，进入了他的“高峰体验”境界，完成个体人的“自我实现”。这正是诗人哲学家所追求的境界。事实上，人的感觉正常与否，一个人是否有自己对世界的独特的体验，是否有自己对自己内心的独特感悟，是人之为人的一个根本标志。生态体验是印证人之个体性、独特性、唯一性、神圣性和不可或缺性的根本标志之一，由此才可能真正实现人自身作为人的存在的内在规定性，从而实现个体人的空明之心向生活世界和自然之境开放之直觉的无限丰富性，最后将“我”融于三重生态关系之中，体现个体与族类、自然与人生、精神与肉体的涵容互摄，达到时空圆融、生态和谐的澄明之境。

一路领悟过来，恍然发现，生态体验不是纯粹主观性的东西，更不是随意性的“我体验”，而是在一个三重生态交互制约的复杂关系世界之中，对包括“我”这一个在内的种种生态关系生灭的生态律或生态之“道”的体验，是在三重生态关系网络中的个体人之生态道德境界发生变化的个性化体验。生态体验反对孤立的“私我”之体验，积极感悟存在的多样性、联系感、生命感、依赖感，是在相互制约的关系网络世界中的“关系体验”、“大我体验”。生态体验是人性与物性的统一，是一个人在保有自主性的前提下的人性的普遍性、万物的普遍性。这里的“生态体验”作为个体人的生存智慧与生存境界之统一的人的本性的真实性，自然也是普遍人性

① ［法］卢梭：《怎样变老》，《新概念英语》(4)，世界图书出版公司1993年版，第59页。

的真实性，普遍性的人性的真实性自然也是生态之“道”的本性的真实性。在“生态体验”中，个人与他人、他物的相互融入、相互统一，人与人、人与物、人与自己实现了类生态、元生态和内生态的三位一体的和谐，我体验到的本真，就是你的本真，就是物的本真，人体验到对他人、他物的融入，人体验到对生态的回归，人由单纯的个体人逐渐在体验者中变为“生态人”，即实现了纳斯在深生态中所说的“大自我”境界上的“自我实现”。这时体验者才会生发出一种“生态美”的领悟。“生态美是天地之大美，自然之大美，也是人与生态环境和睦相处之大美。人对这种大美的体验必须由主体参与到生物多样性的繁荣及和谐的情景中去，和生命整体打成一片，同呼吸共命运、与天地万物融为一体，以达到‘天人合一’的崇高境界……其中既包含着所有生命的差别，但又不执着于这种差别，努力超越物我对立，克服由于自己与万物的差别性而产生的隔离，冲破狭隘的自我中心主义的封闭，达到直入自然变化的奥秘之中而又难以表达这种美妙感受的胜境。”这样看来，“生态美的体验内在于生态系统之中，是人通过与生态过程亲密地融合而体验到的，它不能与培育它的母体严格地区分开来。河流、雨林、旷野、冰川和所有生命种群，都是作为体验者的我的一部分。我与生物圈的整个生命相连，我与所有的生命浩然同流，我沉浸于自然之中并充实着振奋的生命力，欣然享受生命创造之美的无穷喜乐。”①庄子故曰：“至人无已，神人无功，圣人无名。”② 在整个的生态体验中，个人情感本性之本真状态的自觉是前提，为此又必须“虚心”以待，保持对外部世界的开放性。

这里可能出现的误区是，人们在理解生态体验时，一是将之复杂化，二是片面化。例如，在访谈中，一谈到生态体验，有人就认为必须选择一个专门的时间，深入到某个原始森林、沙漠或高山大海中去专门体验。只要当你开始防止和克服生存实践上的分裂状态和德行修养上的片面性的时候，你无论在什么地方或什么时间，都

① 佘正荣著：《生态智慧论》，中国社会科学出版社 1996 年版，第 266 页。
②《庄子·逍遥游》。

会体验到三重生态的和谐存在感，领悟到生命活动的美感。你会发现生态体验就在你我身边，就在日常生活之中，就在人们交互的生存实践之中。

案 例

生活如诗

我和我的同学们在紧傍长江的西山博士生公寓住宿和学习。每天早晨，太阳刚刚吐出晨曦，我们就被窗外枝头的鸟鸣声唤醒。几位相好的同学一起到操场或河海大学的山间树林里锻炼一阵子，回到宿舍，洗漱已毕，坐在窗前打开自己酷爱的专业及课外书籍，一边读书，一边做笔记，一边思考各自的专业问题。傍晚，学习累了，几个同学踏着夕阳，一起到德风园边，礼敬孔子像已毕，欣赏水面上静静漂浮的莲花，在半山腰尽情闻吸梅花的清香，性情所至，还会拍几张坐在草地上或倚靠在紫藤架下的照片。有时候，会忍不住席地而坐，或在田家炳楼国际圆桌会议室，开起博士沙龙，围绕某个热点问题，展开激烈的辩论。其他专业并不相识的同学也会参与进来一起讨论。周末，也会三五成群地到南京大学或医科大学里去跳舞，或到电影院去看场电影。读书时，会感到在进行精神旅游，一边和古今中外的思想家们进行精神交流，一边与鸟儿对话，与风共舞。春秋季节，读书、讨论之余，同学们邀伴到玄武湖、莫愁湖、紫金山、中山陵、八卦洲等风景区郊游，抒发对自然美景的感慨，畅谈人生的感悟。三年来，同学们的感情就像交响乐，在各种活动场景中交织，掠过游船，穿过珍珠泉的竹筏，弥漫了南京和江苏其他地方的山山水水，在教室和运动场上回荡，在长江和西山上萦绕。毕业分手前夕，许多同学彻夜聚谈，难舍难分，泪湿衣袖。

但是，面对这同一自然环境，在不同的人际关系和不同的心态下，体验却很不相同。譬如，我在刚进校时，人地生疏，内心更多的是一种“寒冷孤寂”的体验；随着时间的推移，逐渐熟悉了校内外的自然和人文环境，有了新的人际交往圈，与老师、同学建立了融洽的关系，内心就更多了一份“鸟鸣春早”、“呼朋唤友”的体验。有诗为证：

随园感怀一（冬天）

宿舍倚山抱江，名曰随园西山。舍寒孤寂。入冬，北风卷地，由四面旋上山顶，拍窗呼啸。似独立于太白之巅，又似在九寨沟底。心情时而凄冷，时而萧瑟，了无寄托。女生有因此而泣者。

飓风拔地起，拍窗犹鹤唳。寒夜不知处，蜷卧薄被里。异乡客思恨梦少，孤灯三更披衣起。向谁诉心曲？

随园感怀二（春天）

江南春早，鸟鸣啁啾。每值周末，同学呼朋唤友，四出郊游，好不舒怀。有感而成韵。

倚山抱神韵，拥江乘浪遐。同学相耳语，邀我偷梅花。数遍城门觅归道，不知夕阳斜。

面对同样的自然美景，你融入其中和置身景外，是两种绝然不同的体验。例如面对玄武湖，当我 1996 年孤身一人客居南京的时候，我曾经到玄武湖坐船游览。但当时感到处处清冷，人迹稀少，湖水冰冰，心头升腾起一股无名的孤寂、凄冷之感，大有“细风无力卷残叶”、“ 雨打梨花深闭门”的感慨。但当我 1999 年考取了南京师范大学的教育学原理专业道德教育哲学方向的博士生，在南京有了面积虽小但布置得清新温暖有“小家之感”的博士生公寓宿舍，和同学们一起在南京创办“南京博士家长学校”，在《教育理论与实践》、《江苏教育》等报刊开办“博士论坛”，学业有所长进，同学情谊日笃，有所充实，有所寄托，有所丰满，且将自己的生命融于南京的山山水水之中的时候，我不仅对于玄武湖的体验不同，而且对南京的山山水水，在内心深处涌现出一种开放敞亮的阳光感和无限的诗情画意，这种情怀不断地向更广大的时空弥漫开去，不仅浸润着南京的人和景色，而且将所到之处的人和景致纳入到自己的生命之中，在有限的生存中领悟到一种巨大的开放和生命极处的无限存在。有诗为证：

击水珍珠泉（2000 年 3 月）

天下有神泉，藏在江浦边。绿水尤清冽，击掌珠成串。游人多好奇，雀跃俱忘返。少年登山啸，竹筏逐浪卷。相互击水闹春色，忽闻情歌远。

扬州春趣（2000 年 4 月 8 日）

烟花三月西湖瘦，何园寄啸思遥遥。桃花坞前少驻足，丛中美人影绰绰。柳浪花波游人醉，邀伴会船廿四桥。故事纷纭扬州路，笑语处处闻吹箫。

与玄武湖共舞（2000 年 4 月 16 日）

六水回环一望收，信步遍历五翠洲。波光粼粼诗作画，飞碟田田入画图。彩雀枝头双栖卧，鱼戏美人弄丝竹。林边鸳帐接水卧，笑语盈盈暗香浮。

咏 台 湾（2000 年 9 月 27 日）

世外有宝岛，雄踞太平洋。瀚海漾碧波，沃土飘异香。山中多奇果，举手任品尝。放灯宜兰，冲浪彰化，两岸共舞起绝唱。他日有缘来相聚，携手采槟榔！

三峡感怀（2001 年 11 月）

三峡自古多传说，诗人美女竞逍遥。巅峰体验数楚王，神女犹吟相思歌。

游金刀峡（2001年11月22日）

峰回路转步云端，古镇幽涧别样天。青苔滴露蕴生命，芦花摇首情满山。　　抚栈道，攀奇岩。轻舟戏水过险关。绝境心闲成美景，上天入地一瞬间。

在上面的日常生活世界中，体验者并没有介入某种复杂而专门的生活场景之中，而只看到一种简单、朴素的生活画面，一种返璞归真的生活图景，然而却是饱含诗性的生活。这样的生活是一种境界，这样的生活天长日久会形成一种生活文化哲学的意趣。

中国的古圣先贤屡有达到这种生活境界的，且时有真切的感悟并作了具有哲理意味的阐述。《战国策·齐策》就有这样的论述："君子曰：触知足矣，归真返璞，则终身不辱。"这里的"璞"就是指本真，引申为"道"的质朴状态，是指真常之道的本来体性。意思是说去掉外饰，还其本质，比喻恢复生命原来的自然状态。然而，要返朴必须抱朴，《道德经》说："见素抱朴，少私寡欲。"即要抱道守真，怡养生命的真元，使之不为物欲所诱惑，不为私心杂念所困扰。这里最重要的就是要尽量少一些私心和欲念。做人要淳厚，行事遵守公德，生活要俭朴，使本性慢慢返归到淳朴的状态，与道相合。而在道家的实修（生命修炼）过程中，强调基于每个人良好的心性根基，注重把已耗散的生命元气通过修炼进行修复，使身体恢复健康，进而也可以通过"炼精化气、炼气化神、炼神还虚"等内炼功夫，使生命回归到本真的"道"的状态。这样的生活境界，实际上是体验者既在生活中，又在诗中，体验者进入了诗与生活同一的境界，即"诗意栖居"。"诗开放了更高更强的世界远景"，"诗人直接根据生命本性表现这种生命观"。① 就在这种简单、朴素的生活世界和自然之境中，体验者感受到了一种内心的宁静、开放与惬意。实际上，体验者每天的生活、读书和人际交往活动无时无刻不是融在自然之中，而自然又无时无刻不是在体验者的生

① 转引自王一川著：《意义的瞬间生成》，山东文艺出版社1988年版，第238页。

活、学习和日常交往之中，在人类所创造的文化之中；自然、生命、文化交织在一起，又浸淫着体验者的内心世界。瑞妮·威尔菲尔德曾从“间歇状态”的视角领悟到生态体验的境界：“我们很多人沉浸在大自然的寂静和神奇中，徒步旅行，野外露营，海边静坐时都有间歇感受的产生。我们也在激情洋溢的性爱中感受间歇状态。当两个人对自我、双方及两人之间的交流有清晰的认识时，他们就处在间歇状态中。人人都渴望的性行为就发生在任何一方都不会去防御对方或想抽身离去时。任何一方都不会急于从中获得强烈的感官刺激或其他目的。在付出深厚的感情时，我们的身体界限消失了，分不清谁是主动的。我们无法把自己与爱侣的身体区别开，也无法区别彼此的爱抚。当我们对身体及感觉有完全清醒的认识时，没有任何判断或议事日程介入；双方都感到某种比他们的身体无限广大的空间。我们与主宰一切的上帝融为一体，我们生活在间歇状态之中。”①

以生态体验与生命的个性化、生态多样性存在与健康和谐成长为轴心，从不同的向度去高维观照三重生态的相互独立存在形态及其相互融合的魔方组合关系形态，我们欣喜地发现：置身于一定的元生态环境或类生态圈之中，体验者的内生态体验会被不同向度和不同梯次地诱发和唤醒；反过来看，体验者的不同道德体验境界也可以促进三重生态臻于圆融互摄之境。这是生态体验的生命辩证法。从生态体验哲学审视，一方面，外部或周遭的元生态环境或类生态圈，具有内生态体验的独特的诱发和唤醒价值；另一方面，体验者的内生态的境界又是其外部或周遭的元生态环境或类生态圈的内生变量，它既可以对不同的外部或周遭的元生态环境或类生态圈发生相同的内生态体验放电现象，也可以对同样的外部或周遭的元生态环境或类生态圈产生不同的内生态体验放电现象。当三重生态圆融互摄的时候，体验者的生命感受会发生微妙的、深层的优化，其体验的价值走向会显现为满眼阳光雨露的品色，体验者也会呈现

① [美] 瑞妮·威尔菲尔德著，孙丽霞等译：《身体的智慧》，辽宁教育出版社 2001 年版，第 25 页。

出全新的生命样态，步入生命艺境。有诗为证：

七律　云天观世界（2016 年 11 月）

云海茫茫一望收，波诡光谲了无尘。天宫秘境多变幻，白云苍狗瞬无痕。穿越云层渺世界，俯瞰人间笼仙氛。上天入地境澄澈，宇宙浩淼一壶心。

由此可见，生态体验既可以置身于山川秀美、崎岖料峭、云海诡谲的秘境之中，也可以在日常生活之中，且不一定要寻找一个专门的时间去体验。普通百姓的生活是简单朴素的，但中国中央电视台和凤凰卫视等开辟的《聊天》、《讲故事》、《艺术人生》等节目，在与名人或平民百姓共叙人生故事、倾听人生倾诉的过程中，唤醒和分享着深幽的生命体验，诉说者和倾听者都沉浸在从未有过的人生体验之中。对比地看，体验者与其他生态因子之间处于一种对立、挑剔的身心状态，他与自己异样的生命体发生关系时便产生陌生感、疏离感、丑感、恶感、厌恶感等。当体验者进入生态体验状态时即呈现为一种融入的身心状态，生成一种欣赏的心情，容易产生亲近感、善意感、美感、可爱感、赞叹感等。这时体验到的是每一个生命体以它自己独特的方式存在着，并以它自己认可的方式表现着自己的生命价值。马斯洛曾说："在通常的人际关系中，在一定程度上我们是彼此难以理解的，在爱的关系中，我们变得'可以理解'。""假如我们对某人或某物喜欢或迷恋或深感兴趣，我们就很少有干预、控制、改善他或它的想法。我发现对于你的所爱，你是准备放任不管的。"①

只要你进入生态体验之境，便会拥有一个虚静、开放、平和、包容的心境，向自然，向他人，向一切原来外在于自己的生命体开放，那么，当你置身于丰富多彩的大自然之中，置身于不同生活情调和风格的人群或民族当中，沉浸于爱情的海洋畅游与沐浴的时

① ［美］马斯洛著，林方译：《人性能达的境界》，云南人民出版社 1987 年版，第 22—23 页。

候，或在夜晚仰望阒寂的星空，或畅游、浮潜、漫步、翱翔、枕流、静卧太平洋心，感受自己内心深处的声音，都可以体验到一种现世的、来自周围生活世界和自然之境的生命涌动，体验到一种来自自己生命深处的生机和欢喜，体验到自己作为一个具有个性的存在而带给周围世界与他人的欢乐，因自己的存在而丰富了大自然之生物多样性的安宁感、和谐感、满足感和幸福感。这时，你的存在时空获得了巨大的、无限的延伸，对自己的存在意义获得了空前的领悟，体验到自己是作为自己而存在的。

有诗为证。

越南冲浪体验（2016 年国庆节）

登上天梯百丈高，仰天冲浪心如潮。眼前景色万花海，耳边风疾雨潇潇。

太平洋海底漫步（2016 年国庆节）

深海漫游入秘境，挽鱼共舞珊斑斓。四顾潮涌骇九霄，一浪色分两重天。

枕流太平洋（2016 年国庆节）

头枕碧波，仰观云天。心海澄澈，玉壶坤乾。

当你放下了所有的牵挂，了无挂碍地向深海之中、大洋之心漂游，你逐渐变得无所畏惧，而你眼前的世界则发生着大挪移、大旋转，你的生命中开始涌流一种从未有过的奇妙的身心体验。当你在深海、大洋之中漫步、畅游、探底、漂游的时候，形态各异的鱼类环游在你的上下左右，温润如玉的珊瑚也环绕在你的脚边，一片美丽如梦境般的祥和世界豁然洞开。这时，你不由得环顾四周，仔细观察、谛听，脚边却有潮起潮落波涛暗涌，所见所闻所触远远超出了以往的经验和想象。这都是在海面之上或浅海湾所不可能看到的另一番海洋气象和海底景观。水上和水下，分明是两个不同的世界。潜入深海、大洋，仿佛开启了另一个世界的神秘之门，神力乍现。经过长时间的滑翔、漂游、枕流，远离了海岸和人间气息与痕迹，这世界就只有你一个人了，只有靠你的生命生态导航系统甄定着方向和方位，彻底毫无打扰地在无限广阔的时空里畅游着，轻轻地漂游着，静静地观听着，安静地仰卧在太平洋心，四周环望，已经没有了任何参照系，只有仰观云天，白云苍狗，感受洋风拂面，心潮涌动。这时的你，已经心海澄澈，万千世界一尘不染。这时，你可以尽情地放飞不曾有过的绮丽梦想，精神世界也开创出了更加绚烂多彩的、无限悠远宁静的天地，你体验到一种空前的身体放松、心理舒展、灵魂安详，悠然悦享无边无际、长天一色、安宁惬意的生态意境之美。

在这远离忙碌、喧嚣与尘埃的生态之境，你不受任何沾染地变得空前单纯、纯粹，静若处子，纯若婴孩，而此时豁然地从生命潜意识、无意识深处涌现出来一种只属于你自己的“悟道”认知和情意；在你生命中涌流着自己的意志和念力。当你再回到原来的俗世间的时候，周围的人和事，在你的眼里、心里，一切都变得那样清新、亲切、亲和、美好，你不再烦腻、不再慌张、不再纠结，只是静静地感受自己情意的自然流淌。此后你写出的诗作、文字，也变得那样的纯净、幽秘、美妙，似乎不需要任何的修饰，毫无沾滞，而只是随心涌流。

只有带着自己情绪的、别人无法替代的独立意志和念力的生态体验，才可能明晰并澄清现实的“沉沦”状态，而真正达于自己本真的存在。而这时，你忽然发现生态体验就在你我的日常生活、学习和工作之中，就在你—我—他的各种出游际遇和平常交往之中，你可以随时随地体验到三重生态的和谐存在与圆融互摄，心性宁静，观听自在，美感云涌，摄能穿行，在有限与无限合一的无穷极处不断拓展生命的时空，涌现生命的无限奥妙，穿越生命云层。

第四章　道德体验的发生

第一节　道德体验场

从事了多年道德教育研究的人也会常常发问：“道德究竟是怎样发生的呢?”这个问题似乎很难回答，甚至无从谈起。当你独自追忆往事的时候，当你筹划未来的时候，当你与别人互诉生态阅历的时候，或者是在写日记、吟诗、谱曲、唱歌、跳舞的时候，你已经无意中沉浸在某种体验之中，而每次体验发生之后，我们每个人的道德境界也随之发生了变化。① 这种道德境界的变化显示出，你的道德体验已经实际地发生了；道德体验的发生，必然引起道德境界的变化。道德体验的发生，表面看是一个混沌的过程，而实际上是一个具有内在清晰性的融合状态与分化过程相统一的自组织过程，有极为复杂的生态因子交互作用而形成一个道德体验场、生态体验场。

所谓道德体验场，就是道德体验所由发生的功能性关系情境和氛围。它是三重生态因子的有机耦合，由体验者周围在场和不在场的、被认识到的和尚未被认识到的一系列内生变量和外生变量有机联系而形成的一种整体道德关系情境和氛围。在这种整体关系情境

---

① 之所以用“变化”而不是用“提高”，旨在表示道德境界的动态变化。因为在道德体验场中，每个体验者的道德境界会发生实际的变化，如《周易》中卦画爻位的变化，且会更加个性化、独特化，它是一种由体验者和体验者、导引者和体验者共同地、相互地不断生成新的道德境界的过程，而不再是按照某种既定的目标，授受一个完善的道德知识规范体系的过程，也不再是“纸笔测验”的知识掌握结果。因此，这已经不是传统道德教育意义上的“提高”，而是新的道德体验意义上的动态升降性“变化”。如果提前确定一个确定的标准而不按生成的道德境界来衡量，那么，其结果既有可能是提高，也有可能是降低，这就需要看以什么样的价值参照系来评判了。

和氛围中，存在着有效诱发和唤醒道德体验的因素，并不断生成具有道德体验之诱发和唤醒价值的有效线索。不同体验者之道德境界的多样性和差异性及其结构性变动，是这些诱发和唤醒线索的基本特征。现在对体验场中存在的因素及其关系之功能结构的揭示还很不充分，目前可以经验到的因素中，既有体验者自身的因素，如生态阅历、个人情感、需要、身心状态、悟性和无意识的思想状态等，又有体验者置身其中的特殊环境与关系，如经济基础、家风家教、文化传统、风俗习惯、社会环境、自然之境和周围的人际关系，还有时间、信息的流动和空间的虚盈与转换，宇、宙、云、山、草、木、瓦、石的能量收摄，声、光、电、温、湿、味的调控，云、路、端、池、台的布设，墙、门、桌、椅、窗的布局及结构性变动；既有体验者内部状态的变化，也有外在的表现，有显性的变化，也有隐性的变化；其间每个因素都不是散在地存在和发挥作用的，而是相互交织地存在并生成相互诱发和唤醒的场结构，产生整体的甚至是混沌的体验功能。从生态体验的视界观照，道德体验场的生态因子十分丰富，且错综复杂地交织在一起，发挥着结构性的整体功能，升维鸟瞰，道德体验场的高维存在形态是三重生态圆融互摄的生态体验场。

在实际生活和道德体验教育过程中，道德体验的诱发因素和唤醒线索是十分丰富的，只要环境、关系和氛围适当，任何一种因素都可能成为道德体验诱发或唤醒的有效因素。这里看一个以导引者的情感为线索的体验场的例子。

案 例

情感流之体验场

朱小蔓教授曾提出过一种“情感场”，表达的是一种以情感为线索的体验场：

上海第六师范的一位女教师，有一次在讲高尔基的《海

> 燕》一课时，情感十分投入，表达的塑境力特别强，形成了一种具有诱发力的情感流，生成了一种十分畅意的情感流。在这情感流的导引下，师生共同进入了一种超越课堂文本学习的体验场，师生的头脑中都转换着海燕在大海上飞翔的图景，师生共同进入了“物我两忘”的和谐境界。
>
> 就在这时，有个学生忽然产生了一个问题，向老师举手发问。这位学生的发问打断了老师的情感流。老师中止了具有塑境力的情感性表达，去回答同学的问题，并将回答的要点写在黑板上。但是，当老师回答完问题，再回头去讲解课文时，被中断的情感流再也恢复不起来了，刚才的那种情感场消失了。后面，老师再怎么努力讲解，其讲课的感染力都无法达到那种十分畅意的情感场下的效果。

由此可见，体验场不仅是一种关系，还是一种情境、一种氛围。上述案例显示，师生的关系是一定的，其中发生变化的是情境和氛围。当情境和氛围被改变或被破坏之后，体验场也就发生了变化。

道德体验场中的诱发和唤醒线索是多样的和复杂的，可以初步类分为环境线索、关系线索和独立线索，口头线索和书面线索，语词线索、体态线索和态度线索，知识线索、情感线索、人格线索、行为线索等。从内外因的角度分，外部因素主要有个人的生存和生活关系、实践活动、实际情境等；内部动因如生态阅历，体验的意识和能力，人的追求真、善、美的本性，人的追求自身利益的欲望，个人生存、发展和自我实现的需要以及个人需要与社会需要相统一的需求，个人信仰，个人兴趣爱好，自我评价等。[1] 但是，现在对道德体验场及其诱发线索作任何理论上的分类划分还为时过早，有人为分割和简化之嫌。马克思曾指出：越是抽象的东西，越是缺少具体生动性。而人的任何一种意识和行为的产生与变化，都

① 这是我与陕西师范大学教育学硕士学位班学员一起讨论的结果。地点：三门峡市。时间：2000 年暑假。

离不开实践中外部环境的变化和实践着的人的主体条件的变化。毛泽东曾领悟到外因和内因的关系和变化，但是，内因和外因的变化并不是相互孤立的作用和反作用关系，而是发生着复杂以至混沌的相互联系、相互依存、相互促进关系。而且，众多的内外部因素之间的相互关系的转换与创生，又依赖于人的实践活动和体验之思。

案 例

一次入党会上的体验

在一次入党会上，有四位准备入党的同学讲述了他们各自的学习、生活经历，其中也诉说了自己的一些生态阅历，每个人的两位入党介绍人，根据自己的了解介绍了各自所介绍的这位同学的生态阅历以及介绍人自己与被介绍人之间进行学习和生活交往的体验，在座的其他同学讲述他们各人对刚才所介绍的同学的了解及其在学习和日常生活中的体验。在这样的一个过程中，没有一个所谓的导引者显身出来进行明确的道德教育。但是，在场的全体同学（正式党员 42 名，预备党员 7 名），大家仿佛置身于一个道德体验场之中，都产生了一定的道德体验，只是体验的内涵和境界各人有所差异。有位同学说："我在听别人讲述的时候，坐在当场反省自己。"一位同学说："我受到了一次深受感染的教育！"另一位同学说："我简直是受到了一次心灵的洗礼。"

上述仪式性体验活动，实际上构成了一个道德体验场。坐在当场感悟上述事件的发生过程，我发现道德体验几乎是无法用语言说清楚的，是混沌的，只是感受到自己似乎因某种线索的诱发和唤醒而有了某种关于生活、人生和世界的感悟，有了生存境界上的模糊变化，做人心向有新的定向和明晰，但说不清楚究竟发生了什么变化和具体变化成了什么样态。从对在场人的感悟、有唤醒力的事迹及话语表达信息的分析来看，人的道德体验是在感性个人有选择、有舍弃地领悟场景中所呈现的道德信息的，而不是所有呈现出来的信息都发生了诱发和唤醒道德体验的作用。其中值得注意的是：那些以语词形式清晰地表达出来的生活现象和事迹，在场人员以富有友好的感情而又是朴素的（不是霸权的）叙事方式表达出来的体验和评价意见，人们在过去的生态阅历中已经有过反复肯定性体验的事件，当场的氛围等，成为较为有效地诱发和唤醒的线索。这些线索唤醒的是正向的道德体验。相反，有的同学所表的决心带有高大的口号式意味，有的同学的评价意见带有空洞和绝对的意味，有些评价意见过于挑剔，这些都程度不同地引起了在场人的消极情绪，诱发了在场人一定的负向体验。

分析地看，其中有效诱发了在场人的道德体验的线索主要有：准备入党的几位同学的一些事迹，如能够刻苦学习，服务同学和集体，对工作热情负责，参加中国百支博士团赴西部扶贫的时候表现出了协作创新的行为，在日常生活中的小事上能够主动帮助同学，关心其他同学的生活和学习，还有其他同学对其做人做事所提的意见和建议。

从上面的实例分析中可以看出，在体验者置身于多元信息和体验线索并存与交织的复杂社会情境中时，其道德体验是否实际发生，达成怎样的道德境界，固然环境中的信息和事件，导引者的态度与行为方式，体验者自身的主体性等因素，都有着很重要的作用，但它既不是单方面由环境中的信息和事件所决定、由导引者单方面所把握的，也不是体验者自身的主体性所决定的，而是由体验场中的多重关系、特定情境和氛围共同决定的。这些因素在体验者这里交互作用而形成了一个“内在的体验（选择）机制”，即每个体验者会根据自己的内心已经认可或欣赏的标准，去对环境信息和事件线索进行自主选择，决定取舍。

我感悟到的道德体验的内在选择机制是：体验者当场的情绪感受，过去的生态阅历，人生的价值取向，本民族、同时代和周边人群所肯定和欣赏的做人态度与行为方式，自己未来人生期望或预期，自己对过去、未来和当下的利害权衡（得失、快乐、自由等），体验者当下的需要，当场的人际关系、文化氛围或道德情境，自己近期的生存处境及发展预期等，这些因素在体验者当下关系和自身需要的诱发与促动下产生交互作用，相互消长，形成一种整合的关系结构，发挥整体的道德体验效应，发生不同的道德体验。道德体验及其内在选择机制处在一种动态变化之中，道德境界也在不停地变化和升降着，不断打破确定的、非此即彼的道德期待，而不断生成新的、与当场的道德情境相和谐，并寄托着对未来的冥冥期待的道德境界。

但是，体验者身处其中的现实关系和活动所构成的道德体验场，是否实际地诱发了道德体验，则还受到一些不在场的因素的制约。实际上，体验者当场诱发的道德体验不是空的，而是有着具体的生活内涵，是有生活滋养的。如王阳明“格竹参悟”、“龙场悟道”，并不能参悟出“理”来，恰恰是其丰富的生态阅历成为他道德体验的滋养源头。一般是关系世界越丰富、越复杂，道德体验越深刻、越丰富，人的德性内涵也越饱满。这样理解，佛教和道教所说的“缘”就不仅是机会或照面，而是一种具有诱发自我悟性或唤醒的关系与情境，它不仅与外部接触的人和事有关系，与自己内心的准备状态也有密切的关系，即所谓“道不虚行，遇缘则应”。当你生命中已经积淀了丰富的生态阅历的时候，置身某种场合或遇见某个人，就会有“缘”出现而诱发你的道德体验；而一个缺乏生态阅历的人，即使整天置身于某种场合，或与某人在一起，也很难成“缘”，而会“话不投机”，擦肩而过。我在访谈中还发现，有的人从未与某人谋过面，但是他读了那人的书或听了别人讲述那人的生命故事，忽然“顿悟”了，他们之间发生了实际的“缘”，诱发了其道德体验。

第二节 道德体验的诱发和唤醒

从上面的分析中可以领悟到，道德体验场中存在着众多的因素并相互交织发生综合作用，而最终诱发和唤醒了道德体验。其中，一些因素会成为直接诱发和唤醒道德体验的因素，而另外一些因素则是道德体验发生的原始发生因素。这里，先分析道德体验的直接诱发和唤醒因素与机制。

一、真切的情绪感受

体验者真切的情绪感受是道德体验发生的基础性内在因素。孟昭兰的研究发现："情绪的发生，无论在个体发展和种族进化上，均先于高级的认知加工的发生。情绪的脑生理学已经证明，情绪有其自身发生而不必然受大脑皮层调节的机制，脑内存在着'表情的情绪化的先天模式'。神经科学已证明，脑的核心部位内短而粗的多突触神经结构——它们之间进行着复杂的平行传导而互相加强刺激作用——与体验之产生相联系。"她分析说：体验由环境影响通过表情动作的复合内导刺激所引起。体验的自我觉知使人脑内的感情性信息与认知的高级功能相联系。这种联系是情绪受环境、文化因素制约从而实现情绪社会化的机制。"总而言之，没有感情体验，这些反映人类社会文化的情感和情操就不可能发生。"①

但是，有关研究发现，不同性质的情绪感受，会诱发不同性质的人生体验。按照情绪心理学中情感产生及其相互转化的规律，恐惧、害怕容易转化为攻击、仇恨，而安全、信任容易转化为同情、同理心和爱。所以，朱小蔓教授建议："我们在道德教育中，一定要给学生提供和谐融洽、安全有序的人际关系和生存空间"，以便诱发他们正向的情绪感受和积极健康的人生体验。②

在现实生活中，体验者的情绪感受有多种状态，至少存在着真切的感受和疏离的感受。疏离的情绪感受只会作为体验者的经历或经验而沉淀到潜意识之中去，一般引不起当场的道德体验，而只有真切的情绪感受会成为道德体验发生的基础性内在因素。脑科学研究新成果显示，从体验者情绪感受的发生机理与诱发作用来看，脑

① 孟昭兰：《体验是情绪的心理实体——个体情绪发展的理论探讨》，《应用心理学》2000 年第 12 期。

② 朱小蔓著：《教育的问题与挑战——思想的回应》，南京师范大学出版社 2000 年版，第 303 页。

干网状结构是人的情绪情感中枢，这个脑中枢位于人类三重脑的最下端，是与爬行动物如蜥蜴等所共同拥有的脑进化产物，人的本能行为反应的脑中枢就集中在这个区域。而从脑干网状结构的情绪感受机制分析，比较而言，具身体验要优于离身体验，母语交流要优于录音、录像等技术介入的媒体信息交流，直接的真切的情绪感受要优于间接的或模糊的、虚幻的情绪感受。访谈和道德体验调查问卷的开放性问题都显示：一个人在生活中虽然经历了许多环境和事件，但只有那些使他产生了真切的情绪感受的人际互动、环境和事件，才容易诱发和唤醒其道德体验，表现为“我当时不由自主地下（河）去救她，根本没有想为什么”、“因为这件（蠢）事令我很后悔”、“我没法忘记他，我一辈子都会感激他（那一次帮助）”、“因为我觉得那样做（过后）我心里才不会歉疚，良心才安宁”等；而那些处在旁观者立场，以理性的方式、冷静的态度经历（亲历）过的人际关系、环境和事件，以及获取的道德知识，则是“过去的记不清楚”、“没有印象”、“考完试就忘了”等，当下的则“没有感觉”、“无所谓”等。①

二、进入道德体验的“心境”或身心准备状态

道德体验能否发生，与体验者是否进入道德体验的“心境”或身心准备状态②有至为重要的关系。所谓道德体验的心境或身心准备状态是指体验者要拥有一个身心放松、开放、虚静、专注或全神

① 这里的“感觉”是被访谈者和填写问卷的人的口语性回答，意指“体验”。引号里的为被访谈者和问卷中的回答，问题是：“请谈谈最能引起你道德体验的人和事。为什么?”括号里的文字是为了更好地理解，而根据回答的完整故事或意思所作的重要补充。资料来源：我所设计的 EE 问卷调查结果的归类统计分析。

②“身心准备状态主要是指体验者的身体健康状态和精神状态及其大脑神经细胞活动状态等。它是作为德育内化运行过程的背景因素而起制约作用的。德育信息作用于体验者时，首先要受其身心准备状态的制约，如果体验者身心健康，精神焕发，心境良好，那么其大脑皮质就处于兴奋状态，对德育信息的感受性就高，就容易形成明晰的表象，为内化的顺利运行提供良好的前提条件；反之，则会降低体验者对德育信息的感受效度，不利于内化。”见刘惊铎、权利霞编著：《德育学教程》，陕西师范大学出版社 1992 年版，第 301 页。

贯注、全身心投入的状态，即全息沉浸态。这是一种道德体验的最佳准备状态，这种状态的出现对道德体验的发生是至关重要的。古今中外的思想家们都已经注意到了它的重要，但不同思想流派的称谓有所不同。胡塞尔称之为“悬置”、“悬搁”、终止判断，孔子强调“忠恕之道”、“克己复礼”，《管子》讲“静因之道”，荀子讲“虚一而静”，老子称之为“虚静”、“空灵”、“致虚极，守静笃”、“涤除玄鉴”，庄子称为“心斋”、“坐忘”①，佛教称之为“心明性空”、“清净心”、“妄断”、“情空”、“四禅八定”。日常生活中人们则称之为“虚心”、“虚怀若谷”。英国当代心悟训练专家大卫·冯塔纳认为，“心悟是庄重的实践，能够产生最佳效果，但需要全身心投入”，需要“凝神静气，全神贯注”，“不论我们决定采用什么技巧，全神贯注都是心悟的关键，心悟者全身放松，凝神于某种意念。只有凝神于某种意念，排除所有杂念的干扰，我们才能进入心悟状态”。他指出，只要进入这一心境，“人们在任何时间、任何地点都可以心悟，不一定非得呆在安静的室内，坐在蒲团上才能心悟。我们可以心悟一列火车，与此同时却在等候公共汽车，或在熙熙攘攘的人群中行走，或从事任何活动，只要安全，我们就能凝神自省。我们甚至于能够凝神于活动本身，不让意识随意周游。不论心悟的对象多么世俗，只要我们全神贯注，像孩子全神贯注于玩具一样，就可以说我们在心悟”。② 实践证明，这种心境或身心准备状态可以使体验者与外部世界之间保持一个开放、对流的状态，对周围的关系世界具有较高的敏感性，对周围世界中的各种道德关系、情境和信息也表现出较高的感受性和领悟力，内部心灵世界更

---

①《庄子》曰：“宇泰定，发乎天光。宇者心也，天光者慧照也。先定其心，则慧照内发，照允万境，虚忘而融心于寂寥，是之谓坐忘焉。”《庄子·人间世》写道：颜回向孔子请教游说专横独断的卫国国君的方法，孔子叫他先做到“心斋”，并指出这不是祭祀之斋，而是精神上的斋戒。回曰：“敢问心斋。”仲尼曰：“若一志，无听之以耳而听之以心，无听之以心而听之以气。听止于耳，心止于符。气也者，虚而待物者也。唯道集虚。虚者，心斋也。”

②［英］大卫·冯塔纳著，王晓秦译：《心悟：宁静、内省和顿悟的艺术》，吉林摄影出版社 1999 年版，第 9、21—22 页。

容易吸收外界的美善信息，并将体内的内置能量及时排出于外，形成良性循环的生命畅意状态。

就体验的诱发和唤醒的状态看，存在着两种主要的方式：一种是渐悟的方式，一种是顿悟的方式。渐悟是一种长期的、缓慢的、累积的体验，顿悟是一种瞬间的、高峰的体验，顿悟有时候要以渐悟为条件。爬山的过程中，是渐悟，爬到山顶后，那是高峰体验。可以把这两种体验作这样的描述：一种是“水穷云起”的体验，正如王维所说的“行到水穷处，坐看云起时”；一种是“石火电光”的体验。“当头棒喝”只是诱发和唤醒顿悟之体验的触发点罢了。其实所有的宗教修炼的关键都是促使修行者进入一种心境，通过诱发和唤醒体验达到领悟的效果。佛家密宗的传教方法就是“你自愿地来修行的时候，我才说法”，并不主动地出去面向大众公开说法，即所谓“法不孤起，仗境方生”。当修行者前来入门修行的时候，等于他已经自觉进入了一种体验的最佳“准备状态”，所以密宗的传教方法就很有效。当你向慧能大师发问“什么是佛?”时，你可能已经有了三十多年的修行参悟的经历和阅历；而当慧能大师一顿当头棒喝，你就像醍醐灌顶似的，三十多年来所有的经历和阅历翻腾起来，发生一种质变，幡然顿悟，破除执着，进入脱离“妄想”的“无念”境，佛教禅宗称之为“桶底脱落”的境界，即“缘起性空”。这时，你终于发出“哇！原来这就是佛!”① 的感叹。这表面上看是顿悟，而实际上，已经有了一个长长的、复杂的经历和体验的过程。到这个时候，这种体验得到了一种升华，一种变换，一种觉悟后的大喜，一种得“道”感。这种顿悟式的体验要以积累式的体验为基础，而这个顿悟的点位恰好就是马斯洛所说的“高峰体验”。②

---

① 这里也有悟性和参悟的境界的不同。依《金刚经》中如来所说，心中有佛还是一种执着境界，较高的境界是远离一切妄念，达到无念，悟出佛不外求、自性即佛的道理。

② 资料来源：与李安纲教授、张胜勇博士多次对话和讨论之心得的一部分。地点：1999年8月天水，1999年11月山西运城学院，2000年5月南京师范大学，1999—2002年江苏教育出版社，2001年8月甘南桑科草原。

三、体验的自因性诱发

体验的自因性诱发是指体验者在不借助任何外因的情况下，因某种体验本身的诱发而产生出新的行动意向，并在这种意向的激励下采取新的行动以获得新的体验，表现为体验的感染性生长。自因性诱发属于一种内在的激励。例如，当你的生存方式本身能给你带来健康、快乐与惬意的体验时，你会更加欣赏和坚定你的已有生存方式，并自觉自愿地优化自己既有的生存方式。但是，外在的激励也可以转化为内在激励。例如当你做了一件好事，得到社会与他人的赞赏，或是体验到自我享用的精神满足与愉悦感，这体验本身会激励你生发继续这种道德行为的愿望，以体验新的愉悦感。相反，当你做过一件（公认的）好事，而遭到某种尴尬、不公正待遇，或者被误解甚至嘲讽的时候，你体验到一种委屈感，这会诱发出一种想逃离现场或尽快遗忘这种体验的意愿；以后再出现这样需要你付出努力的类似机会时，你就会在行动上表现出规避、退缩的倾向。可以看出，体验的自因性诱发作用总是与一定的、具体的境遇相联系的。“境遇伦理学”的重要理论贡献，就是它冲破了僵死规则的束缚，揭示了道德发生的这种境遇性，证明了“当时当地作决定”的重要，明确提出：“关心人应优先于关心道德原则；较之普遍规范，具体情况与境遇对于我们应该做的行为具有更大的决定性作用。”①

但对实际生活境遇中的体验进行分类，可以从价值特性上分为“道德体验”、“不道德体验”和“非道德体验”。体验者如果实施了某种道德行动，得到了社会和他人的赞誉，从而获得了精神满足和愉悦感，那么，他就获得了一种“外激励”；如果体验者从中得到了一种自我享用的精神满足和愉悦感，他就会获得一种“内激励”。这两种激励都会促发体验者继续这类道德行动，不断地提升自己的道德境界以获得新的愉悦感。苏霍姆林斯基曾深有体会地说：“只

① ［美］约瑟夫·弗莱彻著，程立显译：《境遇伦理学》，中国社会科学出版社 1989 年版，第 168 页。

有当我不止一次地体验过自己不受益而为他人做好事的快乐，这种仅仅由于做好事而感受快乐的时候，我才会在有人做好事而于我毫无损害的情况下，也当作我自己的来感受和体验。”①

但是，处在我国社会主义市场经济体制建立健全过程中，许多管理监督机制尚未完善，存在着一些可乘之隙，而容易形成一种湮没个体道德判断和选择主体性的氛围。如果个人缺乏道德智慧，又缺乏一个有足够影响力的开放性对话环境，置身其中的个体人也可能发生不道德体验。不道德体验发生的实质是体验者对周围关系世界的融通性局限所致，他只看到眼前的、就近的、与自己关系密切的人和物的存在价值，甚至被一己之私利蒙蔽了眼睛。但是，因为不道德体验总是以牺牲社会和他人的利益为代价的，所以它常常会在一种负向情感体验中被中止。张世英感悟到，“通常人总以为以自我、主体为寓所就是自由，似乎征服了客体、满足了自我，就可以怡然自得。其实，主—客模式中的主体、自我总有他人、他物外在地限制着自己，所以，以自我为中心必然是一种束缚，而非真正的自由；况且‘欲壑难填’，这种主—客模式所给人的束缚是无止境的。从认识论的角度来说，主客关系式的认识只是一种外在的认识，总不免抽象性，而且认识必然性并不如一般人所认为的那样就等于是自由，至少不等于获得高层次的自由”②。孔子则领悟到，“放于利而行，多怨”③。亚当·斯密发现道德上的良心就是人们在内心设想的一个“公正的旁观者”，只有请教内心的这个“法官”，人们才能恰当地处理彼此之间的利益关系。④ 这个“公正的旁观者”就是我们所采取的社会的态度，是把所有相互作用的当事人包容在其中的一个共同体的整体态度，而不是这个共同体任何一个成员的态度。弗莱彻（Joseph Fletcher，1905—1991）在 1984 年的一

---

① ［苏］苏霍姆林斯基著，赵玮等译：《帕夫雷什中学》，教育科学出版社 1983 年版，第 237 页。

② 张世英著：《进入澄明之境——哲学的新方向》，商务印书馆 1999 年版，第 266 页。

③《论语·里仁》。

④ ［英］亚当·斯密著，蒋自强等译：《道德情操论》，商务印书馆 1997 年版，第 106 页。

篇长篇自传中写道："我确信，热爱公正就意味着必须设法在个人自由与社会契约这两种价值取向之间求得平衡。"① 但是，由于人的生存处境的复杂性，体验的自因性诱发需要一定的导引和调节。如有意识地创造开放性对话环境，有效诱发体验者的道德体验，而防止不道德体验的发生。

四、导引者与体验者的交往关系是道德体验发生的重要线索

从可能性上说，导引者与体验者之间发生实际的交往关系既是道德体验的资源，又是诱发道德体验的直接线索。但是，导引者与体验者之间关系最终是否真正地发生了道德体验诱发作用，则要看导引者和体验者之间是否发生了"实际的交往"，即双方必须建立起"相互交往"的关系。哈贝马斯认为："只有主体之间的关系才能算得上相互关系。因为主体间的关系是互动的、双向的，而主体和客体的关系是分主动和被动的，是单向的，因此不能称为相互关系。"在过去的意识中，人们认为道德教育活动本身应是一种有目的的过程，因此在具体的道德教育实施过程中要处处强化目的意识，并将之以明显的形式表现出来。实际上，如果每一个具体的道德教育活动过程的目的性过强，那就已经不能算作真正意义上的"交往"了，因为"目的性行为、规范调节行为、戏剧行为"中缺乏实际的交往。② 这样的师生关系也就不可能发挥有效的教育作用。

我国的学校道德教育中，师生之间的交往频率是相当高的，学生每天的绝大部分时间都是在与教师的交往中度过的。但是，"导引者"的实际影响力严重偏低。教师的实际感受是："在中国做教师太累、太辛苦了！而且出力不讨好。"导致这一矛盾的原因何在呢？在一项全国性的师生关系状况大调查中，当问到"你觉得自己有心里话时最想找谁说？"这一问题时，学生的回答结果是："最想

① ［美］约瑟夫·弗莱彻著，程立显译：《境遇伦理学》，中国社会科学出版社 1989 年版，第 166 页。

② 余灵灵著：《哈贝马斯传》，河北人民出版社 1998 年版，第 179—183 页。

找班主任老师或最想找某个老师说”的仅占 4.8%，而“最想找要好的同学或朋友说”的却占了 67%。[①] 这说明，在我国学校教育中，虽然每天师生都在“照面”，却存在着师生交往的实质性缺失。这种缺失显示出师生之间的交往存在着某种虚假性，而这种虚假性主要表现为师生交往的不平等。我以为，“可以依据道德的自主、自律本性来验证师生关系的道德性程度：如果学生有了心里话，首先愿意向教师诉说时，那么教师是比较民主的，师生关系中的道德性成分是比较高的；反之，则相反”[②]。按照这个标准来衡量，目前中国学校师生关系中确实存在着较为严重的交往领域道德缺失或师生交往的“空焊现象”。这就是说，表面上是学生“拒绝交往”的地方，表露出的往往是师生交往的不平等性；学生的消极反应背后，实际上可能是对抗教师的“过度热情”的一种积极反应，是学生维护自己的交往自主性的本能形式。

其实，师生之间要发生真正的交往，必须相互理解，而师生双方要想真正理解对方，又必须对对方所表达的话语中所包含的实际意义有所理解，并对对方的表达方式及其言外之意、体态语言有实际的理解。在谈到人对人的理解的时候，一定要防止单向度化，必须作双向度的理解，即理解主要是“人对人的理解”。鲁洁教授指出，在此必须把握两个维度：“一是个体内在感受、理性思维力的发展。如舍勒人对人的感受的依次递进次序是：①同感；②相互共感；③同情；④心理的感染；⑤同一与融合；⑥爱与恨。二是个体所理解的‘人’的范围的扩大，性质的变化。如黑格尔在考察人的道德生活时就认为每一个自我其本质是一种社会的自我。他只有摆脱单纯的自在状态，发现自身与家庭、市民社会、国家及其他人的一致性才能回到现实，并通过一种有限自我与无限精神的统一实现自我。这个过程也正是道德发展的过程。杜威也认为个体的道德发展是个体与社会相互作用的发展，‘交往、共享、协同参与是道德

① 《中国教育报》1999 年 9 月 1 日第 2 版。

② 刘惊铎、权利霞：《师生关系首先是一种道德关系》，《中国教育报》1999 年 12 月 8 日第 2 版。

法则和目的普遍化的唯一途径’。伦理学家帕尔墨则认为，个体道德的发展是从一种‘分离的自我’走向‘结合自我’以至‘彼此相关’的过程。心理学家塞尔曼则认为，人对他人的理解的过程本质上是一个个体社会化的过程，它经历了：从没有意识到他人或社会观点的存在，到领会他人的观点和社会规则，进而意识到普遍价值存在的过程，这个过程也即是从不理解其他主体的存在，到理解他人的观点，再到理解作为社会制度的类化的他人的共同观点，最后达到能够从超越于社会的观点来理解社会及其制度的观点。从这个发展维度看，人对人理解的发展历程是从对其他个体的理解，发展到对群体社会，最后到超越一切社会到达类的水平。”① 这样一来，交往双方相互表达和交流的充分程度与深度就变得重要起来。当导引者与体验者相互敞开心扉的时候，当他们愿意把自己的生态阅历和内心体验诉说给对方的时候，他们之间才开始了真正的理解，也才发生了实际的交往，而他们双方共同地、逐步地生成优化的人际关系时，会不断生成新的道德境界。雅斯贝尔斯（Karl Jaspers，1883—1969）就曾领悟到“教育即生成”，“教育就是引导‘回头’即顿悟的艺术”。②

比较地看，日常生活中的朋友交往关系中，信息的传递是更为通畅、高效的。原因何在呢？归因分析发现，朋友关系是以平等、真诚为其价值取向，以相互表达生态阅历和体验为主要内容，以相互诉说和倾听为主要形式。其实践特征比较符合哈贝马斯所界定的“理想交往”的特征。受此启发，师生、亲子交往的目的性的降低和生活性、情感性的提高，才意味着师生、亲子交往的真正发生，也才会导向交往之道德教育意义的本体性提升。正如老子所说：“无为而治。”在道德教育中，导引者与体验者之间真正发生了朋友交往般的关系，其间的道德信息传递就会变得更为通畅、高效，相互诱发和唤醒道德体验的频度就会有所提高。傅雷与儿子傅聪之间

① 鲁洁：《人对人的理解：道德教育的基础》，《教育研究》2000 年第 8 期。

② ［德］雅斯贝尔斯著，邹进译：《什么是教育》，生活・读书・新知三联书店 1991 年版，第 14—15 页。

的关系就体现出这种特点。傅雷在给傅聪的信中深有感触地写道："亲爱的孩子：……真的，你这次在家一个半月，是我们一生最愉快的时期；……我高兴的是我又多了一个朋友；儿子变了朋友，世界上有什么事可以和这种幸福相比的！尽管将来你我之间离多聚少，但我精神上至少是温暖的，不孤独的。……孩子，我从你身上得到的教训，恐怕不比你从我得到的少。尤其是近三年来，你不知使我对人生多增了几许深刻的体验，我从与你相处的过程中学到了忍耐，学到了说话的技巧，学到了把感情升华！"① 访谈时，多数人回忆学校教育生活时，对那些诱发了他们生命感动和切身体验的师生"生命故事"津津乐道，深记在心。马斯洛曾说："在通常的人际关系中，在一定程度上我们是彼此难以理解的。在爱的关系上，我们变得'可以理解'了。"② 雅斯贝尔斯在谈到"爱"的含义时也说："爱则是对人不自由的束缚的解脱。……爱与交流的行为是人的天性中的重要一维。"③（爱是道德教育，控制不是道德教育）可见，在师生、亲子交往中，要有"教育爱"的交流，导引者既要及时而恰当地表达自己对体验者的爱，也要善于领悟和接受体验者对导引者的爱。当然，这在某种意义上还取决于双方是否形成了一种开放式对话关系、交往关系。

五、开放式对话

开放式对话是体验者在体验现场被诱发或唤醒了体验之时的那种相互间真实感的诉说，在这种对话现场，导引者不作人为限定或简单评判。开放式对话又成为直接诱发自身或对话者的道德体验的重要线索。在开放式对话中，是双方或对话的每一方诚恳地敞开自己的心扉，真实地展现自己的经历，朴素地表达自己的生态阅历，自由地交流自己的喜怒哀乐，容易激活在场其他人的思维，唤醒在

① 傅敏编：《傅雷家书》，生活·读书·新知三联书店1981年版，第3—4页。

② ［美］马斯洛著，林方译：《人性能达的境界》，云南人民出版社1987年版，第23页。

③ ［德］雅斯贝尔斯著，邹进译：《什么是教育》，生活·读书·新知三联书店1991年版，第5—6页。

场的每个人对自己生态阅历的回忆和省思，发生道德体验。这种情境下的道德体验，不同于独处时的道德体验之点在于，它已经不是某一个体验者个体领悟意义上的道德体验，而是在相互对话之中互相碰撞、激发和相互分享境界上的群集道德体验。巴赫金曾揭示，对话语言对应于一个民主多元的文化，他用对话理论来建构他的真善美的教育哲学，提倡在多元文化下要有各种各样的声音并存，实现不同的内心世界之间的交流。米德也指出，“真正的交流应该是一种对话”①。事实证明，对话场景中的道德体验更具有生成性和生长性。一个人的道德体验一旦发生，无论多少，都会感染别人，也会感染体验者自己，不断生成新的道德体验。

开放式对话的重要性在于：对于每个人来说，他的生活境遇都是“全景式”的，而其他人所听到或看到的，即使是他本人自己所诉说出来的生态阅历也只是“分景式”的，都是“删节本”，因此不同的人对同样的话语、同样的歌曲、同样的一幅画中所包含的生态阅历的意义世界，其理解都只能是在自己的处境和境界上展开，因而将会是极不相同的。麦金太尔在对待一个人的实际体验和后人对他的体验的理解的时候，注意到了理解上可能会出现的“不理解”现象。为了防止这种现象，他认为：“在某人生活中的一个德性之整体，唯有作为一个整体生活，即一个能被看作也可被评价为一个整体的生活的特征才是可理解的。我们既不能脱离意图来描述行为，也不能脱离环境来描述意图，对于行为者本人或其他人来说，这些环境使得这些意图可清楚理解。一种环境有一个历史，而个人行为者的历史不仅是，而且应当是置于这个历史中的，因为没有环境和环境在时间中的变化，个人行为者的历史和他在时间中的变化就是不可理解的。当然，同一个行为可能不只属于一个环境。仅仅这个事实还不足以使得一种行为可理解，目的和言语活动都需要背景条件，背景条件的最熟悉的类型和参照这种背景就使言语活动和目的都可理解的是对话，通过寻找这句话在一种叙述中的位置，说话这个行动变得可理解了。因此要成功地识别和理解某人正

① ［美］玛·米德著，曾胡译：《代沟》，光明日报出版社 1988 年版，第 88 页。

在做什么，我们总是要把一个特殊事件置于一些叙述的历史背景条件中，这历史既有个人所涉及的历史，也有个人在其中活动和所经历的环境的历史。现在这点变得很清楚了：我们通过这种方式使得其他人的行为可以理解，因为行为本身有一种基本的历史特征。正是因为我们过着可叙述的生活，也因为我们依据我们所过的叙述生活理解我们自己的生活，叙述形式才是理解其他人的行为的适当形式。"① 如马丁·海德格尔对梵·高的画《一双农鞋》的理解就很精彩，也很深刻，被哲学家们广泛引用。但是，海德格尔所作出的理解，实际上只是一种"想验"，而并非"亲验"。他是这样描述自己对梵·高的画《一双农鞋》的理解的：

> 从鞋具磨损的内部那黑洞洞的敞口中，凝聚着劳动步履的艰辛。这硬邦邦、沉甸甸的破旧农鞋里，聚积着那双寒风料峭中迈动在一望无际的永远单调的田垄上的步履的坚韧和滞缓。鞋面上沾着湿漉漉的泥土，暮色降临，这双鞋底孤零零地在田野小径上踽踽独行。在这鞋具里，回响着大地无声的召唤，显耀着大地对成熟谷物的宁静的馈赠，表征着大地在冬闲的荒芜田野里朦胧的冬冥。这双鞋具浸透着对面包的稳靠性的无怨无艾的焦虑，以及那战胜了贫困的无言的喜悦，隐含着分娩阵痛时的哆嗦，死亡迫近时的战栗。②

面对海德格尔对农鞋的理解，我能感到海氏是在作一种"寓言式"的解读，似乎是为了传达他自己的某种对世界的感悟，他的理解不仅与梵·高本人当时所体验到的生活内涵有所不同，与我所理解的农鞋，其意义世界也是有很大不同的。我看到梵·高的画《一双农鞋》时，在其中一点上与海德格尔是一致的，即都看到了这双农鞋背后敞开的生活世界；但在另一点上又是很不相同的，即同样

---

① ［美］A. 麦金太尔著，龚群、戴扬毅等译：《德性之后》，中国社会科学出版社 1995 年版，第 258—260 页。着重号为笔者所加。

② ［德］海德格尔著，孙周兴译：《林中路》，上海译文出版社 1997 年版，第 17 页。

是隐藏在农鞋背后的生活世界，体验到其中的具体生活内涵是大不相同的：我的理解更多了一些对我的母亲的怜爱，对我的父亲的崇敬，对农家生活体验的自足感。① 我的眼前呈现出来的，是我母亲一针一线纳鞋底时的情景。母亲一边用针在鬓角上的发际一下一下地润滑着针，将鞋底顶在膝盖上，用顶针一下一下将长长的针扎进用自制的糨糊粘起来又晒干了的厚厚的布层里去，一边看着自己的孩子们围绕着她在那里跑动的情景，她的心里充满了当下的欢乐和对未来生活的希望与畅想。看到鞋子，我还回忆起我的父亲。他穿着母亲亲手缝制的鞋子，手中握着镰刀，戴着麦秸编织的草帽，我手中也握着镰刀跟随着父亲，头顶着烈日，到金黄的麦田里去。一路上我看到父亲高大的身躯和宽大的稳健的脚步，心中感受到一种来自家庭的力量感，生活的稳靠感、安宁感。我和父亲的鞋子都有母亲亲手缝制的加厚的底子，所以我们根本不用担心麦茬会扎透鞋底刺伤脚心，我们可以放心大胆地挥舞镰刀，收割已经成熟的麦子，因此我们的收割速度很快。当我和父亲被太阳晒得全身充满焦灼感，口中充满焦渴感的时候，母亲迈动着被裹缠得像小莲花一样的小脚，送来自己熬制的浆水汤，喝一口，酸溜溜、清爽爽。我和父亲肉体上的酷热难耐感被情感上的幸福体验所替代。我就无法体验到海氏所体验到的“鞋底孤零零地在田野小径上踽踽独行”，而体验到的是“对母亲的怜爱，对父亲的崇敬，对农家生活的自足感”。而当我把这故事及其中的体验一起都诉说出来的时候，如果让一个与我的家庭生活环境不同的人，亲自到我家去经历一遍像我一样的生活过程，然后感受到我所体验到的生活的全部内涵，那也是不可能的，其理解只会是“有限的”。

由于不同体验者的当时处境是无法交互经历的，因此要真正地理解也是有相当难度的，一种有前景的办法就是放弃对某种共同的

---

① 家父因为黄埔系而在“文革”中曾受到冲击，又因做过地下党而幸免于难，被遣送回陕西老家“蹲牛棚”。我本人也因受到牵连而一度辍学归耕，体验“上山下乡”的艰苦生活。“文革”后恢复高考，我才得以通过插班、跳级的途径考上大学。这里描写的是我在和父亲、母亲一道下地劳动的农家生活体验过程中亲身感受到的父母之爱及对农民生活的具身理解。

终极价值的追求，而回归当下的生存实践意义上来，尝试作两个向度的探索。其一是在体验线索的导引下，亲历和感受体验者当时当地的生存处境。例如孙海英在西藏生活和工作了多年后回到内地，周围的人不理解他而他也无法理解周围的人。当他与吕丽萍结婚后，带她一起到西藏去亲历和感受了一遍之后归来，吕丽萍说："只有到过西藏的人才能理解他。"① 其二是展开相互间的对话。刘慧在她的博士论文《生命道德教育》中提出的"生命叙事"，是开放式对话的有效形式之一。② 郑汉文先生在听鲁洁教授以自述的方式叙述其生命故事的时候，心灵受到极大的感动，获得了深刻的人生启示。台湾地区的黄藿教授、李琪明教授和大陆的张光鉴教授，都曾在报告其科学研究进展的时候，不约而同地采取了生命叙事的方式，将枯燥的理论研究与自身鲜活的生命体验融为一体，这本身就有效地诱发了在场人的道德体验——尽管他们并没有刻意灌输明确的道德教育意识。

在对话中，对话者的关系和对话的氛围是值得重视的因素，它们会直接影响道德体验的发生。体现着平等、友爱、轻松、合作关系和氛围的对话，才是真正的开放式对话，容易诱发那些深藏在每个人生命深处的生态阅历；而在等级、霸权、偏见、沉闷、压抑的对话过程中，容易使人将自己的生态阅历隐藏起来，产生当下的不快体验，甚至使人的思想情感游离于对话现场，而独自游思于那些喜欢独享而不愿让人分享的生态阅历之中。这样一来，就会冲击过去道德教育中追求某种终极道德真理的一元话语的状况，而要面对生存世界中的多元话语和多元境界。相关研究还发现，适当的影像呈现和音乐播放，有助于优化对话者的关系和对话的氛围。

六、图片、视频线索

前文说过，体验是一种图景思维活动。图景思维的信息源可以

① 这是电视剧《激情燃烧的岁月》的主人公石光荣和褚琴的扮演者孙海英、吕丽萍在接受记者采访时的谈话。

② 请参见刘慧：《生命道德教育——基于新生物学范式的建构》，南京师范大学博士学位论文，2002 年。

是实际生活场景，也可以是图片、视频，或者语言文字符号信息。但是语言文字符号信息只有在体验者的头脑中转换成为图景或图像信息时，才会诱发和唤醒体验者的道德体验。由于体验者成长的阶段性和生活环境的有限性，其体验信息来源中，语言文字符号信息、图片信息和视频信息占有相当的比重。而与语言文字符号信息相比，图片、视频信息则更具有明显的道德体验诱发和唤醒价值。

案 例

图片、绘画、视频容易诱发道德体验

在中国教育部和世界自然基金会开展的“中国中小学绿色教育行动”项目培训过程中，在赫克尔（Huckle）和丹纳（Danna）主讲的全国高级培训班和我们主讲的省级教研员培训班上，都作了两种探索：一是以语言文字讲授和表达，导引学员的体验；一是以教师和学员的照片、绘画，或播放DVD光盘，诱发学员的体验。结果表现出明显的差异。

在江苏省会议中心的培训班上，当讨论到“可持续发展”问题时，赫克尔和丹纳教授先是进行系统的理论讲授，尽管他们的讲解和赵云涛的翻译都相当生动形象，但学员们还是表示只记住了一些意思，但很难发生体验。为了诱发和加深体验，赫克尔和丹纳将他们在英国和澳大利亚拍摄的照片贴到黑板上，课堂上立刻活跃起来，学员们离开座位争抢着观看照片。从当场表达可知，大家都程度不同地发生了体验。在江苏省第一期教研员培训班上，当讨论到“生态体验”问题时，我们让一组在紫金山感悟时拍摄了照片的学员，将自己拍摄的照片或绘画贴到周围的墙壁上。另一组没有拍摄照片的学员，将自己在紫金山的感悟用文字素描或诗词的形式书写出来，也贴到墙壁上。之后，我导引这两组学员离开座位，不仅观看自己所在小组的体验表达，而且观看其他小组不同形式的体验表达。结果发现，学员们看到所贴的照片时，都很容易地被诱发了较为丰富的体验；看到诗词时，不同学员的体验诱发出现了较大的差异性，平时擅长诗词的少数学员被诱发了体验，而不懂得诗词的学员则没有被明显地诱发体验；看到文字素描式表达时，学员们一是兴趣不高，二是较少诱发其体验。

在讲到“类生态体验”这个主题时，我播放了以“9·11”事件为主题的DVD光盘。在播放时，我将声音关闭，只留下视频信息。结果，学员们很容易地被诱发了体验，各组发言踊跃，表达出的体验较为丰富、深刻。本来计划用10分钟左右的时间来表达观看DVD光盘后的体验，结果整整花了30分钟，学员们的体验仍然没有表达完，不得不一再延长体验表达的时间。分析发现，DVD光盘信息比照片和绘画更具有体验诱发价值。①

上述案例表明，与单纯的文字符号信息相比，带有情景勾画与图景建构特点的诗词，更具有体验诱发价值，但存在体验者之间的个体差异性；而与诗词信息相比，照片和绘画信息更容易诱发体验；与照片和绘画信息相比，影像信息更容易诱发体验。

观察和访谈发现，当代大中小学生和研究生，普遍喜欢旅游和摄影。在春暖花开和秋高气爽的季节，有条件的学生就三五成群，骑上自行车去郊游，或以班级、院系为单位，乘坐汽车去较远一点的风景区旅游考察。外出旅游时，学生们往往要设法带上相机，自己没有或借不到相机的同学，也会在风景区的照相点上花钱照几张纪念照。当数码相机出现，特别是手机的摄影功能开发出来之后，加上自拍杆的上市，人人都成了摄影师、摄像师。我在访谈时，同学们会情不自禁地翻出自己的影集，打开自己的手机或iPad，指

① 资料来源：实验的现场观察记录。2001年6月4—8日，教育部“中国中小学绿色教育行动高级培训班”，江苏省会议中心；2002年1月10—14日，教育部和世界自然基金会环境教育骨干培训计划“江苏省教研员第一期研讨班”，南京师范大学南山专家楼报告厅。

着上面的某张照片、某段视频、某个场景，眉飞色舞甚至手舞足蹈地给我讲述起自己或与同学们一起游览的某个场景。在讲述时，他（她）似乎已经沉浸于照片、视频上所记载的当时当地那种情景之中；而我看着照片、视频，听着被访谈者的诉说，似乎我自己也随着这种诉说被带到了他们所经历过的那个情景之中，头脑中映现着一幅幅带有具体生动场景的画面——被采访者和我都发生了美妙的体验，尽管各自头脑中的图景存在一些差异，具体的体验内涵也不尽相同。① 山东省出版了一本名为《老照片》的杂志，主要刊登人们二十年前的故事和照片，很受读者欢迎。尽管我不是故事中人，也没有过去那个年代的经历，但每每阅读这本杂志，都会诱发我的体验。我在访谈和资料分析中深切地感悟到，人们在生活世界和自然之境中的旅游和摄影活动，以及在这些活动中所拍摄的照片、视频，是道德体验的一个重要的诱发和唤醒因素。

观察和访谈还发现，大中小学生和研究生，只要有条件，他们都普遍地喜欢观看录像带、光盘、视频。我在访谈中发现，每到周末，许多大学生和研究生就不由自主地去校外的音像店或地摊上租或买自己喜欢的录像带或光盘，或观看网上录像、视频。观看的形式既有独自观看的，也有几个朋友、同学聚在一起分享的。他们边看边独自体验其中的悲欢离合，或互相交流内心的体验。当问到他们为什么喜欢观看录像和光盘时，许多同学回答是因为“在观看光盘的过程中能经历一种欢乐或悲伤的体验，使自己的心灵经受一种感悟甚至是洗礼”。分析可见，观看录像或光盘的时候人们的某种体验可以被唤醒，或者毋宁说观看录像或光盘的过程本身就是体验的过程。这种体验表面看是一种想验，实际上却可能是一种亲验，因为除了一部分人有扩大知识面、了解其他人的生活样式的愿望之外，不少人喜欢观看某种主题的光盘、视频的原因常常是自己在最近一段时间里，因现实生活中的某些需要得不到满足，或弥漫起来

① 实际上，即使我和被访谈者观看的是同一张照片，也是各有各的体验，因为我们头脑中所映现的实际图景并不完全相同，而且被访谈者经历过的，我并没有经历，对他是亲验的，对我则只能是想验或观验；反过来也是一样。

的某种难以言表的情绪状态（如空虚感、孤独感、惆怅感、寂寞感或生命冲动、美感等），而希望通过观看录像、视频沉醉其中去体验，不愿撤离。有不少人说自己喜欢观看的内容就是自己已经经历过而现在希望重新品味其中的人生滋味的。有人喜欢反复观看同一光盘、视频，体验其中的多重生活滋味，每看一次就会有不同的体验；有人则喜欢每次观看不同主题和内容的光盘、视频，不断去体验不同的新的生活样式和人生滋味。值得注意的是，体验者希望沉醉其中不愿意撤离的体验既有喜剧性的、令人欢乐和兴奋的，也有悲剧性的、令人悲伤或痛苦的审美体验。

七、音乐的诱发和唤醒

音乐不仅在形成开放式的、放松性的、意境带入的对话情境方面发挥着不可替代的作用，而且可直接有效地诱发道德体验。迄今为止，我们对音乐在道德体验发生中的作用之研究，还是十分有限的，其所发挥的作用可能是难以估量的。从可以经验到的视界来看：一是音乐本身具有图景构画能力而容易诱发和唤醒道德体验；二是音乐容易将体验者带入体验场的情境之中，诱发回忆，诱发表达，唤醒体验。例如，当我还未去过青藏高原时，听到《青藏高原》这首歌曲唤起了自己的想象；当我看过青藏高原的 DVD 光盘或视频的时候，听到这首歌曲，头脑中唤起的是 DVD 光盘或视频上所看到的自然景观和人文景观；而当我去过青藏高原之后，再听到这首歌曲的时候，唤醒并体验着的，是我自己亲眼所见的青藏高原美丽壮阔的自然景观、热情质朴的藏民、自己挥鞭骑马奔驰在草原上的情形和畅意感受。总之，在音乐响起的地方，体验者的头脑中就会映现出图景思维活动。

在课堂教学中，以音乐为背景的表达，容易营造一种沉浸在体验场的氛围，从而起到诱发和唤醒的作用。

案 例

课堂中的配乐体验

“八五”规划期间，我们承担了国家级课题“电教媒体优化中小学课堂教学”。在课题实验过程中，我们在西安大雁塔小学六年级的语文课《示儿》一课中，进行了切入音乐、诱发道德体验的探索，取得了意想不到的效果。我们的做法是这样的：

实验班和对比班的做法基本一样，即：一开始，先将课文书写在黑板上，导引学生熟悉生字，解读一些古文的特定含义。然后，由老师领读一遍课文。在老师领读课文时，学生只是大声地跟读。接下来，由不同的学生起立，反复表情朗诵这首诗。然后，老师面向全班讲解这首诗的深刻含义，并对诗作者陆游的爱国情感进行挖掘。接下来，请学生讲出自己对课文中心思想和每一句诗的理解。老师作总结。全课结束。进行测试。

实验班所不同的是，当老师领读课文时，切入音乐，播放音乐作为背景。由学生反复表情朗诵诗的时候，一直播放音乐（调控好音乐声音的大小），并切换播放幻灯片，幻灯片的内容是陆游病卧在床，看着墙上挂着的征战铠甲和宝剑，心中还想着“王师北定中原日”的那一天，战马奔驰，旌旗飘扬的想象场面。整个过程中，一直播放背景音乐。①

课后测试和访谈的结果发现：对比班一直到上完课，师生还都表现得很冷静，情绪平静，仅仅是以理性的方式去掌握这首诗的知识点，学生的情绪和情感并未被明显触动，教师和参与实验的专家

① 这堂实验课和对比课都是由陕西省语文特级教师、西安市大雁塔小学语文老师宋育玲主讲的，我是专家组成员之一。专家组成员还有关苏霞教授、张可创博士和陕西省电教馆的有关专家、领导。

的情绪和情感也没有被明显触动，师生没有产生明显的道德体验。而在实验班，当教师伴随着音乐表情朗诵时，师生的情绪逐渐有了一些触动，当学生在背景音乐声中反复表情朗诵的时候，教室里的气氛逐渐发生了较为明显的变化，逐渐形成了一个情绪涌动的体验场：学生的情绪逐渐激动起来，上课老师和观察专家的情绪也逐渐激动起来，“内心有了一种涌动，一种冲动”，有一种“热血上涌的感觉”，“一种爱国之情油然而生”，而且发生了“相互感染”，最后，师生共同“激动不已，禁不住泪湿眼眶”。换言之，导引者和体验者的道德体验被明显诱发和唤醒了。

在上述实验课中，由于其他变量，如学生素质基础、教师、教材及教学内容、教学场所、教学程序等都是一定的，因此可以推断，是所播放的音乐和幻灯片在其中起到了诱发和唤醒道德体验的作用。访谈中，有学生说：“音乐声似乎弥漫出一种氛围，使我不知不觉地就沉浸进去了。我好像感觉不是在上课，而是在感受陆游，感受当时国破山河在，自己无力报效，寄希望于儿孙的痛苦心情。”有学生说：“我在音乐声中反复朗诵和听这首诗，就抑制不住自己激动的心情，感觉热血直往脸上涌。”有一位专家说：“我过去也读过陆游的这首诗，但是当时只是觉得它的意境深远，韵律感较强，却并没有和自己联系起来，也没有产生感动，可是这一次，我似乎觉得这首诗就是在写我自己，似乎在病床上躺的不是陆游而是我，我被深深地感动了，我流泪了。”

音乐还具有易于沟通不同境界和不同特点的体验者的功能。我国古代就有“仁言不如仁声之入人深也”① 的论述。荀子也领悟到：“夫声乐之入人也深，其化人也速”，“乐也者，圣人之所乐也，而可以善民心。其感人深，其移风易俗”。② 实践证明，即使是不同民族、不同语言、不同性别和个性的体验者，无论他们的道德境界差异多么大，在倾听一首合宜的曲子时，都可以不再需要语言，很快被带进某种共在的体验场之中，心境被调适，忘我地沉浸其

① 《礼记·乐记》。

② 《荀子·乐论》。

中，超越了民族与文化差异，忘掉了平时阻隔人们交流与理解的所有功利计较、得失盘算，共同升华。

八、时间诱发道德体验

道德体验的发生，有时需要一定的时间。人的有些生态阅历，不需要任何明确的、有意的外力作用，但随着时间的推移，会不知不觉地、自动（不等于自发）地产生道德体验。正如雅斯贝尔斯所说："在成为自我的过程中，最关键的一步是经验的存在是作为可以失去的东西经历的，但一个自我的存在是通过时间存在的流逝而令人信服地体验到的。"①

道德体验有时候需要在时间的流淌中耐心地等待，导引者不要急于去进行人为促发，"欲速则不达"，弄不好，往往还会起到反作用，将体验者快要发生的道德体验又堵回去了，而且破坏了体验者的心境。俗话说得好："时间就是最好的老师。"在生态体验教育2014年学术年会暨国际论坛（科尔沁草原）上，作为国家生态体验教育研究课题实验基地的河南许昌市鄢陵县直幼儿园群集展示汇报了《牵着蜗牛去散步》的幼儿体验课，对时间的道德体验诱发价值与方式，作了一个生动鲜活的注释。事实上，儿童的学习、生活就像蜗牛爬行，特别是那些接受能力较弱的孩子，其学习跟蜗牛简直就没两样，也许老师费了九牛二虎之力，孩子还是只进步那么一点点，于是有些老师就怒气充满了心田。可却忽略了，也许孩子已经竭尽全力了，但他还得忍受着责备甚至呵斥继续往前赶。如果能换一种眼光看待孩子的学习、生活，换一种心态去面对孩子的进步，就当孩子是蜗牛，老师就是那个牵着他去散步的人，我们就能渐渐放慢脚步，和孩子一起闻一闻路边的花香，听一听林间的鸟叫和虫鸣，还有那溪水的欢唱。要知道，有些风景也许我们一生只能看到一次，童年属于孩子也只有一次，童年的快乐只属于童年，很多东西童年没有学会，以后还有很多学习的机会，而保护和培养孩

---

① ［德］费迪南·费尔曼著，李健鸣译：《生命哲学》，华夏出版社2000年版，第212页。

子的兴趣却是第一位的。今天的好老师，要学会成为一位培养孩子兴趣、启迪智慧的最佳导引者。我国台湾的游乾桂先生曾指出："时间常在人生中被不经意地遗忘，以为成功是一种比快与比酷的游戏，希望孩子在最短的时间内功成名就。但是欲速却往往实不达，因为菁华是必须锤炼的，有了经验、阅历，才能反刍成学问，而沉淀真的需要时间。时间是魔术师，它可以使兴趣变成专业，使质朴成为精致，让生涩转成熟练，让每一天都充满着希望与可能，我想这才是人生的菁华之处，未来生机盎然。"①

郑汉文先生认为，人的经历和经验需要一定的时间甚至空间予以沉淀，这个沉淀过程使之获得一种道德爆发力，以更符合叙事者本人生存境遇和当场叙事氛围的形式表现出来，以更有力的形态面对未来。孔子在反思自己成长历程的时候，感悟到时间和生命成长对自己体验的影响甚至是决定性的作用。他深有感触地说："吾十有五而志于学，三十而立，四十而不惑，五十而知天命，六十而耳顺，七十而从心所欲，不逾矩。"②

有些令人悲伤的经历和经验，当时不愿意述说，但是过后，过了若干年后，当体验者的实际处境改善或得意之时，则可能愿意诉说那段悲伤的经历和经验，而且体验更为丰厚。有一位被采访者说："我在大学的三年是很悲伤的，七年后的今天，它成为我的一笔巨大的精神财富，使我在面对未来时有更大的力量。"在"文革"中，有一位少年曾经丧失上学读书的机会，跟随父亲度过了三年多的"牛棚生活"。这三年的牛棚生活，在当时，是一件很辛苦、很悲伤的事情，他从来也不愿意向别人说起，甚至想把它忘掉。但是后来，这位少年发奋图强考上了大学，心境发生了变化，他不再回避而开始愿意跟人家讲述这段牛棚生活了。后来，随着时间的推移，他考上了研究生，获得了博士学位。在大学里工作并破格晋升教授，担任海外高校的博导，事业发展顺利的时候，面对这段生

① ［美］杰·唐纳·华特士著，林莺译：《生命教育——与孩子一同迎向人生挑战》，台北张老师文化事业股份有限公司 1999 年版，"序"第 7 页。

②《论语·为政》。

活，其心境就又发生了新的变化，他不仅愿意讲述自己这段牛棚生活，而且每次讲述时还会有新的体验。这段经历使他变得更加坚强，有一种生活的厚重感、力量感和自豪感。但有一些令人喜悦的经历和经验，当时很喜欢向人述说，但是过后，过了很长时间之后，其中有些也会出现较少想起，体验较为单薄的情形。可见，时间的沉淀是有自己的选择性的。

由以上分析可见，道德体验的真正发生，并不取决于道德教育课程绝对课时量的多少，也不取决于导引者在道德教育过程中所传达的信息量的大小，更不取决于导引者训话的量和严厉程度，而主要取决于体验者所处的关系世界和道德情境，取决于体验场中所有影响的生态因子的结构化程度及其交互作用。相对来说，不同的生态因子在道德体验的发生中所占的权重不同，有一些生态因子是较为重要的。体验者本人对道德规范信息和道德情境感知的敏感性，取决于体验者本人对道德规范信息和道德情境中所包含的生活逻辑、自然法则和人生哲理的理解与领悟力，取决于体验者人生经历和经验的积累，取决于其生态阅历的丰富，取决于体验者对大自然和人类社会之哲理的整体感悟力的提高。因此，如果说世界上存在着一种真正有价值的道德教育，那么这种道德教育恰恰就是体验者自己在大自然和人类社会生活中所获得的点点滴滴的切身的人生体验、生命体验、生态体验。

九、吟诵诱发道德体验

吟诵可以看作是汉语诗文的活态，历久弥新。从民族文化源流上看，吟诵是我国优秀的非物质文化遗产代表作，是中国优秀传统文化中一笔宝贵的财富，是公认的中国文化独特魅力之一，在国际上享有很高的声誉。它是汉文化圈中的人们对汉语诗文的传统诵读方式，也是中国人学习文化时高效的教育和学习方法，有着几千年的悠久历史，代代相传，一脉相承，在历史上起到过极其重要的文化浸润和社会黏附作用，有着独特的文化体验之诱发和唤醒价值。回顾中国文学史，汉语的诗词文赋，大部分是使用吟诵的方式创作的，即所谓“诗缘情发，文缘情作”。所以也只有通过吟诵的方式，才能深刻体会其精神内涵和审美韵味。吟诵汉诗在海外一直盛行不衰，不仅在华人中间，而且在日本、韩国等很多汉文化圈国家中，也一直流传，比如日本的吟诗社社员就有百万人以上，他们经常来中国交流访问，抒发吟诵过程中的真切体验。

吟诵优秀的文化经典具有奠基性的文化育人价值。在中华民族悠久的历史长河中，文化经典灿若星河，凝聚了古圣先贤的生命智慧，睿语哲思浓缩了华夏五千年的思想精粹。吟诵之，感染熏陶了一代又一代龙的传人。如今，开展有设计感的系列经典吟诵活动，更可以体验贤哲的做人风骨，涵养体验者的智慧、德行。当然，吟诵的文本可以分为两大类：有格律者（近体诗词曲、律赋、骈文、时文等）为一类，依格律而吟诵；无格律者（古体诗、古文等）为一类，多有上中下几个调。吟诵的方式可以分为朗诵（朗读）、吟咏、歌唱三种。导引者应善于根据不同的文体，选择不同的吟诵方式，以激发学生吟诵的兴趣。譬如，《三字经》、《弟子规》，自带韵律，吟诵朗朗上口；《黄河颂》、《长江之歌》既是诗作，又是歌词，可吟可唱；《沁园春·雪》、《满江红·怒发冲冠》本身就是词作，可吟可歌。下面，体认一场充满韵味的吟诵课，加上富有乐趣的手语，全身心地吟诵，体现出生命的韵律，古典的方法，一声一韵都在吟诵里，体验之，别有一番文化意趣。

吟诵课：《木瓜》①

投我以木瓜，报之以琼琚。匪报也，永以为好也。
投我以木桃，报之以琼瑶。匪报也，永以为好也。
投我以木李，报之以琼玖。匪报也，永以为好也。

导引者带领体验者用传统的古典礼仪，配合优美动听的吟诵，演绎《木瓜》的吟诵，以这首优美的抒情诗，将体验者带回到遥远的时代……

① 《诗经·卫风·木瓜》。

吟诵古诗词大赛之体验①

上学期，我们在老师的精心指导下，开展了古诗词吟诵大赛，以传承中华民族的优秀文化。我们营造书香校园，诵读千古美文，以传承华夏文明。

当我登上舞台时，台上的灯光绚烂夺目，我能感到心在扑通扑通跳着。当屏幕上出现“渔歌子”这三个字时，我立马用一口流利的普通话背诵出“西塞山前白鹭飞，桃花流水鳜鱼肥。青箬笠，绿蓑衣，斜风细雨不须归”。我洪亮的声音赢得了场上老师和同学们热烈的掌声。

当宣布比赛成绩时，很荣幸，我们班获得了“优秀班集体”称号，还有一位同学获得了才华奖，我们欢呼雀跃。在一片掌声中赢得了这场比赛。

诗，像一束阳光，给我带来了温暖；诗，像午后的凉风，让我感到清爽惬意；诗，更像一位良师益友，给了我许多教益。在诗海中漫游，我看到了许多闪光的东西，那便是人类的智慧。我伸手捕捉，拾取诗中的谆谆细语……

乘一叶孤舟，重游历史长河。最摄我心魄的，依旧是那缠绵的古诗词。抬头，便会想到“一行白鹭上青天”；俯首，便会想到“疑是地上霜”；看江观河，便会想到“一江春水向东流”；叶凋，便会想到“我言秋日胜春朝”。

我的心是激动而兴奋的，因为我很荣幸参加了这次比赛。感谢评委老师，给了年少的我们这次难得的机会。在得知比赛获奖时，那份努力后成功的欣喜是无法用言语形容的。曾经的汗水浇灌出今日的成果，是对我们最大的赞扬。

---

① 作者彭安妮，系国家重点课题生态体验教育研究实验区湖北省荆州沙市区、实验基地沙市实验小学六年级（4）班学生。国家“十五”至“十三五”规划期间，湖北荆州沙市区的所有中小学校和幼儿园进行了持续滚动的生态体验教育实验，取得显著成效和丰硕成果。

新课标中明确提出了吟诵方法，在施教建议中指出："有些诗文应要求学生诵读，以利于积累、体验、培养语感、情感投入，提高自己的欣赏品位和审美情趣，达到潜移默化的目的。"在生态体验理论指引下，通过科学的设计、规划和实施，实验区、实验基地的各级各类学校都开展了以"书香满校园，经典润童心"为主题的吟诵活动。高明的导引者不应局限于平直的讲授，而应积极调动一切教学手段，吟诵就是把诗文中抽象的"情韵"具体化、可视化的一种有趣有益的方法，可以主动地"以情带韵，为诵造势"，能"吟诵"出诗中的弦外之音、言外之意，为诗篇创设一种生动鲜活的情境，营造一种氛围，调动体验者的所有感官，让体验者如身临其境，感同身受。通过吟诵古诗词、经典美文，如《滕王阁序》，不仅让体验者潜心体认经典中的审美意境，同时也让体验者生动鲜活地体认如何做人、如何养德。

置身于吟诵现场，导引者可采用音、画等辅助手段，为体验者的吟诵制造声势，助其进入声情并茂的佳境。用叶圣陶先生的话说，"就是把作者的情感在读的时候表达出来"。文章"其言皆出于吾之口"，"其意皆涌于吾心"。因此，导引者应指导体验者根据文中的感情确定语调的高低变化、停顿时间的长短、节奏的快慢，要使体验者真正做到以声传情，至于吟诵过程中的情感驾驭，可以在吟诵时对每句作微调，巧妙组合使用，以求最佳体现诗情文气。如吟诵《最后一课》的结尾部分时，先让体验者深入体会小弗朗士当时的心境——既有对先生的悲悯，又有为自己失去学习祖国语言的机会而痛惜的感情，其中又交织着对祖国的热爱和对侵略者的憎恨之情，再据此让体验者反复揣摩，确定下来叙述语沉郁压抑的朗读基调和稍显缓慢的语速。而后着重解决难点：一是韩麦尔先生的话——"我的朋友们啊，我——我——"这一句话蕴涵着韩麦尔先生非常复杂的思想感情，他千言万语涌上心头，欲言却又终因悲痛过度而哽咽。指导这句话的朗读时，要让体验者想象韩麦尔先生当时痛苦万状、欲言又止的情景，反复朗读体会，找准感觉，将忍受的情感传达出来。二是"法兰西万岁！"这句话加了感叹号，学生读时很可能像呼喊口号，应指导体验者把握住内在的强烈感情，用深情但又较为低沉的语调来读，两个词之间应有停顿，“万岁”的语调要激昂一些，但不可拉长，可以让体验者试读，体验其吟诵效果。只要体验者掌握了一些朗读要领，反复练习后，便能将文中浓烈丰富的情感吟诵、传达出来。当导引者和体验者一起，饱含着对生命、对祖国、对人民的感情，吟诵时便会热血澎湃、荡气回肠，听者则会身心摇荡、如醉如痴，心境洞开、人格升华。在这样的吟诵体验中，体验者不仅学习、体认了优秀传统文化，而且增强了对国家民族的认同感和自豪感。

十、教育戏剧诱发道德体验

新时代新方位，戏剧在不断推陈出新，这给道德体验创造出新的巨大的时空，丰富着道德体验及其教育的实践形态。

少儿戏剧是戏剧的一个分支，主要以少年儿童为对象，以语言、肢体、表情等形式进行表演，让少年儿童参与表演或观看的一种舞台表演艺术形式。通常剧情浅显易懂，设计轻松、愉悦，气氛活泼，是一种有情节、有理念、有较强互动性和有教育性的表演形式。现在国内的少儿戏剧普遍是童话、寓言故事或木偶剧，《神探贝妮》则跳出固定传统模式，从理性消费、财务规划、金融知识等方面切入，让少儿演员和观众在戏剧表演中，体验人生理财的知识和文明消费行为。

升维鸟瞰，当代的各剧种都可以转化为教育戏剧。教育戏剧从理论到实践体验，从创意到场景构设、物件选择、游戏体验，过程中需要发自生命底层的脑力风暴，在戏剧体验中真切感受到戏剧育人的魅力和魔力。当我们为孩子打开教育戏剧的大门，他们会发现另一个精彩纷呈的世界。在教育戏剧的课堂上或主题活动中，体验者在快乐的游戏体验中释放压力和情绪，在身心完全放松的状态下，通过角色扮演体验不同人物的心理活动，或者借助角色扮演和体认，真实地表达自我的观点和态度。在相互开放和全然接纳的关系与情境氛围中，体验者或和同伴们合作建构某一画面或场景，或根据自己的想象力和创造力独立完成故事结局的创编。

案 例

英国：《教育改革法案》将戏剧教育列入学校正式课程

20 世纪 80 年代英国通过的《教育改革法案》将戏剧教育列入学校正式课程，通过学生发挥想象力扮演剧中人物等方式提高语言能力，加深对文本的理解，促进审美与人格发展。

英国著名戏剧教育家布赖恩·威举例说，如果有个学生问你“盲人”这个词的意思时，你可能这样回答：“是指看不见任何东西的人。”但这只能在知识上满足这个学生。相反，你如果回答说“把你的眼睛闭起来，想法走出这个房间或这栋大楼”，那么你让他切身体验了瞎了眼睛的生命感受。

这样做，你不仅仅在知识上，而且在生命感受和情感上给了他启发，或许你可在他身上注入能和盲人共鸣的感情，他就有可能记得并体会到做一个盲人所处的境地，进而培养起他的同理心。

美国：让戏剧的育人功能在教育体系内充分发挥

1994 年，艺术教育第一次被写进美国联邦法律，戏剧教育被正式纳入幼儿园至高中的教育体系中。美国将戏剧作为一门独立的单科课程在中小学开设，强调戏剧是一门综合性艺术，其创作、排演的过程可以锻炼人的语言运用能力、表达能力、组织协调能力等，非常适合锻炼、提升学生的综合素质。美国的基础教育，就把戏剧的这些功用发挥到了极高的水平。比如，美国戏剧与教育联盟公布的一份 9 至 12 年级的教学大纲，不仅涉及剧本写作、舞台表演、舞美设计、导演等各个方面，更涵盖了戏剧历史与文化背景分析、戏剧与影视等艺术形式的对比、戏剧批评以及对世界各个国家、民族戏剧的认识；每一部分都包含详细的解释和说明，标明学生应该如何在老师的指导下完成这些任务。

加拿大：重视戏剧教师培训

加拿大艺术教育家威尔士提出“开发性戏剧”概念，认为戏剧在开发一个孩子的过程中，至少能促进以下八种能力：感觉能力、运动能力、交际能力、创造能力、感情能力、精神能力、社交能力和知识能力。因此，加拿大从小学到高中均有戏剧课。学校有专职戏剧教师和戏剧活动室，学生可每周去戏剧活动室活动两到三次。作为一种教育方法，许多教师利用戏剧帮助学生掌握文化知识课。鉴于戏剧对学生开发的重要性，加拿大对教师的培训非常重视，比如：办多种形式的教师进修班；请戏剧教育家到教师的课堂里去，和教师一对一地合作一年；或者是一组艺术家进驻学校一段时间，协助教师编出一个教学大纲来。

中国：教育戏剧体验弥漫学校的兴趣小组活动和课程

在中国的国家生态体验教育厦门海沧实验区，林建丽是这个实验区一所普通中学的语文教师。这个学校每年都有一个课本剧大赛。她当老师的第一个学期就带学生参加了比赛，对这一块的兴趣特别浓。2005 年，她应聘到北师大厦门海沧附属学校，这所学校更是提供了充足的戏剧教学空间。从 2006 年开始，她一边教中学语文，一边组建戏剧兴趣小组，在课余时间带戏剧兴趣小组编排节目。她欣喜地发现，兴趣小组的学生非但没有因拍戏耽误课程学习，文化素养反而得到很大提高。于是，她更加坚定并沉醉于戏剧教育之中。她把课本剧引入课堂教学，已经做了近十年的课本剧活动课，甚至“弃文从演”。2013 年，她更是“弃教从演”了，不再担任语文教师，而是申请专门承担戏剧课的教学任务。如今这种戏剧课堂，已成为北师大厦门海沧附属学校的特色课程。环顾四周，戏服挂满了教室两旁的衣架，古今中外，传统与现代，各式风格林林总总。跟欧、美、日、韩的戏剧教育不同，这里的课堂融合了更多中华民族优秀传统文化艺术，如京剧、越剧、黄梅戏、昆曲、豫剧、评剧、湖南花鼓、苏州评弹、泉州南音等地方戏。学生们在这里换装，演后羿，演梁山伯，演孟姜女，也演丑小鸭或白雪公主。林建丽发现，学生很爱表演，在表演过程中很快乐，很多学生都追着她跑，如果没有机会演，会哭上大半天。像时间管理、自信心、自我约束和汲取他人建议等身心素养，戏剧教育的培养效果显而易见。有个学生不爱读书，但为了在《丑小鸭》剧中演好一只公鸡，他把每个版本的丑小鸭都认真地研究一遍，废寝忘食，连家长都觉得奇怪，发现孩子突然间迷上了阅读。她不仅使用了这些戏种的服装与道具，还把经典唱段教授给学生，绕口令、相声等曲艺艺术也成为表演基本功的训练方式。学生表演的内容包括童诗、童谣、童话、绘本、成语故事、神话、民间故事、中小学语文课本剧等，还把社会主义核心价值观的 12 个词用 12 个生动的故事表演出来。

2010 年起，生态体验教育学术年会暨国际论坛都开辟“教育戏剧体验”专题工作坊，广西凭祥、陕西西安、湖北沙市、北京海淀等实验区、实验校的成功探索，和老师们的戏剧体验式汇报展示交流，诚然汇聚成新的体验教育风景。

从以上分析可见，教育戏剧既是一门艺术，也是一次全新的创造，与其他教育方式相比较，教育戏剧具有自己的艺术性、形象性、审美性、思想性、体验性。在我们的教育环境中，有许多方面是难以通过课堂讲解的方式实现的，教育戏剧作为一门艺术，正潜移默化地将这一切融入到教育之中。譬如，风靡全球的华德福课程，把戏剧作为孩子期末汇报的形式，很多课程中都有戏剧元素。如英语课老师讲字母 S，S 便是一条离群索居的蛇，如何扭动着潜入一个孤独、秘密的地方去休息。同时，绘画、歌唱与诗歌在课程中也占有重要比例。在《稻草人的头，铁皮人的心，狮子的勇气》

一书中，作者介绍了在学习罗马史时，通过朗诵拜伦《献给一个垂死角斗士的颂歌》，孩子们与诗歌相遇；通过莎士比亚戏剧《尤力乌斯·恺撒》中安东尼的台词，他们接触到戏剧独白，通过徒手画出罗马圆形大剧场，他们学会了欣赏建筑之美；通过临摹图拉真皇帝时代罗马石柱上庄严的罗马字母，来领略书法之美。戏剧在这里只是一种手段，通过表演使孩子对他所学的内容加以深化和内化。

从教育戏剧的实践取向及其表演重心来看，教育戏剧并不是培养孩子们的表演技巧，而是把戏剧体验作为一种教育方式。在这里，导引者是面对孩子并和孩子们一起工作，因此必须重回到孩子的表达方式。在戏剧体验中，导引者和体验者一起如何入戏？为此，导引者要能看见作为体验者的孩子，用儿童的思维，看见孩子行为背后的感受，进而顺势借用戏剧来帮助孩子实现虚实完整的自己。可见，教育戏剧是导引者和体验者一起创造舞台空间和故事情境，借用表演、提问、戏剧活动、游戏、道具等引导体验者思考。要特别强调的是教育戏剧是面向全体学生的，不管有没有表演天赋，都是主角，唱戏跑调也没关系；表演只是技能，是载体，更重要的是表演中所体认的道德、文化、文学和艺术。导引者要有效激发体验者的想象力、表现力，获得对世界的真实认知，释放其天性，绽放自我，激发各种生命潜能，发展创造力。同时，教育戏剧有助于形成正向的价值观，从而达到文化育人、人格陶冶、心灵滋养的目的。

十一、生态网络社会诱发道德体验

网络社会一度被指为“虚拟社会”，而如今已经形成一对新时代的概念，即网络社会与非网络社会。所谓网络社会（cyber society）是一种基于互联网（internet）空间（cyberspace）技术之人间交互作用关系的社会形式，是一种新兴的社会形态。比较而言，非网络社会即传统意义上经验中的地面社会，又称“实体社会”。分析地看，互联网表面上是无数电脑终端的连接，形成电脑网络（computer network），但实质上，它连接的是作为运用和生产信息的“人”。可见，互联网本身就是一个人与人之间传递信息的社会网络（social network），存在个人与个人、群体与群体以及个人与群体的独特互动作用关系。从本质上看，网络社会是一种数字化的社会结构、关系和资源整合系统，其关系网具有传统经验的虚拟特征，但最终网络社会是一种客观现象。① 网络社会已然对非网络社会构成巨大的冲击。网络社会的一个根本性变化，是改变了时空的存在与显现形态。在非网络社会中，那些隔时空存在与显现的人和事物，在网络社会中成为同一时空存在与显现的人和事物。

生态网络社会是一种全新的社会形态，其特殊性决定了网络社会道德的特点和发展趋势。生态网络社会是当代青少年儿童道德发展的新契机。从基本面上看，网络信息化是新时代发展的结果及未来新的大趋势，在教育工作上，要与网络信息化相结合，适应现阶段社会的发展趋势，根据不断发展的社会形势来提高对体验者道德发展的认识，提升其道德发展境界。

生态网络社会的建构经历着一个从无序向有序的过程。在网络建立之初，信息贫乏且杂乱无章，此时就有许多网络人无私地大量上载信息，并为那些杂乱无章的信息资源建立管理程序、编制各种实用软件，以方便网络用户特别是那些不太熟悉网络的人访问和运用网上资源，但是这种行为现在变得越来越商业化了。网络社会悄然兴起，并迅速而蓬勃地发展起来，改变了人们的生活和工作。当代无论成年人还是未成年人，都被卷入网络社会旋涡之中，恍然有一种晕头转向、手足无措感。网络社会快捷、方便、省时省力省钱，扩大交往圈，深受人们欢迎。但是，网络社会也让人沉迷于跨时空远程聊天和交互之中，而降低、忽视或遗忘了对当下的美丽生态因子的现场感受，出现了一种新型的身心分离情形。生态网络社会日益完善，为了不断丰富网络社会的资源，有效维持网络的正常秩序，网络人自觉地订立规范，当发现不道德网络行为时，人们会自发站出来驱邪扶正。

如果用“生态网络隧洞”作比喻，进入网络社会之中，人类传

① 马克思在分析社会的本质时，提出了“社会是人们交互作用的产物”的理论命题，即社会是人们的交互作用的过程与结果，是人们之间普遍联系的表现形态，无论社会表现为何种形式，它的这种本质都不会改变。

统的伦理道德遭遇挑战，我们必须建构新的生态网络道德，以适应生态网络隧洞中的新环境、新路径、新挑战。[①] 在生态网络隧洞中，人们呼唤新的生态网络道德。站在网络社会和非网络社会的交界处，从国际互联网交互影响的视界看，我们的生态网络道德越是健康、和谐、稳定，越是具有更强的整合多样化网络资源、应对外来价值观冲击的网络道德意应力，才具备共享国外优质网络资源的主体条件。为此，自觉构建符合 5E 级生态网络安全标准，为少年儿童营造美善和谐的网络社会，是应对国际网络社会及其价值观涌入的战略选择。

网络社会拓宽了人们的视野，影响了人们的思维方法和价值观念，对传统媒介产生了深刻的影响。网络社会作为一种传播形式，其在知识和信息传播速度上的快捷、涵盖面的广泛、在线成本的低廉，尤其是与读者的交互性之强，都是传统媒体所望尘莫及的。麦克卢汉在其代表作《理解媒介》一书中提出了著名的论断“媒介即信息”，他认为媒介本身在人类社会发展中有着决定性的影响。如果把媒介看作社会变革的唯一因素显然是不合适的，但是不可否认，大众传媒技术不仅对人的道德，而且对整个人类社会及其发展都有着巨大的影响。

生态网络社会的道德呈现出一种更少依赖性、更多自主性的特点与趋势。换句话说，人们在使用网络的时候，要有道德操守，要有文明礼仪。网络生活的自主性，网络界层的虚拟性，网络格局的多样性，网络场域的跨越性，网络成长的爆发性，更需要增强人们道德规范的自觉性，固化人们的主体意识，特别是权利、责任与义务意识。

网络信息的无限性与更新即时性，使网民道德发展趋于复杂化。网络信息从容量上看，可以用“海量”、“不可枯竭”来形容，涉及人们生活的方方面面，它拓展了网民道德发展的空间和渠道，也扩大了道德体验的时空领域。

在生态网络社会，作为体验者的网民能真实地表达自己的原创

① 刘惊铎、杨晓丽著：《生态网络社会》，国家开放大学出版社 2020 年版，第 54 页。

思想观点和生活方式，并且对于导引者传授的知识和价值观念也不再盲目地认同。这就要求导引者必须转变思想观念，树立生态体验的思想，与体验者平等对话与交流，采用体验者喜闻乐见的各种形式开展道德体验工作。

互联网上交往方式的改变和交往空间的扩大，在一定程度上促进了网民道德的发展，有助于健全人格的培养。人们常常基于传统的经验，会不自觉地夸大网络交往的虚拟性给少年儿童的社会化过程带来的消极影响，而事实上，生态网络社会的交往在一定程度上也为少年儿童的道德成长和人格发展提供了有利的条件。网络社会的泛时空、超时空性，让少年儿童道德养成具有随时发生的特点，换句话说，即可以让网络社会变成为少年儿童道德养成的阳光空气一样，成为时时、处处存在的人生成长正能量。

生态网络社会经济迅猛发展，社会结构深刻变革，不同类别和水平的网民在教育水平、职业背景、社会阅历、思维方式、行为习惯等方面都存在差异，形成了多样化的知识、信息、人生观、价值观的资源池，让生态网络社会成为网民道德养成的沃土。在此，要着重引导少年儿童深入学习、理解和感悟积极、健康、阳光的知识信息和价值观，消除不良影响。在方法上，通过丰富的社会实践、学校文化体验，并借助博客、QQ群、动漫、微电影等时尚元素和载体，开展丰富多彩的少年儿童道德文化体验活动，潜移默化地传递核心价值理念，进行分类引导，为培养社会主义事业的合格建设者和可靠接班人而做好价值观的奠基工作。

道德体验不是简单地灌输道德规范的知识，更不是简单地进行外部约束，而是自觉追求人的生命完整性体验，即人格心灵的完整、个性的发展和情感的满足之体验。通过对体验者生活世界的关注，使其得到情感体验、人格提升、个性张扬，它具有生命的体验性、交互性和生成性。让体验者的生命焕发本真的活力。人的生命是一次性的，其生命的意义及价值是在历程中显现的，也是在此历程中，在体验的基础上得以成就的。而且生命个体作为独一无二的存在，需要获得自我生命的确认感和生命力量自由绽放的愉悦感，这是作为生命个体所需要的生命体验感。体验是个体在生活世界中存在的前提，生命的本质在于通过对事物的体验而持久不断地成长和不断地建构，少年儿童能够在读网页、写网页中不断地体验，其生命情感道德也能在体验中得到升华。在生态网络社会中，大家都文明礼貌、和谐共处、以人为本、积极分享、彼此尊重、求同存异、宽以待人、保持平静，会使我们的网络生活十分愉快。如此，生态网络社会就为儿童生命的飞翔插上了无形的翅膀。

要使网络社会臻于一个较高的水平并且持续保持，就必须共建共享优质生态网络社会，建设优质网络道德文化，并借此优化网民的生命样态。我们应当引导全社会，逐渐从“读”网页臻于“写”网页的境界，从静态网络社会跃迁至动态网络社会，从单方面提供网络信息臻于共建共享网络道德文化，诱发和唤醒美善的道德体验，群集陶养生命样态。①

此外，还有一些诱发和唤醒因素是值得注意和灵活运用的，如是否聚焦真问题，是否通过设计、开展亲验活动、想验活动或观验活动造成体验者的全息沉浸状态、现场沉浸度，是否撬动俗常关系、优化体验者的生态位，是否把个体体验和群集体验有效切换和融合，导引者的文化素养、精气神，导引者的导引词之自然、流畅、入心程度，体验之思的现场溢流程度等。这些因素的系统考虑和结构化处置，是导引者的基本功夫之一。

综上所述，需要进一步明确强调，在诱发和唤醒道德体验时有如下几点需要特别地予以留意。

1. 道德始终生成于三重生态关系的体验之中。道德的实际发生是体验者处在元生态、类生态和内生态三重关系之中，面临一个生存境遇、一种生存关系时所发生的道德感悟和行为选择。如果体验者脱离三重生态关系或三重生态关系不完整，或离开体验者的亲历性实践活动及其自主选择，道德的发生要么成为不可能，要么只能达成有限的道德境界；在残缺不全或严重扭曲的关系中，在体验者心灵失衡或严重扭曲的情况下，还会发生负向体验，生成不道德现象。

① 刘惊铎、杨晓丽著：《生态网络社会》，国家开放大学出版社 2020 年版，第 191 页。

2. 体验者道德体验的发生与事件、关系和信息跟体验者的联系的性质、程度呈高相关。访谈和观察发现，那些为体验者所熟悉的事件、关系和信息，容易诱发和唤醒其道德体验。如一个人，当他听到一件自己所熟悉的事件时，其参与和诉说的兴致明显增长；当听到一首熟悉的诗词或乐曲时，他会不由自主地沉浸其中，随之手舞足蹈起来。那些令体验者感到陌生的情境，也容易诱发其道德体验，冲击他的思想观念，影响其行为。

3. 任一体验场都具有开放性，都是在向更大的生态体验场或生活世界开放着，都处在一个更大的生态体验场之中，而不可能是完全封闭性的存在，也不可能孤立存在。作为体验者的感性个体，他时刻受到更大的生态体验场的各种诱发因素的直接或间接的影响，犹如地球受到宇宙生态能量场的深层影响一样。研究和促进道德体验的发生，还要看到道德体验发生当场背后的那些不在场的因素的制约。

第三节　道德体验的原始发生

在一个具体的体验场背后，还有一个更大的生态体验场。在一个体验场中，既有在场的因素，也有不在场的因素；有一些因素在场的同时又不在场，另有一些因素不在场的同时却在场。研究发现，往往是不在场的生态因子决定着在场的因素。

一、生态阅历

就体验者每一次的体验发生来说，其“生态阅历”是一种不在场的因素，但是，它是道德体验发生的根基性因素。庄子曾深刻领悟到“朝菌不知晦朔，蟪蛄不知春秋”①。北海若曰：“井蛙不可以语于海者，拘于虚也；夏虫不可以语于冰者，笃于时也；曲士不可以语于道者，束于教也。”② 中国当代教育思想家鲁洁在同博士研

①《庄子·逍遥游》。
②《庄子·秋水》。

究生进行学术生涯与学术研究对话时讲道：学术是人的生活的一部分，有什么样的生态阅历就会有什么样的学术个性，生态阅历决定了你的学术的范围、深度和特色。有人说余秋雨的作品媚俗，钱锺书的作品清高，鲁迅的作品反叛。为什么不同的人写出的作品会如此不同？因为每个人的生态阅历不同，对生活、生命的体验不同。为什么不同的人喜欢欣赏不同作家的不同风格的作品？或者你为什么喜欢某个人的某部作品？因为它比较投合你的体验，唤醒了你的生态阅历中的某种东西，是你（自己自愿地）选择了它。海德格尔说，在你的即使已经抽象得很理性化的作品中，虽然看不到你的经验的东西，但是可以处处听到你的“经验的回声”。在你的作品中，也许你的有些经验并不在场，但是可能恰恰是那些不在场的经验更为重要，是它决定了你的在场的东西。[①] 一个人对某种作品或道德信息的选择，不可能靠强迫来完成，这一行为本身是意志自由的，是他自己选择的结果，是他选择了这个作品或道德信息。这是什么原因呢？因为在这个人的生命历程中可能恰恰有某种与此相近的生态阅历的沉淀，这作品的思想与自己的生活体验恰好发生了某种契合。我国台湾地区的游乾桂先生深有体会地写道：“夜阑人静的星月之晚，和着天籁把读《生命教育》，愈读悸动愈深。也许是因为它与我这些年来的生命哲思太过相近了吧，读来便有‘心有戚戚焉’的契合。”[②] 现代精神病学、心理分析和众多的心理疗法，使我们感受到还有一种“无意识的思想状态，我们感到对于自身和生命的许多感觉和信念往往深藏在这种无意识的思想状态中”[③]。从某种意义上说，这种思想状态以潜意识的形式存在着，它就是个人的生态阅历沉淀的一个结果。

由此可见，体验者的“生态阅历”是道德体验发生的原始资

---

① 资料来源：鲁洁教授跟博士研究生和青年教师谈学术生涯与学术研究方法。时间：2001年12月13日。地点：南京师范大学教科院612室。

② [美] 杰·唐纳·华特士著，林莺译：《生命教育——与孩子一同迎向人生挑战》，台北张老师文化事业股份有限公司1999年版，“序”第6页。

③ [美] 瑞妮·威尔菲尔德著，孙丽霞译：《身体的智慧》，辽宁教育出版社2001年版，“序”第1—2页。

本，具有根基性的体验价值。那么，什么是生态阅历呢？我把生态阅历定义为：在个人生存实践中沉淀在意识深处的那些有过生命感动的社会生活和自然之境的经历与经验。读书中有感动的内容，倾听中有感动的信息等，其中既包括个人情感上、认知上的感动，又包括个人的认知和情感共同作用之后的交互感动。从严格的意义上讲，所有的生活经历和经验都不会被“闲置”，都会成为人们道德体验的原始素材。但是相对来说，经历和经验是连续性的、不间断的、境遇式的、被动的、人不可预测和改变的，人只能解释它，而生态阅历则具有非连续性、选择性、一定的主观性，它往往是引起了生命感动而具有明显的表达和唤醒价值的。人在叙述经历和经验的时候，可以做到客观地描述，态度平和，但人在叙述生态阅历的时候，则有情绪情感的参与，容易表现出激动，伴随表情，而且常常会出现“手之舞之，足之蹈之”的情态，甚至不由自主地流下泪水。经历和经验与生态阅历的表达方式和内容的侧重点不同：经历和经验可以以公众的话语述说，多次复述而变化不大；生态阅历则是以个性化的话语诉说，诉说自己最喜欢的、有感动的生命故事，而且在多次复述中，每一次复述的情感投入不同，角度不同，诉说的内容侧重点不同，感悟不同，打开的意义境界不同。① 这也就是说，虽然人的所有经历和经验都会在其生命中留下印迹，但其中只有那些令他感动的经历和经验才可以成为人的生态阅历，具有较为明显的道德体验的唤醒价值和省思价值，成为更为有效的道德体验资源。回顾古今中外有较高德性和达到较高道德境界的人，他们虽然有过许多的人生经历和经验，但在这些众多的人生经历和经验中，只有那些令他们产生过真正生命感动的经历和经验，才在其心灵深处和生命之中留下不可磨灭的痕迹，成为他们的生态阅历。当这些生态阅历被唤醒时，诱发了他们独特的道德体验，生发出新的德性，引起道德境界的新变化。

相对来说，有些不曾使人感动的经历和经验，则沉入到人们的

---

① 我与郑汉文博士、刘慧博士“关于道德体验与叙事法”的对话。时间：2001年10月。地点：自南京师范大学去夫子庙的路上。

“潜意识”之中，处在沉睡状态，没有适当的诱发和唤醒线索是很难被唤醒的，需要新的生命感动的激活。弗洛伊德对潜意识、荣格对集体无意识的研究，现代医学、心理催眠对人体和心理创伤沉淀的研究，20世纪70年代以来，脑科学领域加扎尼加和斯佩里关于左右脑优势分化及通过多种无创性脑成像技术对脑高级功能的模块性的实验研究，都取得了显著的成果。特别是加拿大蒙特利尔大学教授潘菲尔德医生在其一本科学专著中描述了切除癫痫病灶脑手术中发现的科学事实，更是引起人们对人的“无意识心理过程”的关注。例如，一位年已六十多岁的病人在切除位于颞叶的癫痫病灶之前，对他病灶附近的正常颞叶皮质用适当的微弱电流刺激，则病人立即童声稚气地唱起一首社会上早已失传的儿歌，或说出失传的童谣，并不时喊起爷爷、奶奶或小猫、小狗的名字。停止电刺激，病人就会立即从五十多年前的生活情景中回到手术台的现实中来。医生请他重复方才唱的儿歌、说的童谣，他却十分茫然，不明白医生要他做什么。这一科学事实说明，人类无意识记忆的容量是无限的，它可以把你一生中所看到、听到的一切情景完好无损地存储到头脑的适当位置之中。我们之所以回忆不起来，既不是没把事情放入脑海，也不是记忆痕迹在脑海中随时间推移而消退，其真正原因是提取困难，很难投射到意识中来。然而，脑海中大量无意识的内存总是找机会发挥作用。利用补笔测验可以证明这一点。你可请一位朋友到你家做客，先跟他在客厅聊天，客厅墙上挂许多字画，但你们并不谈及墙上的字画。随后请朋友到另一间屋子，拿给他一张写满许多偏旁、部首的半个汉字的纸，请他用笔把这些半个字补笔成完整的字。统计他的补笔结果就会发现，这些字中有许多是客厅字画上的字。然而你问他是否按客厅字画上的字完成的作业，他会说：“客厅中有字画？我怎么没有看见！”这说明无意中映入眼帘的字，竟在随后的补笔任务中无意中冒了出来。可见无意识心理过程在一定条件下自动投射到意识中来，是心理活动的一个重要规律。自发的创造活动即灵感油然而生、豁然开朗的境界正是源于大量无意识活动，源于头脑中存储的长期经验和经历。脑功能开发正是要创造条件充分利用无意识过程的宝藏使其在必要时投射到意识中来。意识活动调用无意识“硬盘”中的经验和知识至“内存”，使它们服务于现实的任务就是自觉创造活动的基本过程。脑功能开发的科学内涵是开发无意识心理过程，在于创造条件促进内隐与外显心理活动的相互促进和相互转化。①

沉入潜意识中的身心经历和经验在“生命叙事”式的对话情境中往往被唤醒。生命叙事不仅具有共鸣的作用，还具有唤醒沉睡的既往生态阅历和经历、经验的作用。叙事者在生命叙事的过程中不知不觉地就唤醒了在自己生命深处沉睡多年的生态阅历和经历、经验。倾听者会在叙事者的生命故事的感动下，也唤醒他自己的生命故事，并产生诉说的欲望。在遇到一些过去虽曾经历过但当下已意识到境界不高的生命故事，叙事者往往会产生当下的自我反省，反向激发新的道德境界。当倾听者听到叙事者诉说美善的生命故事时，他会受到感动和感染，影响自己的道德心向；当他听到非美善的生命故事时，则会通过评论、建议而不是批评或批判的方式谈出自己的当下体验。这就是说，生命叙事在唤醒过去的生态阅历或经历、经验的时候，已经不是在过去的意义上唤醒的，而是在现有的、当下的水平和生存状态下展开和呈现的，并使之赋予或获得了新的生活和人生意义，使人获得面对未来的新的力量和心力。过去的生态阅历、经历和经验在被唤醒的时候，即打开了它的新的意义世界，并生成着新的道德境界。生命叙事就是以这种特有的生成性诱发和唤醒着新的道德体验。

我曾经有过如下的一段生态阅历。

1982 年暑假，我和一位大学同学一起赴陕北作了一次长时间的农村教育及生态状况调查和社会生活考察。在这一个月零 9 天中，我们步行了 13 个县，白天、晚上都在调查和开展各种活动。从经历的角度讲，我们的生活中间没有间歇和停顿，形成了一个连续性的人生历程。但是，在我们后来的生活中，并不是所有的经历都具有明显的体验诱发与唤醒价值，而

① 沈政：《脑科学与素质教育》，《教育研究》1999 年第 8 期。

只有那些在当时引起了我们生命感动的经历，才具有明显的表达和体验诱发与唤醒价值。我们常常能够诉说的生态阅历主要有：在乾陵，我们和农民一起间谷苗，给牛垫圈；① 在焦坪煤矿，我们下到深幽的、空气稀薄的矿井里和煤矿工人一起挖煤，一起吃饭；在野兽出没的黄龙山②里，我们冒雨星夜行路，几天里没有吃的、喝的，只能靠摘野果，采野草莓、野山芋生存，靠吃野蒜取暖；在韩城县昝村，我们帮农民办起了图书室；到黄河游泳，在黄河滩挖花生，到壶口瀑布附近、山头土崖边摘野酸枣、野山果，到司马迁祠墓③凭吊等。整个陕北调查之行，像上述被表述出来的实际上就是我曾经有过生命感动的生态阅历。④

后来，每当我在学习、生活和工作中遇到困难和挫折的时候，我容易想到的就是这些生态阅历。我甚至觉得，我能够把陕北步行下来，特别是在黄龙山里，在面对野兽威胁和面临生存危机的情况下，靠摘野果、采野草莓等活下来，在日常生活中，还有什么困难克服不了呢?！我还体验到，生态阅历具有可反复发掘和反复品味

---

① 一种农活，在田地里已经长出来的所有稠密谷苗中，选择有成长前景的谷苗留下来，而将其余的谷苗全部拔除。并给保留下来的谷苗浇水、施肥、防虫、锄草，以保证留下来的谷苗茁壮成长，取得好的收成。垫圈：一种饲养室里的活计，在牛马吃草或被拴在户外换气时，将牛马粪便用铁锹铲起拉走，然后覆盖上新鲜的干土，以便牛回到圈里的时候，卧着很干爽，有利于牛的健康。

② 黄龙山曾是游击队活动的地方。黄龙山地区山大沟深，森林茂密，是进行游击战争的理想要地。中国共产党领导的黄龙地区人民游击队，1936 年从甘泉出发经洛川旧县进入黄龙山区，以大岭为据点，活动于黄龙毗邻的山区和蛟龙镇，号召群众踊跃参军闹革命，建立了黄龙山区最早的一支红军游击队“韩郃游击队”。在此荒山野岭，常有野兽出没。

③ 司马迁祠墓坐落在韩城市南 10 公里芝川镇的韩奕坡悬崖上，始建于西晋永嘉四年（310 年）。1982 年 2 月，国务院公布为全国重点文物保护单位。司马迁祠墓建筑自坡下至顶端，依崖就势，层递而上。登其巅，可东望滔滔黄河，西眺巍巍梁山，南瞰古魏长城，北观芝水长流，可谓山环水抱，气象万千。壮观的自然形势和秀丽的风光，映衬出司马迁的高尚人格和伟大的业绩。

④ 参阅茹宗志、刘天德：《关于陕西农村文化教育生态状况的调查》，《中国青年报》1983 年 11 月 5 日第 2 版。

的道德体验价值。每当向别人表达一次我的这段生态阅历时，我便又生发出一种新的体验，一种在我新的生态阅历基础上的反刍性体验，诱发和唤醒了一种在以前所没有过的新的体验。换言之，这段生态阅历成了我后来道德体验的重要的原始资本。

我的一位朋友有一段生态阅历促发过他的道德体验：

> 那还是他小时候，当时粮食特别短缺，但他家的情况稍微好一些，当时汽车公司里有不少单身职工常常到他家里来找饭吃。每遇到这种情形，他的母亲就表现得比较吝啬，不愿将自己家的馒头和面条给这些人吃。我这位朋友每次看到这种做法就感到不满。这使他产生了一种反向体验，生成了慷慨大方的行为方式。后来，每当看到别人生活有困难，他就不由自主地慷慨助人。他跟他母亲讲过使他产生这种体验的情节；当他向我诉说的时候，我的头脑中也出现了他阅历中的生活情节。在此，诱发和唤醒我的体验的不是这位朋友的分析概括，而是他的生态阅历中的那些可感的具体情节。①

可见，道德体验和生态阅历的具体情节保持着密切关系，所以诱发和唤醒道德体验一定不能离开具体事件及其情节，因为当体验者把具体情节忽略掉了之后就把诱发和唤醒道德体验的触点也给抽掉了。一个人，如果他过分关注抽象概括而不关心诱发和唤醒他的道德体验的具体细节时，他的感受性就下降了，其产生新的道德体验的可能性就随之降低了。

读书，不仅是一种交往，而且是一种重要的生态阅历，也是体验唤醒的重要线索。一个人在读书的时候，实际上是在与作者发生着一种交往，进行着一种精神对话。这种对话具有超时空性，即通过当代人的当下读书活动，可以与远在古代或海外的人进行对话。一个人读过什么样内容的书，是怎样读的书（如与人一起读书，有

① 资料来源：在这位好朋友西安家中访谈的录音。时间：2002 年春节。真实姓名隐去。

没有人指导，独自读书，走马观花地读书，品书，欣赏性地读书，为创造而读书等），读书的环境如何（如场所、气氛、当时的心情等），都会对个人的道德体验产生影响。从访谈的结果分析，读不同内容的书，会诱发不同的体验，如读过文学书的人和没有读过文学书的人，其生活情调形成了不同的风格和品位，前者富有生活情趣，而后者较缺乏生活情趣；读过历史书的人比之没有读过历史书的人，就更多一些历史感、冷静感和凝重感；读过哲学书的人则更多一些深邃感，读过诗词的人更多一些诗性智慧等，即所谓“腹有诗书气自华”的尊贵体验。英国、法国和美国的教育，都很强调阅读经典作品，有些学者还具体开列了许多经典作品的书目。我国也意识到了这一点，给中小学生推荐优秀书籍。优秀经典作品是整个人类发展的精神财富，也是人类后代健康成长的重要的精神养料。冯友兰的女儿宗璞小时候在父亲的严格指导下读了不少经典名著，所以她不仅语言优美，德行也有很高的境界。我虽因陪伴父亲在“文革”中蹲牛棚而有辍学三年的经历，一度丧失了在学校常态读书的机会，但在牛棚的那一段喂牛喂马的劳动时光中，劳作之余，不分昼夜，却意外地偏得了父亲用心指导我通读《论语》、《道德经》、《周易》、《大学》、《中庸》、《孟子》、《诗经》、《尚书》、《礼记》、《春秋》、《古文观止》、《黄帝内经》、《幼学琼林》、《千字文》、《古文类选》、四大名著及二十四史等大量的优秀传统文化典籍，同时，家父指导我通读了《毛泽东选集》（四卷本）、《马克思恩格斯选集》、《列宁选集》、《共产党宣言》、《列宁哲学笔记》等马克思主义思想理论典籍。这一段如饥似渴地徜徉于优秀传统文化和马克思主义典籍海洋的独特的生态阅历，在我后来人生和职场生涯中，对于我做原创学术研究的信念、做人境界的提升、做事格局的抬升，以及在国内外作主旨演讲及授课时的理论自信、文化自信、精神气韵，都奠定了坚实的“人文化成”的文化和精神基础。而且我发现，人生早期读的书，随着时间的推移转化为后来道德体验的人生资本。当然，读书数量的多少对人的道德体验的影响状况，尚存在较大的争议，需要进一步深入研究，似乎不能推断为读书多的人比读书少的人道德体验更多一些或更深刻一些。

但是，说到底，现实生活中的生态阅历是读书能否产生道德体验的原发性资本。一是读到同一本书，生活经历更加丰富的人，其道德体验要产生得快且深刻。二是生活经历和生存体验是读书的动力源头。有着艰苦生活经历的人，更渴望读书，读起书来更为刻苦、如饥似渴，领悟力强。而生活经历简单或物质生活条件优越的人，有了读书机会也不大珍惜，学习动力较弱，心存一定的人生侥幸心理。

每一个人每一次新的道德体验过程实际上是对他以前的所有生态阅历的整合过程，不断地发生道德体验，就会不断地整合自己的生态阅历。在整合的过程中，这些生态阅历就可能转化为一种难得的人生精神财富。例如，我们在儿时，有如鲁迅在儿时一样，有过许多零散的、断断续续的生态阅历，我们做过小学生，逃过学，在后院里捉过蛐蛐，钻进柏树林烤过麻雀，读过连环画书，与各种人打过交道，作弄过老师，甚至偷过豌豆角。这些儿时的生态阅历，在其他的成人看来可能是很微不足道甚至是无聊的事，但它对于我们每一个亲自经历过的人来说，则是不可或缺的、重要的精神财富，它也许是我们的快乐之源，也许是我们的生活世界，也许是我们的意义迷宫，也许是我们的生命寄托。我们喜欢沉浸其中，陶醉其中，不忍出来，在其中体验人生的梦幻与美妙。甚至在成人之后每一次的诉说中，在歌唱中，在创作中，我们也会反复地、津津有味地诉说这些生态阅历。有此亲验，我们就真切理解了宫崎骏的生态体验馆之于少年儿童的深远意义。

但是，同样的儿时的生态阅历，在成长中的不同的年龄阶段，在不同的生存处境下，在每一次的体验发生中，却会产生不同的体验，达成不同的道德以至人生境界。在这种反复的道德体验中，实际上形成了道德体验的反复循环与叠加，每一次体验的内容似乎丰富了，这同一个人在不同的体验中形成了不同的人生风貌，道德境界一次一次地提升起来，人也随之成长起来。而且，体验者的生态阅历越丰富，所处的环境越开放，信息流越恰当，道德体验的触点就越多。有学者建议："脑功能开发的科学内涵是开发无意识心理过程，多接触新事物，浏览新知识，提高无意识过程的蕴藏量，再创造条件充分利用无意识过程的宝藏，使其在必要时迅速映像到意识中来。”①

这样一来，传统道德教育追求的那种被语词形式符号化的具有共性的道德规范知识和权威性的道德榜样就都退居次位。怀特海对此有深刻的领悟。他说：“被语言所符号化的经验的意义，是以发生并相互产生的真实事件的具体关系为先决条件。笛卡儿在其《沉思录》中所定义的‘客观现实’就与大多数语句，尤其是记载简单经验的语句紧密相连。”② 这就是说，没有生态阅历，任何语句或规范知识的学习都可能出现游离于生活和被架空的状况。

人的生态阅历不同，其道德体验的发生时空和境界会有所不同。那么，有没有可能定向性地创生个人的生态阅历呢？观察和访谈发现，这完全是有可能的。军人与普通人的不同之处其实就在于，他们是在一种被规约的状态下创造了自己的生态阅历，而由此形成了与普通人不同的道德以至人生境界。例如军人在雨中、雪中、烈日下训练，做分列式，开始时身体上很不适应，心理上也有退缩意向，经过一段时间的训练后，逐渐身心平衡，产生了自豪感。特别是参加过国庆阅兵式的士兵，无论男兵、女兵，都有一种自豪感、神圣感。他们的这些人生体验实际上都是创生出来的，而并不是自发产生的。无论自发还是创生的生态阅历，只要有了一定的生态阅历，在后来的人生体验中就可能发生不同的道德体验。

比较地看，生态阅历艰辛、曲折的人，往往在被人理解时，会受到感动而诱发了新的道德体验，其道德体验多带有一定的沧桑感、厚重感、洞彻感和美妙的幻想感，行为方式中透射出一种“富贵不能淫，威武不能屈，贫贱不能移”的道德“定力”。生态阅历浅少、单纯、顺畅的人，在受到别人的夸奖和欣赏时，容易唤醒体验，其道德体验多带有某种天真感、漂浮感、浮躁感、虚幻感，行为方式中流露出一种容易被各种外界的新鲜刺激所诱惑的道德放逐

① 沈政：《脑科学与素质教育》，《教育研究》1999 年第 8 期。

② [英] 阿尔弗莱德·怀特海著，韩东辉、李红译：《思想方式》，华夏出版社 1999 年版，第 32—33 页。

感而缺乏道德定力。莫扎特的生活一度十分窘迫，不得不为生计而创作。在维也纳，为了谋生计，他创作了一系列钢琴协奏曲和弦乐四重奏，把挣来的钱全部用于付账单和养活全家人的生活。他36岁离开人世时，仍负债累累，但在他的钢琴协奏曲里却充满了正直、高尚的心灵倾诉。

经验告诉我们，人生的生态阅历积淀在人的意识深处，常常处于沉睡状态，甚至找不到它藏在什么地方。但是，有时候似乎是在无意中，某一种生态阅历忽然映现在你的脑海之中，使你有所领悟，有所体验。由此看来，生态阅历作为道德体验发生的原始资本，是否一定就具有直接唤醒体验的功能呢？例如访谈发现，在一定的体验场中，没有生态阅历的人几乎是没有的，或多或少，每个人都会有一定的生态阅历的积淀。但是，是否只要在场的每个人都有了生态阅历，就一定会发生道德体验呢？回答是否定的。换言之，要使一个人的生态阅历变成现实的道德体验，发挥其道德体验的价值，还需要诱发或唤醒。

二、生存处境

"生存处境"是道德体验发生的另一个重要的根基性因素。访谈发现，作为感性个体的人，在其生存实践发生存活性危机的时候，更容易发生道德体验，生成道德智慧。例如，"垃圾王"们的智慧是在其生存实践危机处境下生成的，如他们获取有关垃圾场的性质及每日垃圾运输和堆放信息的敏感性与能力，为捡垃圾所做的准备工作，他们的穿戴装束，携带的必备工具，去垃圾场的交通，分拣后的垃圾转卖及消化的智慧，与其他"垃圾王"的关系处理，既独立又合作、互惠共生的智慧等，都比一般人高超得多。令我惊讶的是，水阁村垃圾场在一个很偏僻隐蔽的地方，我在南京生活了三年，竟然连一点水阁村垃圾场的信息都不知道，而这些"垃圾王"们却不仅知道这个垃圾场，还知道其他有关垃圾场及垃圾的信息。他们非常感慨地说："你生活在大学里，没有下岗，怎么会知道垃圾场的情况呢?!"

我曾到陕西桑树坪煤矿考察，了解到一个区队的煤矿工人连续奋战一个季度，才能得到120元的奖金。但是，他们每天在煤窑里奋力拼搏，并写出标语勉励自己："在岗工作不努力，下岗努力找工作!"他们吃的、用的都很俭朴、艰苦，但他们千方百计，相互协作，互相帮助，保质保量地开挖着油黑发亮的煤，通过火车运往祖国各地。我被他们的工作热情和智慧感动了。我还见到过一个男青年，他性格乖僻，生活邋遢，对人冷漠，常常自以为是。老师、家人及朋友的多次开导，也没有引起他的自我反省，在出现问题时，他总认为是由别人的错误导致的。但在一次实习中，他在实习单位遇到了硬制约，这制约使他"痛不欲生"。经过一个阶段的"痛苦折磨"之后，他开始反省自己了，他终于意识到了自己的性格、交往方式和生活习惯"也有问题"，"确实需要好好反省反省，要下决心改正"。从上述不同人员的不同道德体验的发生中可以看出，他们都是在生存实践出现了危机的情况下发生了道德体验，他们的生存处境是其中带有根基性的诱发因素。当然，在生存处境发生危机的情况下，人的道德境界的实际变化依据在境人的人生追求和当时当地的具体而复杂的情况可能会出现多种情形，历史上就有过"舍生而取义"和"苟活于世"等不同的典型。其中既有正向提升了在境人的道德境界，也有反向降低了在境人的道德境界。导引者的作用就在于创造适当的机会和条件，诱发体验者的正向道德体验，提升其道德境界。

三、体验性人格

我在访谈中发现，在道德体验的发生中还存在着一种"体验性人格"。所谓体验性人格是具有较高的自我反省意识与能力和"殊相感应力"的人。① 体验性人格由其特征决定了它本身就是一种有效的体验诱发或唤醒线索。譬如，有的人拥有敏于自我反省的意识与能力和"殊相感应力"之内在品质，善于体验。到一个地方，接触或交往到一个人，他能够很细心地观察、感悟当时当地的情景及

① "殊相感应力"是香港中文大学郑汉文博士在从事叙事法研究时提出的一个重要概念。它是指个体人对其他人的敏感性和感悟意识与能力，其中强调"心力并用"。

人际交往的状况，心灵会有某种感悟以至震动。有时候过了一个阶段，他突然有了一种新的领悟或感觉，似乎像开了一个生命的“自我泉源”似的，仿佛打开了一个新的意义世界和生存实践领地，对自我和周围的人与事有了顿悟之感、洞彻之感。而有的人缺乏自我反省的意识与能力和“殊相感应力”之内在素质，不善于体验，到了一个地方，接触或交往到一个人，虽经历却不感动，虽交往却不动心，很少感悟或者干脆就不会有感悟，过后回想起来，也只能像记流水账一样说出去过什么地方、见过什么人，但问他实际体验到什么、感悟到什么，则要么没有什么体验，要么说不清有什么领悟，也不能把这些人和事跟自己的人生成长与道德成就联系起来，还只是停留于经历和经验的水平。

根据脑部结构的独特性和生态阅历的差异性，体验性人格是可以分为不同类型的，有擅长于人际关系体验的人格型，有擅长于自然生态体验的人格型，有擅长于内心感悟的人格型等。可以分类研究。无论哪种类型的体验性人格，总的看来，具有如下一些共同的特征。

（一）对社会环境，特别是社会制度环境表现出较高的敏感性

比较地看，体验性人格不甚明显的人，在任何社会环境之中，即使是较为落后的社会制度下，都对社会环境的优劣不太敏感，随遇而安。但体验性人格较为明显的人，在落后的社会制度下，会较为明显地体验到对社会制度的不满意，产生变革这种社会制度的行动。例如，马克思、恩格斯、列宁、毛泽东等革命家，面对旧有的资本主义制度、封建制度或半殖民地半封建的社会制度，他们体验到这种落后的社会制度的不合理性，敏感到它们对劳动人民的压迫和剥削，进而自觉行动起来，去唤醒广大劳动人民进行革命斗争。恩格斯的《英国工人阶级状况》一文反映了他对英国工人阶级生存状况的敏感性。他写道：“一天，我和一个资本家在大街上边走边谈，一直走了三个多小时，我讲到了工人的劳动条件和工作条件多么简陋和恶劣，讲到工人的健康状况多么令人担忧。这个资本家一直沉默着，没有说一句话，直到分手的时候，他才说了一句话：但是，那毕竟可以赚很多钱呐！”恩格斯在下到煤矿工人中作深入细

致调查的过程中，深深感受到资本家只顾自己赚钱，根本不顾工人的死活，他决心唤醒工人阶级用自己的革命行动解放自己。毛泽东深入安源煤矿和湖南农村，对安源煤矿工人和湖南农民的劳动和生活状况作了深入细致的调查，深切感受到中国的工人和农民深受资本家和地主剥削、压迫的情况，感受到工人、农民的悲惨命运，最后决定把革命的依靠力量确定为工人和农民。后来，在秋收起义的革命暴动过程中，在井冈山坚持“红色割据”的过程中，深切体验到农民对革命支持的重要性，才确定了“以农村包围城市”的革命道路。他在《湖南农民运动考察报告》一文中谈到湖南各地农民打土豪、分田地的热情和欣喜之情，感受到农民革命的热情和积极的行动，深受鼓舞，成为他革命的重要动力和力量源泉。正如西方人所说的一句话：“我们一直向往自由，但我们无时不在枷锁中。”具有体验性人格的人，更容易敏感地体验到这种“枷锁感”，并行动起来力求变革。

（二）在日常生活和交往中，富有敏于感悟和善于自我省思的特征，容易发生道德体验

孔子当年曾引用曾子的话表达他的道德体验的境界：“吾日三省吾身：为人谋而不忠乎？与朋友交而不信乎？传不习乎？”① 这就是一种省思。省思力高的人更注重“慎独”，往往有一种“定力”，不管有没有其他人在场，都不容易受外界的诱惑而动心。古人有“四知”的境界，即在为官遇到别人的贿赂或谗言时，内心有“天知、地知、你知、我知”的心灯，照耀着自己坚持道德自律，并不需要其他人的外在监督。具有体验性人格的人在人们司空见惯的、普通的农贸市场买菜，看到鱼贩和菜贩日常的生活状态，就会有人生的感悟，而且每感受一次，可能就生成一种新的人生感悟。南京师范大学有一位女研究生每读一本书，做一件事，交往一个人，都要跟自己的思想成长、做人境界联系起来，积极向党组织汇报自己的思想变化，沟通想法，她向党组织提交的思想汇报材料，态度认真，字迹工整，在入党仪式上讲的话没有大而空的口号，而多是具体的思想感受。现实生活中，具有体验性人格的不同个体，

① 《论语·学而》。

对同一道德情境的道德敏感性存在差异，有敏感度的不同，每个人的道德悟性也有悟力的不同。道德体验的敏感性和悟性主要表现为道德体验的及时性、细腻性、深刻性、丰富性，道德判断的准确性，道德行动的果断性等。冯契要培养的具有“平民化”的“自由人格”的人，其实就是一种具有体验性人格的人。

（三）具有体验性人格的人对他人的需要和态度反应比较敏感，对人际关系的领悟力和选择力较强，善于把握人际交往的“度”，即“中庸之道”

体验性人格者容易感悟到人际关系的性质不同，诱发的交往效应不同，因此，他“慎”于交往。古人云：“与善人居，如入芷兰之室，久而不闻其香；与恶人居，如入鲍鱼之肆，久而不闻其臭。”故“君子之交不可不慎”。孔子明确提倡人们要做到“友直，友谅，友多闻，益矣。友便辟，友善柔，友便佞，损矣”①。事实上，人际关系的品质不同，所诱发的道德体验的品质是不同的。处在友善、合作、和谐的人际关系中，人会得到健康的、舒坦的、愉快的体验，有助于促成助人为乐的道德心向。处在紧张、孤立、别扭以至算计的人际关系中，人会得到不悦、痛苦、反感、仇恨、暴力等体验，这会促成与人对立、幸灾乐祸的心态。著名心理学家丁瓒曾经指出：“人类的心理适应，最主要的就是对人际关系的适应。所以人类的心理病态，主要是由于人际关系失调而来。”② 道德的本质，就是要在生活和人际交往关系中尊重每一个人，使每一个人都体验到适当的快乐、愉悦。

四、社会报偿机制

关系圈进一步放大，我们看到，对于生活在一定现实社会关系之中的感性个体来说，他所处时代的“社会报偿机制”对其道德体验的发生产生着难以排除的巨大影响。社会报偿机制包括制度报偿机制和人际报偿机制。对青少年儿童和成人的访谈都发现，对社会报偿机制及其报偿效果的体验，在某种程度上影响着体验者今后是

①《论语·季氏》。

② 陈家麟：《关注教师心理健康》，《成才导报》2001年9月19—25日第4版。

否继续选择和践履某种道德行为的态度与价值取向。[1] 实际上，无论一个社会的道德教育目标多么高尚，人们口头上的道德许诺多么动听，体验过“得不偿失”的社会报偿效应的人，其再次践履“高尚道德”的动机会有所降低。现在，《中华人民共和国民法典》是一部符合人民利益和愿望，对人民生命健康、生活幸福、人格尊严等各方面权利平等保护的民法典，让人民群众的权益得到根本的法律保障。[2] 北京市已经对这个问题有所认识，建立了“见义勇为基金”，对见义勇为者给予应有的制度报偿。

从道德体验的境界来看，在助人的时候，道德境界高的人并不想得到报偿，即助人者可以没有希求报偿的动机；但是，作为一个社会，则不可以没有报偿机制。人们在体验“助人为乐”的道德境界的时候，其“乐”是发生在助人的行动本身，还是在于助人之后社会或受益者个人所给予他的“回报”，与他所置身其中的社会报偿机制关系密切。当然，报偿的内容可以不是物质的而是精神的、荣誉的，报偿的方法可以不是直截了当的而是含蓄的。这里深层仍然有起支配作用的东西，即使这东西可能是“只要社会或受益人给予口头的赞赏也罢”。否则，如果连上述任何报偿的可能性都没有，那么，“助人”的任何环节上就都不可能有“乐”，于是社会上助人的行为也就日见其少，以至最后消失。[3]

如今，行政干预性的社会报偿机制逐渐降低了作用，而代之以一种市场调节性的报偿机制。我们常常发现，在自己付出不大的情

---

① 关于社会报偿机制的研究，请参见刘惊铎、权利霞编著：《德育学教程》，陕西师范大学出版社 1992 年版，第 276—278 页。

②《中华人民共和国民法典》；习近平：《充分认识颁布实施民法典重大意义，依法更好保障人民合法权益》，《求是》2020 年第 12 期。

③ 麦金太尔指出：“德性是一种获得性人类品质，这种德性的拥有和践行，使我们能够获得实践的内在利益，缺乏这种德性，就无从获得这些利益。德性必定被理解为这样的品质：将不仅维持实践，使我们获得实践的内在利益，而且也将使我们能够克服我们所遭遇的伤害、危险、诱惑和涣散，从而在对相对类型的善的追求中支撑我们，并且还将把不断增长的自我认识和对善的认识充实我们。我们把德性不仅置于与实践相关的情形中，而且置于与人的好生活相关的情形中。”见［美］A. 麦金太尔著，龚群、戴扬毅等译：《德性之后》，中国社会科学出版社 1995 年版，第 241—242、277 页。

况下，人们有帮助别人的愿望，但是，助人者在助人的时候，会考虑“吃亏”的行为由谁来补偿？一种市场调节性的补偿机制是：助人者的“吃亏”行为由受益人来补偿。社会中存在着这样的道德现象，有些人在助人的时候，要先行研究和判断一下这个人值不值得帮助，帮助之后，他是一个知恩必报的人呢，还是一个视别人的帮助为理所当然的甚至是忘恩负义之人。① 换句话说，制度意义上的社会报偿机制的不完善，可以由生活中的“人际报偿机制”来替代。如果既没有健全的社会报偿机制，又没有实际生活中的人际报偿机制，那么，即使动用国家机器，树立了许多感人的道德榜样，要让一个人自觉地和心甘情愿地去践履道德上的助人行为，那就会是一种不切实际的幻想，至少不是一件很容易达到的道德目标。也许这里有一层窗户纸需要捅破：当一个人在谈论道德问题的时候，特别是在“理想主义”的层面上谈论道德问题的时候，无论他是表扬、赞赏，还是批评、批判的时候，其实他总是暗暗将矛头指向别人，而将自己从谈论的当事人现场抽出身去。这时，他会尽情地讲“我认为”哪些道德行为是高尚的，人们“应该”怎样去做，哪些道德行为是低俗的，人们“不应该”怎样去做。因为这样做，对谈论人自己来说没有坏处，只有好处，至少有一个直接的好处是，它可以让当场的人们判断说“正在谈话的这个人”在道德境界上是“高尚”的，他也期望人们会推理性地认为他的实际行为会是高尚的。经验证明，人们往往会误把某个道德话题的谈论人与某种道德行为的践履者混淆起来，以至于作了错误的身份置换。但是，如果你作过这样的尝试，当你设法使某个道德话题的谈论人将他所谈论的某种道德行为的践履者变成他自己时，他立刻会面临尴尬处境，他谈论的道德境界立刻会有一个反转或回落，他就会王顾左右而言他，我们就再也听不到他像刚才那样大谈高远的道德境界了。

五、传统文化及文化环境的原始诱发价值

传统文化及文化环境对人的影响是弥散性的、巨大的。体验者

① 参见章志光的研究群体对中学生“利他观念”形成的动机分析。章志光编著：《学生品德形成新探》，北京师范大学出版社 1993 年版。

生活在怎样的文化环境之中，会受到这文化环境的陶冶。它作为道德体验的背景性因素，渗透在体验者的体验过程和体验结果之中，影响到体验者道德体验的总体状态和道德境界的品质。葛鲁嘉发现："人类的心灵既是自然历史的产物，也是人类创造的文化历史的产物。"① 访谈发现，尤其是儿时生活于其中的传统文化、学校、家庭和社区文化环境，往往沉淀在人的性格、习惯和人格深处并转化为人的基础德性，而在后来的生活过程中影响这个人对环境的敏感性与选择意向，也影响其道德体验发生的速度与频度，成为一个人道德体验发生的基础性原始资本。

相对来说，家庭、学校和社区的建筑风格、环境卫生状况、人际关系品质、整体文化品位等，对体验者的影响很大；而家庭、学校和社区文化又总是置身于一定的民族文化之中，既作为它的一部分又受到它的影响。在世界发展史上，不同的民族创造了不同的文化，并形成了不同的文化传统。各个民族的文化传统在当代都会有新的发展形态和存在样式，它弥漫和渗透于人民日常生活的每一个角落，渗透和沉淀于人们的心理结构之中，深入骨髓和血液。每一个体验者道德体验的实际发生，都无法摆脱自己置身其中的民族传统文化环境的影响。中共中央办公厅、国务院办公厅印发的《关于实施中华优秀传统文化传承发展工程的意见》指出，对每一个中国人来说，中华优秀传统文化积淀着中华民族最深沉的精神追求，是人民的精神家园。传承发展中华优秀传统文化，对于传承中华文脉、全面提升人民群众文化素养、增强国家文化软实力，具有重要意义。例如，在遗传素质一定的情况下，一个长期生长在卫生、和谐、民主的文化环境中的人，和一个长期生长在自然环境脏乱差、人际关系紧张、专制的文化环境中的人，其体验会形成不同的道德面貌。较为典型的例子，就是在不同家庭、不同学校、不同社区和不同民族成长的人，生成了一种在总体上不同的独特精神风貌。这样的具体例子比比皆是。道德感的复杂性无法只用一般的认知来解

① 葛鲁嘉著：《心理文化论要——中西心理学传统跨文化解析》，辽宁师范大学出版社 1995 年版，第 28 页。

释，而必须放置在一定的文化环境之中去解释，在一个重视道德的文化环境里，体验者容易发生道德体验，而在一个不重视道德的文化环境下，个人很难发展出道德方面的品性。

21世纪，世界不同民族之间的对话、交流与合作的力度日益加大，其文化的相互交流、相互融合愈益深入，当代人处在一个多元文化并存的文化背景之中。和平、发展和生态等问题日益凸显，并成为各国和各民族人民共同关心的时代主题。这样一来，各国和各民族的传统文化及文化环境建设，虽因各自利益的不同，会存在价值判断上的差异，但各自文化中的共同性也会有所升高，各种文化都强调科技创新、全球理解与合作和生态道德。就中国的历史文化背景和目前的国情来看，其新的文化在发扬内修自守、协作互助的中华传统文化优点的基础上，正在加大变革的力度，中国人的思想观念也日益开化和更新，在总体上由约束防范型文化走向发展型文化。当代人道德体验的发生，无不受到这种多元文化共生的影响，而呈现出道德境界的多样性、层次性和立体性。

传统文化环境作为道德体验的原始发生线索，并不是在被动的意义上使用的，而是在体验者积极自主的实践活动中实现的。体验者本身就参与到了自己所置身其中的文化的创造活动之中，既作为“文化财”的创造者，也作为“文化财”的享用者。① 正如马克思所说，当说人是环境的产物的时候，必须看到环境正是由人来创造的。其中一个具体的例子就是，导引者和体验者都参与到了学校、家庭、社区文化环境和民族文化的创造活动之中，不断以自己的创造性劳动丰富和优化着自己所置身其中的文化传统和文化环境；与此同时，这处在不断创生和进步之中的文化传统和文化环境又反过来诱发着新的道德体验。

六、回归生活世界和自然之境

追根溯源，道德体验发生的源头是生活世界和自然之境。无论

① 这里是借用狄尔泰的“文化财”概念。见邹进著：《现代德国文化教育学》，山西教育出版社1992年版，第35、72页。

是西方早期（古希腊）还是中国的早期（先秦）伦理学和道德教育哲学都是倾向于生活观点的（尽管不彻底），至少是力图从生活观点来引出社会观点。但后来它们以不同的方式背离了生活的思路，以走向“道德理性”为其“成熟”的标志。当然，东西方道德教育哲学传统大致走了两个不同的方向：西方偏向了“理性”世界，自古希腊雅典时期苏格拉底、柏拉图到笛卡儿、斯宾诺莎、康德、谢林、费希特与黑格尔，构建了一个庞大而完善的“理性”世界，其道德教育追求“理性”与“科学认知”。在中国传统的道德教育哲学中，在孔子那里，美德尚“践履”弥漫在生活之中，而自董仲舒、朱熹以后，则逐渐远离生活而以“天理”为基础，由于单纯的社会考虑而趋于庸俗化，最后沦落为统治阶级的典章礼仪、伦理规范。这两条线路的道德教育哲学，都是在将道德教育概念化、规范化的同时，将其抽象化、理念化、教条化了：西方抽象化为道德理念，东方抽象化为“天理纲常”。这种样式的道德教育，在使道德教育获得独立存在价值、舍舟登岸的同时，却“遗忘”了人们置身其中的生活世界和自然界，割断了自己的魅力源头。

改革开放以来，中国学校道德教育改革与发展取得了巨大的进展，但其实践的基本样式有时仍然是封闭在学校之中、课堂之中，在专门的时间里，由专门的机构和专门的人员，把活生生的道德实践转换成规定性的道德规范知识，主要以传授的形式来实施。学校道德教育依据书本（教材），但传统的教材只教科学世界的东西，不教生活世界的东西；而道德是在生活世界之中，而不在书本之中。作为学科道德教育重要补充的活动课程，也与学生的生活实际和思想实际存在着较大的距离。学校道德教育实践处于与生活逻辑和自然逻辑的背离之中：学生每天处在生活世界和自然世界之中，却在教师理智的支配下忙于记诵已经抽离了生活与自然的、既定的道德规范知识，体验不到生活世界和自然界的丰富性与乐趣。可以说，道德教育被从人的生活世界和自然之境中抽离了。如此一来，体验者和导引者的活生生的、丰富多彩的和富有个性的生活感受就丧失了根本的源头。把理性作为唯一判断尺度的道德理性世界，忽视了丰富多彩的生活世界和自然界中道德的丰富性、生成性，其结果必然使道德教育的目标成为外求的，它要把人变成不是他自己的东西，即马克思所批评的“异化的人”，而道德教育自身遂逐渐衍化为一种机械的、单调的道德知识传授和行为训练活动。

现象与资料扫描

远离生活和自然之境的道德教育结果

有学者认为，教育（包括道德教育）一直是作为经济的侍臣，服膺经济世界的内在法则，制造出一批批自私、贪婪的工作机器，充满了成功、效率、自由的迷思。交易室里，紧盯荧幕的金融、股市交易员，只信奉金钱的价值。一如索罗斯所说的，金融行为非关道德。渐渐地，人与人、自己和自然越来越疏离了。①

调查和访谈发现，在远离生活世界的简单规范的关系世界中，一些导引者和体验者心灵的灵动逐渐萎缩了，对生活世界和自然之境的感觉麻木了，作为主体的人的生命体验迟钝了，出现了一种当代学生群落的“幽闭文化”、“蛋壳文化”现象，集中表现为学生思想的保守、精神的疲倦、情绪的低落。《现代快报》1999 年 12 月 14 日载文指出：就中国的年轻一代来看，也已经不同程度地感染上了“保守”的症候。有关部门对青少年创造能力的一份调查显示：多数被调查者受到思维定式的影响，在创造力上存在过于严谨、尊崇权威的倾向，而缺乏创新意识。65.5%的被调查者“常为自己无意中说话伤人而闷闷不乐”，56.2%的被调查者“不愿提那种显得无知的问题”。“对于老师或课堂上的说法，我时常表示怀疑”的被调查者不足一半。对被调查者的年龄分析显示：随着年龄的增长，青少

① [美] 杰·唐纳·华特士著，林莺译：《生命教育——与孩子一同迎向人生挑战》，台北张老师文化事业股份有限公司 1999 年版，“序”第 41 页。

年的观察、想象能力日渐削弱，而思维定式和对权威的服从却日益增强。越是想争当“好学生”的学生，这种情况越是突出。近年来，不少学生感到学习是一件令人厌倦的事情，在全国范围的学校教育中出现了较为严重的“逆反心理”，连续发生了“厌学”、“逃学”以至厌弃生命的现象，每年有为数不少的大中小学生因与教师、父母或同伴的关系紧张而自杀。

面对这种现状，华特士在其《生命教育——与孩子一同迎向人生挑战》一书中开宗明义地写道：“教育并不只是训练学生能够谋得职业，或者从事智识上的追求，而是引导人们充分去体悟人生的意义；更重要的，除了在学校的年岁，人的一生就是教育的历程。”① 我国台湾政治大学教育学系郑石岩教授在序中写道：“华特士这本书指导父母和教师，从经验发展孩子的健康和美德，在生活中孕育孩子美好的心灵。”②海德格尔之所以说“世界是我的世界”，因为他试图唤归一种人对世界的正常感觉、真实感觉。当海德格尔说“人诗意地栖居在大地上”的时候，他是在试图唤回一个久违了的鲜活而灵动的心灵。马克思深刻指出，人是在“生活本身”的“实践活动”之中成为自己的。马克思说：只有在生活的实践中，“人不仅通过思维，而且以全部感觉在对象世界中肯定自己”③，也才能“以一种全面的方式，就是说，作为一个完整的人，占有自己的全面的本质”④，“个人怎样表现自己的生活，他们自己就是怎样”⑤，因为“社会生活在本质上是实践的”⑥。从根基上看，人的思维的真理性，“并不是一个理论的问题，而是一个实践的问题。人应该在实践中证明自己思维的真理性，即自己思维的现实性的力量，亦即自己思维的此岸性”。而要实现这一点，就必须使哲学面向生活、奠基于生活、生发于生活世界。马克思把哲学从抽象的思辨王国拉回充满生命灵动的生活世界，从而使活生生的生命从黑格

①② [美] 杰·唐纳·华特士著，林莺译：《生命教育——与孩子一同迎向人生挑战》，台北张老师文化事业股份有限公司 1999 年版，“序”第 4、1 页。

③④ 马克思著：《1844 年经济学哲学手稿》，人民出版社 2018 年版，第 83、81 页。

⑤⑥《马克思恩格斯选集》第 1 卷，人民出版社 1995 年版，第 67—68、60 页。

尔的逻辑之网中解放了出来。但是，马克思所讲的生活，更强调作为感性个体的人的富有个性的生活，而反对以“类生活”湮没个体人的生活。因为这是人的主体意识的保障。马克思曾指出：人的自由而自觉的主体意识不仅使他总能够从自然（人化的自然）、社会、历史中提升出来，以免沦为自己的多重对象化活动及其产物的奴隶，而且，在逻辑的彻底处，有着自由自觉的主体意识的人也总能够把自己从自己参与造就的人的类形象中提升出来，以争取对人的类形象或类生活的批判、修正、重新创构的权利，使自己不至于只是作为人的所谓类生活、类本质的例证。一个有着独立自主性、有着丰赡个性的“现实的有生命的个人”，才是一个有主体的个体，也才是一个有真正存在价值的人。从一定意义上说，历史是“个人本身力量发展的历史”。作为20世纪最有影响的西方哲学家之一，维特根斯坦深刻领悟到人类的一切语言及其对语言的理解，与其“生活背景”具有内在的高相关性。他认为，人类所具备的语言是一种事实语言，它呈现生活事实。无论是一种哲学语言、数学语言或是伦理语言，如果把它与生活的背景分离开来而谈论它的所指或意义是“毫无意义”的。他说：“然而我获得我的世界观，并不是通过我自己满足于它的准确性。……不：我在区分真假时，是以继承下来的背景为根据的。”对于穆尔断言他知道的事情，维特根斯坦明确写道：“我要回答穆尔说，‘你不知道任何事情！’”因为这是个和背景有关的问题，“我知道”“在具体环境下是有意义的。……但是当我在这种环境之外说出它时，例如要表明我能确切知道这个真理，它立刻便让我疑窦丛生”。[①] 他在《哲学研究》中则强调指出：你是说人类的一致性决定着何者为真何者为假？然而，只有人类所说的那些话才有真有假。他们在他们所使用的语言上取得一致。这不是意见的一致，而是生活形式的一致。[②] 朱小蔓教授从情感教育的角度深刻指出：要“丰富人的感知觉，使人生活

① Ludwig Wittgenstein, *On the Certainty*. New York: Macmillam, 1958, p. 94, pp.406-407, p.423.

② ［奥］维特根斯坦著，李步楼译：《哲学研究》，商务印书馆1996年版，第241页。

在自然的而不是概念的世界中。应珍视、保留人生命早期敏锐的感受能力、强烈的感受欲望及其细致性和独特性，不要急于将这一丰富的感知纳入逻辑训练的轨道，让人的社会感受和审美感受牺牲在急风暴雨般的‘读、写、算’中”。她特别强调了对“大自然”、“艺术形式”和“人际情感”的感受。① 我在《中华美德教育论》一书中，以实证研究和案例分析为依托，从理论和实践的结合上，将“回归生活，回归生态，促发道德体验”置于道德教育方法论创新的角度，作为“理解儿童世界”的现实基础，看作新时期中华美德教育的一个根基性前提，是反思我国既往道德教育实践的一个起始性、合理性依据，也是道德教育获得生命力和魅力的现实“源头”。② 金生鈜先生说：“美好生活是在追求美好生活的过程中实现的，任何的道德选择都是为着这一生活本身的，而不是凌驾于生活之上的。生活的目的不是在生活之外实现或者完成道德理想，生活不是向道德展开，而是道德围绕着生活，为着生活的。”③

回归生活世界的一个重要含义，是由既定标准向生态多样的个体生命开放。传统的道德教育样式从既定的标准出发，认为价值观“只有一种最好”或“只有一种正确”，排斥其他一切存在样式。而开放后的道德教育样式则主张价值观是多元的，生命的存在样式是多样性的。因为人类本质上是生命系统，而生命系统本质上是开放系统。④ 现实生活世界和自然之境的道德体验价值，是从书本规范条文的“背诵”中无论如何也领会不到的。正如列宁在《共产主义运动中的“左”派幼稚病》中曾深刻揭示的那样，“全部历史，特别是历次革命的历史，总是比最优秀的政党、最先进阶级的最觉悟的先锋队所想象的更富有内容，更形式多样，更范围广阔，更生动活泼，‘更难以捉摸’”⑤。这就要求我们在道德体验过程中认可他

① 朱小蔓著：《情感教育论纲》，南京出版社 1993 年版，第 147—149 页。

② 刘惊铎著：《中华美德教育论》，黑龙江教育出版社 2003 年版，第 152—173 页。

③ 金生鈜：《道德教育与美好生活》，《道德教育研究》2001 年第 2 期。

④ [美] 小威廉姆·E. 多尔著，王红宇译：《后现代课程观》，教育科学出版社 2000 年版，第 80—84 页。

⑤《列宁全集》第 39 卷，人民出版社 1986 年版，第 74 页。

人的权利，承认每一个人的生命存在和生命体验的价值，肯定生命间对话、交流的地位，鼓励与他人进行对话和交流。

另一方面，“回归自然”的主张也不断得到加强。莱奥波尔德在《沙郡年鉴》(1949)中就提出“大地伦理学”，认为新的伦理学要改变两个决定性的概念和规范：第一，伦理学正当行为的概念必须扩大到对自然界本身的关心，从而协调人与大地的关系；第二，道德上“权利”概念应当扩大到自然界的实体和过程，赋予它们永续存在的权利。即把道德对象的范围从人际关系的领域扩展到人与自然关系的领域，这是人类道德的进步。他认为人应当“从他是大地—社会的征服者”，转变为“大地共同体中一个好公民的角色”。① 霍尔姆斯·罗尔斯顿则提出整个人类的道德应实现“从文化向自然的转向”，“要引导文化去正确地评价我们仍然栖居于其中的自然”。② 而阿恩·纳斯在《浅层与深层：一个长序的生态运动》中提出的“深生态学”，揭示现代最重要的环境价值观念是生态“大自我”的环境整体主义观念，把人的自我利益与大自然中的所有物种、生命共同体、生态系统的利益紧紧联系在一起，把人类道德共同体的范围扩大到整个“生物圈”或“生态系统”，这是人类价值观念上的一种变革，道德观念上的重要进步。③ 所有这些观点都把世界看成动态的、活生生的，而不再是一个抽象的、以僵死凝固的知性逻辑为基础的、纯粹科学的客观世界。对道德和道德教育来说，生活世界和自然界是基础性的、本源的，同时也是真实的，具有存在样式的复杂性与道德意义的无限丰富性。人们生活在生活世界和自然界中，并通过生活和自然，不断地体验自身生存的意义。这样一个生态创生的过程，是道德教育之生命力和魅力产生的源头。鲁洁先生深刻揭示：道德教育不仅有促进政治经济发展的功

① 余谋昌著：《生态伦理学：从理论走向实践》，首都师范大学出版社1999年版，第39—41页。

② [美] 霍尔姆斯·罗尔斯顿Ⅲ著，刘耳、叶平译：《哲学走向荒野》，吉林人民出版社2000年版，“代序”第3页。

③ 王正平：《深生态学：一种新的环境价值理念》，《上海师范大学学报（哲学社会科学版）》2000年第4期。

能，而且具有促进人们生活水平提高的多方面的功能，特别是具有引导人们享用生活、享用自然的功能，而且享用生活和享用自然的功能是更容易显效并被人们感受到的，因而也更具有吸引力。①《中国少年“五自”丛书·跨世纪的一代》中所展现的大量在“自学、自理、自护、自强、自律”方面取得成功的中小学生的实例表明，生活世界和自然界与学生的学习之间存在着相互促进的关系。快速、高效的学习，是一系列与生活和自然息息相关、相互促进的饶有趣味的活动。那些热爱生活、热爱自然、热爱家庭、热爱父母，对生活世界和自然界有深入体验的学生，对学习往往有较为深入的理解、感悟，其学习动力强，效率和质量高，学习过程轻松愉快。从新世纪学生所关注的问题和需要发展的类型看，回归生活、亲近自然的需要有明显升高的趋势，已成为道德体验教育的内在要求。

需要强调的是，这里所讲的回归生活、回归自然之境，旨在强调道德教育要防止和克服封闭性、既定性，而强调向生活世界和自然之境的开放性、道德境界的生成性。将道德体验置于一个充分开放的时空，承认人的生命、生活是一种具有生态创生特点的可能性生存实践。但这一命题必须作出两个区分。

第一，与西方的“生活世界”和“返璞归真”相区分。因为西方发达国家已经完成了由农业文明条件下的传统日常生活向工业文明条件下现代日常生活的嬗变，当前正沉沦于一个发达的技术世界之中而与生活世界和自然之境相隔离，但它由科学技术所创造的物质世界是相当发达的。胡塞尔和维特根斯坦是为了拯救处于深刻危机和异化之中的科学世界、技术世界、艺术世界等非日常生活领域，主张回归到没有受到科学技术和工业文明渗透的传统日常生活世界，以此作为价值和意义的源泉，试图为西方世界（人类）重建意义世界和精神家园。海德格尔和列菲伏尔也面对一个异化的技术世界与科学世界，但他们更多地关注被工业文明所切割的现代日常

① 鲁洁、王逢贤主编：《德育新论》，江苏教育出版社 2000 年版，第 248—321 页；刘惊铎、权利霞编著：《德育学教程》，陕西师范大学出版社 1992 年版，第 35—46 页。

生活世界自身的异化，以求从生活世界的根基上唤起人们反抗异化的冲动。而科西克和赫勒则更多地以前工业文明条件下的传统日常生活世界为模本，对自在的日常生活进行批判，从而使人超越自在的日常存在状态，成为自由的、创造性的、人道化的个体。目前，中国作为一个发展中国家还正处于向现代化的转变之中，其物质资源尚未得到充分的开发，人民的物质生活水平还相对较低，它正需要创造一个现代化的新世界。所谓“生活世界”是指人们生活于其中的现实的、具体的、通过经验能被经验到的周围世界。它比人们实际观察到的世界要丰富得多，并且它不是科学的、概念化的世界，是所有人类实践的基地和领域。

第二，与“人的创造性的生活实践”的观点相区分。赵汀阳在《论可能生活》一书中认为，“人的生活是创造性的”，“生活本意在于创造”，在于“创造幸福感”，“所有幸福都来自创造性生活”，并认为“生存只是一个自然过程”，是“重复性活动”，无所谓幸福还是不幸。① 我以为“人的生活是创造性的”这一观点，实际上是在理性哲学认识论视界下的看法，只是从个体人的经验层面的具体生活结局的角度看，有其合理性。创造过多地带着人为地改变物质世界的人类意识。而在一种较为狭小的具体视界下看上去是道德的创造性生活，在一个更高远的视界下再去看，就可能是一种不道德的生活；在一种视界下看上去是“幸福”的生活，在另一种新的视界下去看，则很可能是一种不幸，而且是更大的不幸。因此，“创造幸福生活”的观点容易导引人们在追求有限的科技理性创造的同时，遗忘了对无限的生活世界和自然之境的感悟，从而封住了创造者更大的可能性生存时空。如果在发展过程中不得不创造，那么，“生态创生”要比“科技理性创造”更符合生活世界与自然之境的内在逻辑。事实上，正如卢卡契在《审美特性》的“前言”中所指出的那样，“如果把日常生活看作是一条长河，那么由这条长河中

---

① 赵汀阳著：《论可能生活》，生活·读书·新知三联书店 1994 年版，第 20—21 页。

分流出了科学和艺术这样两种对现实更高的感受形式和再现形式"①。伴随着人类自我意识的增强，最初从扑朔迷离的原始神话世界中分化出来的科学、艺术和哲学等自觉的精神生产活动，取得了愈来愈远离日常生活世界的独立性。科学在很长的时间内只关注没有人的活动参与其中、与人无涉的"纯粹"客观之物；艺术常常远离生活的原生态，以浪漫的或现实的手法提炼与塑造典型环境中的典型人物；哲学只思索生活世界背后的规律、抽象的认识机制，或人的形而上的本质。日常生活世界则往往处于自觉的理性视野之外，退隐为人类生存的混沌的背景世界。而在现代社会中，正是由于人对生活的创造性观点的流行，导致科学、艺术同日常生活处于分离状态，因此日常生活未能得到自觉的、充分的研究。

这也就是说，回归生活和自然之境旨在强调道德教育要重视和加强体验者生态阅历的积累，把诱发亲验放在一个显要的地位，也为其想验的发生提供坚实的生态阅历的支持。如此一来，道德体验中的道德关系，不仅应当包括学校教育环境中的道德关系，也应当包括学校以外更为广阔的生活世界、自然之境中的各种关系和道德情境。道德体验的实际发生及其所达成的境界，是在生活世界和自然之境的所有关系交互作用之中生成的，具有全开放性。

七、实践活动

道德体验的发生是统一于人的实践活动之中的。实践活动作为道德体验场的有机组成部分，在其中起着原始发生和各种因素的整合作用。观察和研究发现，体验者道德境界的生成，是以在自身的实践活动中获得切身体验为发端，并以满足其需要为动力的。综观世界各国的道德教育改革与发展动向，形式和方法虽日趋多样，但都非常重视在实践活动中的体验。美国学者认为在语言的、行为示范的、实践的这三种道德教育形式和方法中，通过实践活动去体验的道德教育效果是最明显的，因此在实践中也很注重实践锻炼和体

① [匈] 乔治·卢卡契著，徐恒醇译：《审美特性》，中国社会科学出版社 1986 年版，第 1 页。

验。日本中小学道德教育差不多都是体验式的，其办学宗旨就强调培养孩子健全的情感，组织孩子们投身于有体验的活动之中。

按照马克思的观点，实践是人的生命成长的基础，因而也是道德体验的基础。《周易·系辞下传》也曾说："是故'履'，德之基也。"《中庸》则说："力行近乎仁。"扬雄在《法言·修身》中说："行重则有德。"《朱子语类》卷第十三中说："善在那里，自家却去行他。行之久，则与自家为一；为一，则得之在我。未能行，善自善，我自我。"但研究发现，实践本身又分为两种，即对象性实践和交往实践。① 前者形成主客体之间改造与被改造的关系，后者形成主体之间的交往关系。两种实践活动以及由此而形成的两种关系，对道德的发生和发展都有决定性的影响。皮亚杰揭示，个体对象性实践活动的协调奠定了一般认知结构以及道德判断结构发生和发展的逻辑基础，而米德和柯尔伯格所揭示的借助于语言符号开展的交往实践活动则构成道德意识发生和发展的社会基础。张世英提出，人类有三种形态的实践：第一种是自然实践，指刀耕、火种，这是最早的文明；第二种是改造性的实践，即马克思的实践观；第三种是创造性的实践，如网络世界。第一种是人类对大自然的具有极大依赖性的实践；第二种是人类与自然生态母体独立并反作用的实践样式；第三种是在生态创生的意义上自觉利用科学技术，使人与自然、与自身的创造潜能有机统一的实践样式。

无论对实践怎样分类，马克思对"实践"之价值的揭示都是有益的。马克思从实践的视角去理解人与世界的关系，这触及道德体验原始发生的现实根基。马克思在《1844 年经济学哲学手稿》中揭示出，人的实践活动是自觉展开的"感性对象性活动"。这一活动是人的生命活力的表现，也唯有人自身才能体验；是人对对象世界即属人的生活世界的建构，也是人感受对象之属人意义而达到的自我陶冶；人由于这一活动而成为具有类属性的社会的人，也由此而形成了独特的个性；由于这一活动而使自然界不断人化、美化，

① 钱伟量：《实践的交往性和休谟的怀疑主义》，《哲学研究》1992 年第 1 期。

也因此而使人能够扬弃狭隘的功利取向而与整个自然界融为一体。① 在马克思看来，历史上的哲学对人的思维的真理性多有争论但又无结果，其根本原因就在于“这并不是一个理论的问题，而是一个实践的问题。人应该在实践中证明自己思维的真理性，即自己思维的现实性的力量，亦即自己思维的此岸性”。在马克思这里，一切都在人的实践活动中取得最终的统一，因为“人在改变环境（对象）的同时也在改变着人自身”。人怎样获得自己的存在，也就怎样获得自己的本质。“环境的改变和人的活动或自我改变的一致，只能被看作是并合理地理解为革命的实践。”② 马克思指出：“从前的一切唯物主义（包括费尔巴哈的唯物主义）的主要缺点是：对对象、现实、感性，只是从客体的或者直观的形式去理解，而不是把它们当作感性的人的活动，当作实践去理解，不是从主体方面去理解。因此，和唯物主义相反，能动的方面却被唯心主义抽象地发展了，当然，唯心主义是不知道现实的、感性的活动本身的。费尔巴哈想要研究跟思想客体确实不同的感性客体，但是他没有把人的活动本身理解为对象性的活动。……他不了解‘革命的’、‘实践批判的’活动的意义。”③ 在《1844 年经济学哲学手稿》中，马克思指出自然主义和人道主义并不存在以“心”与“物”、“能动”与“受动”、“自由”与“必然”的二元对立为背景的二元对立，既不是简单地归结为抽象的自然界，也不是简单地归结为抽象的人，而是收摄、整合、统一于人的具体的“实践活动”之中。因此，“理论的对立本身的解决，只有通过实践方式，只有借助于人的实践力量，才是可能的”④。马克思进一步把人和人的发展看作是一种总体性活动，看成是“具有许多规定和关系的丰富的总体”⑤。在马克思看来，“人们的存在就是他们的现实生活过程”，因而“我们的出发点是从事实际活动的人”，是实践的、人类感性的活动，人的“全

① 张曙光著：《生存哲学——走向本真的存在》，云南人民出版社 2001 年版，第 104 页。

②③《马克思恩格斯选集》第 1 卷，人民出版社 1995 年版，第 55、54 页。

④ 马克思著：《1844 年经济学哲学手稿》，人民出版社 2018 年版，第 85 页。

⑤《马克思恩格斯选集》第 2 卷，人民出版社 1995 年版，第 18 页。

部社会生活在本质上是实践的”。① 加达默尔强调指出：“实践的首要性是不可否认的。”② 中国古代的“体证”，即是个体人的实践活动。蕺山先生秉承孔子、孟子重视美德在“践履”的思想，主静敬，敬诚静修，与朱熹等一起，确立了“体证”的理论地位，凸显了实践活动在中国道德文化中的价值。③ 亚里士多德强调“实现活动”在德性的原始发生中的价值。他说：“我们必须先进行实现活动，才能获得这些德性。……总的说来，品质追随着相同的实现活动。所以，一定要十分重视实现活动的性质，品质正是以实现活动而不同。”④ 麦金太尔在分析亚里士多德的道德教育思想时发现，亚里士多德认为，“善是这样一些品质，拥有它们就会使一个人获得幸福，缺少它们就会妨碍他达到这个目的。……把善描述为使人获得善的手段；但如果不参照德性，我们就不能恰当地描述人类的善。在亚里士多德的体系范围内，说没有德性的实践而有某种获得人类的善的手段是没有意义的”。“德性实践的直接后果便是一种采取正确行动的选择。在《欧德穆伦理学》中，亚里士多德这样写道：‘有意图的选择，其目的的正确性的原因是德性。’……德性不仅是按照某些特殊方式去行事的气质，也是以某些特殊方式去感觉的气质。恰如后来的康德所认为的那样，行善并非与偏好相对；它是出自于德性的培养而形成的偏好的行为。道德教育就是一种‘情感教育’。”“不过，真正有德性的人的行为是以正确合理的判断为基础的，（而不是训练出来的）。”⑤ 作为较早和较为系统地研究“体验”问题的瓦西留克，也将自己的“体验”范畴限定在“活动”的范围以内。他在其《体验心理学》中写道：“体验范畴并不是我

① 《马克思恩格斯选集》第1卷，人民出版社1995年版，第72、73、56页。

② ［德］加达默尔著，薛华译：《科学时代的理性》，国际文化出版公司1988年版，第99页。

③ 李振纲著：《证人之境——刘宗周哲学的宗旨》，人民出版社2000年版，第114页。

④ ［古希腊］亚里士多德著，苗力田译：《尼各马科伦理学》，中国社会科学出版社1999年版，第28页。

⑤ ［美］A. 麦金太尔著，龚群、戴扬毅等译：《德性之后》，中国社会科学出版社1995年版，第187—188页。

们从活动理论以外的另一种什么理论中得出的现成的理论，更准确地说，我们是试图用活动理论的概念和范畴‘琢磨’出超科学的直观易懂的体验的思想。”①

毛泽东的《实践论》终结②了中国古代和近代以来的知行观。毛泽东接受了马克思主义社会实践论和否定之否定的辩证法，指出不能离开人的社会性、离开人的历史发展去观察认识问题③，并提出人的认识过程是“实践、认识、再实践、再认识，这种形式，循环往复以至无穷，而实践和认识之每一循环的内容，都比较地进到了高一级的程度。这就是辩证唯物主义的全部认识论，这就是辩证唯物论的知行统一观”④。而程颐、朱熹等思想家一再强调“义理不明，如何践履”，都是从具体的道德实践着眼的，他们忽视了后人固然可以通过“读书明理”，而第一次写书的“圣贤”们则必须从社会生活的实践中去直接汲取自己的道德观念。⑤ 而后人即使从书本上学习到了传统意义上的道德规范，他对其真实的含义要有所理解，生成新的道德境界，则又必须带着这些道德规范知识到新的社会生活之中去，在自己的亲身社会实践活动中有所经历、有所领悟。

在访谈中，一些大学生领悟到新的学习实践活动对自己的改变，而一些学者则体悟到，正是在学术研究实践活动展开的过程中，研究者个人也随之发生了改变，不仅改变着自己的学术风格、学术个性，而且改变着自己的做人境界。一位出身农村的大学生说：“我上大学之后，每年回到老家，对家里人和村里人的言行方式就有一种新的不适应的感觉，变得更不理解了。开始时，我以为是他们发生了变化，后来发现是我发生了较大的变化，是我在新的

① ［苏］瓦西留克著，黄明等译：《体验心理学》，中国人民大学出版社 1989 年版，第 12 页。

② “终结”一词原本出自德文 ausgang，其中既有结束的意义，又是新的开端之意，充满了辩证法的否定精神。

③④《毛泽东选集》第 1 卷，人民出版社 1991 年版，第 282、296—297 页。

⑤ 张践著：《德性与功夫——中国人的修养观》，云南人民出版社 1999 年版，第 16 页。

生活环境和学习实践活动中发生了明显的变化，所以就觉得是家乡人的言行境界降低了。”一位学者说道：“当我每次回头去看自己以前写的著作和论文的时候，我就对它的思想境界有一种不满意的感受。我现在搞懂了，不是它当时的境界不够，而是我现在的境界发生了变化，整个看问题的视角也发生了变化。”可以说，做人不是静观出来的，而是在实践活动中体验出来的，是践履的功夫。鲁洁先生与郑汉文和研究生之间关于学术与生活的多次谈话反复表达了这样的体验：“我的学术本身就是我的生活的一部分，是我的生活铸就了我的学术个性。其实学术个性并不是学说本身的逻辑所造成的，有什么样的生活，就会有什么样的学术个性。”古人所讲的“要学诗，功夫在诗外”的体验也就包含着强调生活实践之重要性的意思。

中国学校道德教育以往存在着较多关注学校内部导引者与体验者之间的关系和活动，而较少关注校外更为广泛的生活关系和实践活动，致使道德教育的实践时空被限定。而道德体验强调实践视域的开阔性、开放性。无论学校内外，一切带有道德体验触点的现实生活关系和实践活动，都要自觉予以关注，并进行大胆的实践探索。譬如生态体验研学旅行、营地体验教育，就是有价值的教育实践形式。毛泽东曾指出，要让青年人到社会的大风大浪中去经受锻炼，经风雨，见世面，茁壮成长。这是他在长期的革命生涯中深有领悟的、富有道德体验哲理的道德教育建议。实际上，“知识青年上山下乡”活动，如果除去政治上的考虑不谈，应当说，这不失为道德体验教育的一个有益探索。我参加返城知青聚会，对一些知青进行了访谈，发现知青们虽然大多觉得当年下乡时的感觉是很苦、很累，但也认为当年下乡极大地激发了自己的生活创造性。云南西双版纳的一位名叫玉波的姑娘指着漫山遍野的橡胶林说：“是当年到这里来下乡的上海知青，引种了这满山的橡胶树，改变了西双版纳的贫困面貌。至今，西双版纳人都很感激、怀念他们。后来返城时，有一些知青已经与当地的傣族姑娘结婚生子，就留了下来。他们生的孩子就是'汉傣'。"①许多知青现在回想起来，也"诚心实意"地感到"这是一笔难得的人生财富"，它使自己的人生变得"厚重"起来。衣俊卿说："1976 年 7 月中学毕业后，我到一个知识青年点下乡并任青年队长，那段经历对我今日的学术生涯有很大影响。当人被抛入直接的自然环境中，会对人与自然的关系、人与人的关系，以及生活的责任与重负形成一种直觉的、然而是深刻的体认。"②

综上所述可见，道德体验教育就是要从传统道德教育的概念化、抽象化、教条化说教王国里走出来，从根本上加强生活基础性和生活境遇引导，亲近自然，深入生活，感受生活，使学生通过自己的探索性实践活动创造新生活，保护大自然，以文明健康的方式享受生活，享受自然，在其中体验生活和自然呈现给人的意义和乐趣。事实上，当人们在生活世界和自然之境中亲身参与某项实践活动时，面对更多的并非导引者所设定的"道德教育"性质的关系、活动和情境，但人们在其中获得了有益的道德体验，甚至领悟到了对其一生产生深远影响的深刻的人生体验。因此可以说，实践活动是当下在场的体验线索背后更为重要的道德体验的背景源头。当道德体验教育回归这个源头的时候，它就有望臻于"问渠那得清如许？为有源头活水来"的境界。

道德体验的原始发生因素还有未列出者，主要如价值观、人生观、世界观也是重要的原始发生因素，且是作为道德体验的价值背景和诱发唤醒起点而起作用的，有所谓"道不同，不相为谋"③、"朝闻道，夕死可矣"④ 之说。俗话所谓"三观相投"，容易相互诱发和唤醒道德体验。

此外，还有一些道德体验的原始发生因素，如民族文化因素，

① 资料来源：笔者 1998 年 4 月的实场访谈。"汉傣"系在"文革"中下乡的汉族知青与当地傣族姑娘结婚所生的孩子，与当地土生土长的"花腰傣"、"水傣"共同构成了傣族大家庭。

② 衣俊卿著：《回归生活世界的文化哲学》，黑龙江人民出版社 2000 年版，第 4 页。

③《论语・卫灵公》。

④《论语・里仁》。

体验者的身心健康状态，体验者的饱暖程度，体验者的智慧开启度、同理心，体验者之间的差异度、亲密度，体验者在日常工作、学习和生活中曾经被诱发或唤醒体验的频次及幅度，体验者参与体验培训的频次及程度，体验者接触并发生准体验的频次及程度等，也是道德体验的原始诱发因素，在实践操作时应予以系统地、结构化地考虑和处置。

第五章　道德体验的表达与评价

第一节　道德体验的表达

在经验的意义上看，表达是体验的一部分，一般是先有体验，后有表达。但实际的情形要比这复杂得多。事实上，也可以没有体验而先行表达，在表达中诱发和唤醒体验。从某种意义上说，体验是在表达中发生和深化的。正是在这个意义上，博尔诺夫（Otto Friedrich Bollnow，1903—1991）说：“只有在谈话中才能使人完善其人性。”① 但是，目前关于表达的道德教育哲学的研究还很缺乏。狄尔泰、海德格尔、维特根斯坦、博尔诺夫和怀特海等人对表达的文化解释学的研究，给我们提供了有益的思想基础和方向性启示。在此，我试图闯入道德体验表达的迷宫作一番探索性穿越。

一、表达的含义及道德体验价值

表达可以定义为体验者对自己体验的呈现及其呈现方式。体验的表达与规范或要求的讲述具有不同的特点。体验表达是诉说性、涌流性的，而讲述是陈述性、思辨性的。而且，人在叙述经历和经验的时候，可以做到客观地描述，态度平和，但人在叙述体验的时候，则有情绪情感的参与，容易表现出激动，伴随表情，而且常常会出现如《诗经》上所说的“手之舞之，足之蹈之”的情态，甚至流下泪水。经历和经验的表达方式和内容不同：可以以公众的话语述说，多次复述而变化不大；体验则是以个性化的话语诉说，诉说自己最喜欢的、最感动的生命故事，而且在多次复述中，每一次的

① ［德］O. F. 博尔诺夫著，李其龙等译：《教育人类学》，华东师范大学出版社 1999 年版，第 109 页。

复述角度不同，感情不同，感悟不同，打开的意义境界不同。

表达不仅对于体验，而且对于人的生存有着十分重要的价值，从某种意义上说，它是人生存的基本方式之一。表达的道德体验价值主要体现在以下四个方面。

其一，表达具有诱发和唤醒道德体验，并使体验清晰化的作用。体验者虽然已经拥有了一定的生态阅历，但是，在没有表达机会之前，常常处于一种“模糊状态”，“想不清楚”究竟有什么体验。在体验表达中，体验者的阅历诉说本身透射出一种在当下关系情境诱发下的反省性、反思性和透视性，我称之为“省思”。正是在一次一次的表达省思中，人的体验变得清晰起来。实践证明，一旦在表达中获得了某种清晰的体验之后，这种体验就会深刻地留在体验者的意识深处，再也不容易被遗忘掉了，它会成为今后决定人生行为的重要的内在依据。从某种意义上说，表达的清晰程度实际上代表着体验之思的深刻与清晰程度，冗长繁复的表达标志着体验之思的发育尚未成熟，缺乏深刻性和清晰度，而简洁明了的表达标志着体验之思的深刻、清晰。刘敏中在《中国学术前沿性论题文存·龙江学人卷》总序中说：“我钟情于‘思想’。我赞佩老笛卡儿的‘我思故我在’这一命题，我‘是’我的证明，就在于我思。人的进步，就是思而有所悟；人的进化，就是对思之思，以至思思不已。思的水平就是人所达成的境界。”无论采取何种表达形式，只要有效地唤醒了人的道德体验，就都具有实际的道德教育价值。

其二，表达于体验者具有道德的自我认同价值。康德强调指出，道德的本来意向就在于它能够充分显示作为主体的人类道德意识的超越性、道德行为的自觉性和道德情感的纯洁性；而这些特征的汇聚焦点即是“主体道德意志的自由”，它是主体伦理学的最本质的特性所在。每一个人正是凭着其富有个性的德性的创生和独特的人格的生成而成其为人的。但在日常状态中，海德格尔领悟到，“此在”通常因错过其自身最本己的可能性而“沉沦”，“这种‘混迹于……’多半有消失在常人的公众意见中这一特性”，即“此在”不是以自己独特的表达展开其世界的时候，就处于本己的非本真状态，在这种状态中，“此在”不是作为它自身而存在，而是按照他人的意愿来塑造自己、来生活，即“混迹于常人”之中，沦为平均状态，而以“不是它自己存在”的方式存在着。就是说，当一个人在将自己表达成某种道德境界的时候，也许他的实际行为目前还并未达到这种境界，但他当下的表达会使他产生出一种使自己的实际行为尽量达到与自己所表达的境界相一致的状态。马克思说：“个人怎样表现自己的生活，他们自己也就怎样。”马克思的历史观一向把是否生成“有个性的个人”作为评判生产力的价值标准。马克思说：“必须推翻那些使人成为受屈辱、被奴役、被遗弃和被蔑视的东西的一切关系”，而让每一个个体的人自由地表达自己的个性。

其三，道德体验的表达不仅具有道德教育的意义，而且具有个体生存的意义。怀特海写道：“在社会集合中的每一等级中，从无生命的物质界直到人体，都存在表达的必要性。正是由于平均化的表达和接受，单纯物质体的平均化活动才能被限定为与自然的统治法则相协调。也正是由于个体的表达和接受，人类才展现出一个人的表达性活动，如亲密感的、情感的与目标性的活动。”① 而感受或领会则是对表达的接受，良好的接受状态会进一步激发表达者表达的欲望，不断深化表达。人在表达中也像动物一样存在着对身体表达功能的依赖性，但不同的是人类生命要获得生存的价值与意义，人常常以自己尚未实现的理想为目标，寄托着希望。

其四，表达能够使个体人的生存实践中蕴涵的道德体验价值得以外显。就像生存活动本身就具有意义一样，表达本身也就具有意义。怀特海曾指出：“我们在自然中发现了四种实存的集合：最低是非生物集，其中相互影响在形式科学（如数学）中主要可用形式特征来表达。平均标准支配着无机物，在其部分中缺乏个体性的表达，它们的选择的闪动是偶然而无效的。各部分仅仅传递平均化的表达，因此结构存活下来。因为平均化总是存在着，并抑制着个体化。”而人的“这些身体活动多不相同而且有很强的选择性。一个生气的人，他进行选择后会将邻居击倒。……在石块的例子中，形

① [英] 阿尔弗莱德·怀特海著，韩东辉、李红译：《思想方式》，华夏出版社 1999 年版，第 28 页。

式的东西起主要作用；在那个人的例子中，所作的解释必须以个体的满足为目标。这种满足要受到形式的东西的制约，与其强度相比，满足要超越它们，而引入个体表达”。①

可见，不一定要在表达之外另外寻找或建构一个所谓的意义或价值。在实际生活中，有些诉说纯粹就是一种生存实践，就是一种生存需要，是一种“宣泄”，它并没有外加的意义或价值。在这种诉说中，诉说者可能喜欢独诉，如以口头的方式面向鲜花、小草或小河低诉，面对高山、旷野或草原呼喊、歌唱，或以文本（日记等）的方式独自倾诉。体验者也可能互诉，如在亲友、同学、老乡之间以口头形式诉说、对话、讨论，或以文本（书信、电子邮件、微信、网络聊天室等）的形式与熟人及陌生人互诉。也有体验者喜欢一个人静静地读小说，或看视频、看光盘、打游戏等。也有人到商业性“宣泄厅”去，痛骂或狠揍某个人的模型，以宣泄自己积压的情绪。访谈发现，即使在互诉的表达中，有些体验者的诉说也并不需要倾听者提出任何建议，甚至也不需要倾听者作出明显的积极反应，只要倾听者“在听”，这就够了，这就是一切。诉说者表达完了，其生存意义或道德意义也就实现了。其实，一个有着丰富多样的需要，能力有限，而又身处如此复杂的关系世界之中的感性个体，也许只有借助多样化的、自由的表达，才能一方面抒发他对他人、社会和大自然的感激之情，另一方面宣泄他积压于内心的各种不忿情绪，以保证自己心情舒畅，健康生存。“日常生活中，我们常常体验到的持续性的无名烦恼和焦虑，就是一种无意识的情绪状态。无意识心境是一种较为持久的情绪状态，对人们的身心健康影响很大。许多生理因素和病理过程常是无意识心境形成的重要原因，生活环境和人们的意识修养以及社会价值观对心境的形成也具有重要作用。因此，脑智力潜能的开发常常是自觉地调节心境。”②如此看来，精神病人和神经病人，可能就是生存实践中缺乏及时、

① ［英］阿尔弗莱德·怀特海著，韩东辉、李红译：《思想方式》，华夏出版社 1999 年版，第 28—29 页。

② 沈政：《脑科学与素质教育》，《教育研究》1999 年第 8 期。

适当的表达所致。国外新出现的“白痴党”的生活样式，也许就是适应日益物化和高度紧张的社会生活节奏的一种生存智慧。当“白痴党”的成员自己制作了手工花，痴痴呆呆挨家挨户去推销时，他们表达着自己内心（内生态）的某种不和谐，他们甚至以自己生命所能承受的任何方式表达自己，这一系列表达行为起到了缓解他们平时道貌岸然的生活所无法排遣的压力，对其道德以及生命的健康发展起到积极的支持作用。

二、表达与道德体验的诱发

表达诱发和唤醒体验的机制是颇为复杂的。一开始，人可能并没有某种体验，但当这个人有了一种表达自己的机会，他就会搜索枯肠般地去表达自己。这种表达机会促使他试图表达出一定的主题，于是他将注意力集中到某种关系或活动上，促使他主动寻觅和搜集有关的主题信息资料，以便更加清晰地表达自己的体验；而就在这个过程中，体验被诱发和唤醒了。

体验者往往是在某种关系场景中，在相互之间的表达中，忽然领悟到了某种体验。理查德·罗蒂在《哲学与自然之镜》一书中指出：“当我们读得更多、谈得更多和学得更多时，我们就成为不同的人，我们就‘变革’了自己。”① 人文哲学不应是建立一种理论的“体系哲学”，而应是以对话为己任，陶冶个人自我完善能力的哲学。陶冶哲学家以其精辟的语言和对人生深切的关注向与人生无涉的建立体系的哲学挑战，并为人们敞开令其惊异的人生境况，并随时注意在不断创新的语言中，防止将生命“对话”蜕化为概念演绎。江苏省无锡市轻工职业高中的一位老师说：“我是在这一次的表达（对话）中被唤醒的，并上升到了理论。”关于表达对于体验的清晰化的价值，狄尔泰曾有过探索。狄尔泰将“表达”作为他的精神科学中最基本的范畴之一。狄尔泰感悟到，生活是不能直接把自身揭示给我们的，而只能通过心灵的客观产物来加以照亮，这种客观产物便构成了表达。正是通过表达，人类生活才成为可以被认

① 转引自邹进著：《现代德国文化教育学》，山西教育出版社 1992 年版，第 189 页。

识的。但是，作为文化的表达，其价值不在自身，而在于它所表达的“意义”。狄尔泰认为，非人类的生活是不可能有意义的，人类的生活是不可能没有意义的，因此，意义便是对人类生活的根本性规定。对意义的把握，不同于对事实的把握。它不仅需要表达，还需要一种特殊而复杂的精神活动，即“理解”。理解就是以自身去使对象感悟，其结果是在“你”中重新发现“我”。理解乃是进入人类世界的过程。狄尔泰认为理解是对于生活的再创造，它使表达具有了意义，使精神世界成为一体，使历史成为现实，使人成为人类，使生活成为永恒。生活在理解中展现其存在。

在道德体验的访谈中发现，体验的发生是一回事，对体验的表达又是一回事。在深度访谈对比中，我常常发现道德体验的无限性、混沌性和体验表达与语言描述的具体性、有限性之间的矛盾。道德体验本身既有可说性，也有不可说性。事实上，道德体验的境界可以是只体验到体验者所感悟到和表达出来的那一点，也可以是超出了体验者知见和语言表达阈限之外的体验。有的人可能体验很丰富，也很深刻，但他不善于表达，表达不准，或不想当众表达出来；或者他是这样体验的，而故意表达成另一种样子。我在黄山、太白山、天山、神农架、青城山等生态旅游景区对旅游者和打工者的采访比较中就发现：研究生、大学生、中学生和行政管理干部等对自己体验的表达要详细、清楚、准确一些，而挑夫、一般的工人、农民等对自己体验的表达则要简略、含混一些；美国的儿童对自己体验的表达要主动、勇敢、清楚一些，而中国的儿童在表达自己的体验时，则要用目光先征得父母或在场的其他长辈的许可，其表达较为被动、怯懦、含混一些。①

这里既有一个表达能力的有限性问题，也存在着一个表达的真实性问题。比如，有些人讲出来的都是豪言壮语，而有些人表达的则是朴素的感悟，不加任何文饰。目前对比的结果初步发现，在行政干部和知识分子当中，所谈的体验较多一些修饰和拔高“意义”

① 资料来源：美国和中国儿童体验表达的差异，是我在黄山的现场采访中发现的。采访对象的年龄都是 7 岁左右。性别：男童。地点：黄山飞来石附近。时间：2001 年 4 月。

的成分；而且这些人担心对体验的采访，会把自己的内心给看透了。这是一个采访中防范心理的一个很要害的问题。这样一来，就不愿意把自己的真实体验告诉别人（除非不牵涉切身利益或没有被人看透之后的担心）。

从访谈中还可发现，体验的表达受到个人的价值观和当下价值判定的影响，人们一般倾向于表达自己认为高尚的、优美的体验，而倾向于掩饰自己认为悖论的、不光彩的体验。这种情况，既在下面垃圾场的体验表达中明显地表现出来，也在“性爱”的领域中集中表现出来。

案　例

拾荒者的表达

我在南京市水阁村垃圾填埋场的采访中发现，除了前去参观的专家、教研员善于表达自己的体验外，拾荒者也很能表达他们的体验，而垃圾场管理人员却不善于表达自己的体验，他在谈自己的体验之前，想了十多分钟，最后谈出来的体验中包含的“意义”性的内容较多，而自己真实的体验较少。这与我的预测形成了较大的反差。归因分析，垃圾场管理员可能是在内心认为自己所干的工作不够高大上，谈出体验来会影响人们对他的看法。因为他谈起这些拾荒者的“体验”时，几乎没有什么思考，也是脱口而出，并理直气壮地说：“他们就是为了卖钱，就是赚钱！”而拾荒者则没有多少顾忌，也不担心面子，因此，他们讲话似乎没有考虑，脱口而出，而且讲话直奔主题：“我捡垃圾就是为了供孩子上学”；“我捡垃圾是为了卖钱，等我明年买上房子了，我就不捡了！”在拾荒者当中，也有很计较的人，当他看到我手中拿着采访机，便说：“怎么，你是记者？录音我就不讲了。”当他们弄清楚我的身份和访谈用途之后，又大胆、坦率地诉说起自己的体验。① 从交谈中听得出，这三位“垃圾王”，既有“累、苦、臭”的直观感受，也有“自由、痛快、不花钱”的快乐体验。当我说他们这样做“也是一种生态环保志愿者行动”，是在“为这个城市、为社会、为国家做好事”时，他们乐了，脸上、眼睛里掠过一丝自豪的神情。接下来，他们聊得更加快意。总体看来，这些拾荒者讲出来的体验虽然缺乏措辞上的考虑，但是较为真实和具有实在感。

分析可知，我们国内的一些拾荒者俗称“垃圾王”，尽管他们的动机是为了自己家庭的生计或孩子的上学，而不是出于为了环境保护的事业，但是，他们是一群实际的“生态环保志愿者”，他们捡垃圾的行为本身就是一种很有价值的生态环境保护行动。有一位美国的少年到中国来，在北京看到一个“垃圾王”，尽管这人是为了自己的生计而捡垃圾，但这位美国的少年很是崇拜这个“垃圾王”，他饶有兴致地跟了这个“垃圾王”整整一天，让“垃圾王”教他怎么分拣垃圾，怎么运走。他说：“我回美国后，也要像他一样，做一个生态环保志愿者!”

经过上述表达探源之后，我发现，相互表达的过程实际上就是道德体验发生的过程。在相互表达中，不仅这些“垃圾王”们发生了新的道德体验，我自己也发生了新的道德体验。我感到他们所做的事情确实是很有意义的，而他们自己却并不知道。用传统的道德价值标准衡量，他们似乎没有追求道德意义的动机（而只是生存的考虑），因而这种行为应该是没有所谓崇高的道德价值的。但经过访谈，在与他们的对话中，我领悟到，这种似乎没有意义追求的生存实践本身就充满着深远的道德意义，一种生态环境保护的意义，一种生态体验的境界。他们在无声无息地用自己的生命和朴实无华

① 我随机选择了三位“垃圾王”，先和他们做了一阵子的无主题聊天，营造宽松自由的氛围，并亮出学生证，报明身份：“我是博士研究生，是在搞调查研究，不是记者，不会去报道”，以消除他们的后顾之忧。

的劳动，从事着一种生活在干净卫生的城市中的人们根本看不见也感受不到而又是不可或缺的生态文明调节活动。如此看来，体验中的道德性的基本判断标准不应该是道德的意识和动机，而应是体验者在实际生活中所愿意和实际承担的角色的道德价值。例如，我们视甘地或德蕾莎修女是有道德的人，并不是因为他们的“深层”动机或深奥的道德哲学，而是因为他们在整个人类范围内所愿意和实际扮演的社会角色。

当然，在排除了知识、价值观的考虑之外，也存在着体验者自身缺乏言语表达能力的因素，和有些体验者因特殊社会身份不便表达的问题。

三、体验表达的不同形式及道德体验意义

就表达的内容看，可以是多元化的，而不必一定去追求某种价值或寻求意义建构。就表达的形式看，在表达实践中存在着以语词的形式所作的表达，如阅历诉说（诉说性对话）、事迹陈述、生命叙事、开放式对话、体验诉说等；非语言表达，如图景叙事及以表情、形体动作、态度、情绪反应、动作模仿等所作的表达。书面表达与口头表达都是语词表达的形式。语词表达和形体表达，各有优势和不足，应当有机结合，灵活使用。

（一）语言的表达在一定条件下可以诱发和唤醒人的道德体验

一方面，语言是思维方式和思想境界的表现，有什么样的思维方式和思想境界就有什么样的语言表达；另一方面，语言又是人的“家”，在运用某种风格的语言的时候，人就会成为什么样的人。语言的表达不仅能够使人过去的生态阅历和感受清晰化，还可以生发新的经验和意义。怀特海说：“借助于普通语言，听者铭记在语词中的过去经验的片断，能通过交谈者对一致的语句的接受，被重组为一种新的富有想象力的经验。这样，在语言的两种功能中，直接富有想象力的经验大大地增加了，并且被印上了对现实或可能现实

的感觉。”① 麦金太尔转述哈迪的话写道：“我们在叙述中做梦，在叙述中做白日梦，通过叙述来记事，表达期望、希望、绝望、相信、怀疑、计划、修改、批判、设计、闲谈、学习、爱与恨。”②

在这里，诉说性对话具有较高的道德体验诱发价值，也是实现“视域融合”的重要途径。诉说性对话是指体验者之间、体验者与导引者之间相互诉说自己的生态阅历、感受和人生追求，也学会倾听、关注和感悟他人的生态阅历、感受和人生追求。个体人过去已有的生态阅历和感受往往是处在沉睡状态的，没有适当的诱发和唤醒线索是不会发挥道德体验的实际诱发和唤醒价值的。而诉说性对话不仅具有共鸣的作用，还具有唤醒沉睡的既往生态阅历和感受的作用。

案　例

师生间的诉说性对话

我在西安市桑锐学校搞实验之初，组织实验班的师生在教室、操场、植物园等不同场地，展开对话活动。一开始，学生对包括班主任老师在内的任课老师提出了不少意见，有些意见甚至很尖锐。在有课题组专家和大学生在场的情况下，班主任和其他任课老师觉得平时都“很听话”的学生们竟然当众对自己提出了这么多批评意见（有的意见是相当尖锐的）和建议，情绪和情感上猛然间接受不了。有的老师觉得学生在大庭广众之下丢了自己的丑，产生了一定的消极情绪。有些学生在民主公开气氛很浓厚的开放性对话情境下，情绪一激动，讲出了一些平时不敢讲的意见，特别是对班主任×老师的意见。对话会

① [英] 阿尔弗莱德·怀特海著，韩东辉、李红译：《思想方式》，华夏出版社 1999 年版，第 32 页。

② [美] A. 麦金太尔著，龚群、戴扬毅等译：《德性之后》，中国社会科学出版社 1995 年版，第 266 页。

之后，冷静下来一想，又产生了深深的“担心”，担心引来老师的报复和“小鞋”，忧心忡忡。我发现，这种开放式诉说性对话，一开始确实在一定程度上影响了师生关系原有的“和谐”状态，老师和学生在情绪上都出现了一个“冰点期”，此后的几天里，课堂上和自习时间，教室里的气氛明显异于平常，老师很少讲话，学生也总是侧目而视，猜测和判断老师的言行动向。但是，经过一个月的师生对话之后，师生双方的相互了解达到了一个新的水平，师生的言行也达到了一个新的境界：包括班主任在内的所有教师都喜欢听学生的意见了，心里也敞亮了许多，而学生的“大意见”却日渐减少以至消失了。学生最终没有看到班主任和老师们的报复，反而看到老师一方面不再在全班泛泛地发牢骚、批评学生了，而更多的是正面给不同学生提出具体的指导意见；另一方面，老师们主动地和学生交心，征求学生对老师和班级建设等各方面的意见，老师对学生的关爱程度也逐日升温，反而更喜欢学生了（这也是因为学生的缺点逐渐减少以至消除了）。推而广之，我在中央教育科学研究所德育中心、国家开放大学政法教学部实施生态管理，与党员和教职员工关系的调适探索，也显示出上述的渐变、跃迁过程和实际效果。

由上述案例分析可见，诉说性对话是诱发和唤醒道德体验的极其重要的一个环节，也是区别道德体验教育与自发状态下的体验发生的重要标志。新时代把党支部书记与党员谈心谈话作为支部建设的有效抓手，是有其理论根据的。体验者、导引者虽然都有各自不同的生态阅历和当下感悟，但是，相互之间没有展开开放性的诉说性对话时，仍然不能相互诱发和唤醒，也不能有效地保证有方向性地、朝着积极健康的方向诱发和唤醒各自的道德体验。因此，从某种意义上说，没有诉说性对话，就没有道德体验教育。在这里，不同层次、不同生活和学习环境下的体验者之间的开放性诉说和对话是更具有道德教育意义的。特别是大学生与中小学学生和幼儿之间、不同民族及城市学生和农村学生之间的开放性对话，对各自道德体验的诱发和唤醒，效果更为明显。实验证明，体验者与体验者之间的开放性诉说与对话，一般都会发生正向效果，即只要导引者将体验者带入体验场之中，一般都能够实现预期的道德体验效果，尚未发现有不良效应的情形。

但是，导引者与体验者之间的开放式对话，则具有相当的震动性，既可能出现正向效果，也可能出现负向效应，甚至潜含体验者与导引者之间的“关系性危机”，因此必须特别留意，谨慎操作，适度推进。实验证明，在开放式对话体验的实施过程中，一开始往往会打破原有的师生关系、上下级关系，师生之间、上下级之间可能会有一个不适应期。当出现了这种情况时，不要紧张，也不要因为担心而停止或放弃体验的推进，这时需要的是细心诊断和坚持，正所谓“大乱大治”，就说明了这个道理。诉说性开放对话中师生关系、上下级关系的暂时紊乱，是道德体验教育的应有之义，但师生关系、上下级关系的调适和优化，不能依靠外部力量或某一方的力量强行改变，而是要充分地调动和依靠作为道德体验教育过程当事人双方的力量，促使双方转变观念，加强沟通和了解，这是优化师生关系、上下级关系的关键环节。事实上，师生双方、上下级之间相互诉说、交流和理解的过程，也就是师生关系、上下级关系优化的过程。

诉说性对话的道德体验价值带有生成性特征。第一，诉说者的生态阅历和感受诉说不仅唤醒自己的道德体验，而且生成新的意义世界，臻于新的道德境界。第二，倾听者会受到诉说者生态阅历的感动，唤醒他自己的道德体验。第三，由于诉说者向倾听者诉说生态阅历的时候，既会出于本真，很少掩饰，也会真心实意地顾及倾听者的存在、感受甚至期望，因此常常会根据当场所面对的倾听者的特点、境界及与自己的关系而有选择地诉说。阅历和感受诉说既有追求和选择叙事者当场认为美善的内容和方式进行诉说的倾向，也有毫不掩饰地倾诉的特点。在遇到一些过去虽曾经历过但当下已意识到境界不高的生态阅历，诉说者往往会产生当下的自我反省，反向激发新的道德境界。第四，当倾听者听到诉说者诉说美善的生态阅历时，他会受到感染，影响自己的道德心向；当他听到非美善的生态阅历时，则会通过评论、建议而不是批评或批判的方式谈出自己的当下体验。这就是说，阅历和感受诉说在唤醒过去的生态阅历或经历、经验的时候，已经不是在过去的意义上唤醒的，而是在现有的、当下的水平和生存状态下展开和呈现的，并使其赋予或获得了面向未来的新的生活和人生意义，使人获得面对未来的新的力量和心力。过去的生态阅历、经历和经验在被唤醒的时候，即打开了它的新的意义世界，并生成新的道德境界。诉说性对话就是以这种特有的生成性，诱发和唤醒着体验者新的道德体验。

（二）形体表达方式也具有独特的体验诱发价值

既然体验有时候是无法用言语表达出来的，那么，体验作为道德教育的本体时，有没有必要一定要求体验者将自己的体验用言语表达出来呢？我以为，从道德享用的意义上来说，体验者不一定要把自己的道德体验用言语表达出来。表达的方式可以是多样的，体态语言、图画、涂鸦的表达也是一种富有享用价值的表达。尽管我们已经习惯于认为只有言语的表达才是“真正的表达”，但是我们也要尽力去理解和习惯于这种“无言的表达”。在观察和调查中发现，不同的儿童对各自体验的表达，会采用不同的方式，有的擅长用语言，有的擅长用形体动作来表达，有的则更擅长用绘画来表达。

案　例

一位小朋友的形体动作表达

我在一所小学听课，结识了一位三年级的小朋友。他平时很少说话，上课也不发言，不少小朋友以为他不够聪明，不懂事，有一些小朋友瞧不起这位小朋友，老师也对这位小朋友存有看法，把他的座位排在最后，让他一个人坐单桌。有一次，我去听课，坐在他后边的凳子上，没有桌子。这位小朋友示意我坐在他的座位旁边。此后，每当看到我去他们班上，他都会表现出手舞足蹈的样子，主动请我坐在他旁边，给我看他的作业，他画的画，他读的课外书。课间休息的时候，他会不时地用小手摸摸我的衣服，摸摸我的笔。我写字时，他就认真地观看。我从这小朋友身上感受到了一种非语言的表达，我虽然说不清楚其中所有的实际含义，但我感到这表达中充满了情感成分，至少表达了对我的友好感、喜悦感，表达了他自己的充实感、兴奋感，表达了他在全班小朋友中的自豪感、尊严感。后来，有一次上美术课，老师请小朋友自办小报，并请同学们自己提出创意。我鼓励这位小朋友举手谈自己的创意。这位小朋友抢先举起了手。结果，他谈的创意受到了老师的表扬，被老师采纳。他十分兴奋。一周后，我再去这个班，这位小朋友似乎已经变了一个人。

这里遇到最多的诘难是，不用言语表达，怎么去进行道德体验的评价呢？如何评价体验者的道德体验和所达成的道德境界呢？后面会看到，道德体验的评价已不再是单纯的知识性的纸笔测试和物化的量化考评，而是日益重视内心感受式、状态展示式、体验呈现式、情感流露式的评价。特别是体验者一旦进入生态体验境界，他所呈现的是一种和谐的、宁静的、恬然的、天真的状态，从其状态就可以看出他的一种幸福感。表达出来可能仅仅是我们在研究的时候所需要的，而在相互交流的时候，在自我享用的时候，其实可能并不一定会有这样的需要，可能更喜欢一种“大道无言”的境界。而“无言”的境界，或是一种更加深切的体验表达方式。古人就有所谓“言之不足，故嗟叹之。嗟叹之不足，故咏歌之。咏歌之不足，不知手之舞之，足之蹈之也”① 的描述。换言之，实施生态体验道德教育的时候，只要体验者进入一定的生态情境之中了，发生了生态体验的事件就可以了，不一定非要以言语的形式表达出来不可。也就是说，生态体验的道德教育应当把享用放在一个突出的地位，而不应过分追求生态体验之后的表达方式问题。

①《毛诗卷第一·国风·郑氏笺》。

（三）无直接表达的表达

根据不同体验者的生态阅历的特点，有些体验者愿意直接表达自己的体验，而有些体验者并不愿意直接表达自己的体验。实际上，不表达也是一种很有价值的表达，一种富有生存实践意义的表达。访谈中就发现，人的有些体验较轻，有些体验很重。很重的体验，述说起来人们是很慎重的，它需要选准时机才可以述说。他可能会以评价表达的方式，曲折地、影射性地表达自己的体验。例如在描述和评价某人某事时，他会表现出自己的态度和情绪反应，甚至明确地表明自己对某人某事的爱恶喜厌。柯尔伯格的两难故事判断表达，就属于一种评价式表达。这种表达实际上就是一种道德体验的表达。

调查还发现，青少年儿童对他所从事和参与的活动，并不是都乐于表达的；他所乐意表达的，是他自己有感情发生或被感动的活动，而对虽然实际上发生但在他的感情深处没有留下深刻印象的活动和关系，则没有多少表达的欲望，甚至于在表达的过程中都不曾提到。如有一个孩子和父母、邻居家的小朋友一起出去玩了一天，开展了许多活动，在一天中，他既有和父母的活动，也有与小朋友一起开展的活动，但是在他写出来的日记中，却只有这个小朋友和他与小朋友一起开展的活动，而没有提到爸爸妈妈以及爸爸妈妈与他一起开展的活动。①

其实，表达越是个性化，越是具有感性个体的丰富的生命内涵，就越是具有个体人的生存实践意义与道德体验价值。在相互表达中，容易诱发道德体验，生成新的道德意义和道德境界。加达默尔领悟到表达是个体生命之间相互开放、相互理解的重要方式。他深刻指出："正如我们所看到的，在人类行为中最重要的东西乃是真正把'你'作为'你'来经验，也就是说，不要忽视他的要求，并听取他对我们所说的东西。开放性就是为了这一点。但是……如果没有这样一种彼此的开放性，就不能有真正的人类联系。彼此相互隶属总同时意指彼此能够相互听取。如果两个人彼此理解了，这

① 参考与郑汉文先生对话和讨论的记录。时间：2001 年 10 月。地点：南京师范大学随园校区。

并不是说，一个人‘理解’即通观了另一个人。同样，‘听取某人’也不只是指我们无条件地做他人所想的东西。谁这样做，我们就称他为奴隶。所以，对他人的开放性包含这样一种承认，即我必须接受某些反对我自己的东西，即使没有任何其他人要求我这样做。”如此，“理解其实总是这样一些被误认为是独自存在的视域的融合过程”。理解就是“视域融合”。① 其中必然发生着人与人之间的真诚对话、理解和新的创造。

可见，对体验的表达，无论是内容或形式，都需要有高度宽容的胸怀，应当允许而且提倡多样化、个性化的表达，真正体现生存的生态多样化境界。郑汉文先生说：“我很注重培养孩子的表达，国外把它叫做‘表达教育’。如用语言表达自己，用动作表达对爸爸的关心，如告诉孩子要关心爸爸的时候，不要激动地喊叫或跳跃，只需要过来拍拍爸爸的肩，就表示了对爸爸的关心；要表达自己对别人和世界的感受，也可以用绘图的形式来表达。”② 电视剧《还珠格格》中的小燕子入宫以后，给紫薇的信就没有文字，而是用绘画表达的，别人虽然看不懂，但是紫薇一看就懂得其中的实际含义，激动得流出了泪水。调查发现，感性个体在特定的关系世界中表达的适切性、巧妙性、可接受性不仅显示出表达者的生存智慧，也生成和显示着表达者的道德境界。在道德体验教育中，需要深入研究表达的内在机理，创造具有道德意义的适当环境和关系，导引体验者在这种环境和关系中体验具有道德意义的表达，生成新的道德境界。

四、道德体验表达的诱发

有时候，服务于某种特殊的目的，可以利用表达与体验的关系原理，定向诱发和唤醒人的某种体验。如通过一定的表达线索，导引体验者明确地表达某种可能是他自己目前还不具有的体验，而这

① ［德］加达默尔著，洪汉鼎译：《真理与方法——哲学诠释的基本特征》，上海译文出版社 1999 年版，第 393 页。

② 资料来源：与香港中文大学郑汉文先生谈话的记录。时间：2001 年 10 月。地点：南京师范大学道德教育研究所。

种体验可能是社会需要他具有的。据相关资料，西点军校就成功利用了这一原理，导引一些士气萎靡不振的士兵给母亲抄写一份被精心设计的将自己说成优秀士兵的信，结果使士兵的精神面貌为之一振。现在的学校德育和企业管理中，也有模仿这种做法，收到良好的效果。

表达需要机会，需要情境和氛围。道德体验表达的引发就是创造表达的机会、情境和氛围。体验表达的情境和氛围主要由以下因素构成。

（一）体验者置身于宽松融洽的人际关系氛围中

具有宽松融洽特点的人际关系氛围，容易诱发起表达的欲望和冲动。人在单独呆着的时候，表达的欲望较为低弱，而在关系和谐的群体中的时候，表达的欲望相对较强。当人处在某种轻松愉快的关系中，表达的欲望有所增强。为此，“教育者在培养对话能力和对话意愿方面可以做些什么，那么首先就是培养儿童具备两个前提：坦诚说话的勇气以及准备倾听他人意见并承认双方原则上平等的勇气。教育者必须经常创造能发展这种能力的机会，但最重要的是，教育者在与儿童的日常交往中要以身作则，要有一切放弃专制的要求而让人对自己产生怀疑的准备。”①

（二）具有共同主题的活动

主题活动使体验者在空间上有了接近的可能和理由，也使体验者之间的心理距离拉近，从而心灵之间的开放性增强，这就为体验者之间的表达提供了机缘。当体验者组织开展或参与某种热烈气氛或克服困难情境的主题活动时，表达的欲望都会明显增强。

（三）适当的视频、音乐、照片和图画等

在同一个环境和关系中，有否视频、音乐或图画，人们表达的愿望和实际发生率存在差异，前一种情况更容易诱发和唤醒表达的欲望和行动。视频、音乐、照片和图画不仅可以给人提供共同交谈的主题，而且可以改变环境气氛，从而诱发表达的欲望。《朗读者》

---

① ［德］O. F. 博尔诺夫著，李其龙等译：《教育人类学》，华东师范大学出版社1999年版，第111页。

节目便是一种有益有趣的探索，诱发和唤醒了众多观众和听众表达的欲望。

案　例

配音诉说

在教育部和世界自然基金会生态环境教育骨干培训计划江苏省教研员第一次研讨班上，由于生态环境教育的新理念、新内容及相应的新的教学方法，与学员原有的教学经验之间出现了较大的出入和反差，有些学员在培训中间出现了理性判断上的不适应，有些学员则出现了学习情绪上的不适应。但是，在最后的闭幕式上，导引者作出了这样的体验情境设计：

体验者和导引者们都围坐成圆圈，相互诉说自己在整个教学和学习过程中的感受。

一开始，大家静默无言。

这时，扩音器里播放出没有歌词的《同一首歌》的音乐时，当场的气氛很快舒缓、活跃起来。导引者朗诵出一首诗："三冬料峭情意暖，相识表达春意浓；音乐悠扬增幽静，欲别无言心潮涌。"表达他一周来的感受。

接着，又有一位老师以动情的语言诉说他在几天来的感受和生命感动。

逐渐地，在座的所有体验者和导引者的情绪涌动起来，都产生出一种"非说不可"的冲动，各自以独特的方式诉说自己"刻骨铭心"的体验。有的以诗词的形式表达自己的感受，有的反省自己几天来的言行，有的讲述自己回去以后创办绿色生态学校的决心和行动计划……

整个教室里洋溢着热情和诚挚的情义，许多学员和几位老师都情不自禁地流下了热泪。①

在空军直属蓝天幼儿园举办的“首届全国生态体验下幼儿教育专题研讨会”上，空直蓝天幼儿园的老师和家长们一起，开展了一场别出心裁的体验式现场汇报展示活动。在导引者组织开展的亲验活动“心灵之旅”之后，灯光渐渐暗了下来，耳边响起了如泣如诉的一组轻音乐，导引者和作为体验者的老师、家长们相互默契配合，从体验场的不同方位，开始了她们的基于现场体验活动感受的开放式对话、真情诉说。体验者诉说道：“在太阳岛参加了生态体验教育学术委员会组织的生态体验活动培训之后，回来带领幼儿一起设计、组织开展了系列的亲子体验活动课，邀请家长们一起来参加亲验活动。在体验活动课上，孩子们被感动了，家长们被感动了，老师们也被感动了，更为令人感恩的是，这种新的教育理念和模式改变并融洽了作为导引者的老师们自己的家庭关系，其中一位老师改变了她和继母之间多年的冰冷关系，从此她开始叫‘妈’了，她的妈妈、爸爸也被感动了，一家人的关系开始变得美善和谐融洽起来，体验到了家庭的温暖幸福……”这种配音诉说，有助于营造出一种自然而然、身心放松、伴乐心动的体验氛围，让在场的体验者不知不觉地沉浸其中，参加观验和研讨的全国代表们也感到震撼，深受感动。

可以看出，和谐关系情境中的表达具有相互激发表达欲望，相互诱发和唤醒体验的价值。导引者与体验者之间、体验者与体验者之间的表达，都可能激发起其他体验者表达的欲望，并相互诱发和唤醒体验。我在无锡市的一次表达实验后，江苏省无锡市市北高中的一位老师说：“在这次听课前，我从来也没有去想过自己有什么体验，总以为生活中过去的东西应该淡忘，每天都有许多事情在等待着自己去忙碌。但是在这次听课中，我产生了深深的体验。这种体验来自刘老师对自己体验的诉说，来自课堂上一次次的辩论和交

① 资料来源：中华人民共和国教育部和世界自然基金会开展的“中国中小学绿色行动计划”江苏省教研员研讨班。我作为南京师范大学环境教育中心的特聘教授，主讲“生态体验”专题。在组织室内体验活动时，姚亚萍副教授设计了《垃圾之歌》等体验活动。最后的体验活动由陈益博士主持。

流之中……我产生了诉说自己体验的冲动。”江苏省无锡市轻工职业高中的一位老师说：“这次，我作为学生体验到，是刘老师通过自己的‘体验表达’激起了我的共鸣，我也有了表达的欲望。……我认为非常需要把自己的人生感悟以生动的形式讲给学生听。”①

根据以上分析，在道德体验教育实践中，导引者可以创造机会让体验者进行表达，以培养其表达意识和能力。朱小蔓教授特别强调要注意培养孩子“丰富表达情绪的能力”。实践探索发现，可以让一个体验者面对全体体验者表达自己，也可以导引体验者集体之间相互表达，如班级或小组内的相互诉说等。人大附中的钱颖伟老师等每天早晨组织学生作五分钟表达，诉说体验者有真切感触的生活场景或有领悟的某个知识点，学生参与的热情颇高，相互诱发、唤醒的价值很高。在生态体验实验幼儿园里，中班以上的小朋友每天早上要做“情绪报告”活动，让小朋友挂贴各种与自己当天心情一致的脸谱或表达情绪的其他图画等，以培养小朋友们表达和识别他人表达的意识和能力。从境界的角度，根据体验者的素质基础和当时当地的具体情境，体验者的表达可以是有导引线索的，也可以是完全开放性的、没有任何主题的。表面上看，没有主题的表达好像没有贯彻既定的某种道德教育意图，而实际上，它是一种生成性的道德教育，是一种更高境界的道德教育，也是一种更有价值的道德教育。它是在体验者与体验者之间、体验者与导引者之间创造出一种表达的环境和氛围，给体验者提供表达的机会，使他们在相互表达的过程中，有可能生成新的更加美善的道德境界。而这种所生成的新的更加美善的道德境界，可能是原来的道德教育规范要求与教育计划中所没有的。

在道德体验表达的诱发中，导引者要有表达诱发的职业道德意识。至少做到：一是尊重体验者的意愿，保证表达的自由选择性，不暗示或强迫体验者诉说他当下不愿意选择的表达形式和表达内容；二是严格把握不同体验者表达的范围意向；三是替体验者保密

① 资料来源：我在无锡市“心理健康与德育硕士学位班”上课时的现场观察与所作的调查。时间：2001年12月。

表达的有关体验内容；四是不将体验者所表达的体验在别的场合转述、散播、发微信朋友圈。

第二节　道德体验的评价

怎样判定一个人的道德体验是否发生了呢？道德体验是否具有可分享性？对这些问题的回答，都涉及道德体验的评价问题。

在这里，首先存在一个评价视角与标准的确定问题。前文已经说过，体验是一种“图景思维活动”。在体验表达中，阅历诉说携带着体验者生态阅历中所沉淀和凝聚于其中的生活场景信息，人们从中获得的主要不是语言文字的抽象意义，而是在头脑中形成的一种开放性图景。倾听者的情感、思维和想象及其体验运思所形成的生活图景，与诉说者头脑中的生活图景有时不完全一样，因此他们所发生的实际道德体验也会有所不同。这就破除了诉说者和倾听者的求同性评价方式，而要确立一种“求同存异”的评价标准和评价方式。

从现有的评价类型看，主要有总结性评价、形成性评价、诊断性评价等。从评价的方法看，主要有纸笔测验评价、调查（访谈、问卷）法评价等。从评价的功能看，它主要具有：（1）安置的功能，即将学生按能力和表现编组，“找准自己的位置”；（2）改进的功能，即教师调整教学目标、教学方法和教学内容等；（3）诊断的功能，即教师及时发现学生的学习生活问题，并予以解决；（4）激励的功能，即刺激和增强学生学习的动机，激发其道德意识和道德智慧。但是，研究发现，以标准化为特征的测验在传统评价中占有主导性地位，其思想背景是 20 世纪初的提高工业效率运动以及作为时代精神的科技理性。在这种理念下，教育教学与测验之间形成了一种由此及彼的线性关系，即教育教学目标—教学过程—（知识技能）学习成绩的测验性评价。由于受科技理性思维的支配，评价追求的是试题的客观性和成绩的量化。这种评价在一定程度上脱离了知识应用的具体情境，忽视了师生的主体性和创造性。

加达默尔敏锐地领悟到主客二分式的科学评价方法将生活“实证化”、“物化”之倾向的弊端，他认为这是一种狭隘的实证意义上的真理观。加达默尔把真理观扩展到存在和体验的领域，这种真理观已经不能局限于实证科学的事实领域，也是实证科学无法凭借其客观性的评价方法所把握的。按照加达默尔的研究，“由运用科学方法所提供的确实性并不足以保证真理。这一点特别适用于精神科学，但这并不意味着精神科学的科学性的降低，而是相反地证明了对特定的人类意义之要求的合法性，这种要求正是精神科学自古以来就提出的。在精神科学的认识中，认识者的自我存在也一起在发挥作用”。“我们一般所探究的不仅是科学及其经验方式的问题——我们所探究的是人的世界经验和生活实践的问题。”①

事实上，传统的评价模式和方法用来进行道德评价，确实显示出了明显的不足与缺陷，主要表现在以下几个方面。

第一，道德评价的目的发生了误置。道德评价的目的为何？这是一个值得深入思考的问题。如果说科学知识的学习，通过知识考试和量化考评，可以达到检测学生所学到的知识的量，并从他所回答的知识的内容以及对知识的回答过程、步骤与方法中，判断他的思维方式，进行评比，以便促进其今后的发展的话，那么，道德作为一种关系性行为方式的存在，通过知识性的纸笔测验是无法测出体验者的道德意识和行为的实际状态的，这种评价对学生今后的道德发展也无法起到应有的激励和导引作用。在传统知性论道德教育下，现有的评价就已经存在这样致命的问题，面对道德体验，它就更加无能为力了。

第二，道德评价的方式与目的发生了分离。道德体验所发生的是道德境界，而现有评价的方法重点则是评价道德知识的掌握程度，主要以纸笔测验的形式实施，过于追求评价的客观性，并试图使之“量化”，即流行“量化考评”。纸笔测验虽然在记分方式方面有其客观性的一面，但有许多深层问题无法解决，如难以评价体验者的道德动机、创新精神、情意状态和行为方式的合理性等。体验

① 参阅加达默尔著《真理与方法——哲学诠释的基本特征》。

者实际的学习生活中所面临的各种关系问题及其解决历程中的道德问题，都很难像现行纸笔测验式评价中所预设的那样，得到若干种现成的答案。特别是当今处在网络社会，人们空前欣赏各种考试中计算机阅卷的公平客观、快捷方便的同时，道德境界的判定又一次被湮没了。这样做的结果之一是，体验者习惯于记忆孤立的道德规范知识信息，而不重视某种道德规范及其生活逻辑中所包含的真正的道德意蕴。体验者在循规蹈矩的道德知识学习和考试中取胜的时候，他们的道德智慧、道德意识和道德能力也遭受了巨大的磨损。体验者在学校道德教育中所习得的道德解题历程是无法应用到日常生活中对道德关系的理解和处理上的。事实上，道德知识考试拿高分的学生，常常未必就是道德意识、道德智慧和道德能力发展优异的学生，在一定程度上出现了“口头上的巨人，行动上的矮子”的道德二律悖反现象。

第三，道德评价的结果存在片面性、虚假性。在现有的学校道德教育中，我们可以看到，一个学生在思想品德课上和日常的学习生活过程中，他的道德行为有多种表现，他可能对思想品德课的知识学习很努力，也可能在日常生活中做善事的动机比较强烈，并确实做了不少好事，但是他的思想品德课知识考试成绩不甚理想。那么，这学生的道德发展状态怎么评价呢？我们应该给他“加分”以资鼓励吗？如果给一种行为加分，加什么分？权重如何？其道德的公约性又如何？这里还存在一个问题，即在传统的道德评价范式下，习惯于对每一个学科只给一个统一的标准分数。但是道德行为的动机是具有隐蔽性的，而道德行为的实际表现又是极其个性化、多样化的。标准分数在道德评价领域的价值如何？在既有评价体系不能改变的情况下，有些实验学校作了些有益的探索。它们的做法是，在道德评价上实施“多标准”、“多分数”制，如根据学生道德行为的实际发展状况设立多个评价标准，给出多个分数：有道德知识掌握程度的评价和分数，有道德动机的评价和分数，有道德修养努力程度的评价和分数，有道德实际行为效果的评价和分数等，最后进行整合。① 相对来说，这样做对体验者的道德评价要全面一些，更符合实际一些。

由此看来，有必要对道德评价的功能问题进行重新反思。我以为，道德评价的主要功能，在于诊断体验者的道德学习和道德行为状态，提供道德发展状况的反馈信息以及改进道德教育的实际历程，激发体验者的道德意识和道德智慧。至于评判体验者的道德课程学习成绩的高低，则只是其中一个功能，而且是较为次要的功能。但是，传统的纸笔测验式评价，则将道德评价演变为简单而武断地判断体验者的成败、好坏和优劣。可以说，传统道德评价在学习和照搬科学知识测验和考试形式的时候，使自己“迷失”了。传统道德评价迷失自己的要害就在于一味追求远离主观，全面客观化。其实，在道德评价中，主观是无时不在、无处不在的，即使是客观式的测验，在试题中也必然带有导引者主观的成分。从建构论的观点看，主观是所有认知历程的必然，因此，主观无法避免，要避免的可能是偏见与独断。对于这一点，萨特曾深刻指出：从本体论上讲，人是一种“自为的存在”，即一种主观性存在。人确实是一个拥有主观生命的规划，而不是一种苔藓或者一种真菌。人只有作为主观性存在的时候，他才能够把自己存在的责任完全由自己担负起来。而且我们的责任要比先前设想的重大得多，因为它牵涉到整个人类。所以，“我这样既对自己负责，也对所有的人负责；我在创造一种我希望人人都如此的人的形象”。

在找准道德体验评价的切入点的时候，可以将迄今为止的评价归结为以下三大取向的评价，以便更为清晰地确定理论与实践的参照系。

第一，目标取向的评价。目标取向的评价是把评价视为将课程计划或教学结果和预定课程目标相对照的过程。预定目标是评价的

① 如我的实验学校陕西师范大学附小和附中、宝鸡虢镇小学等。实验教师们创造了“争章评价”和分类奖励的方法，如根据学生道德行为的不同情况，可以争得“卫生章”、“纪律章”、“团结友爱章”等，发给学生“三好学生奖”、“学习进步奖”、“爱护班级奖”等。这些探索是比较符合道德评价的精神的，对学生的道德发展确实起到了激励、引导的作用。

唯一标准。这种评价取向是课程开发科学化运动兴起以后在课程领域渐居支配地位的，其主要代表是被称为“现代评价理论之父”的泰勒及其学生布卢姆等。目标取向的评价追求评价的客观性和科学化，它以“自然科学范式”为其理论基础，因而这种评价取向的基本方法论就是量化研究方法。为了使评价结果客观、准确，这种评价取向往往将预定的课程目标以行为目标的方式来陈述。这种评价的直接目的是获得被评价的课程计划或教学结果是否“达标”的数据。目标取向的评价在本质上是受“科技理性”或“工具理性”支配的，其核心是追求对被评价对象的有效控制和改进。评价者是主体，被评价者是客体。这种评价取向推进了课程评价科学化的进程，它简便易行、好操作，因而一直在实践中处于支配地位。这种评价取向的缺陷是在把人客体化、简单化的同时，忽略了人的行为的主体性、创造性和不可预测性，忽略了过程本身的价值。它对于人的道德体验，作用是非常有限的。

第二，过程取向的评价。这种评价取向以美国的斯克里文和英国的斯腾豪斯等为代表。它试图使评价走出预定目标的藩篱，强调把教师与学生在课程开发、实施以及教学运行过程中的全部情况都纳入评价的范围；强调评价者与具体评价情境的交互作用，主张凡是具有教育价值的结果，不论是否与预定目标相符合，都应当受到评价的支持与肯定。在方法论上，这种评价取向既倡导量化研究方法，也给质性研究方法一定的位置。过程取向的评价在本质上是受“实践理性”所支配的，它强调评价者与被评价者的交互作用，强调评价者对评价情境的理解，强调过程本身的价值。这种评价取向的价值在于开始承认评价是一种价值判断的过程，对人的主体性、创造性给予一定的关注。该取向的不足之处在于它并没有完全走出目标取向评价的藩篱，对人的主体性的肯定还不够彻底。

第三，主体取向的评价。主体取向的评价认为评价是一种价值判断的过程，但这里的价值是多元的，因此评价中要尊重差异。这种评价取向认为教师作为课程与教学情境的“内部人员”在评价中具有主体性，而不是被动的、供“外部人员”评价的对象；学生也是评价的主体，是意义建构过程中不可或缺的组成部分。这种评价取向反对量的评价方法，主张质性评价。它在本质上是受“解放理性”支配的，它倡导对评价情境的理解而不是控制，它以人的自由与解放作为评价的根本目的。其实，真正的主体性评价不是靠外部力量的督促和控制，而是靠每一个主体对自己行为的“反省意识和能力”。每一个人的命运靠自己来主宰，但对他人又有责任和义务，所以主体是“自主”与“责任”的统一。评价者与被评价者、教师与学生在评价过程中是一种“交互主体”的关系，评价过程是一种民主参与、协商和交往的过程。

在综合比较上述三大取向评价体系的基础上，道德体验评价应体现以下的几个基本特点，以顺应世界教育评价发展的大趋势。

（一）充分凸显质性评价的价值

发轫于20世纪初的现代课程评价，以科学所崇尚的客观、量化为标志，其主要存在方式如标准化测验、常模测验等一度成为世界范围内盛行的评价工具和手段。但是，面对道德体验，它不仅无法从本质上保证对客观性的承诺，而且往往把体验者生动活泼的个性抽象成一组组枯燥的数字，体验者在知识、技能和道德方面的进步与发展也被简化为可能的几个数量，道德体验的复杂性和体验者德行境界的丰富性、动态性湮没于标准化之中。人们对这种状况的反思和批判，是从20世纪60年代后期开始的。借助于社会科学研究中不断完善的质性研究方法，70年代起相继出现了回应性评价、解释性评价、教育鉴赏与教育评论等质性评价模式。80年代，这种变化逐渐影响到教育评价的实践领域。但是也要看到，质性评价的出现并不是对量化评价的简单否定，作为研究的一种新范式，质性研究是对量化研究的一种反思批判和革新，但从根本上讲，质性研究应该内在地包含了量化研究；而作为一种新的评价范式，质性评价能够更逼真地反映道德体验现象。

（二）评价的功能由侧重甄别转向侧重发展

传统的教育评价有一个基本假设，即只有极个别的学生学习优秀，而大多数学生都属中常。这样，评价无形之中变为一种甄别过程。而在这一过程中，只有少数学生能够获得鼓励，体验成功的快乐，而大多数学生成了“中间生”，体验庸常的无奈。新的质性评价与此不同，它把评价看作是课程、教学的一个有机环节，它同样也是促进学生发展的有效教育手段。评价不是为了准确地描绘出学生在群体中所处的位置，而是为了让学生在现有基础上谋求实实在在的、目标更加明确的发展。它关注让学生学会更多的学习策略，给学生提供表现自己所知所能的各种机会，通过评价形成学生自我认识和自我教育、自我进步的动力与能力。

（三）评价既重视个性化反应方式，又倡导体验者的合作、互动行为

质性评价不再是过去那种从目标、标准到命题全部一刀切的僵硬面目，转而重视体验者在评价中的个性化反应，尊重体验者的个别差异和个性特点，问题要求具有相当的开放性，允许体验者依照自己的兴趣和特长作出不同形式或内容的解答。在重视体验者个性化反应的同时，新的评价还倡导体验者在评价中的“小组合作”。传统评价为了达到甄别的目的，往往把学生置于严格的个人环境中，让学生面对试题孤军奋战，而不允许学生之间相互交流探讨。这不利于学生养成相互合作的精神和能力，不符合当代及未来社会生活对人的要求。新的评价则鼓励体验者之间的合作，允许体验者通过分工协作的形式共同完成任务。体验者在小组合作中的表现，对问题解决所作的贡献，也成了合理而重要的评价内容之一。

（四）突出评价的相似性

现代认知心理学的研究表明，学生对学习内容的认知和学习，与其所发生的情境有着密切的联系。这揭示了道德学习的一个重要特点。当代人越来越认识到，传统评价中那种孤立的问题或测验条目，缺乏与真实生活的“相似性”，学生在这种测验中所得的分数，对他们未来在真实生活中的表现很少有预见价值。例如，学生在道德教育中也许记忆了许多道德规范的条文，却不知道如何处理生活情境中的道德关系。而道德体验教育的真正价值，不仅在于体验者在文本学习中的成绩，更在于体验者在实际生活情境中的关系融通性领悟力，在于其解决现实生活中的真实事件的德力。因此，道德

体验的评价设计和实施要充分体现“相似性”,① 以便导引体验者发展其对现实生活的真实、具体的情境的领悟能力、解释能力和创造能力。

（五）道德体验的评价不仅要重视体验者解决道德问题的结论，而且要重视得出结论的过程与方法

传统的客观性评价，如选择题、判断题等形式，往往只要求学生提供问题的答案，而对学生是如何获得答案的，却缺乏要求。这样，学生获得答案的推理过程、思考性质、证据的运用、假设的形成等等，这些对学生发展而言至关重要的东西，都被摒弃于评价的视野之外。这种缺少对思维过程进行评价的评价，会导致学生对思维过程的轻视，不仅不利于学生良好思维品质的形成，而且会限制学生对思维乐趣的深刻体验。同时，这种做法也使得教师进行针对性教育教学失去了一个良好的依据。因此，道德体验的评价要自觉克服这些弊端，强化体验者对其体验之思的展开过程的体验。

在道德体验评价的实际操作实践中，需要反复强调这样几点：(1) 它强调个体体验的非固定化评价，而不是单纯强调目标实现的固定化评价；(2) 它强调过程性评价，而不是单纯的结果性评价，例如档案袋评价；(3) 它强调互动式的参与性评价，而不是单向的评价，例如苏格拉底研讨法；(4) 它是一种连续的、不间断的流动性、生成性评价，而不是断面式的静止评价。② 为明了起见，我们可以将道德体验评价与传统评价作一比较，如下表。

---

① 江苏省社会科学研究院的张光鉴教授在教育部人文社科重点研究基地——南京师范大学道德教育研究所主办的第四期“道德教育多学科论坛”（2001 年 11 月 30 日）上，发表了《相似论与道德教育》的演讲，提出和论证了“相似性原理”，论证了人的思维与实际相似、体现出实事求是精神的重要性，并强调：人的道德认识源于他的经验，由于他的实际体验，是主客观的统一，而且有着深厚的脑科学基础。道德体验的评价，应当高度重视这一思想。此后，张老又和我围绕“体验与脑科学的相似性原理”，进行了多次讨论、对话，进一步阐发和深化了这一研究成果。

② 鲁洁、王逢贤主编：《德育新论》，江苏教育出版社 2000 年版，第 551 页；北京师范大学环境教育中心等编著：《可持续发展教育教师培训手册》，北京师范大学出版社 1999 年版，第 168—169 页。

项　目	传统评价	道德体验的评价
评价目标	学生认知的能力	体验者的道德体验境界
评价内容	知识	道德智慧、道德意识、道德能力、道德知识
评价方法	纸笔测验、调查法	档案袋评价法、苏格拉底研讨法、阐释性评价法、纸笔测验法等
评价结果	学生成为被考的对象	体验者成为道德生活的主人
评价原则	注重量的评价	以质性评价统整、兼容量化评价 评价的功能由侧重甄别转向侧重发展 既重视体验者个性化反应方式，又倡导让体验者在评价中学会合作 强调评价问题的真实性、情境性 评价不仅重视体验者解决道德问题的结论，而且重视得出结论的过程与方法

第三节　道德体验评价的实践探索

根据我的道德评价体验研究，这里，我想重点阐释一下表达评价法、档案袋评价法和苏格拉底研讨法。

一、表达评价法

表达评价法是通过体验者的语言、形体等表达形式，测度体验者道德体验发生状况和道德境界的一种评价方法。表达评价法的优越性在于，它不仅能够有效地测度体验者已经发生的道德体验状况，而且可以有效地诱发和唤醒体验者新的道德体验，在表达评价的过程中又生成并达成了新的道德境界。

案 例

爱劳动主题生态体验营中的表达评价效应

针对当代中小学生中存在的不热爱劳动、不珍惜他人劳动成果的突出问题，我们设计、组织部分中小学生到太白山，开展了一次为期 15 天的“绿色生态之梦青少年生态体验营”活动。

在生态体验营中，由解放军战士指导营员自己动手搞内务，下灶、洗衣服，饭后洗碗并收拾餐桌。体验训练前测显示：以前这些营员在家里由父母铺床、叠被，衣服由父母洗，饭后由父母洗涮碗筷、收拾餐桌，对他们来说，什么都是现成的。在他们当中较为普遍地存在着不爱惜房间、餐厅和衣物卫生的现象（总计占 95.7%，$n=100$），也存在着不珍惜饭菜的现象（占 57%）。在训练过程中，营员的被褥自己铺、自己叠，衣服自己洗，帮助炊事员择菜、洗菜，饭后自己洗碗、收拾餐桌并打扫餐厅卫生。

在生态体验营中，我们组织营员通过表达评价法进行自评、互评。表达的形式灵活多样，主要有现场点评、日记评价、小组评价、态度评价等形式。现场点评是营员交互到其他营员的房间去检查其内务整理情况，现场讲出自己的感受，并提出改进的意见。日记评价是营员每天将自己的体验——对自己的言行的自我评价和对其他营员的言行的评价——以日记的形式记录下来，相互之间交换日记，或张贴到交流板上。小组评价是营员以小组为单位，相互之间进行自我评价和对其他营员的评价。态度评价是营员每天在学习、生活和训练活动中，将自己对自己以及对其他营员的某种言行是否满意的态度，用语言或体态语言明确地表达出来，让自己能够听到，让其他营员能够听到或感受到，起到实际的道德体验评价作用。①

表达评价法运用的后测显示：营员中有100%转变了对劳动和劳动成果的态度，开始懂得自觉爱护房间、餐厅和衣物、环境的卫生了，100%懂得了饭菜吃多少打多少，不再随手乱倒饭菜了，馒头也不再剥皮吃。有不少营员白天坐在小凳子上学习，中午也不上床睡觉，因为不忍心上床弄乱自己叠得“像豆腐块一样”的被子。

从上述案例可以看出，表达评价法操作的关键有如下几点。

第一，表达评价法的评价对象和评价内容的重点，是学习、生活和体验训练中那些具体的事件和言行，而不是一般的生活和做人原则。这一点很重要。它有助于培养体验者严谨求实的学习、生活和做事态度。同时，让体验者体验到道德原则是从人们的生活之中抽提出来而为生活服务的，生活不是某种既定的道德原则的演绎。

第二，评价者的评价意见和态度，要让被评价者直接地感受到。这样做，不仅有利于发挥实际的道德评价作用，而且有利于形成光明磊落的人格。有些体验者一开始往往不愿把自己对别人的评价意见表达出来，而喜欢在背后评价（议论）别人。这种行为倾向，一方面无法起到道德评价的作用，另一方面容易导致虚伪人格。在亚里士多德的伦理学中，就曾把“友爱”生活放在一个相当突出的地位，他主张“幸福”生活就是一种“互惠互利”的“友爱”生活，即一种“衷心愿对方好”，并且公开表露这种愿望，从而形成与人相处时“相互之间的好意”。只有在这种共同交谈和思想交流的友爱生活中，才能使人认识到自己在过“人的”共同生活。② 受此启发，导引者要重视和加强表达评价法的实施，这有利于克服背后议论别人的消极现象，而形成“友爱”的幸福生活。

第三，表达评价法中的评价者同时也是被评价者，评价者评价别人的过程也就是接受教育的过程。当一个体验者在评价别人的同

① 详细的评价指标体系与实际做法，请参阅拙著《中华美德教育论》。

② 包利民著：《生命的逻各斯》，东方出版社 1996 年版，第 256—257 页。

时，他也会得到别人对自己言行的评价。这样做，一方面有助于体验者逐渐养成懂得感受别人态度的心向，即使在别人不在场（独处）的情况下，也能够独立地以别人的态度评价自己的言行，从而养成“慎独”的德行；另一方面，体验者能从中体会到理解别人的处境，以建设性的态度去评价别人的言行，还有助于养成评价别人的公允态度，恰当地把握评价的分寸感、合度感。

第四，在表达评价法的实施过程中，体验者的自我评价是基础，他人评价是补充。即先进行自我成绩汇报、自我体验诉说，再由同伴来谈听了被评价者的汇报与诉说后的感受和体验，帮助被评价者调整、矫正自己的评价。实验证明，国家开放大学政法教学部党支部的支部建设路径和民主生活会，就应用这一表达评价法的原理，把党员的自我评价和他人评价有机结合，相互促进，有效实现了表达评价的调整、矫正、促进、提升作用。

第五，表达评价的过程就是矫正和培养体验者的科学评价态度的过程。我们发现，在评价之初，有些体验者更多的是去关注和评价别人，而较少关注和评价自己的言行；而且在评价的结论中，往往存在着对自己评价偏“好”，而对别人评价偏“差”的倾向。但是，在表达评价法运用一个阶段之后，这种偏向即得到了自觉的扭转，绝大多数体验者都能够以客观公允的态度和标准评价别人和自己。

二、档案袋评价法

所谓档案袋评价法，台湾学者又称之为“卷宗评价”。从教师们对档案袋评价的使用情况来看，目前还很难给它下一个确切的定义。正如对此有详细研究的美国课程评价专家约翰逊所说：“如果要求五个不同的教师给档案袋评价下定义，你很可能会收到五个不同的答案——其中每一个都没有错。”这是由档案袋评价的性质决定的。它们通常是与特定情境或发现这种方法的学校联系在一起的。为了理论表达的需要，可以尝试给它一个描述性的定义，即：档案袋评价法是将体验者在学习生活过程中的全部表现，包括一次次的考试、每次的作业、笔记、作品和日常道德行为表现等，依体验者的方式或全体体验者共同的方式，放进个人的档案袋里，并加入体验者自评、体验者互评、导引者的感想和评语等，以展现体验者个人学习生活的历程及意义。这种评价的基础就是体验者运用所学知识而获得的成就，这就是档案袋评价的实质。具体说来，就是体验者在学校学习生活中进行某种范围的活动，其结果产品如读书报告、漫画、调查报告、问题设计或解决方案等，能够反映有关体验者知识学习道德生活的情况，从而也就有了评价的意义。

档案袋评价法产生于20世纪初科技理性盛行的时代。一批改革者首先从教育的目的入手，重新审视了“学校究竟要学生知道什么和学会做什么”这一根本问题，平实地指出学校教育的任务是要让学生学会在具体的情境中解决具体问题，而不是向社会、委托人提供一些抽象的数字成绩。从语义分析学的角度看，档案袋有“代表作选辑”的意思。最初使用这种形式的是画家及后来的摄影家，他们把自己代表性的作品汇集起来，向预期的委托人展示。它所选择或提交的东西，是由出示档案袋的人自己创作的。把这种做法应用到道德体验的评价上，档案袋评价也就是汇集体验者个人学习生活表现与作品的样本，其目的和内容是展示体验者的学习生活和德性成长之进步状况。

档案袋评价法应用到道德体验的评价中，要注意一些重要事项。我以为，其实践操作必须渗透评价的新理念，达到形神兼备，充分反映道德体验评价的导引价值。为此，必须特别注意以下几点。

第一，档案袋制作的进程，要涵盖一次体验过程从起始阶段到完成阶段的整个跨度。第二，档案袋中究竟选择哪些内容，并没有硬性的标准，但必须时刻清楚建立档案袋的目的是导引体验者深化其道德体验，档案袋要适应的观众是导引者和导引者共同体。通常，学校教育中档案袋内容的选择或提交，是由体验者和导引者共同决定的。这些都会影响到档案袋内容的实际选择。第三，体验者是所提交作品之质量和价值的最终仲裁者。因此，在考虑档案袋体系的开发时，应意识到体验者反省和自我评价的可能性并作出及时恰当的导引。第四，档案袋评价具有极大的灵活性，它的具体构成，可因不同的使用目的、档案袋要提交的对象以及体验者的具体情况而不同。第五，档案袋的使用要有一定的目的和精心设计。其中具有灵魂性意义的是档案袋的使用要伴随着一系列道德观念、道德教育观念、道德评价观念乃至“学生观”的变革。否则，哪怕这样做时经过了精心的设计，档案袋评价法也有可能沦落为一个体验者学习生活之作业和作品的收集器，其结果将会背离档案袋评价的精神实质。

档案袋评价的主要精神在于，它为体验者提供了一个学习、体验的机会，使体验者能够学会自己判断自己的道德进步。在传统的评价中，测验或考试对学生而言具有相当的神秘性，从标准的制定、试题的选择直到分数的评判，学生完全被隔绝在外。这是传统测验对客观性的追求所决定的。档案袋评价与此迥然不同。由于要考查的是体验者运用所学道德知识及其在体验中所达成的道德境界，体验者就成为选择档案袋内容的一个决策者甚至主要决策者，从而他们也就拥有了判断自己学习生活质量和道德进步的机会。特别是在使用某些档案袋类型，如“精选性档案袋”或“过程性档案袋”时，体验者成了所提交作品之质量和价值的最终仲裁者。所有这些，都基于一种道德评价观念的更新，即注重对体验者道德成就和道德境界的评价，是对其道德进步的连续考察，而不是对体验者所掌握的道德规范知识之内容范围的阶段性审计。

在档案袋评价法的应用过程中，也有根据档案袋评价所依据的使用目的、提交对象以及对体验者的帮助等的不同，尝试对其进行分类的。但对档案袋评价的分类，从不同的角度入手也可以有不同的分类方法。例如，约翰逊就把档案袋评价分为最佳成果型、精选型和过程型。但我以为，更具有诱发或唤醒力的档案袋种类当是较为适合道德体验评价的形式。美国南卡罗来纳大学教育学院教育心理学教授格莱德勒根据档案袋的不同功能，把档案袋评价分为理想型、展示型、文件型、评价型以及课堂型，其中最有代表性的是理想型。他的分类就更具有道德体验的诱发和唤醒价值。所谓“理想型档案袋”之所以被这样命名，一是因为这种档案袋设计的意图在于帮助学习者成为对自己的学习历史具有思考能力和进行非正式评价能力的人，所以它常常被作为提高学习质量的工具来使用。二是它的构成内容在档案袋评价中也具有典型意义。理想型档案袋主要有三部分构成，分别是作品产生过程的说明、系列作品以及学习者的反思。作品产生过程的说明，主要是学习计划产生和编制的文件记录。通过这部分档案袋内容，体验者选择计划时的理想就能展现出来。它的形式可以有各种不同类型，如既可以是伴有说明的一系列略图，也可以是进行特别困难的选择时录下的几盒录音带。系列作品是体验者在完成某一学习和成长计划的过程中创作的各种类型的作品集。如果说，对一项作品产生过程的记录表明了学习者在某一学科领域和道德体验中成就的深度，那么档案袋的第二个组成部分即学习者的系列作品，则表明了学习者取得成就的广度和范围。例如，在语言艺术中，一个档案袋也许包含了被杂志录用的文章、论文、诗歌以及课堂表现录音等。第三部分是学习者的反思记录，它对于学习者在学习和道德体验上的成长尤其重要。在学期的不同时间里，教师要求学习者充当专门批评家或传记作家的角色，让学习者描述自己作品的特征、自己在成长过程中所取得的进步、已经实现的目标等，这些都可作为反思记录的内容。这种反思，一方面为学习者的成长提供了重要契机，另一方面也培养了学习者自我反思和自我教育的习惯。

从档案袋的上述组成可以看出，在学校的教学班里，理想型档案袋可以作为不断发展的信息来源为导引者和体验者双方提供服务，让他们及时准确地掌握学习生活进展和道德进步的实际情况，以便调整下一步的学习生活。此外，档案袋的建立，促使导引者和体验者经常讨论关于创造有价值的道德表现和作品的过程、有效批评的组成，以及对尚未定型的道德表现和正在发展的作品进行评论的方式等。这样做，可以帮助体验者把讨论评价作为道德学习的机会，在道德评价的导引下更好地实现道德教育课程、教学与道德体验的整合。当学年终结时，最后一份道德表现和作品产生的过程记录、反思以及完成的作品，就成为体验者道德成长过程永久记录的一个部分。

过程型档案袋则寻求发展性成果证据，它要求体验者一步一步地检查他们在道德体验过程中取得的每一个（哪怕是小小的）进步的道德体验成果。

从基本面看，道德体验中的档案袋评价法要求注重体验者日常的学习生活和道德体验过程，体验者和导引者在评价的过程中是平等的，他们每个人的意见都是值得尊重的。他们可以在合作与协商中改变导引者原初设计的道德教育过程。而且允许导引者与体验者之间、体验者之间共同合作，相互商讨评价的标准，在评价过程中不断地生成新的评价标准。

案 例

以档案袋评价法进行生态道德体验评价

这里，选取“中国中小学绿色行动计划”江苏省教研员研讨班上的团队档案袋评价法，对其操作及道德体验的发生过程试作呈现。

在培训活动的第一天，就发给每个生态环境班学员一个档案袋，要求每一个学员将几天生态环境教育培训过程中的头脑风暴记录、每一份提纲、所制作的活动方案、漫画、照片、录音带、所思所想点滴等都放在档案袋内，以备最后的档案袋评价。

在评价的当场，导引者先向学员说明评价的过程和规则，然后开始评价。导引者的问题线索是：在参加研讨班的这几天里，你做了几件有利于生态环境的事？多少件污染生态环境的事？你的生态环境意识有何变化？与周围的人比，你的生态环境行为境界有何特色？你对自己的生态环境意识和生态环境道德行为满意吗？请将你这几天里所做的所有你认为与生态环境道德有关的活动方案、漫画、照片、录音带、所思所想点滴等写在纸上，作为档案袋的内容，展示在本组的桌子上或张贴在周围的墙壁上，参加展览。

给每个学员发一张记事帖，要求大家巡回参观、浏览、仔细比较每一个小组所展览出来档案袋内容，选出自己所欣赏的一个，投上一票，在票上写明自己欣赏这一份档案的理由。评价的理由要具体、生动，富有体验诉说性，而不是笼统的、抽象的议论。

结果：每一个小组经过认真的讨论和准备，将本组这几天来参加生态环境教育活动所积累的笔记、提纲、绘画、照片、回答问题的卡片、感想以及讨论的意见等，以各具特色的形式展示出来，每个小组的桌子和教室周围的墙壁上，展出了丰富多彩、令人眼花缭乱的生态环境道德体验成果。在展览中发现，有些学员双面使用纸张，拒绝使用一次性用品，随手关闭水龙头，一水多用，多用肥皂少用洗涤剂，不吃野生动物制品，少吃口香糖，不吸烟，劝别人少吸烟，少用发胶，出差自带牙刷、梳子等。有些学员还设计出了创办生态绿色学校的方案。紫罗兰组设计出了一份富有创意又深含生态教育寓意的绿色学校徽标。绿意组还制成了电脑软件。

最后，导引者与任一体验者在每一组的得票中任选一张票当众宣读。抽样宣读完毕，导引者提议：各组把自己组还没有被打开的评价票打开，自己品读，小组内相互读，去体验。①

由上述案例分析可知，以档案袋方式进行道德体验的评价，主要体现出以下几个特点。

1. 道德体验的评价过程既是体验者再创造的过程，也是体验者与导引者互相展示和学习体认的过程。

2. 体验者和导引者都既是评价者，又是体验者。

3. 评价者所投之票的评价语词是体验诉说性的。如有张评价票这样写道：“我认为橙组的创作最有创意，无论是因果轮，还是

① 资料来源：中华人民共和国教育部和世界自然基金会“中国中小学绿色行动计划”江苏省教研员研讨班。《环境教育评估》专题由王月芬主讲。本章第二至四节，主要参考王月芬提供的初稿。

该小组的代表画，以及参观水阁村垃圾场和游览紫金山后的感想，都发人深思，令人震撼。”一张评价票这样写道：“橙组的固体废弃物填埋场考察后的随笔认识深刻，富有诗意，深深地打动了我的心！”一张评价票写道：“紫罗兰组融入了绿色的行动。《同根生》画创意深刻。”一张评价票写道：“这一组全员参与，是一个团结协作的小组。两位老师的笑容打动了我。把这灿烂的笑传给孩子。”一张评价票写道：“绿意组有创意，见行动，绿色行动已深入人心。”一张评价票这样写道：“我投这个小组一票，可能是因为我与这一组的朋友们之间有了一种情结，有一种以真换真的体验。”

4. 当导引者与任一体验者合作，在轻缓疏朗的音乐声中，在每一组得票中任选一张票当众宣读其内容的时候，体验者和导引者共同沉浸在一种道德体验的氛围之中，又再一次地发生了道德体验。抽样宣读完毕，导引者继续给出深化体验的线索，导引者提议：各组把自己组还没有被打开的评价票打开，自己品读，小组内相互读，去体验中间的很多内容，它不是导引者能说出来的，而是体验者自己多维度体验出来的。体验者相互读着、听着，感受着每一张票上对自己小组的评价意见，体验着许多难以言说的道德意蕴。

5. 档案袋评价法的本体是体验者在体验过程中的道德体验，它不关注作品量的收集，而更看重档案袋中是否有“现场体验”和“生命感动”的内容和形式。

6. 档案袋评价法的评价标准是生成性、体验性的，带有当下的约定性，显示出体验者和导引者的道德选择性、创造性和主体性。实际上，道德评价的过程中生成的意义、内容和境界，已经远远超出了导引者的原初设想和设计。泰州市的学员说：“我们深深体会到环境道德教育要以学生个体为中心，重在体验，达到生态体验的境界。”——体验者在似乎“很苦很累”的活动中体验着，而且有所体验。

需要说明的是，我之所以选取一个成人教育的案例来进行分析，而没有选取以大中小学生为教育对象的例子，主要是因为，一方面，我国已进入全民终身学习社会，另一方面，比较发现，大中小学生比较容易进入道德体验的情境，而成年人是很难进入道德体验的情境的。只要我们能够探明成人在开放式的活动中，在生成性的评价中，也会情不自禁地融入其中的话，那么，大中小学生就更是不成问题了。事实也恰好证明，在开放式和生成性的道德评价活动中，大中小学生比成人更快地全身心地投入其中、融入其中了，他们确实更容易发生道德体验。

三、苏格拉底研讨法

以苏格拉底研讨法评价道德体验，与传统的研讨法具有根本的不同。在传统的教学过程中也有研讨法，但在其讨论中，大多都是以导引者为中心进行的，导引者既是讨论主题的提出者，也是讨论方向的指导者，甚至由谁发言、如何发言都是由导引者来掌控的。正如人们比喻的，课堂讨论类似于以导引者为轴心的自行车轮在运转，而所谓“讨论”，实质上成为导引者一直让体验者作出解释说明的系列对话。在利用讨论对体验者进行评价时，一是由于这种形式并未给体验者提供真正的表达机会，二是由于对讨论过程缺乏客观的记录，因此导引者往往是根据自己的主观感受和记忆来进行。这种“课堂讨论”是不符合苏格拉底研讨评价法的要求的。

苏格拉底研讨法是芝加哥哲学研究所所长阿德勒所创造的评价方法。他在《全面教育建议》和《全面教育问题与可能》两书中，提出了一个“教育宣言”，试图重构如何把学校呈现给学习者。基于对杜威进步主义教育信条的坚定信念，阿德勒认为，应将同一的学习过程提供给所有学习者，自四岁始直至中学毕业。此外，这一教育起码必须坚持三个目标：“知识的获取”、“智力技能（学习技能）的发展”和“思想与价值理解的扩展”。在阿德勒看来，第一个目标可通过说教性教学、教科书的使用以及具有“覆盖性”的内容领域来实现；第二个目标通过阅读、写作、演说、听、计算、问题解决等技能方面的“训练、练习和指导下的练习”来达到；最后一个目标则要通过“苏格拉底提问法和积极的参与”，要使用书本（而非教科书）和一些其他的艺术作品，以及通过“从事艺术活动”来完成。阿德勒认为，学校教学的终极目标，是教会所有学习者在第三个目标领域内有所成就。由此，他提出要围绕重要的教育结果重构教学。他所提倡的苏格拉底式研讨即是为此作出的一种尝试。

阿德勒提出的苏格拉底式问题研讨也是始于教师的某一问题，但学习的整个环境却是变化了的。通过讨论进行教育还需具备一些其他的必要条件：对年长点的儿童来说需要长于50分钟的课时；还需要一间使讨论参与者“围圈而坐”而非并排而坐的教室；教师是参与讨论的一分子而不是站在讨论小组前面的操纵者。教师在讨论中的作用是使讨论沿着有成效的路线进行下去——这主要通过稳定情势、指导、纠正、引领，像一名学习者那样进行争论等手段。教师首先是讨论的平等主体，所有人必须感觉到就像在真正的交谈中一样，都是作为平等主体进行参与。

苏格拉底研讨评价法所关注的核心问题是：在问题讨论中，我们如何才能更多地促进学习者间的互动？对于学习者在批判性思维和公众演说技能方面取得的进步，讨论要怎样做才能成为对其进行可靠评价的依据？这种评价方法，是把学习者在“班级参与”和“课堂讨论”中的表现作为学习者学业成绩评价的一个部分。但对于班级参与和课堂讨论的形式和实质，它都有一些特别的要求，其中最根本的，就是要让学习者学会更有成效地思考并为自己的见解提出证据。显然，它与古希腊那位伟大的哲人所创造的“产婆术”有着共同的见地和追求。运用苏格拉底研讨法评价的具体步骤如下。

第一，要明确教育结果。在这点上，苏格拉底研讨法与传统评价的做法相似。但传统评价只是把目标作为评价的标准，而苏格拉底研讨法则注重评价如何才能真正实现这些结果，因此，它并不像传统评价那样对目标进行过细的裁剪。这些结果可以是思想价值观念、批判性思维、阅读理解技能等。

第二，选定研讨采用的文本。苏格拉底研讨法试图把教育教学从疲于奔命的知识量的追求困境中解脱出来，它允许所有学科的老师去满足“有效听说”这一目标的实现，并达到一些其他高级思维技能的教育结果。为了能使研讨深入细致，所选文本通常是从较长作品中摘录或节选的一小部分——也许选自一本优秀的道德故事，也许选自小说或一部电影，也许是实验的某一步骤等。只要能最佳地促进学习者学习，教师可以对文本进行自由选择，包括学科内和跨学科的文本。

第三，教师提出一个“起始问题”。这一步被认为是非常重要的，它会直接影响研讨的质量。苏格拉底研讨法开始于一个起始问题，这个问题不应只有一种单一的预期反应；一个好的起始问题会在问题研讨过程中引发对话。格雷关于起始问题的建议是：它们确实起因于“领引者”（教师）的好奇心；它们没有单一或“最合适”的答案；它们可以产生对话，从而引起对文本中思想观念更深广的理解；它们可由文本的参考资料作出最好的回答。

第四，选择记录研讨过程的方式或设计简明的记录表。记录应当完全客观地反映研讨进程，它是进行评价的客观依据。通过一系列研讨记录的分析、对比，就可以对学习者在各种学习和教育结果上的成绩作出判断。

第五，以多种方式完成评价。正如研讨法可用来实现不同教育结果一样，其本身也能以不同方式来完成。例如，有些学校把它作为毕业学业展示的一部分，而有些学校把它作为课堂评价的工具，有些学校把它当作道德发展状况评定的重要依据。它还为学习者的自我评价提供了一个良好、积极的媒介，特别是通过观看问题研讨的录像带，学习者可以对自己的表现进行评价。

可见，苏格拉底研讨法不仅是一种评价的方法，更提供了一种道德体验教育的思路，把课程、教育教学和评价进行统整，使它们融合为一个有机整体。这种思路，也是当前各种质性评价方式的一种共同趋势。

第四节　道德体验评价的有效性

上面，我着重介绍了三种质性评价方法：表达评价法、档案袋评价法和苏格拉底研讨法。至此，或许有人会问：这些新的评价方式有效吗？

要回答这个问题，我想先讨论一下什么是评价的有效性。假如我们问："韦克斯勒智力测验有效吗?"其实这是一个不能回答的问题。如果韦氏智力测验测量情绪，则显然它是无效的。所以在评价领域中，工具本身不具备天然的、普遍的效度或信度，因为我们甚至可以将儿童生活适应量表拿去测验国语能力而造成无效的结果。假如我们问："档案袋评价法的信度和效度如何?"这也是一个不能直接回答的问题。因为比较地看，档案袋评价的标准与传统评价已有了很大的不同。从实质上看，档案袋评价是为了更好地改善道德教育过程，使之更符合体验者道德发展的需要，诱发或唤醒体验者道德体验的发生和深化。因此，凡是能表明或促进体验者道德进步的指标，都可以被列为道德评价的不同向度标准。此外，评价标准则往往交由道德体验活动的直接参与者——导引者和体验者共同制定。这种做法，最大限度地保证了导引者和体验者，特别是体验者对评价标准的了解和把握，让体验者清楚地知道他们在道德发展中究竟应该而且可以达到何种境界。

正是由于上述原因，关于档案袋评价的效度和信度，至今仍存在相当大的争议和分歧。从一般性评价的意义上看，效度和信度是来自以客观性为宗旨的量化评价的两个概念，其目的是为了保证评价获得具有普适性和推广性的规则。因此，从根本上说，这两个概念并不适用于充分尊重体验者的个别差异，并力图对这种个别差异进行充分理解和阐释的质性评价范式，其中当然也包括档案袋评价。一些研究者对档案袋评价所得分数与在同一领域中所作的其他评价所得分数进行了相关性研究，充分表明了这一点。麦金太尔发现，体验者的学校档案袋分数与国家教育计划评价分数之间，基本上是一种"或然关系"；在数学和写作课上，相关系数的变化是从0.13到0.38。而赫曼等人研究发现，在整体的档案袋集与标准化的写作评价之间，不存在任何相关，而档案袋集的个别部分与标准化评价之间的相关是0.13到0.31。从一些档案袋评价发展较早的国家和学校看，目前档案袋评价的标准也不尽一致，一般有三种类型：第一种类型是集中关注作业的关键特征，如目标、组织、文章的技巧等，并给不同特征打出一定范围的等级，如1到4级；第二种类型运用一般的等级，如 1 到 4 级或 1 到 5 级，反映不同的能力水平，某一组特征都与一个分数相关联；第三种类型是确认主要的维度，如流畅性或精致性，以此来确定成就水平。因此，道德体验中的档案袋评价法与一般意义上的档案袋评价法还应有所不同，需要创造性地探索和发展。

可见，有效性是从人们在评价上的反应中产生出来的，然而评价的反应又无法替自己说话，是静态的产物。因此，评价的有效性也许只能从对反应的解释上去寻找（Messick，1989）。故而解释反应的人就非常重要，他有可能因为不明了评价设计的目的与所要指涉的能力，而将有效性完全毁灭。一般所熟知的“效度”概念，来自很强的证据基础，评价的设计者与解释者要能根据反应的质与量来诠释评价背后的概念，这是所谓建构效度，要有凭有据、忠实反映，并且价值中立，然后评价的工作也似乎到此结束。至于评价结果的诠释对个人的影响是什么，可以做什么样的应用，会导致什么样的社会风气，常常不在效度的考虑之列。王月芬说：“作为评价的专业工作者，如此狭窄的效度概念，会让我觉得自己缺乏应该有的社会良心与责任感。”①

综上所述，道德评价不等于纸笔测验和考试，也不能等同于量化考评。当今，面对一个多元的社会，我们需要还道德评价一个本来面目，通过道德评价给体验者提供道德多元发展和人生多元成功的机会。马斯洛曾深刻指出：“我们在生物学的历史中已经达到了一个转折点，我们现在要对我们自己的演化负责任。我们已经变成自我演化者。演化意味着选择，因此也意味着作出抉择，这也就是进行评价。”“人是一种正在选择着、决定着、追求着的动物的话，那么，进行抉择的问题就不可避免地包含在任何给人类下定义的努力中。”② 道德体验的评价，更是要突破那种“沦落”于客观测验、纸笔测验和考试的传统道德评价体系，建立新的能反映道德评价之

① 主要参考王月芬提供的《环境教育评估》初稿。

② ［美］马斯洛著，林方译：《人性能达的境界》，云南人民出版社 1987 年版，第 15—16 页。

特性与功能的评价范式。道德体验的评价必须超越传统意义上的评价，它已很难采用一般性的传统评价模式与方法进行评价。传统的一般评价模式和方法，是从科学理性的哲学思维开始，以分科的形式，以知识为载体，借助于知识的掌握程度和掌握方式等来评价的。它对于传统约束性道德教育模式虽然也不完全配套，但还有一定的适用性；而对于道德体验的发生和发展的评价，则已经从根本上丧失了其适用性。

传统评价体系用于道德评价时，其价值取向中追求“方便化”、忽略道德境界之生动性和个性的特点，日益暴露出缺陷与不足。评价者更多地想找到一种统一而又操作简便的评价方式，给社会和家长一个概率性的交代，至于道德评价的特殊性则考虑不足。现行的升学考试改革中不断地取消主观题，企图以计算机阅卷来取代整个评价之做法的背后，还潜藏着一个省时、省力、省钱而又减少麻烦的考虑。将之用于道德评价，其评价效度便无法体现。其实这种评价违背了道德评价的本真精神——激励和导引的精神。近年来已经有一些学者开始反思：“道德评价能量化吗?”

从世界各国评价改革与发展的大趋势来看，越向后发展，越趋向于质性、开放性、生成性、注重体验的评价。当前，西方世界始于 20 世纪 80 年代的一场“评价改革运动”，就是针对传统客观化和量化测验性评价的弊端而兴起的。在这场运动中诞生了一系列新的评价方式，如表达评价、档案袋评价、苏格拉底研讨评价、表现展示评价、阐释性评价、角色扮演、诗歌创作等，形成了一种“表现评价体系”，重新回归于学生在教育中、教学中的完整而真实的表现流，道德评价逐渐走向个人学习生活的意义评价，讨论一个人如何诠释他自己的学习生活和道德成长历程。我以为，此处所列的一系列评价方式，是更具有情意化、人性化因而也是道德化的评价方式，在某种程度上代表了道德评价的根本精神，是道德体验发生的有益基础。

在进行道德体验评价时，还必须看到“在人的任一层次的生存活动中，都存在着一个不可量化的人的生命意识和信念”①。为此，既要防止简单量化评价的做法，又要树立评价与道德体验一体化的思想。道德体验评价既是已有道德体验的测评，又是诱发或唤醒新的道德体验、创造新的生存意义的过程。海德格尔深刻揭示，“人是一种可能性的存在”。尼采也真切领悟到人的自我创造的途径是“评价”，即“人首先为事物创造出意义，一种人的意义”。他甚至把探寻人生的意义作为自己哲学的主题，他要让哲学用智慧的光芒照亮人们所热爱的生命。尼采体验到人的具有本质意义的规定性就是他是“尚未定型的动物”，而恰恰是人的这一特点决定了他可以改变自己，生成自己，创造自己的本质。“在人身上，创造物和创造者统一起来了。”因此，他称自己为“人”，即“评价者”。尼采正是以此来赋予人生、生命以目的、意义，使人在意义的世界里生存，而且他认为人的这种寻求意义的执拗天性是人性发展的巨大动力。这也就是说，道德体验的评价本身就是一种有价值的道德体验。

最后，在道德体验评价的探索中，有很多因素影响着道德体验的评价及其实际效果。如仍然存在的“应试教育”体制机制惯性及其溢出的巨大升学压力，学校管理者的价值取向，来自家长择校的行为及其背后支配择校行为的思想观念的压力，道德教育的学科性分割及其学科地位，教师的专业素养，学生的兴趣，以及一些非预期行为和结果等，这些都会影响到道德体验评价的实际效果。但是，只要我们已经在理论上厘清了道德体验评价的新理念和新方法，并在实践上作出具体细致而又坚持不懈的创新探索，道德体验评价就会异军突起，与道德体验一起，将体验者和导引者一道带向一个更加理想的道德境界，构建成一个更加具有实践魅力的道德教育新体系。

① 张曙光著：《生存哲学——走向本真的存在》，云南人民出版社 2001 年版，第 4 页。

第六章 道德体验教育

第一节 道德体验教育及其意义

一、什么是道德体验教育

道德体验教育是诱发和唤醒道德体验的教育思想意识和活动，它并不追求某种实体性存在，它既不与现行的学校—课堂教育相对，也不是德、智、体、美、劳五育之外的单独一育，而是作为教育意识、教育思想，蕴涵和渗透于整个教育之中，旨在强调道德教育要深入到学校、家庭、社区、大社会生活和自然之境中，向生活世界、自然之境和体验者的心灵世界全面开放，引起人的生命感动，诱发人的道德体验，提升人的道德境界。

一方面，学校—课堂教育中就存在着道德体验教育的因子，需要有意识地挖掘和体现、凸显，因此它在教育意识和教育思想上超越了现行学校—课堂教育的范围和视界的局限；另一方面，道德体验教育在实践上突破了过去那种孤立、封闭、单向的既定道德规范知识传授的样式，成为一种在开放、互动中不断涌流人生体验的过程。置身其中的每一个人——包括体验者和导引者，其精神和灵魂都在体验涌流中不断得到陶冶、净化和升华。

从道德教育哲学上看，道德体验教育并不排斥道德规范知识的传输和学习，但它把道德规范知识不再作为道德教育的全部或主要的方面，而是作为道德体验发生的一种重要的基础性诱发线索。它强调体验者和导引者的共同参与、开放对话，在共同学习、理解道德规范知识的过程中，相互激励，协作创新，不断生成新的道德境界。道德体验教育的这种新理念，也符合世界学校道德教育改革与发展的大趋势，即由约束性道德教育向发展性道德教育转变，由单向灌输式道德教育向双向互动式道德教育转变，由单一道德教育模式向生态多样性和个性化道德教育模式转变，由封闭式道德教育向开放式道德教育转变。①

二、道德体验教育的时代意义

道德体验教育以其本土原创理论和科学高效的魅力实践模式，有效解决了当代道德教育的实效难题。新中国成立以来，我国一直重视立德树人工作，但道德教育的实效性不高一直是一个困扰学校和社会的大难题。归因分析，是由于缺乏大样本科学实验支撑的本土原创理论和先进理念指引，使道德教育改革犹如在茫茫海洋中摸索夜航。道德教育实践则缺乏科学的、接地气的和行之有效的模式和丰富多样的途径、方法。经过国内外四十多年的大样本科学实验，在我国多种类型的区域与大中小学、幼儿园及国外海外进行持续的现场扎根性研究与实验，证明通过道德教育哲学观和实践模式的升维与战略转型升级，专注体认道德体验教育的理念，践行道德体验模式、生态体验模式，实施和推进具有科学性和艺术性的生态多样的教育途径方法，能够收到显著的立德树人的实效。在诸多实验区和实验基地的实验现场观察发现，道德体验教育营造了三重生态圆融互摄、让体验者全息沉浸的道德体验场，设计和开展了丰富多彩的生态体验和道德体验活动，优化了师生、亲子关系，让道德教育走进了学生的心灵世界，与体验者开展开放式心灵对话，不断生成发生震撼心灵、感动生命的道德教育实际效果，成为德育现代化的时代新方位。②

三、道德体验教育与知识学习相互滋养

简单地说，道德体验教育与知识学习是相互促进、互为滋养的辩证关系。但这个问题必须在转变道德教育观念的基础上来讨论。应当看到，道德知识和百科知识对于道德体验来说，仍然是很重要

---

① 朱小蔓主编：《中小学德育专题》，南京师范大学出版社 2002 年版。

② 刘惊铎：《生态体验：德育现代化的时代新探索》，《中国教育报》2018 年 5 月 24 日。

的，体验者所获得和积累的道德知识和百科知识，可以作为道德体验的诱发性线索。但是它要与体验者的实际的生态阅历结合起来，与体验场中的其他因素结合起来才能发挥作用。在体验场中，当体验者在当下关系或自己内在需要的激发下反省或诉说生态阅历的时候，过去所学习的道德知识甚至一切知识都以记忆的形式呈现出来而发挥其作用，有些体验者还会因这种机缘而去主动地学习历史和现实中的道德知识和百科知识。在这种条件下，道德知识和百科知识对道德体验的发生就是有用的。这也就是历史上要素主义和基础主义思潮的合理性所在。但这时，道德知识对于体验者来说，已经不是“道德教授”，而是“道德学习”了。① 如果道德教育仍然仅仅是知识传授，那么，人们只要打开网络就可以观看，打开书就可以读，导引者的作用就消失了。叶澜教授指出：“在当代，如果你的教育不能震撼学生的心灵，那么你就没有资格走上讲台！”②

那么，道德体验教育与课程之间又是什么关系呢？我以为，现行的学校教育中就存在着道德体验的诱因，需要有意识地挖掘和凸显，在此基础上，则要重视和强化“关系”和“氛围”对道德体验的诱发和唤醒价值。有人提出“体验课程”的概念，并将其与学科课程相区分：学科课程是一种既定的、单纯传授知识的共性化课程，而体验课程是一种关系性的、生成的、熔知识与体验于一炉的个性化课程。体验课程比学科课程更强调关系、情境、情感、体验、生成，其中也有认知的发生，但已是一种“全息认知”。多尔就把课程理解为一种“关系”，一种“师生关系”，一种“共同探究”的关系。他指出：“后现代观点对教育与课程的寓意是深远的，但尚不清楚。这些变革对艺术、文学、数学、哲学、政治理论、科学和神学领域中认识论和形而上学的基本假设提出了挑战……教育作为多种学科的合流，必将受到影响。如果这一假设能够‘实现’，

① 请参看朱小蔓、刘惊铎、刘慧关于“道德学习”的研究和杜时忠、黄向阳及相关学者有关“道德可教吗?”问题的研究。

② 资料来源：叶澜教授在教育部主持召开的“教育系主任及面向21世纪高等师范教育改革计划项目开题会”上的主题报告。时间：1998年4月。地点：昆明，云南师范大学。

我相信在新的课程概念中将出现一种新的教育秩序，并形成一种新的师生关系。”“这种关系将更少地体现为有知识的教师教导无知的学生，而更多地体现为一群个体在共同探究有关课题的过程中相互影响。”① 既然“课程”不再是传统意义上的固定场所加固定文本，而是一种“关系”，那么，课程就是可以由构成这一“关系”的所有人来共同建构、创造和生成，处在这一“关系”中的所有的人，包括体验者和导引者，就都是体验课程的要素，而不仅仅是课程的实施者或接受者。有学者指出，体验课程“为产生、孕育、期望、赞美非凡觉悟与内部启示的机会提供一种情境，这时一个人开始意识到他的独特的个性存在”②。在这种课程氛围中，一个人首先实实在在地感觉到了自我的存在价值，感觉到了自我理智的力量、情感的满足、意志的独立与自由；其次还实实在在地感觉到自我与自然、与社会之间内在的（非工具）、有机的（非机械）联系。换言之，体验课程不是以科目的客观内容为特征，而是以“学习者共同体”的成员所共同创造的关系和氛围为特征。这种关系和氛围使参与到体验活动中来的每一个人的个性得以充分地生长、表现。③ 目前，关于“课程”概念的更新和转移，已经形成了一股世界性潮流。当今美国一批活跃的女性主义教育家，如诺丁斯、吉利根、迪勒等人，主张把“关爱”理念渗透于学校课程改革之中，倡导“关爱伦理”。而澳大利亚主张“生态学课程理论”的学者高夫则提倡“专注的教育”，要运用每个人的知觉系统直接对环境进行探索与知觉，摒弃事事依赖于抽象的文化知识积累的认知方式。这种“专注的教育”包含“存在认知”的成分。“存在认知”是一种“整体认知”、“全息认知”，也是一种“返魅”的认知，这种认知把整个世

① ［美］小威廉姆·E. 多尔著，王红宇译：《后现代课程观》，教育科学出版社 2000 年版，第 5—6 页。

② Philip H. Phenix, Transcendence and the Curriculum. *Teachers College Record*, Vol. 73, No. 2, 1971, p.279.

③ 张华著：《经验课程论》，上海教育出版社 2001 年版，第 253—254 页。

界知觉为一个统一体——一个活生生的生态有机体。① 马斯洛发现，在“高峰体验”中，特别是在“恋爱体验”和“美感体验”中，世界中一个很小的部分这时却被知觉为似乎就是整个世界。在一株小草中窥见了整个宇宙的奥秘！在恋人温情脉脉的眸子中洞悉了整个世界的存在价值！② 拥有了一个人就拥有了整个世界，没有了这个人似乎就丧失了与整个世界的联系。这实际上就是一种“全息体验”。

在传统的约束性道德教育实践中，道德教育课程与道德教育活动是独立的，并且处于分离状态。在道德体验教育中，体验课程与体验活动是体验教育的一体两面，二者是有机结合、融为一体的，它显示为导引者导引体验者并和体验者一起回归生活世界、自然之境和体验者的内心世界，由体验者自主参与真实的道德实践活动，以体验为切入点并通过体验形成每个人独特的情感—态度系统和意义世界，促进认知和情意因素相互影响，以生成和发展完整的个体德性。舍恩在《反思性实践者》一书中批评技术理性，不仅因其机械化的思想——强调途径实施而非目的选择，而且因其否弃亲身体验的真实世界。舍恩在研究有能力的实践者时，发现了一种不同的模式和不同的专业感——一种“反思性实践”模式，以实践为导向的实践者是它的理想。这一以经验为基础的模式磨炼和升华了实践者的个人与个人能力——一种不是通过资格课程学习而是通过经验反思在经验中获得的能力。当一个实践者进行经验性反思时，从理论到实践的模式中没有发现的三个事件发生了。第一，实践者看待问题时，不再视其为普遍理论的复制而是视其为特定的、个人的事例。在此，实践者关注的是问题的不一致或类比之处——那些以不确定性、不稳定性、独特性为特点的方面。实践者的艺术体现在运用直觉、类比、隐喻而非普遍规则来处理“混乱”的过程之中。第

① N. Gough, From Epistemology to Ecopolitics: Renewing a Paradigm for Curriculum. *Journal of Curriculum Studies*, 21 (3), 1989, pp.225-241.

② ［美］A. H. 马斯洛著，李文译：《存在心理学探索》，云南人民出版社 1987 年版，第 80 页。

二，实践者运用直觉、类比和隐喻对一个问题予以“框架化”或情境化。第三，实践者与情境之间保持对话，总是倾听来自情境的“坏话”，并在讨论中采取隐喻性语言。这种开放的讨论——与自己、与他人、与情境之间进行的讨论——是发展反思性方法论的关键。① 道德体验必然源于感性个体的遭遇、命运和思慕之中，一旦进入道德体验状态，体验者的过去、当下和未来的具体关系和情境就都统统被超越了。赵汀阳在论“生活意义”时指出：要从“生活事实”中看出“生活的目的”，必须放弃不良的思想习惯，即放弃司空见惯的 to be 或 ought to be 模式。因为生活目的不是在生活事实之外的东西，但也不是生活事实的个别性，因此既不能表现为超验知识也不能表现为经验知识；它是生活事实的方向性，是生活整体的运动倾向。其实，生活目的本来就在生活的努力中表现出来，如果它显示不清楚，也不是因为它本身不清楚而是因为思想不清楚。当不去从它能够显现的方式去看就必定看不清楚。生活是一种自身具有目的性的存在方式，这种目的性就是生活本身的意义。生活目的是与生活一起显现的东西，它不是遥远的目标而是与生活最接近的存在方向性，但又是永远无法完成的追求。可以说，生活目的不是某种结局而是生活本身那种具有无限容纳力的意义。② 在马克思看来，体验的形上之思成为每个人全面的自由发展的基本方面，哲学已成为“纯粹的个人的精神事务”。每个人有了从自己的生活体验和自然体验中领悟到的形上之思，才有了自己精神生活的自由。张世英说：“我以为人若‘能知’主客关系之‘蔽’，则可以回复与无尽整体合一之本然，回到自己真正的家园和寓所”；应当“教人超越（不是抛弃）主客关系，在更高的基础上回复到主客融合的整体，亦即从宇宙整体的内部体验到一种物我（包括人和己）两忘的境界，这就是最高的审美意义和价值之所在”。③ 美学已经

---

① ［美］小威廉姆·E. 多尔著，王红宇译：《后现代课程观》，教育科学出版社 2000 年版，第 63 页。

② 赵汀阳著：《论可能生活》，生活·读书·新知三联书店 1994 年版，第 13—14 页。

③ 张世英著：《进入澄明之境——哲学的新方向》，商务印书馆 1999 年版，第 266、48—49 页。

领悟到这样一种境界，让个体存在消融在社会存在之中，让个人生命在社会的整体中畅通无碍地奔流。①

第二节　道德体验教育的特征

在上述关于道德体验教育意涵的开掘和体认过程中，我们看到道德体验教育并不追求某种实体性的存在，而是作为一种重视和凸显道德体验的教育意识、教育思想和教育态度，蕴涵和渗透于整个道德教育和教育实践全过程之中。那么，在理论上分析，道德体验教育具有哪些基本特征呢？我以为，道德体验教育是从肯定和彰显道德教育的人本性、发展性、情理交融性和优化生命样态的视角，促进体验者道德境界的提升。在实践中，至少可以从以下几个基本特征来理解和把握道德体验教育。

一、生活性

生活性强调道德体验教育源于生活世界，源于生活世界的种种关系之中，并且是为了“好生活”的目的，而不是在生活之外另有一套独立体系，也不是为了生活之外的某种目的。朱小蔓教授指出：“不存在从生活整体及学校教育整体中抽离出来的德育。我们要从根本上调整对道德的认识、对道德教育的认识。道德教育是和其他教育，与生活交织、渗透在一起的。”② 这是道德体验教育的基本特征之一。

相对来说，道德体验教育反对那种在时空上被局限的实体性道德教育样式，进而反对把道德教育从生活中抽离出来，变成一种相对封闭、孤立和单向的学校—课堂道德规范知识传输体系，使其丧失了与生活世界的复杂性联系的教育意识和教育思想。它力图确立

① 王一川著：《审美体验论》，百花文艺出版社1992年版，第125页。

② 朱小蔓著：《教育的问题与挑战——思想的回应》，南京师范大学出版社2000年版，第286—287页。

道德体验教育就在生活世界之中的教育意识和教育思想。事实上，在某些并非专门道德教育的活动和情境中，体验者也会发生道德体验，甚至发生对其一生产生深远影响的道德体验。朱小蔓先生多次讲到，德洛布尼斯基在《道德的概念》一书中所揭示的道德的本质特征和内涵，对认识实体性道德教育具有重要的启迪意义。德洛布尼斯基提出：不要把道德从人的活动中分离出来，道德不是区别于社会现象中其他现象的特殊现象；不能限定道德的空间范围，道德渗透在社会生活的一切领域，无时不在，无处不在。从一定意义上说，并没有独立自主的道德活动，道德活动是包含在人类各种活动体系之中的。朱小蔓教授在肯定这一观点的基础上，进一步认为："所以这儿有两个不能抽离：道德教育不能从活生生的完整生活中抽离，不能从其他诸育中抽离。若抽离就是形而上学。"可以说，"脱离生活世界的德育课，学生是很难对它产生兴趣的，也就很难形成道德体验，并进行道德判断、选择，进而产生道德行为"。①由此可见，道德感不能说是人对道德原则的感知，道德感是在人的生活的种种关系中生成的，它是对生活关系的领悟。

这就是说，道德体验教育要超越"定向体验"某种固定文本和既定道德规范要求的局限，不管是否学校—课堂范围，只要是带有道德体验价值的生活场景，都要积极关注和挖掘、利用。如此，道德体验教育就要积极利用学校内部及校外更加广阔的各种社会、自然环境等道德教育资源，发现、利用和创造道德体验情境，让体验者在学校接受有关道德知识信息的同时，丰富他们的生态阅历，积累切身的体验，将一定的道德规范知识与生活世界中的道德关系、体验者内在的生命感悟相融合，导引体验者在体验中生成新的道德境界。这就要导引体验者回归生活世界和自然之境中去读"大地一手书"，而不只在学校导引者所设计的关系世界中读"文本二手书"。

① 朱小蔓著：《教育的问题与挑战——思想的回应》，南京师范大学出版社 2000 年版，第 287—288 页。

二、开放性

开放性是指道德体验教育强调从封闭在学校、课堂和教科书里，封闭在师生关系里，封闭在专门组织的活动中的道德教育实践形态走出来，走向全面开放的教育意识和教育思想。它至少要实现如下几层意义上的开放。

一是由学校、课堂和教科书向社会大系统开放。学校中的道德体验教育仅仅是社会巨型系统中的一个子系统，其源头活水在社会大系统之中。在社区文化、社会实践活动、自然之境和家庭生活中，到处都有道德教育的资源，要自觉地挖掘和利用。二是向新生活、向未来开放。人的生活、社会的变迁和青少年的变化是生生不息的，在不断的变化中展现出新生活、新样貌。道德体验教育反对固守于原来“圣人”定下的规范，而相信每一个人有不断生成新德行的潜力。实践证明，在体验者与体验者之间、导引者和体验者之间、体验者和人民群众之间的相互碰撞中，激发出许多原来所没有的东西，生成新的道德智慧、道德意识和道德能力，达成一种新的道德境界。三是由既定标准向个体生命开放。传统的道德教育范式从既定的标准出发，认为价值观“只有一种最好”或“只有一种正确”，排斥其他一切存在样式。现在，在全球开放的新格局下，导引者要用开放的心态面对新问题，解决新问题，不断进行道德文化和道德教育创新。

在道德体验教育中，导引者与体验者一起置身于一种开放性的体验场中，相互诱发，相互激励，在一种动态的推进之中，共同地、不断地生成新的道德教育的内容和形式，导引者的教育设计只是作为一种道德体验的“初始线索”罢了。而体验者之间、体验者与导引者之间，不断显露出各自言行中的优良德性和每个人的道德境界，同时，也不断暴露出各自言行中的不足与缺陷；而当这些问题显露或暴露出来的时候，每个人又有机会当场感受并表达自己的体验。在道德体验教育中，面对不同的表达、不同的声音，甚至出现争论，按照传统约束性道德教育的评判标准，这就是一种教育混乱，一种道德规范接受中的“拒斥”现象，就被认为是缺乏教育效果。而按照道德体验教育的理念评价，由于它使道德教育过程变成了一种真正开放的状态，在这个体验场中，每一个人都向其他人开放，每一个人都处在完全的意志自由状态，他可以自由地表达自己的体验，每一个人不仅有体验自己存在的渴望，希望呈现自己的体验，也体验着感悟他人的重要，与他人合作与分享的必要性。换言之，道德体验教育的实际结果已超出了导引者原有的设计，不仅生成了新的体验形式和内容，而且生成了新的道德境界，而其中生成的人格本身就是一种“体验性人格”。

我曾经在多处提到，“游戏体验”（包括线下游戏和线上游戏、室内游戏和室外游戏）是道德体验教育的重要的形式。美国伊利诺伊大学休闲研究系教授、美国国家休闲科学研究院常务理事约翰·凯利对游戏和休闲有着较深入的研究和体验。他在研究休闲与游戏时发现：“休闲可能成为最开放、最可能有所创新的领域。在游戏中，我们可以尝试新的形式和新的行为方式。”“正是形式与结果的开放性在行动过程中对行为本身进行了创造与再创造。在休闲的游戏中我们可能尝试新奇与偶然，可能进行创造，实现‘未然’。”① 可见，道德体验教育在相互开放、相互分享的过程中，不仅诱发了体验者和导引者的当下体验，而且超越了他们的当下体验，从而达到了既无固定目标（只有导引者个人体验意义上的引导性目标），而又不断创生新道德的理想的道德教育境界。由于人们现有语词的限制，有时候所表达出来的体验似乎是已经存在的“德目”，实际上，体验者和导引者所生成的道德已经远远超出了历史上的道德规范所包含的意义，而进到了一种新的道德境界。就连道德认知学派的代表人物柯尔伯格也领悟到，在儿童道德认知发展的“三水平六阶段”中，越到后来的更高阶段和水平上，越是进入了超习俗（或世俗）的道德水平。无论从哪一种道德教育理论的分析线路走下来，我们都越来越体悟到道德体验教育过程是一种道德建构的过程。这种建构不仅是个人的，而且是集体之间的建构，是社会的建构，体现出关系的生态创生性。

① [美] 约翰·凯利著，赵冉译：《走向自由》，云南人民出版社 2000 年版，第 273 页。

三、践履性

从根本上说，道德是一种践履之知，体现人改造自身的实践理性；而实践理性的目的或对象就是人的行为本身。因此，道德是靠人的身体力行来实现的。践履性就是强调道德体验教育重在凸显导引者和体验者共同身体力行的特点，而不能仅仅停留在书本上、口头上，或只是体验者单方面的行动上。本书第二章中所谓“亲验”形态，就是强调体验者置身于一定的关系世界和生活情境之中，具身体认、经历或受过感动，对自身及其他存在的生存状态及其意义有所体验、有所领悟。儒家所谓的“践履”、“体悟”、“体证”即是强调践履之知，王阳明在龙场悟道的时候就是感悟到道德养成重在践履。佛教注重参禅、修炼等修行模式、修行功夫、修行境界，就是一种践履之知，也就是康德在哲学上所讲的“实践理性”。

有效地组织道德体验活动，创设富有感染力的真实的道德关系和情境，关注体验者的当下生存状态与需要，注重诱发和唤醒体验者的切身体验，是道德体验教育的基本特征之一。朱小蔓先生将这个特征概括为“践履性”，戚万学教授称之为“活动性”①，列昂捷夫在《活动·意识·个性》一书中更是把人的自由自觉的“活动”看成人的意识和个性产生的必要的主体性条件。② 实践活动不仅是道德体验的场域基础，同时是体验深化、发展的载体。道德体验不仅在实践活动中产生，而且在实践活动中发展。体验者的实践活动不仅建构着体验者的实际生存关系，而且建构着体验者主体的精神和意义世界。美国学者认为在语言的、行为示范的、实践的这三种道德教育形式和方法中，通过实践活动体验的道德教育效果是最明显的，因此在实践中也很注重实践锻炼和体验。日本中小学道德教育也很强调体验式，组织孩子们投身于有体验的活动。中华传统美德教育中也有很多重视实践体验的论述和事例，但是近代以来挖掘

① 戚万学著：《活动道德教育论》，南开大学出版社 1994 年版。

② ［苏］阿·尼·列昂捷夫著，李沂等译：《活动·意识·个性》，上海译文出版社 1980 年版。

和应用得不够。从表面上看，现行的道德教育是以道德规范为内容的，体验者必须接受。但是，道德规范从本质上说，并不是干巴巴的教条，它是活生生的人们的行为规范，它渗透于一切社会关系之中。只有当个人参加一定的社会实践活动之中，与社会发生现实的互动关系时，才能对道德规范所包含的源生活内容和意蕴，获得切身的体验，从而真正理解道德规范的实质。换言之，体验者对道德规范知识的真正理解和体认，是以其在自身的社会实践活动中获得切身体验为发端，并以满足其道德需要为动力的。同时，在社会实践活动中，个体人还会因克服或改造社会环境中的消极因素而启动他的智慧，积聚他的力量，生成和显示他的道德境界。体验者通过亲身参加的社会实践活动“确定生活中有意义和有价值的东西”，然后带着这样一种体验到的社会和人生体验“决定（新的）实践活动的方向，并为之提出奋斗的目的”。① 为了达成此目的，就要让道德体验教育植根于现实、生动的社会实践活动和道德情境之中，让体验者面向社会主义现代化建设的主战场，密切关注时代发展的脉搏，逐步形成以改革带道德体验、以道德体验促改革的良性发展模式。把体验者引向丰富多彩的现实生活和改革大潮中去，让他们亲身感受人民群众的建设热情和创造、奉献精神，最大限度地激发其改革和建设的热情，积极投身到生动活泼的中华民族伟大复兴的创造活动之中，以便真实生动地体验社会关系的发展以及对人的要求的新变化，切实有效地受到崭新的道德陶冶。

案 例

中国百支博士团三下乡、精准扶贫的体验

中宣部和教育部等联合组织的“百支博士团三下乡”、精

① ［英］H. P. 里克曼著，殷晓蓉、吴晓明译：《狄尔泰》，中国社会科学出版社1989年版，第88—99页。

准扶贫活动，体现出道德体验的精神。参加这次活动的博士生们，普遍获得了以前在学校道德教育中从来没有发生过的深刻的体验——在对基层干部群众和教师进行有关专题培训中，感受到他们对知识的渴望，在共同的工作与相互交往中，充分感受到他们为社会主义现代化建设事业艰苦拼搏的精神，促发了参加博士团的博士生们回校后刻苦努力学习，提高自己的专业知识和技能水平，或是走向社区，把自己所学的知识技能用来为周边社区人民服务的心向。我和我的合作者也针对当代体验者的核心思想品德症结，作过道德体验的有关探索，如北京市、上海市、深圳市、厦门市、南京市、大连市、西安市、无锡市、苏州市、张家港市、陕西眉县等地已经作了大量有益的探索。①

现在正在实行的领导干部到一线顶岗锻炼、精准扶贫、下乡支教、高校文科生应用实训体验区建设等，也是富有体验诱发价值的社会生态管理工程和领导力培养战略。领导干部和刚刚毕业的大学生、博硕士研究生，未下基层之前是一种下车伊始叽里哇啦的状态，当他们下到基层之后，便表现出另一种完全不同的状态，对农民、工人和普通的管理者、劳动者开始发自内心地尊重起来，表现出了谦虚谨慎的工作作风。这些体验者亲身参加一线工作和劳动过程，不仅获得了有益的工作经验，更重要的是深层转变了体验者的价值观念、思想意识、思维模式、行动方式。每个人刚刚下去参加亲身体验的过程，虽然有吃苦的感受，但当他们返回的时候，反而流连忘返，甚至热泪盈眶。因为在那里，留下了他们辛勤的汗水，也留下了他们的真情实感，他们的心灵都打上了深深的烙印，在他们的心灵深处带上了那里抹不掉的乡愁。

实践经验反复证明，只有让体验者置身于丰富多彩的生活世界

① 刘惊铎著：《中华美德教育论》，黑龙江教育出版社 2003 年版；《光明日报》2001 年 10 月 31 日；《辅导员》2000 年第 6—12 期、2001 年第 2 期。

和自然之境中，对他们的工作、学习、交往和日常生活方式以及各种生活境遇作出具体导引，展开体验之思，体验者才能够感受到一种在书本上很难感受到的鲜活的做人做事道理，体验到亲近人间烟火的世间乐趣，感受到道德境界的实质性提升。

四、享用性

道德体验教育不仅具有育人的功用性价值，而且还具有生命的享用性。即在道德体验教育实践展开的过程中，在导引者和体验者丰富生态阅历的过程中，在导引者和体验者相互之间开放对话的过程中，无论他们是在倾听还是诉说，他们都不仅在提高着自身的道德境界，而且在享用着自然、生活和内心的精神世界。当一位少年如诗如歌地向你诉说他的生命故事的时候，如果你是一个赏识孩子的倾听者和分享者的话，那么你会体味到一种人生的莫大享受，你的生命中似乎流入了一泓清泉，你的生命的密林中好像射进了缕缕阳光。不管你的年龄多大，当你将自己的生命故事诉说给一位朋友或者你的学生、弟子和亲人，无论他们听懂多少，也无论他们是默默倾听还是会意地点点头表示对你有所理解的时候，不仅倾听者分享到了你的生命财富，你自己的内心也会变得轻松、敞亮，有所超越。这时候你也是在享用自己的生态阅历。

在元旦前夕，当你的孩子将今年收到的新年贺卡抱出一大堆来，娓娓诉说其中发生的那些丰富多彩的生命故事的时候，你作为父母，看到孩子的小朋友们精心选买或亲手制作的千式百样、七彩斑斓的贺卡，读着这些贺卡上写的各种充满美好祝愿或有点儿亲昵而又有点儿调皮意味的话语，你的心颤动起来，你的眼睛迷离起来，你仿佛感受到了这些贺卡背后一个个活生生的小生命那充满生命律动的笑脸。特别是当你看到一位被白血病夺去了小小生命的孩子寄赠的贺卡，你的心头忽然一震：一个多么可爱、多么聪明的小生命，一年之间就永远地离开了这世界，离我们而去了。我们平时对孩子过多苛刻的要求，却很少关注他们的生存处境，甚至没有意识到生命有时候竟是这样脆弱，就像蜡烛的光，被一阵大风一吹竟就熄灭了。而蜡烛熄灭了之后还可以重新点燃，但生命熄灭了之后，就只能留下一段美丽，而这美丽给活着的人的心上又增添了多少难以言说的苦痛与遗憾。那些痛失了聪明可爱的孩子的父母们，看到人家孩子堆了雪人回家，听到邻居家的孩子和父母一起开怀畅笑，他们此时此地不知又该是什么感受了。①

其实不少时候，不少人的体验是讲不出来的，也不需要别人理解，而只是愿意一个人独自消磨时光，一个人反复地独自咀嚼和品味。一些大中学生学习累了之后，并不愿意跟别人讲些什么，而只是愿意自己一个人坐在操场边上看着同学们锻炼身体；或站在树下看着叫不上名儿的小鸟扑扇美丽的翅膀，听着小鸟清脆的叫声；或默默静坐在田野边上看着地里农民种田的身影，听着黄牛哞哞的叫声；或是夜晚躺在操场仰望灿灿星空，感受清风拂面的感觉……

案 例

独步大象谷

赵云涛在西双版纳大象谷的那天晚上的体验，她只是自己享用，从来也不曾想把它讲出来与人分享。我采访的时候，聊了好长时间，她才进入当时的情境，慢慢地回忆起那天夜里的感受。记得那天夜晚特别黑，伸手不见五指，她一个人摸索着从一座小桥上走过。当时只看到周围不远处有星星点点的蓝色点儿，听着大象谷幽幽的回响声，似乎自己前进的每一下脚步声、心跳声都能听得特别清晰。当时充满了一种探索的好奇心，又有一点儿恐惧感、刺激感、惊奇感和终于战胜了恐惧之

① 这一处的诉说性描绘，以及本书中其他地方诉说的意境或者生命智慧，并不求每一位读者都一次性地完全理解，也不求每一位读者都能够站在自己既往有限经验的基础上理解她，或许要等到某一个体验场或生命契机出现，才能具身体验或有所理解。当你有了同样的生命感受或感动的时候，再来理解也不迟。但面对生命的时候，我还是希望读者能够认真对待、反复阅读，尽量不要轻易滑过本书中的每一句诉说或阐述，以便更好地拥抱未来更加美好的人生历程和生命体验，进而开启足够的生态智慧，以防漫漫人生中的不测与不幸的猝然降临。

后的自豪感。在很长的时间里，她都觉得这种感觉是无法言说的。①

一次在西双版纳，当我们的车子驶近大象谷，刚刚拐过山路，就发现了一头充满野性的大象。多次到大象谷寻找大象不遇，今天却巧遇了，真是开心。正当我们想一饱眼福、好好地去欣赏一番大象的时候，作为向导的大藩却立刻告诫我们，赶紧将车子停下、熄火，车上的人都悄悄地伏在车上，千万不要声张。并告诉我们，今天，我们是遭遇到了一头刚刚成年的公象，被象妈妈赶出了象群，它正在山路拐弯处的路边树荫下奋蹄甩鼻、卷树扬尘、山吼发飙。眼前的这头大象可不比动物园里的大象那样驯化，它野性十足，而且此时它的火气正旺，脾气暴躁，千万不能招惹。如果招惹了它，它的前肢一踩踏就能够把汽车给踩扁了。要知道，大象看似笨拙，而它的最快起跑速度是每小时 50 公里，跑得比人快，人要是被它追上那可就惨了。我们都屏住呼吸，静静地等待大象走近我们的车子，看一看，嗅一嗅，摇头摆尾地离开，我们才敢启动车子速速离开。这次与大象不期而遇的那种惊喜、惊险的槽刻体验，让我们真切地感悟了人在大型动物面前的渺小感和恐惧感。这真是令人终生难忘，但在很长的时间里却很难用言语来形容。

案　例

来自土著部落的报告

人类性爱的体验就具有这种特点，每一个人的性爱经历无疑激活着他或她的生命力，也丰富着性爱双方的生命内涵。但是性爱经历中的每一个细节却是不便或者是无法复述出来与其

① 在中华人民共和国教育部和世界自然基金会“中国绿色教育行动高级研讨班”上，世界自然基金会中国项目助理赵云涛接受笔者采访时的体验诉说。时间：2001 年 11 月。地点：南京，江苏省会议中心。

他人分享的，而只有性爱双方全身心投入其中，才会有所感受、有所领悟、有所享用。作为田野调查法创始人的马林诺夫斯基，他对特罗布里恩德人的性爱过程进行了长期细致的研究，但他在与他的合作人多次交谈中，总觉得他们对性爱的细节讲述得过于粗疏而不够细腻。而实际上特罗布里恩德人，无论是大人还是小孩，也无论是男人还是女人，他们在性爱中以及在谈论性爱的过程中所获得的享受显然是丰富的、细腻的、美妙的、刻骨铭心的。①

“愉悦教育”或愉快教育可以看成是一种具有享用性的教育样式。B. 约瑟夫·派恩和吉尔摩指出：“尽管教育是一件严肃的事情，但并不意味着教育的体验不能成为一件快乐的事。我们造出来的‘愉悦教育’这个词语就是一种横跨教育和娱乐两方面的体验。”在加利福尼亚圣何塞，开辟了一个占地 28 000 平方米的体验场所，叫“邦布拉儿童乐园”。在那里为 10 岁及 10 岁以下的小孩提供了一种教育体验，通过提供经费聘请他们参加有助于智力开发的自发性的游戏。花 8.95 美元的门票（1～2 岁半的孩子 3.95 美元，陪伴他们的大人仅收 1.95 美元），孩子们在丛林花园和沙地里挖掘，以寻找化石、人类遗迹，甚至包括整副的恐龙骨骼。他们穿着老式的衣服，自己在交互式的厨房里准备食物。他们还能爬岩石和楼梯，玩各种各样的需要技巧的游戏。兰地·怀特是设计邦布拉儿童乐园的密苏里州堪萨斯城怀特·哈奇森休闲与学习集团的领导人，他告诉我们：“尽管邦布拉儿童乐园充满着乐趣，但它真的是以某种方式帮助小孩子创造性地学习。每个游戏场所都能提供多种学习体验……”② 香港突破机构的“领袖训练营”，与邦布拉儿童乐园

① 请参考［英］B. K. 马林诺夫斯基著，何勇译：《神圣的性生活——来自土著部落的报告》，知识出版社 1998 年版。

② ［美］B. 约瑟夫·派恩、詹姆斯·H. 吉尔摩著，夏业良等译：《体验经济》，机械工业出版社 2002 年版，第 39—40 页。

的教育有异曲同工之妙。①

心理学家舒尔茨（D. Schultz）在对快乐体验的研究中领悟到：快乐的体验使体验者逐渐感悟到“开朗”和“诚实”的品性的重要，因为体验者在生活和工作的多重事件中反复意识到“开朗和诚实是实现自我满足的潜势和体验快乐的重要因素”。而且他会慢慢地领悟到“诚实”是指实事求是地、坦白真实地对待自己、自己的事业、自己的行为以及对自己的评价，这样才能得到自我满足的体验。而“开朗”则是指向自己或他人开放自己心灵的窗户，勇于让他人了解自己，也勇于自我认识，勇于面对从他人那里得到的有关自己的反馈。建立了自知，才能够自信、自强。一个人如果能够打开他长期关闭的甚至可能是痛苦的内心世界，那么他的郁闷或痛苦会被自我努力的创造性和快乐的潜在可能所代替，即郁闷被开朗所取代，痛苦被快乐所代替。所以人们经常说：“打开心灵的窗子，你将迎来一个崭新的天空。”但是，在舒尔茨提出的四种阻碍人体验快乐的因素中，有三种与“教育者”有关，即不恰当的教育规范和方法限制人认识自身的方法和价值、对人要求过高或一贯地灌输过高的价值观念、对创造性的压制和过分控制等。② 快乐体验是从成功的实践带来的心理上的自信和满足中得到的，而快乐的体验又推动体验者展现自我，参与人群和事业，从而取得进一步的成功。这样的良性循环使体验者的学习和事业充满生机和活力，为其生活带来无穷的乐趣和意义。成长中的人在这样的环境中生活和体验，将形成全面发展、聪颖乐观和进取的个性，形成较为开放、敞亮、清新、宽容、友好、乐于合作，充满朝气和生命活力的朝阳德性。

通过上述分析，我们看到在道德体验教育中，导引者的作用似乎隐没了。其实，如果没有导引者恰当、艺术的组织、导引并创造条件，体验者的生态阅历和生活中各种知识与关系所蕴涵的道德体

① 与香港突破机构副总干事梁永泰博士一行的座谈记录。时间：2002 年 4 月。地点：教育部人文社会科学重点研究基地——南京师范大学道德教育研究所，田家炳教育书院 702 会议室。

② 海云明主编：《情感智商》，中国城市出版社 1997 年版，第 134 页。

验因子便无法挖掘与体现，也不能发挥道德体验价值。道德体验教育中的导引者，首先要承认生命存在样式的多样性，承认个体生命的存在价值，其价值观是多元的。因此，要自觉承认在场的每一个体验者，意识到每一个人都有其独特性，认可他人的权利，承认每一个人的生命价值。其次，肯定生命间对话交流的地位，鼓励每一个人与他人进行对话交流。① 当导引者“蹲下来，倾听孩子的声音”，鼓励和引导体验者组成学习生活互帮小组时，他已经体现了向孩子的个体生命开放的精神，已经在做诱发和唤醒道德体验的工作了。

第三节　道德体验教育的实践环节

在调查和访谈时，一些基层导引者还是希望有一个相对明确的道德体验教育的实践程序、操作流程，以便于在繁忙的实际工作中参考。但是，道德体验教育不是某种实体性的存在，因而不能将它固化为某种程序。不过，为了基层导引者有一个较为简明的参考线索，我试图结合道德体验的发生机制将道德体验教育实践离析出一些发生流程或环节，如下图所示。

生态阅历—理解—表达—共鸣—唤醒—

移情—行动—比较—选择—反省—领悟……道德境界

——————————————————————→

时间、空间、文化环境、实践活动

在上图中，生态阅历、理解、表达、共鸣、唤醒、移情、行动、比较、选择、反省、领悟、道德境界生成，表示道德体验之一

① ［美］小威廉姆·E. 多尔著，王红宇译：《后现代课程观》，教育科学出版社2000年版，第80—84页。

个周期中的不同环节，横线表示连接关系。长横线下面的因素表示，整个道德体验教育是在一定的时间、空间和文化环境中发生，并以价值观等为原始发生因素，统一于体验者的实践活动。

如果说上述道德体验教育实践程序是偏向于体验者生命内在的发生学意义上的，那么，下面我从导引者实践开展的角度再作出概括和分析，以便于在道德体验教育实践过程中实际操作。

在这里，我们需要知道当代中国道德教育模式发展的三大里程碑。第一个里程碑是 1997 年的“庐山会议”，时任中国教育学会德育专业委员会主任的鲁洁教授牵头的国家“九五”规划哲学社会科学重大课题“社会主义现代化建设过程中德育特点与规律的研究”研讨会，首次总结出中国德育的“四大模式”，回应了当时国外学者认为中国没有自己的德育模式，靠翻译国外道德教育模式过日子的状况。这“四大模式”是体验模式、情感模式、活动模式、主体参与模式。第二个里程碑是 2007 年，时任中央教育科学研究所所长的朱小蔓教授主持国家“十五”规划重大课题“社会转型时期道德教育基本理论的研究”，并受教育部委托作了第二次总结，概括为“七大模式”，其中增加了生态体验模式、生命叙事模式等。2014 年，国家开放大学生态体验与网络社会研究部主任刘惊铎主持国家“十一五”规划重大课题“生态体验德育的理论问题与实践案例的研究”，并受教育部委托作了第三次总结，这次将中国的道德教育模式概括为“八大模式”：生活体验模式、情感教育模式、生态体验模式、生命叙事模式、活动教育模式、三位一体模式、网络体验模式等。①

生态体验、道德体验模式创立于 20 世纪 80 年代，是针对人类重科技轻生态、重知识智力轻道德体验的时代问题，依据生态体验理论而建构的一种臻于美善和谐境界的生态化育模式。该模式通过体验式干预设计，创设富有价值引领和智慧激发的生态体验之境，凸显了教育的践履性、互惠共生性和享用性，具有原创性理论气质，实践操作流程清晰、简便易行，且显现为一体万相的实践形

① 刘惊铎：《德育建模、验模与中国德育新模式》，《新华文摘》2014 年第 13 期。

态，形成了一套实践操作体系。

其基本模式（实践环节）① 是：

聚焦真问题

＋营造体验场

＋全息沉浸

＋生态位优化

＋开放式对话

＋体验之思与反思性理论提升

＋实践延伸

……

其实践路径是遵循活动、体验在先，领悟、反思提升在后的逻辑线索。

实践着力点，一是挖掘校内外的元生态资源，将丰富多彩的元生态因子充分激活；二是充分调动类生态资源，引导代际间的沟通、理解、感恩、互助；三是唤醒生态阅历等内生态资源，悬置既往，感受并承认生命的无限多样性，向自然、向他人、族群及一切外在于自己的生命开放。

导引者和体验者体验同一生态关系的结构性变动，交互提升，共同臻于蓝海遨游的新境界，自觉超越夸美纽斯班级授课制的局限，彰显教育文化的亲近感和吸引力，在实践中取得显著的教育实效和社会效应。

在遵循生态之道和生命之道的基础上，我提出一个重要的教育实践命题，即：

生命有多精致，教育就应当多精致。

在导引者可见的实践环节的开展中，伴随着体验者内在的一系列变化，即入脑入心的内化过程，这是一个与生命精致性相适配的实践过程。其中，理解既包括认知的理解，也包括情感的理解；既

① 2018 年 11 月 6 日，我在给首都师范大学初等教育学院的教育学原理专业的博士、硕士研究生上课的互动、提问环节，有位研究生这样提问："在体验中感动了之后，怎样在日常生活中巩固这种感动？"我回答："在体验中感动了之后，去融通，指导体验者在体验的新高度上去融通生活中的关系。在实践环节中有一个'实践延伸'环节，便是着力解决这一问题的。"姚亚萍教授参与了该基本模式的讨论、总结和实验工作。

包括对文本的理解，也包括对意义的理解。理解不仅有对文本、对意义的理解，也有对生活、对关系的理解。事实上，一个人在理解的时候，他的情意因素必须被激活并参与体验之思的运思过程，是认知和情意因素交织在一起共同完成理解的任务，离开情意因素，单纯的认知是不能完成理解任务的。可见，理解有情意因素的介入，情感在理解中发挥着不可忽视的作用。表达在第五章中有详细的阐述。共鸣是指，由于诉说者和倾听者生态阅历的接近或相似，表达活动中的某些内容，引起了体验者的共鸣，产生了深有同感的感受。但由于体验者的人格因素的不同，当场的关系、氛围的特点，有些体验者会立刻产生想诉说的愿望，而有的体验者可能只是自己暗暗地内心回味起来而并不表现出来。但是只要符合这样几点的，都可以视为产生了共鸣：围绕刚才表达的主题或内容，口头表示赞同、赞叹；口头表示反对；点头表示赞同；摇头表示反对；积极插话；提出问题；展开讨论；有了诉说自己生态阅历的愿望等。这里需要指出的是，道德体验中的共鸣并非一定要表示赞同或同向感动，只要是引发了体验者情感或认知上的积极反应，只要体验者在言语或体态语言上有所回应，就是产生了共鸣。如提出疑问、质疑、反对意见等，都是共鸣的标志。唤醒是指勾起某个人对他已经沉睡的生态阅历的回忆、反省，包括事件的唤醒、诉说的唤醒、对话的唤醒等。认知层面的唤醒属于表层唤醒，深层唤醒是情绪情感意识的唤醒。体验的经验告诉我们，我们常常是在倾听某个人的生态阅历诉说的时候，或在某次开放性的对话活动中，我们的某种生态阅历突然被唤醒了，这时，我们发生了体验。反过来，当我们把自己的生态阅历诉说给对方的时候，倾听我们的生态阅历的人，也会受到感动，他的某种沉睡的生态阅历突然间被唤醒了，这时，他发生了体验。

当体验者的道德体验被唤醒之后，道德体验并未结束，体验继续深化。其中，移情是体验者已经开始将自己被唤醒的生态阅历及其道德体验迁移至当下的生活情境或其他道德场景，移至其他人或事，作为他解决其他道德问题的新的道德依据。行动是指在所唤醒的道德体验境界上有意识地去做事、处世、为人。这里的行动不管是否与以前已经发生变化，都应视为在新的道德体验的境界上的新的道德行为。体验者所采取的道德行为的方式及其处理周围关系的度，都会微妙地反映出体验者新的道德境界，而这种新的道德行为也会引发一定的社会报偿。比较是在行动的过程中或行动之后，体验者要对在已经唤醒的道德水平上所呈现出来的行动及引发的效果作一番价值和意义的比较，以决定今后行动的取舍。由于生活世界的复杂性，有些体验者会产生烦、委屈、痛苦等感受，这将在选择意向上表现出来。选择主要包括认知上的比较、分析和情感上的认同、放弃等。选择不仅是道德体验中的重要环节，也是人生每一个发展阶段上最为重要的事件之一。表面看选择是自由的，但自主选择的行为是负有责任的。萨特曾说："他对作为存在方式的世界和他本身是有责任的。这种绝对的责任不是从别处接受的：它仅仅是我们的自由的结果的逻辑要求。"在《存在主义是一种人道主义》中萨特更进一步指出："在某种意义上，选择是可能的，但是不选择却是不可能的，我是总能够选择的，但是我必须懂得如果我不选择，那也仍旧是一种选择。"我们至少可以选择我们的态度，通过自己的行动决定自己人生的意义，并在自由的选择中不断地造就自己。"人是自己造就的；他不是做现成的；他通过自己的道德选择造就自己，而且他不能不作出一种道德选择。"

反省是对选择的决定及结果，在自我关联的意义上展开的一种哲学运思，这主要包括反思、内省、慎独、悟、禅。江苏省无锡市市北高中的一位老师（谈华，2001 年）说："当我悬置浮躁的心，去回忆和反思自己的生态阅历时，我感到了一种自我境界的提升。"有人喜欢静思，有人喜欢交谈，有人喜欢独自倾诉。领悟是在反省的基础上，体验者因为某种机缘而渐悟或顿悟了，达到了某种道德境界。领悟能使人打通过去、现在和未来，在当下的生存中体验着对过去生态阅历的记忆、未来的想象、筹划和当下的生命感受，体验到如海德格尔所说的在"出场的东西背后的未出场的东西"。而每一次道德体验的发生，都会使人达到新的道德境界，穿越生命云层。

第四节　道德体验教育的类型

在当代的问题和需求导向下，提出道德体验教育类型的问题，具有积极而重要的理论价值和实践意义。一是表明道德体验教育就在生活之中，呈现出向生活世界和自然之境的全开放性，其场域是广阔的，形式是丰富多样的，不能被局限于某种专门的场所或固定的形式（如教室、训练场等）之中，需要不断地发现和总结。二是有助于克服以往道德教育过于追求模式建构而抽掉了其丰富性的做法所表现出的封闭性和局限性。三是更符合道德体验发生的实际情形，体现道德体验教育的本真精神。在调查、实验和访谈的基础上，我尝试对道德体验教育进行领域性划分①，初步类分为如下三种基本类型。

一、生活世界中的道德体验

从源头上看，道德在根本上是在生活之中和为了生活的，人的道德行为本身就是构成生活的要素。生活首先是一个存在论事实，但生活有生活的意义或目的。但是，“随着社会日益发达，人们变得很容易在生活中遗忘生活，甚至在生活中丑化生活。这在伦理学中表现为面对生活事实时使用社会观点而不是使用生活观点”。然而社会只是生活的必要手段，生活本身的质量才是生活的目的。“伦理学以生活的根本问题为主题，生活的根本问题是生活本意或者说生活本身的目的。”“从某种意义上说，幸福生活简单到等于拥有生活。”在德国生活久了，你会发现你是看不到德国的“贵族”和“富人”在社会上招摇和炫富的。他们都是在生活世界诚实无欺地劳动、积累、生活，“藏”于生活，融于生活，而不是漂浮于社

① 项贤明博士对教育作了领域性划分的尝试，类分为“生活世界的教育”和“科学世界的教育”，其中学校教育是科学世界的教育的一个阶段。关于领域性划分的意义，详见项贤明著：《泛教育论》，山西教育出版社 2000 年版，第 217—220 页。

会。以社会观点看问题的伦理学与其说它关心人类的生活还不如说它是希望以社会的观点限定生活，希望把生活规定为某种社会中的生活。如果这样，生活就萎缩成为属于某种社会的生活。虽然一个好的社会与好的生活往往是一致的，但好的社会并不是好生活的目的；相反，好生活必定是好社会的目的。从哲学反思的意义上看，“极端的社会激进主义和庸俗的公民社会都是人类生活的大灾难，它们以不同的方式使得生活屈从于一种并且仅仅一种社会意识形态、趣味和价值。政治或法律之类的科学考虑的是社会机制的运作效力，然而一个高效的社会并不必然有良好的生活。凡是与社会观点缺乏距离感的‘伦理学’都是反对生活的理论，它们总是劝导每一个人去过‘标准’的生活，即他人的生活，这正是使生活变得没有意义的最主要原因”。“以某种意识形态来限制思想，其结果就会只看到某一种生活而无法看到生活。生活本身向多种‘可能生活’敞开，就像思想向‘可能世界’敞开一样。”而以宗教为普遍意识背景的伦理学至多是一种劝导，它无法构成关于生活的普遍领会，因为“可能生活”和“可能世界”同样是多种多样的，绝不仅限于某一种意识形态。①

这里一个典型的例子就是“为人民服务”之道德境界的生成。“为人民服务”作为一种道德境界，就其原发性来看，并不是被规定的道德规范，而是在一些人的日常生活中生成的，在各行各业的职业道德体验中涌现出来的。当“为人民服务”作为社会主义道德的较高境界加以广泛宣传的时候，由于人们只看到它被确定为我国社会主义道德规范的事实，而没有看到它之所以成为今天的道德规范的体验过程，便很容易误以为“为人民服务”是国家规定的道德要求，而忽略了它作为我国社会主义道德境界的现实生活基础和时代的内在要求。其实，“为人民服务”在根本上是一种道德境界，它是广大干部群众在革命战争年代和社会主义建设时期大量实际生活和工作过程的体验中涌现出来的，而不是外定的。“为人民服务”

① 赵汀阳著：《论可能生活》，生活·读书·新知三联书店 1994 年版，第 8—10、20—21 页。

的道德境界，首先是在加拿大医生白求恩身上集中体现出来的。毛泽东正是在对白求恩的纪念过程中体验和挖掘出“为人民服务”这一道德境界的。

> 毛泽东在《纪念白求恩》中写道：“白求恩同志毫不利己专门利人的精神，表现在他对工作的极端的负责任，对同志对人民的极端的热忱。每个共产党员都要学习他。不少的人对工作不负责任，拈轻怕重，把重担子推给人家，自己挑轻的。一事当前，先替自己打算，然后再替别人打算。出了一点力就觉得了不起，喜欢自吹，生怕人家不知道。对同志对人民不是满腔热忱，而是冷冷清清，漠不关心，麻木不仁。这种人其实不是共产党员，至少不能算一个纯粹的共产党员。……每一个共产党员，一定要学习白求恩同志的这种真正共产主义者的精神。……我们大家要学习他毫无自私自利之心的精神。从这点出发，就可以变为大有利于人民的人。一个人能力有大小，但只要有这点精神，就是一个高尚的人，一个纯粹的人，一个有道德的人，一个脱离了低级趣味的人，一个有益于人民的人。”①

新中国成立以来，以毛泽东、周恩来为代表的党和国家领导人以及广大基层干部，如焦裕禄、孔繁森、黄大年、李保国等，他们在自己的工作岗位上，平易近人，关心群众，与群众同甘共苦，为国为民鞠躬尽瘁。在这一系列实际生活和工作过程中，他们体验到革命和建设离不开人民，而人民需要党员干部为人民服务。每当他们诚心实意地为人民做了一点事情的时候，就会受到人民的拥护和爱戴，所以他们发自内心地称自己是“人民的公仆”。可见，为人民服务，在这一代领导人身上，是一种实实在在的道德境界，它显示出来的是一个很朴素的关系和道理，并没有什么高远的预设。为什么？因为他们已经全身心地融入了社会主义革命和建设的事业之

① 《毛泽东选集》第 2 卷，人民出版社 1991 年版，第 660 页。

中，并把社会主义革命和建设看作自己的事情，他们有一种革命和建设的主人翁社会责任感。

在脑科学的研究中，20世纪60年代以前，人们大都认为，从出生到成年，脑要经历一个发展、成熟的过程，到达一个顶点之后，然后开始下滑。但现在，研究者们更多地认为只要条件允许，便可以在相当大的程度上对脑进行不同程度的重塑。人脑的可塑性是极为显著的。从对长期受虐待的孩子进行的研究发现，由于孩子从一开始就失去了与家人的积极交流与情感互动，他们的脑发育，显然不如正常儿童，尤其是在与情绪有关的颞叶部位，他们几乎没有什么发展。这样，他们的行为也就明显地不如正常儿童的行为那样健康和谐。科学研究结论是："经验可以改变我们的脑。适宜的环境可以促进脑的发展，不良的环境则会损伤我们的脑。就人类而言，丰富的刺激和富有积极意义的情感体验，对于全面地锻炼脑的不同部位是极其重要的。"从一定意义上说，"如果我们一生不停地吸收新信息，不断面对各种挑战，让我们自己永远处于一种'丰富的环境'中，那么我们脑的潜能将得到持久的开发"，从而影响其道德体验的发生。① 朱小蔓教授强调："道德教育一定要让学生走出课堂，进入广阔的社会生活中去，在其中感受生活世界的各种关系，践履美德，选择符合个性德性的行为方式，在生态研学等实践活动中发生道德体验。学校组织的活动必须调动学生的主体性，学生必须主动、积极地参与进去，要让他们真正地活动起来，真正有了感动，这样的活动才是有意义的活动。"② 为此，道德体验教育要自觉扩展体验者的生活环境，丰富其生态阅历，增加体验者道德体验的生活积淀，并有效克服过去把学校道德教育与生活世界相互分离、孤立做功的状况，从而使学校道德教育与生活世界相互"融入"、相互促进。

---

① 董奇等著：《脑与行为——21世纪的科学前沿》，北京师范大学出版社2000年版，第191—196页。

② 朱小蔓：《传统美德教育的现代视野及其具体研究方法》，《南通师院学报》2000年第1期。

现象透视

一种背离体验精神的“体验教育”现象

某学校为让（当代的）孩子们理解父辈们在旧社会过的贫苦生活，学会珍惜粮食和钱物，设计出这样的活动：组织孩子们吃“忆苦思甜饭”，即吃素食、杂粮。结果，孩子们不仅没有从中体验到老师所预期的“苦”感，反而体验到一种“新鲜”和“舒服”感。因为当今作为独生子女的城市孩子，家庭生活条件比较优越，经常吃大鱼大肉鸡蛋而对荤菜已经感到腻味，吃素食恰好使他们有调节和“改善生活”的感觉。活动之后过了一段，许多学生对老师说：“‘忆苦思甜活动’什么时候还搞啊？我们好想再吃吃‘忆苦思甜饭’，吃着解腻又爽口，舒服极了！……”孩子们理解到：原来父辈们在旧社会的生活“好爽啊”！

上述做法表面看是真实的，好像也在做体验活动，其中存在的问题是它背离了时代生活的真实逻辑，因而就表现出较强的主观“人为性”设计色彩，而较少“自然真实”性。这种做法的实质是为了让体验者理解某个既定的道德规范要求或人生哲理，而不是诱发和唤醒当代体验者真实的生活体验。导引者期望在这种虚拟的道德情境中，体验者一定要从中“体验出”某种预先确定好的而不是生活本身所蕴涵的所谓道德意义。因此，这是一种割断体验者与生活世界和自然之境的脐带联系的做法，是违背道德体验教育精神的。调查发现，当代青少年儿童对现实生活十分敏感，在现实生活与学校道德教育的粉饰性做法不一致时，他们更愿意相信和遵从现实生活的逻辑，而不会是导引者人为设计的逻辑。虚假道德教育实施的结果，不仅不能收到预期的育人效果，反而会使体验者丧失了对身边现实生活的道德敏感性，以致出现某些为导引者所不愿看到的结果：有些体验者的道德教育考试成绩很高，口头上讲得头头是道，但是在现实生活中所表现出来的道德行为却呈现出较大的反差，是“口头上的巨人，行动上的矮子”，出现体验者品德言行上的“游离现象”，甚至出现“高尚道德教育目的下的伪君子人格”悖论。① 这种违背了道德体验精神的道德教育，虽然其中也有体验发生，但不是我所讲的道德体验教育。

在实际生活中，导引者可以给体验者抛出一定的主题，由此展开体验；但是，导引者所抛出的主题只是一个“体验的线索”，而实际所发生的体验和所生成的体验，仍然是以体验者的生态阅历为基础，通过诱发和唤醒而生成新的道德境界，其结果往往是实际的体验超越了体验线索所包含的内涵。在诸多道德体验线索中，以语词的形式表达的生命叙事、阅历诉说、事迹陈述、开放式对话、评价性对话，以表情和形体动作表达的态度、情绪反应、模仿等，都是较为有效的道德体验线索。在此，可以把过去的道德内化问题研究归入此列，但这里存在一个教育意识、教育思想的转变和教育观念更新的问题。

华特士曾在印度跟随瑜伽大师阿南达学习，回到美国后，为了实践其生命教育的理想，他于 1968 年在美国加州北部内华达山脚下的丘陵地带，创立了“阿南达村”。社区里，生活就是一种学习，生命就是一种体验。在那里，教师和学生都致力于探索蕴涵在生命教育中的原则，并且遵循这些原则生活。在这里，孩子所学习的是如何生活在这个世界上，而不只是如何找到一份工作、一种职业；他们必须懂得如何明智、快乐而且成功地生活，而不违背自己内在深层的需求；当然，更不会执着于金钱和华厦。

可见，道德体验教育要挖掘和利用生活世界和自然之境中的各种道德资源，要深入生活、沉入自然，要与家庭、社区和社会各界紧密联系起来，通力合作，综合做功，共同育人。②

① 刘惊铎、权利霞编著：《德育学教程》，陕西师范大学出版社 1992 年版，第 279、290 页。

② 朱小蔓著：《教育的问题与挑战——思想的回应》，南京师范大学出版社 2000 年版，第 286—289 页。

二、学校教育中的道德体验

从根本上说，学校教育是生活的一部分。但是学校教育又具有特殊性。爱弥尔·涂尔干曾指出：“课堂就是一个小社会。课堂拥有自己的道德，这种道德与它的规模、各个要素的特征以及它的功能相应，这既是很自然的，也是必要的。”① 不管人们是否意识到，学校教育中每天都充满着有学校教育特色的体验。有关调查证实，在学校教育中，体验者的体验有些是属于道德体验，而有些则无法称之为道德体验，甚至是属于“负向体验”。那么，第一，学校教育中的体验在什么情况下是道德体验？第二，学校教育中的体验在什么情况下才是正向的道德体验？

第一个问题实现的条件主要有二：一是当学校体验者所学习的知识成为其融通周围关系的基础或有效线索的时候，才可能诱发道德体验。二是学校文化是积极健康的，有利于道德体验的发生；反过来说，消极的、不健康的学校文化则不利于体验者和导引者道德体验的发生。

第二个问题实现的条件至少有：一是学校教育的内在精神与校外的大生活世界具有精神上的一致性时，体验者才容易发生正向道德体验；而学校生活如果是切割、扭曲、畸形的，就容易诱发体验者的负向道德体验。二是学校中的人际关系有利于正向道德体验的发生。例如，在导引者与体验者公正、自然、和谐的关系下，体验者容易获得一种正向道德体验；而在导引者与体验者不公正、紧张的关系下，体验者就容易获得一种负向道德体验。涂尔干曾揭示：在学校中“如果对不利后果的考虑决定了行为，那么即使这种行为从根本上符合道德规范，它也不是道德行为”②。进而言之，学校教育中导引者所表现出来的态度和行为，是体验者道德体验的重要的诱发因素；而且，体验者的年龄越小，这种影响的模仿性诱发越是明显。

学校教育中的道德体验在应用取向下可进一步细分，至少可分

①② 参阅［法］爱弥尔·涂尔干著，陈光金等译：《道德教育》，上海人民出版社2001年版。

为如下两种情况。

一种是在导引者有目的、有计划、有组织地设计和安排的活动内容之中所发生的体验。虽然导引者的可控性强，容易把握局面，但体验者出自内心的切身体验较少，以致常常出现体验者猜测导引者的意图并附和其意图的倾向，在其中更多地体验到的是“不管对错，照老师的意思去做”，表现出“听话”、“顺从”和“好孩子”价值取向。另一种是体验者在学校教育的间隙中的体验。调查发现，体验者在学校教育生活中，在正式教育的间隙会发生、开展许多活动，如他们自愿结成小朋友圈子，在课间或放学后自由自在地讨论学习和人生问题，开展游戏活动，发生平等互助的交往。在这些活动中，在这种体验状态下体验者更多地表现出“公平（公正）”、“心术正”、“友好”、“特色”、“不拿（摆）架子”、“有点子（创造性）”等价值取向。江苏省张家港市、湖北省荆州市沙市区等地应用这一原理，创造性设计、开展了“生态体验大课间”，收到了显著的学校间隙体验的实效。

从问卷和访谈结果来看，体验者在这些活动中所发生的体验，反而更为深刻难忘；他们也很重视这些体验。对我国内地和香港地区中小学生的作文进行“文字分析”比较研究，也发现了同样的结果：小学生日记，与教师布置的作文相比，就更多真情实感的体验，因而其观察更为细腻、深刻，描写更为具体、动情、感人。相比之下，教师所布置的主题作文，尽管没有限定具体题目，是全开放性的，但其内容则更多的是谈认识、印象或想象，属于“想验”而较少切身体验（“亲验”），甚至表现出一定的有口无心的情况。南京市金陵中学在开展研究性学习实验中，学生自己所选定的研究选题，就着重于自己实际生活中有切身体验的内容。①那么，体验

① 在2001年10月南京师范大学召开的“基础教育与教师教育国际会议”上，香港教育学院的李荣安教授提交了报告《关于香港小学生对环境污染及环保的认识》，朱小蔓教授提交了报告《关于内地小学生对环境污染及环保的认识》，我讲述了自己对陕西省和西安市部分中小学生的主题作文和日记内容对照分析结果与研究结论。与会的还有中山大学和南京市教育科学研究所的专家等十余人。此分析即源于该报告会和讨论会的现场记录。地点：南京市华东饭店。

者在学校正式教育的间隙所发生的这些体验是不是道德体验呢？我以为，不管导引者是否意识到，体验者的这些体验其实都属于道德体验的范畴，而且是更富有真情实感的道德体验。

由以上分析可以看出，在道德体验教育理念下，学校教育中有三个方面因素的道德体验价值必须予以留意。一是各学科知识教学与练习中教授与学习的内容侧重点及教授与学习的方式问题，应当纳入道德体验教育的视野，在百科知识的学习和理解过程之中，就有可能诱发体验者的道德体验。为此，在德育改革的设计和开展中，就不能只重视思政课程、道德教育课程，还要切实重视和加强课程道德体验、课程思政体验。二是学校文化建设，包括环境文化建设、制度文化建设和精神文化建设等，是道德体验教育的重要的组成部分。三是校园人际关系，包括导引者在课内、课外对体验者的态度和行为方式，体验者所实际表现出来的对待导引者的态度和行为方式，以及导引者之间的相互关系状况等，特别是导引者和体验者之间关系的价值取向和实际状态。这三个方面的道德体验价值就空前突出地显现出来了。

无论在新西兰、澳大利亚，还是在美国、德国、英国，参加民宿的同学无不艳羡地发现那里的学校有一个共同点，就是课堂气氛相当活跃。学生在老师的循循善诱下踊跃发表自己的意见。一堂课下来，轻松而愉悦，学生探求知识的好奇心和兴趣往往被吊得高高的。重庆某中学的李吉林同学曾经在德国参加了为期两个星期的民宿体验活动。他发现在德国学校的课堂上，老师总是以欣赏的眼光看待自己的学生，上课时学生回答问题积极主动，只要在座位上举手示意，得到老师允许后，就可以在座位上回答问题或与老师就某一问题进行讨论。课堂气氛平等而自由，学生在与老师和谐的交流对话中愉快地获取知识。在柏林的倍尔塔中学，学生只上半天课，下午的时间可以自由支配，用来学习自己感兴趣的一些东西，学生自由而畅快地学习，没有丝毫的压抑感。① 在这样的学校教育中，

① 孙云晓主编：《体验成长——青少年民宿地球村报告》，天津教育出版社 2002 年版，第 122—123 页。

学生不仅每天在愉快的气氛中学习文化科学知识，而且获得一种愉悦的道德体验。下面我们试分享田中千代在三个不同的国家从事专业学习时所发生的道德体验。

案 例

专业课学习中的道德体验

● **在瑞士的体验**

历经严冬，在校园里的小草开始生长的时候，我在瑞士开始学习设计专业。第一天上课的内容是测量刚刚开始生长的小草的高度并画出草图。那些小草从那日开始成为我的观察对象，每周测量它的尺寸并记在坐标图上。在小草生成茎并长出五六个叶片的时候，老师先检查学生的坐标图、了解小草的高度，然后给我们讲授有关比例的内容。正如老师所讲，叶片越在下面越大，越向上叶片变得越小。我们明白了叶与叶之间的茎的高度也是下面的长，依次往上越短的道理，并在图上作出了恰当的比例。由于这样细心的观察，我们发现，小草的身姿不仅很美，而且是最自然、最健康、最结实的。由此我赞叹那无与伦比的宝贵生命。小草在沐浴阳光雨露之外，还要经受或暴雨狂风或干旱燥热的日子。在大自然的恩泽和考验中成长起来。在这些日子里，素感数据冰冷的我，深深感到在数据温暖的背后，自然力的（伟大）和生命力的坚强。

因为那些日子，我对事物的看法完全改变，不再只是冷眼旁观，而是深入精髓，反复琢磨。对事物的看法的改变，使我眼前的世界，似乎是什么都变得丰富、有趣、更有魅力了。所见的花瓶、饮咖啡的杯子、手握的铅笔，无论哪个，都让人感到一种责任，重新认识生存的价值。在恩师的笔记中，写着“设计是为人民服务”、“为人民献爱心”，而且是“为社会作奉献”。我至此才真正理解其中的含义。

● 在纽约大学的体验

在纽约大学学习的设计课，是从早上 8：30 到 12：15。虽然我认为近四个小时的授课时间过长，但还是参加学习班了，后来才明白这样长时间的必要性。同时，也感受到自然力对人类的影响相当大。

设计的立体构成基础这门课，是从用铁丝和细木条搭成建筑模型开始的。把模型放在屋顶的平台上，从早上 8：30 开始，每隔几分钟从同一个角度拍照。随着太阳的移动，协调光线色彩，重叠影像，再汇集成一幅画。真正完成之时太阳正当午时，绝对需要四个小时的时间。从这门课开始，我不仅明白了自然界的太阳与自己作品的相互关系，而且学习了用人为的灯光可以产生多种多样的变化的方法。

● 在法国的体验

我在法国学习了制图技术。在老师授课过程中，绝不允许记笔记，让学生两手交叉放在课桌上，两眼看着黑板。以此证明学生没有记笔记。为了让学生很好地理解消化，一旦讲授一遍，全部擦掉黑板上的制图，立即提问，让学生完全根据自己的记忆在模绘版上写出来。在上课过程中必须理解学习内容，而且要完全领会，变成自己的东西。由于要学生反复多次地、很快地完全消化并付诸使用，所以能达到训练学生避免在制图上出现大的错误这样的目的。①

田中千代后来比较和总结发现，这三个学校的学习经验，常常成为支持她设计生活强大自信的基础。她说：年轻的时候，由于自我领悟而改变了自己对事物的看法，以此为基础不断地提升自己的能力很重要。我想许多人大概只拥有一次这样的机会，可是那种感受是永志难忘的。教育就是要达到这样的效果。我叙述自己的亲身体验，希望在日本，也为年轻人提供这样的教育环境。

---

① ［日］田中千代著，权利霞译：《有生命的学习方法及启示》，载《日本的人物——66 人的提议》（日文版），雄鸡出版社。

从上述案例可以看出：

1. 学校里有些专业课或某些课程有关内容的教学，要打破在教室里讲授和演示的局限，自觉充分地利用校园内外的环境，导引学生全身心地去体验，诱发和唤醒它们的道德体验。

2. 有些专业课教学本身就蕴涵着道德体验的潜在因素，只要导引者善于通过求实、恰当的教学设计挖掘和利用，就能够诱发体验者的道德体验。如田中千代在纽约大学学习设计课的时候，老师就把模型放在屋顶的平台上，要求学生从早上 8：30 开始，在近四个小时的时间里，每隔几分钟从同一个角度拍照。然后，将反映大自然微妙的动态变化的系列照片汇集成一幅画。在整个专业课教学过程中，导引者实际上是迫使学生去自己体验“自然界的太阳与自己作品的相互关系”，亲自“感受到自然力对人类的影响”的伟力。如此设计，有效诱发了体验者的道德体验。

3. 导引者设法把体验者从知识记忆性学习的误区中拉出来，导引以至逼使其全身心地投入当下的体验，是诱发道德体验的有效办法。如田中千代在法国学习制图技术，老师在授课过程中用了一系列办法迫使学生不做笔记，重点在于“很好地理解消化”老师讲授的内容而且要“完全领会，变成自己的东西”。这样一来，学生的体验就超越了单纯专业知识的局限，而达到了生态体验的境界。可见，只要导引者设计和组织了一些适当的道德体验活动，便可以有效诱发体验者的道德体验。

在上述多种做法中，体验者只要受了一次深深的触动，这种体验必然会成为日后自觉成长、发展自己实力的根基。田中千代写道：“在日本，学生越来越不愿意把宝贵的时间花费在讲义的记忆上，一下课，学生们都一副解放了的表情离开教室。在这样的学校里，学生度过的光阴很可惜。那些继续进入图书馆钻研的人，是在理解和领悟中体验到快乐的人，是没有收获就不罢休的人。不失时机地给予学生启发鼓励，并注重和学生的交往关系的老师，不仅仅是有效指导着我们专业技能的学习，还达到了广义上的人格形成的学习。”

学校教育中的师生关系状况，特别是导引者在课内、课外对体验者的态度和行为方式，导引者和体验者之间关系的价值取向与实际状态，体验者所实际表现出来的对待导引者的态度和行为方式等，都具有诱发积极健康快乐的体验之道德教育价值，特别是对于“后进生”的转化和发展具有明显而积极的作用。

案　例

体验让一位后进生转变[1]

我上中学时，不仅在全校有名的差班，而且是班上的“地下领袖”，经常捉弄老师，捉弄走了一位班主任老师，又给新

---

①《赏识你的孩子》一书中两处列举了“后进生”转化的案例，主要是希望导引者树立新的道德教育信念：一是后进生所犯的错误“毕竟是一个孩子所犯的错误”，是可以采取有效的方式转化过来的；二是后进生转化之后，会产生新的一连串积极的道德教育效应。关键要看导引者和体验者的关系之价值取向和关系状态，以及体验者在这关系互动中发生了怎样的情感体验。见周弘著：《赏识你的孩子》，四川少年儿童出版社 2000 年版，第 84—86 页，有改动。

朱小蔓教授指出：“一个人正向的情感是需要积累的，一个人如果每一天都不快活，怎么能突然变成一个情感健康的人呢？正向的情感是需要在每一天的日常生活事件中累积、孕育和发展的，它需要通过生活的点滴经验来感受、表达和生成。负性的情感，不是指否定性情感。否定性情感可以具有积极的意义，而负性情感指的是那些消极性的、没有正向价值的情感，如沮丧、缺乏自尊、极度的恐惧、信任感的缺失、极度的不安全感等。一个人，如果他的生命基础都没有打牢，生活中也没有一种积极的情感，他怎么会以合作的态度去对待一种好的关系呢?！怎么会不逃避、不消极呢?！情绪情感问题变成一个道德问题的根基恰恰在生活之中。一个人的情感遭遇如果处在不良状态，其正向的情感得不到良好的发展，就很难有良好的道德。因此，我们的基本观点是：道德教育不能离开生命中的情绪感受、情绪表达、日常生活和交往中的情感体验，即不能离开生活的基础去奢谈什么道德，去幻想某一天就变成一个道德的人。一个人如果没有与他的生命息息相关的、有切肤之痛的情感，他怎么能够接受一定的道德知识呢？脱离实际的书本知识和教师所讲的道德知识，怎么能不与他的情感相背离呢？我们教师讲的是团结协作，但学生所看到的或经历的或他的生活经验则是人们处处与我为敌，那么这两者之间就是相互背离的，因而他当然就不愿意或不能接受你的教育。学生所能接受的是与他们的经验同构的东西，没有这些同构的东西是不能理解道德知识的含义的。”请参阅朱小蔓、刘慧、刘惊铎：《德性成长与生命中的情感体验》，《教育参考》2002 年第 12 期。

来的一位班主任董老师出了许多难题。有一天，在全班外出劳动时，我带领同学多次搞鬼，惹得老师很生气，他叫我去谈话。我原来以为自己的所作所为老师不一定都能知道，谁料，谈话时，董老师从办公桌抽屉里拿出一个黑皮本来。

我一看，傻了：上边一条一条清清楚楚记着，某月某日，我干了什么什么。整整记了几大页，整个一本黑档案。

我忐忑不安地等着批评，而听到的话比批评更可怕，他说晚上我到你家家访。

这下慌了。要知道，在家里我还保持着一个听话的学生形象，董老师这一去，不穿帮了吗？

晚上挨到很晚，估计老师走了才敢回家，到家门口，不放心，把车棚找了个遍，没发现董老师的自行车，才稍微放心。

敲门的时候心如敲鼓。

爸爸①笑眯眯地探出头来，说："回来啦？"

我松了一口气，大概老师没来。

谁知我屁股没坐稳，爸爸就跟了一句："董老师来过了。"

我的头嗡的一声，等着大难来临。

爸爸接着说："董老师夸你呢，说你很有组织能力，很聪明，在班里组织大家干了不少好事。"

天哪，夸我好？

内疚涌上心头，那一刻，我感觉被彻底征服了。

后来，在我的带动下，班上纪律越来越好，大家的学习气氛也越来越浓。后来我还入了团，当上了团支书……

三、自然之境中的道德体验

四十多年来的国内外生态体验教育探索已经证明，自然之境中蕴藏着丰富的道德体验诱因。无论什么人，当他置身于自然之境中的时候，都会不由自主地诱发一定的体验：置身于未被污染和破坏

① 周弘曾解释说："我的这个家庭比较特殊，是严母慈父式的家庭。"

的自然之境中，人会不由自主地产生一种回归久违了的大自然的情感体验，产生一种回家感、渺小感，激发起融于大自然、热爱大自然、敬畏大自然的意识；而置身于遭受污染和破坏的自然之境中，人也会产生一种负向情感体验，而这种体验常常导致人自觉保护自然生态环境的意识和行动。无论正向还是负向体验，都属于生态道德体验，有助于提升体验者的道德境界。

冷静地看，当代人不是要生存到另一个世界之中去，而是必须面对地球世界并发现未被前人意识到的宇宙生态关系和生态境界。综合多方面因素和关系，当代人所面对的生存方式转型问题，特别是生态环境问题，是自然界和人类发展至今所有与生存有关的因素综合反复作用所累积起来的生存问题的交集，比迄今为止任何一个时代的人所面临的这方面问题都要突出。由于各国所面对的生存压力具有“共同到时”性，不依不同国家现代化进程的不同而不同，因此对发展中国家显示出了明显的不公平，这些国家的人在心理上要比发达国家的人承受更大的生存压力。发展中国家要想降低这种不公平，争取生存与发展上应有的公正、公平的权利，其生存策略和生存能力需要更大的生态智慧予以支持，生存者主体自身则要善于激发起自己更大的生存潜能，自觉优化自己的生存方式，提高对先发性生存方式侵入的敏感性，并对之具有较强的判断、鉴别、批判吸收的意识、能力与智慧。但从大量现象看，中国人目前的生存方式正处在一种悖论之中：当代中国人特别是年轻人中的大多数都在加速学习美国等发达国家人们的生产方式和生活方式，唯恐学得太慢。而这些生存方式也许恰恰是加速中国的发展步入绝境的一个入口。正如联合国教科文组织所指出的那样，“发展中国家还得向工业化国家学习，它们容许（或恳求）来自完全不同的技术世界的因素侵入它们久已习惯的生活方式，以加速它们的发展。因此，这种发展便有两重性。这种两重性看来正在迫使他们过着这样一种生活，使他们对于文化上和生态学上的不平衡状态所产生的各种危险逐渐变得麻木不仁。这种现象已经使得许多发展中国家处于这样的地步：他们的城镇受到污染，特别是他们的生气勃勃的农村无可挽回地遭到败坏的情况，正在破坏着在多少世纪以来使他们自己的文化发生演进的那种自然和谐的环境。”① 在当代中国，出现了大量的西方工业化国家曾经存在过而现在已经被逐渐淘汰的生产和生活方式，如生产领域大量滋生的过度开采、过度放牧、乱砍滥伐等生产方式，生活领域则正泛滥着重享受、高购买、高消费、高污染等生活方式。而对生态环境状况的关心程度和保护意识却很低。如果当代人继续将大量的反生态规律的生存方式误以为是科学合理的生存方式，那么其生存与发展就会面临越来越多的问题。事实上，中国人正在经历着一场灾难性的生态危机。近年来频频发生的沙尘暴灾害，已经影响到了中国人的正常生活。②沙尘暴为何如此猖獗？原因当然是多方面的，但据较权威的归因分析，人的素质不能不是一个重要的因素。联合国防治荒漠化公约组织秘书长狄亚罗先生肯定地指出，中国在治沙（工作）方面取得了令人可喜的成就。中国林科院的赵明范认为，我国在治沙的手段、规模、成效等方面都是居于世界前列的。国家环保总局生态处的崔书红博士深刻指出，荒漠化的产生是由于沙漠地区人们的过度开垦、破坏性放牧造成的，人们这样做的原因无非是为了生计。提高人的素质，教育人们不要急功近利，应是一种亟待加强的工作。③ 为此，把生态体验作为当代人和未来人的道德境界，是一件具有人类生存实践战略意义的事情。因为对当代人和后代人来说，他们所处的是一个日益复杂化和不断发生新的社会与自然转型的历史时期，谁如果缺乏生态智慧，就无法理解新的更加复杂的生态关系，因而也就很难在复杂多变的生态关系系统之中健康生存和发展下去。生态需要已逐渐成为现代人重要的新需要，生态平衡、“人类命运共同体”已成为生存、安全、和平、发展的重要条件和时代内容。在生态体验中，每一个人体验到的是他的整体的生存状态，而不是分割性的存在。

马克思指出：“自然界的人的本质只有对社会的人来说才是存

① 联合国教科文组织国际教育发展委员会编著，华东师范大学比较教育研究所译：《学会生存——教育世界的今天和明天》，教育科学出版社 1996 年版，第 133—134 页。

② 参看 2000 年 3 月 23 日至 4 月 28 日的《人民日报》、《陕西日报》、《内蒙古日报》、《北京日报》、《南京日报》等。

③《南京日报》2000 年 4 月 9 日第 7 版。

在的；因为只有在社会中，自然界对人来说才是人与人联系的纽带，才是他为别人的存在和别人为他的存在，只有在社会中，自然界才是人自己的合乎人性的存在的基础，才是人的现实的生活要素。只有在社会中，人的自然的存在对他来说才是人的合乎人性的存在，并且自然界对他来说才成为人。因此，社会是人同自然界的完成了的本质的统一，是自然界的真正复活，是人的实现了的自然主义和自然界的实现了的人道主义。”① 换言之，人作为“社会存在物”意味着它把人以自然为对象的存在作为一个环节扬弃于自身了。

实践证明，导引和组织体验者置身于一定的自然之境，是诱发道德体验的重要条件和有效路径。戴尔曾提出“经验金字塔”的概念，提议儿童（以至一般人）的学习应由底层的直接、具体经验循序而上，通过不同方式进行学习。他指出：“户外教学能为学童提供具体、直接的经验，让他们由做中学（亲身参与）和由观察中学（观察）。自然主义的教育家更指出大自然是最好的教室，让学生‘体验’学习的过程。此外，户外教学可配合设计作业和发现教学法，引导儿童借助户外教学资源，去观察和发现问题和事实现象。”② 例如，我们组织生态体验实验学校的学生到某旅游经济开发区去考察，学生亲眼看到该旅游开发区的饭店、餐馆门口用醒目红色大字在广告牌上写着“今日菜谱”：“山珍野味：野山羊肉、野鸡肉、野猪肉、野蛇肉、野麂子肉；山野菜：野荠菜、野山笋、野山菇、野香椿芽”等，以野生珍稀动植物做的饭菜吸引游客。返回驻地后，我们组织学生讨论。结果，有学生讲述自己的体验道：“我看到这些饭店的红字广告牌，感到自己的心中在流血。今后我要坚决拒食山珍野味！”《与孩子共享自然》一书的作者、美国人约瑟夫·克奈尔是当今世界极负盛名的自然教育家，他从小就表现出对大自然的敏锐感悟力和热爱之情。他创造了一种“共享自然教学

① 马克思著：《1844年经济学哲学手稿》，人民出版社2018年版，第79—80页。

② 转引自李子建著：《中小学环境教育理论与实践——迈向可持续发展》，北京师范大学出版社1998年版，第163页。

法”，首先是与孩子、与学员共享，而不是教会他们什么；其次是强调感知和体验，知识在里面可能并没有什么帮助。如蕾切尔·卡逊所说“知道不如感觉重要”。克奈尔说：“科学是一种独特的语言，科学为我们提供知识。但科学有很大的局限性，科学告诉我们的世界是不完整的，科学无助于我们内心对自然的感知。我认为应该呼唤人们对于自然的感情，以补缀出一个完整的世界。……我不是告诉大家环境形势多么严峻来警醒大家，而是诉诸人们的感情，使他们关注自然，从而改变他们的意识与行为。我想我的办法可能是更根本的。……我相信，如果人们对某一事物感兴趣，则对这事物的知识也会更牢固，比如书中‘弱肉强食’这个游戏让孩子们分别扮演食物链中的捕食者和猎物，就可以在游戏中学习（体验）到食物链的生态学知识。科学和感情能够手牵手。”克奈尔认为，自己自然体验的源头来自于他小时候的生存环境。“小时候我家门前就有一条小河，经常有野鸭、野雁在此停留，在这个环境中我受益颇多。我还经常流连于我家附近的湿地、果园和山峦。那种体验可能播下了一粒种子，日后它会开花发芽。”① 克奈尔先生本人就生活在一个叫做阿南达的社区，这个社区里所有的人现在都过着一种简朴和谐的生活。

分析发现，自然之境中的道德体验有助于生成人们的生态意识、生态能力和生态智慧。这里的生态关系已经包括以往的人际关系等，并有所扩展。自然之境中的道德体验既要依赖于悟性，也要依赖于理性。同时还要依赖于一定的修炼，不仅要练心，也要练身；不仅要求知，也要行动，要做事，如此才能真正达到身心合一、形神兼备的浑然境界。境界无限多样，修养用功的方法自然也无限多样：格物可以致知，静坐可以收敛，事勤可以练达，节欲可以清明，等等。但这种追求精神生活的生活态度，并不只是在生态运动中才能形成和获得，任何一个支持深层生态运动或赞同生态整体主义的人，都可能在反思自己生活方式的过程中产生一种深层生

① 王洪波：《感悟大自然的奇迹——访自然教育家约瑟夫·克奈尔》，《中华读书报》2000年7月26日。

态意识，形成深层生态学的生活方式。① 体验到对生态系统有益，领悟到人类只是生态系统中的一种生态因子，人善待地球和宇宙中一切生物的生命与善待人类自己的生命具有生态统一性。

从以上三种基本的道德体验教育类型的分析可以看出，道德体验教育既包括以往学校道德教育中的关系，也包括生活世界、自然之境中的各种道德关系。道德体验教育并不排斥规范道德教育中关于道德知识的掌握和道德理性的培养，只是它要把过去的道德规范知识的“灌输”和道德理性的培养推进到更能体现体验者自觉性、选择性的“道德学习”。在这种转化之后，把道德知识的学习和道德理性的培养作为道德体验的有机组成部分，成为道德体验重要的诱发和唤醒因素。道德体验的实际发生及其所达成的境界，是在生活世界和自然界所有生态关系交互作用之中生成的，具有全开放性。

案 例

独生子女的道德体验及道德境界提升探索

当代中国一度出现了巨大的独生子女群落，这是一种独特的社会现象，也是一个无法回避的社会问题多发地。在独生子女群落中，存在着讲求享乐、缺乏刻苦学习精神、铺张浪费等现象，单靠给学生讲书本上的道德规范知识，或组织模拟活动，都无法从根本上消除这些不良现象，很难产生实际的道德教育效果。“九五”期间，结合我主持的国家重点课题“跨世纪人才中华美德培养模式研究”的实施，陕西师范大学附属小学、西安桑锐学校、航空航天部第二研究院二一〇子弟学校等地处西安市的实验校，有计划、有组织地带领这些生活较为优裕的城市学生，到经济较为落后的陕西省兰田县、宝鸡市虢镇

① 雷毅著：《深层生态学思想研究》，清华大学出版社 2001 年版，第 98 页。

等地，与贫困农民的子弟一起开展“手拉手”活动，一起吃住，一起学习，一起活动，相互交往，交流学习、生活体验，亲身体验农民子弟的生活。返校后，引导学生诉说自己的切身体验，写体会文章，对照反思自己的学习、生活方式。

“八五”至“十三五”期间，我主持实施国家重点课题“生态体验德育模式研究”，不少实验学校也采取了与上述做法一脉相承，更加凸显开放、互励、互换、互助的行动。譬如，我们指导北京陈经纶中学开展“人生远足”体验活动，组织学生到安阳红旗渠、甘肃敦煌等地体验学习，我的课题实验基地北京十一学校、人大附中、清华附中、中国科学院附属玉泉小学、上海尚德实验学校等学校组织学生开展“研学旅行”活动，到红色根据地、革命老区等体验红色文化，同时，这些学校也组织师生下到贫困山区支教支学、体验民俗，既帮助欠发达地区学生学习现代信息技术等，也反过来促进大城市名校独生子女群落学生，在开放互助中深度体验人格健康成长。

在这里，导引者不再给学生讲许多大而空的道理，而只是作为一个导引者，设计、组织、开展体验活动，有效诱发和唤醒作为体验者的学生的道德体验；导引者只是作为一个“体验者”，和作为体验者的学生一起诉说自己的体验。学生也与老师一起平等地交流体验，开展真情实感的开放式对话。结果，参加过这种体验活动的发达地区的学生，心灵深受震撼，生命饱受感动，纷纷主动表示要下定决心刻苦学习，不再浪费饭菜，并自觉向贫困地区的同学捐款、捐书、捐物。而参加过这种体验活动的贫困地区的学生，则接触到了现代信息技术，显著扩大了知识面，大大开阔了眼界，增长了当代青少年所应了解和拥有的知识、技能和价值观信息量，思想道德素养也随之有所提升。可见，道德体验的实质，就是在生活的体验中发展人的主体性、自觉性，发展人的充满个性和创造性的德性。道德体验教育的目标就是形成充满生活情趣的人，以克服缺乏体验的人所持有的远生活、远生命的德性。

上述案例至少给我们这样的重要启示：组织不同圈层、不同层次的导引者与体验者、体验者与体验者，交互参与到特定的道德体验情境之中，通过展开开放式对话，一起讨论共同关心的道德问题，相互诉说生态阅历，交流思想感情，在互相碰撞、互相启发、互相激励中，诱发和唤醒体验者和导引者双方的道德体验，是道德体验教育实践的着力点。为了充分体现道德体验教育的思想，在实践探索过程中，需要着重加强以下四个层面关系之间的开放式对话。

1. 体验者与体验者之间开放对话，共同体验。

（1）组织同一班级不同特点的体验者，围绕一定的道德主题，展开相互之间的开放对话，互相诉说学习、生态阅历和当下感悟，互相激励，共同体验。

（2）组织同一学校、同一年段的体验者，围绕一定的道德主题，展开相互之间的开放对话，互相诉说学习、生态阅历和当下感悟，互相激励，共同体验。

（3）组织同一学校、不同年段的体验者，围绕一定的道德主题，展开相互之间的开放对话，互相诉说学习、生态阅历和当下感悟，互相激励，共同体验。

（4）组织不同学校、同一年段的体验者，围绕一定的道德主题，展开相互之间的开放对话，互相诉说学习、生态阅历和当下感悟，互相激励，共同体验。

（5）组织不同学校、不同年段的体验者，围绕一定的道德主题，展开相互之间的开放对话，互相诉说学习、生态阅历和当下感悟，互相激励，共同体验。

（6）组织不同生活环境和学习条件下的体验者，围绕一定的道德主题，展开相互之间的开放对话，互相诉说学习、生态阅历和当下感悟，互相激励，共同体验。

2. 导引者与体验者之间开放对话，共同体验。

（7）同一班级的导引者与体验者一起，围绕一定的道德主题，展开相互之间的开放对话，互相诉说学习、工作、生态阅历和当下感悟，互相激励，共同体验。

（8）组织同一年级、不同班级的导引者与体验者一起，围绕一定的道德主题，展开相互之间的开放对话，互相诉说学习、工作、生态阅历和当下感悟，互相激励，共同体验。

（9）组织不同年级的导引者与体验者一起，围绕一定的道德主题，展开相互之间的开放对话，互相诉说学习、工作、生态阅历和当下感悟，互相激励，共同体验。

（10）组织不同学校的导引者与体验者一起，围绕一定的道德主题，展开相互之间的开放对话，互相诉说学习、工作、生态阅历和当下感悟，互相激励，共同体验。

3. 体验者与父母之间开放对话，共同体验。

（11）组织体验者与自己的父母一起，围绕一定的道德主题，展开相互之间的开放对话，互相诉说学习、工作、生态阅历和当下感悟，互相激励，共同体验。

（12）组织体验者与其同学的父母一起，围绕一定的道德主题，展开相互之间的开放对话，互相诉说学习、工作、生态阅历和当下感悟，互相激励，共同体验。

4. 体验者与工农兵群众之间开放对话，共同体验。

（13）请有关工农兵代表到学校和班级中来，为体验者举办道德教育讲座，同体验者一起活动、座谈，相互诉说学习、工作、生态阅历和当下感悟，互相激励，共同体验。

（14）组织和导引体验者深入工农业生产第一线，亲身感受和体验工农兵群众的生产和生活，与工农兵群众之间相互诉说学习、工作、生态阅历和当下感悟，互相激励，共同体验。

在开放式对话中，体验者的生态阅历具有基础性的意义。但是，体验者个人的生态阅历并不必然引发道德体验，它需要在一定的关系、活动和情境中，在一定的诱发和唤醒下发生道德体验。与自发的体验不同的是，道德体验教育作为一种自觉的教育意识和教育思想，它是要借助体验者已有的生态阅历资源，有效地导引其进入一定的体验场之中，诱发和唤醒其道德体验，而防止发生不道德体验。如克尔凯郭尔所说：就生命来说，重要的不在于遭遇过多少奇特的经历，遭遇过多少悲苦的磨难，而在于发掘生命的内在深度。有了这一深度，最平凡的事也能变得富有意义。可见，道德体验教育比之单纯课堂讲授的模式要更加注重设计、组织和导引的适切性、合情理性、精致性、艺术性和魅力性。

在开放式对话中，体验者之间的差异性、生态多样性具有诱发道德体验的天然价值。在道德体验教育中，体验者之间，必然存在着发展水平或发展特色上的较为典型的差异性、生态多样性，借以形成相互激励、深化道德体验的状态。实验证明，当体验者之间具有较多的一致性而缺乏差异性时，容易出现道德脱敏现象，而降低道德体验的诱发性。这里，不同年龄段的体验者可以尽量加大跨度，可以从幼儿园到大学生、研究生，不同水平的体验者如优秀生与后进生之间，不同学习生活条件的体验者如农村学生与城市学生之间等。正是由于体验者之间存在生态多样性、差异性，使得不同的体验者之间能够产生一种单独存在时不可能产生的彼此之间的相互激励价值。例如，我所主持的国家生态体验实验学校中，高师学生向中小学生展示自己的学习和成长经历，诉说自己的生态阅历，交流人生体验，对中小学生的人生影响远远超过了教师的说教效果；反过来，中小学生提出的学习、生活和人生的问题，又提示和督促高师学生回校后认真学习教育理论和百科知识，加强人生修养，净化自己的灵魂。在上述案例中，城市独生子女和农村贫困学生之间，在诉说性开放对话中建立起一种“协作互励”关系：农村学生感受到城市学生的见识广博，现代信息技术掌握得更加熟练，城市学生感受到农村学生的艰苦生活、刻苦学习精神。在共同的体验过程中，体验者各自所诱发和唤醒的道德体验的具体内容和感悟却不相同，激发起城市学生省吃俭用的心向，并主动向农村贫困学生捐款、捐物、捐书，而农村学生则更加刻苦学习，扩展知识面，开阔眼界。

最后，必须强调指出，在道德体验教育实践中，导引者要自觉防止如下一些可能出现的误区。

第一，要防止思想观念上可能出现的误区。由于长期接受传统样式道德教育的影响，当代的导引者可能不知不觉地把知性论道德教育的思想观念带进道德体验教育实践之中，人要真正转换视界、觉悟起来并从这种早已习惯了的旧有样式中解放出来，不是一件容易的事，它会不断遇到来自人们思想观念深处的各种阻挠。

第二，导引者要自觉防止陷入将道德体验教育思想学校化的误区。由于受现行道德教育实践样式的影响，有些导引者可能已习惯于学校道德教育的一整套做法，因此在实施道德体验教育的时候，可能误把道德体验教育学校化，而限制了道德体验教育的视野和场域。

第三，导引者在对待理论结论和案例的态度上要防止教条化、简单化倾向，还要防止人为教化的误区。如在道德体验教育中，导引者仍然试图向体验者灌输一些自认为“优良”或“先进”的既定道德规范，企图借助自己手中握有的教育权力迫使体验者在课堂上或在某些由导引者坐在房子里设计出来的活动中，去反复“体验”这些设定的道德规范或道德境界，并在短时间里快速形成导引者所期望的道德境界，否则就批评或惩罚体验者。也有一些导引者可能会迷信文中的理论结论和案例，把它们作为一种既定的标准化教条，不顾具体道德情境和体验者实际而加以普遍实施。正确的态度应当是根据当时当地和不同体验者及其周围实际关系的动态变化，导引体验者和导引者一起进行生态创生，诱发和唤醒每一个体验者独特的在境道德体验。其实，在确立了道德境界的生成观之后，真正高境界的道德教育，连“教育人”的想法都不要有，即道家所谓“大道无言”、“大音稀声”。佛祖如来在讲说《金刚经》的时候，反复提醒须菩提等弟子，不要把他所讲说的佛道作为教条去到处教化别人，所以他只是诉说自己的成佛体验，而且在诉说的过程中连佛相都破除了；诉说完毕，连自己所诉说的所有“经文”也都破除了。佛不能有让人成佛的想法，菩萨连“度化众生”的想法也都不要有，即所谓“若菩萨有我相、人相、众生相、寿者相，即非菩萨”①。所以如来最后说道：“云何为人演说？不取于相，如如不动。何以故？一切有为法，如梦幻泡影，如露亦如电，应作如是观。”②如来诉说自己的成佛体验，也只是作为一个诱发和唤醒众生

①② 李安纲主编：《佛教三经·金刚经》，中国社会出版社 1999 年版，第 23、287 页。

体验的线索，导引众生在生活世界和自然之境中，以自己的空明之心体悟到“佛即自性，自性即佛”的道理。

第四，导引者要自觉防止孤立、静止和简单化对待体验者的误区。导引者不仅要重新认识和对待自己，而且要学会重新认识和对待体验者，重新认识和对待导引者与体验者的关系。导引者要充分考虑自己发展变化的实际和体验者成长与发展的实际，包括认知发展的实际、情意发展的实际、生活境遇和人生体验的实际等。当看到体验者的一些表现之时，还要想到他们另外一些也许没有被你看到或发现的德性方面，试图去发现那些未出场的德性方面，并力图在一种生态体验观下慎重而又细心地考虑这些不同的表现方面之间的内在联系，深入体验者的生态阅历世界和心灵世界之中去，理解体验者，欣赏体验者，关爱体验者，并和体验者一起到自然之境中去，一起投身到丰富的现实生活世界中去，一起建构起新的人际关系，共同感悟世界，共同体验人生，使导引者和体验者一起在体验中升华，不断由较低的道德境界跃迁至更高的道德境界。

第五节　道德体验教育的实践案例分析

由前文已知，道德体验教育具有生活性、开放性和践履性，因而其实践探索是一种既在书本之中，但又超越书本的探索。道德体验教育可以在较为有限的固定场所（如教室里）发生；但即使是在固定场所里所发生的体验，仍然是与体验者和导引者的生态阅历紧密联系在一起的。生活世界和自然之境才是整个道德体验教育大厦的现实基础。因此在当代，各国学校道德教育都开始强调生活基础和亲近自然，引导学生从生活世界与自然之境出发，在道德体验中达到更高的道德境界。人的道德应与生活世界和自然之境的内在要求具有事实的一致性和逻辑的一致性。

道德体验教育的实践探索本身也具有开放性，没有现成的方案。为了加深对理论的理解，这里呈现几个道德体验教育实践探索的案例，并作简要分析，以期发生启发性的意义。

一、学校教育中的道德体验案例

主题体验

主题体验是围绕一定的道德主题，或是针对体验者道德发展所面临的某种真问题，自觉地利用或创造某种道德体验情境，或者组织某种活动，以一定的引导语为线索，有意识地诱发和唤醒体验者某种特定的生态阅历，把不定向的道德体验转变成为定向的道德体验，以便较快地提高体验者的道德境界。主题体验的形式似乎还带有一定的预定性特征，但这里需要进一步追问的是：道德教育过程的预期目标究竟是为了给予体验者一些既定的德目，还是要在道德教育过程之中诱发和唤醒体验者真实的道德体验，生成道德智慧，达成道德境界，导引体验者伴随体验的不断发生一起成长。

案 例

类生态体验的流变

我在中国中小学绿色行动研讨班上给全国的教研员讲“类生态体验”这个主题，就播放了以“9·11”事件为主题的DVD光盘，以诱发和唤醒体验者的类生态体验，而所播放的图像内容仅仅是我所提供的一个类生态体验的线索。在这个道德体验线索的诱发下，体验者展开了有一定主题的开放性道德体验。按照导引者所给出的内容线索和引导语，一组体验者角色认同自己是美国人，另一组是非美国人，各自谈出自己对“9·11”事件的体验。而其中有些体验者的体验，却超出了这个线索本身所能够包含的内容和意义。如一位扮演美国公民的女学员说道：“如果让我假扮美国公民来谈体验，我讲不出来什么，因为我无论如何也无法把自己设想成一名真正的美国公民。而让我设想我们的天安门或上海的某一个标志性建筑被恐怖分子用飞机撞毁了，或者在我的家庭里，我的丈夫一直是我们家的主心骨，而有一天我回到家里，突然发现我的丈夫被一个弱女子强暴了，如果让我谈这件事情发生之后的体验，那么，第一，我是不相信；第二，我感到很震惊，很悲伤；第三，我可能会想到要去报复。”这位体验者所呈现的体验，就超出了导引者所给出的引导性线索。①

上述案例至少给我们以下几点启发。

1. 人际、族际间合理、公正、合作、分享的关系，是每一个人内在的生命渴望，但在缺乏情境的自发状态和松散关系中往往是潜在的甚至是被遮蔽的，需要有一种能够诱发和唤醒体验的情境，以便使这种内在的、潜在的道德境界迸发和外显出来，不仅使之成为体验的内在基础，而且成为现实的道德境界。

2. 道德体验容易从切己的关系圈中生成，逐步向更大的圈层扩展，逐渐臻于生态体验的境界。当场观察发现，在活动的展开中，当组际之间的竞争还相当激烈的时候，各组组内已表现出相当的谦让、和谐。当获奖的小组得到奖品之后，在奖品的归属问题上，组内成员之间都不愿意自己拿走，而是较长时间地相互推让，最后经过协商决定给予一位女生。

3. 在生态体验过程中，所生成的道德境界，往往超出了导引者备课时所作的预设，即使是人类道德规范中已有的条文，也已是体验者在自己的切身体验中生成的，而不是由导引者灌输的结果。如生成了“绿色心灵”、“公正”、“合作与分享”、“学会欣赏、容纳别人”等。

4. 在主题体验中，为了实现一定的具体教育目标，可以借助主题诱发深化体验。一定的道德主题可以成为道德体验的黏合剂，使体验活动有更鲜明的效果。但主题体验中的道德主题筛选需要导引者下功夫，可以来自文本资料或影像资料中的传统经典道德事件，来自当前社会上的道德热点问题，也可以来自体验者和导引者

① 这是我在中华人民共和国教育部和世界自然基金会环境教育骨干培训计划全国教研员第一届研修班上的讲课。时间：2002年1月10日。地点：南京师范大学南山专家楼。

身边发生的道德事件。道德主题的获得途径，最好是由体验者提出，导引者认可，或者是导引者提出，体验者关心；切忌导引者单方面选定，体验者不感兴趣。

5. 在道德体验教育中，导引者的角色和职能发生了转换：他不再是向体验者单纯灌输既定的道德规范知识和要求，而是主要进行总体策划、设计、导引、组织开展体验活动。其中，导引者首先要明确体验者所面临的实际问题，帮助体验者筛选体验主题；其次，对周围可资利用的环境和关系条件做到心中有数，有效地组织教育教学服务活动；最后，所组织的活动和创造的环境、氛围要适合特定体验者的身心发展特点和需要，并参与体验者的对话，诱发和唤醒体验者的实际体验。

二、生活中的道德体验案例

角色体验

角色体验是让体验者在生活、游戏及模拟情境中承担或扮演一定的角色，从自己所承担或扮演之角色的角度去体验周围的关系世界及自己在其中所应有的道德义务，并以此为参照系，反思自己以往的生活态度和日常言行中所表现出来的道德境界，感悟该角色的实际承担者所能达到和实际达到的道德境界。在这种对照、反思中，获得新的道德体验，达到新的道德境界。

案 例

少先队员的社区生活体验

北京市大兴区垡头一小学生李秋然，在朝阳区某超市做收银员助理。李秋然说："实践使我改变了以前认为在有空调的商店里收钱轻松的想法。在这儿站一会儿腿就酸了，可阿姨们要站上一整天，还不能找错钱，多辛苦啊！"垡头二小的一位同学，与苗圃工一起往花盆中移栽花卉。他的体验是："在这里我学到了养植花卉的一些常识，也体验到干一行就要爱一行、懂一行的道理。”

北京市朝阳区劲松社区少先队“我能行”体验活动中，孩子们组成一支支小队，自主选择去做一件有意义的事情：去社区的干洗店学习熨烫衣服，在居民楼前学习修整草坪，到电脑培训中心操作电脑，学医疗救护，体验当社区幼儿园小朋友的老师。

上海市的一些少先队员在“小餐馆”里学习烹饪，在“小医院”里学习自护，在“小银行”里学习理财，在“小马路”上学习交通安全知识，在社区里开展清洁楼道、宣传法律、敬老助残等活动。卢湾区合一居委会的少先队员们通过周二夜间巡逻的体验，感受到居委会工作的辛劳，认识到社会稳定需要每个人都有爱心和社会责任感。

大连市“小鬼当家”活动，使少先队员们体会到父母劳作居家的不易；“环保小卫士”、“少年志愿者”、“快乐小信鸽”等活动，让队员感受到自己的劳动给别人带来的愉悦；有九名少先队员到农村，跟果农上山摘桃，天不亮就推着小车去镇上批发桃子，他们体验到好吃的果实的来之不易。

西安市有几位小学生利用周末和暑假，结伴上街去卖报纸。从报纸批发到沿街叫卖，一天下来，感到口干腿痛，却挣不了多少钱。平时，这些小朋友一放学就到冷饮摊点去买冷饮吃，毫不吝啬。可现在，沿街叫卖报纸，尽管已经口干舌燥，却舍不得花钱去买冰淇淋，甚至连根雪糕都舍不得买。她们充分体验到钱的来之不易。

北京市垡头一小王雨歌的妈妈说：原来总觉得孩子小，只是百般呵护，家务活从不让她干。在孩子眼中照顾她是理所当然的，她根本不知道该为爸爸妈妈做些事。“我帮妈妈做件事”体验活动开展以来，孩子的变化很大，懂事多了。一天她爸爸出差，我忙了一天疲惫地回到家后，惊喜地看到桌子上摆着做好的饭菜，我深受感动。①

① 李海秀：《体验教育：为素质教育带来生机》，《光明日报》2001年10月31日A1、A2版；我的现场访谈记录。

从上述一系列角色体验的案例中，可以悟出这样几点。

1. 生活中的道德体验教育资源十分丰富，要善于充分地挖掘和利用。即使在学校生活中，也可以开展角色体验，如设立学生服务“岗位”，开展“雏鹰争章”、“新世纪我能行”等活动，进行小事业建设，建设少年科学院，在生态文明教育中参与可持续发展的游戏等。共青团中央提出使“每个少先队员有一个体验的岗位”①就属于角色体验。

2. 体验者承担或扮演一定的社会角色，有助于产生角色亲验。在这种角色亲验中，体验者变得更容易理解、感悟司空见惯的生活中那些实际的角色承担者的生存处境、生活方式和道德境界，并将这些角色承担者的生存处境与自己的生存处境和道德境界关联起来，反思自己的生活方式和道德境界，努力使自己较快地达成该角色所需达成的道德境界。

3. 虽然体验者每次的角色承担是具体的，但实际的角色体验超出了他所承担或扮演的角色本身的范围，生成一定的道德素质和人格品质。在一个具体的角色体验中，体验者所发生的道德体验，远远超出了每一个小角色本身所具有的道德蕴涵，使他建立了与周围生活世界的更大的意义关联，更深刻地领悟到自己的生活方式和道德境界的社会价值。因此，角色体验对体验者的道德体验的发生和道德境界的提高，具有不可低估的积极意义。

4. 道德体验教育的机缘并不遥远，就在家庭、社区和学校的日常生活之中，就在我们每个人的学习、生活和交往之中。实践证明，只要体验者有一定的生态阅历，只要导引者具备了一定的道德体验教育的意识和能力，善于学习、积累和领悟成功的教育经验，不失时机地发现和利用道德体验发生的情境、关系和氛围，创造适当的道德体验教育时机，即使在传统意义的普通教育领域（包括课堂教学）中，也可以有效地诱发和唤醒体验者和导引者本人的道德

① 共青团中央、全国少工委：《关于动员和组织少先队员在实践中体验的实施意见》（中青联发〔2000〕59号），2000年10月23日。

体验，促进体验者和导引者双方道德境界的新变化。

三、自然之境中的道德体验案例

情境体验

情境体验是指让体验者置身于一定的自然之境中，直接感受大自然的和谐与美好，或直接感受人类对自然生态环境的污染与破坏行为及其后果，在这种具有冲击性的直观场景中，诱发和唤醒其道德体验的一种探索。下面，由一位小学生置身于自然之境中的体验诉说，来感受这种探索的道德体验教育价值。

案　例

军训体验中的意外升华

在这个鸟语花香的季节，我们五年级军训的同学来到了终南山。

大家一边小跑着跟上队伍，一边张大嘴巴猛吸着路边诱人的花香。踏着越来越陡的山路，伴着小鸟的歌唱，我的心情就像六月天喝了雪水——好爽啊！一路上，顺着弯弯曲曲的小溪，我们到达了目的地——一个周围长满了四个指头般粗细的翠竹的山坳。环顾四周，左边是湍湍的溪流，右边是金黄的油菜，碧绿的麦苗，它们正迎风摆动，似乎在欢迎我们这些来自城市中的一群小客人。山间的小溪清澈见底，溪底的水草、小石头清晰可见。路边还长了许多蓝色的小野花，虽然我叫不上它们的名字，但是我给它们起了一个好听的名字——“小兰花”。沉浸在这诱人的美景之中，仿佛置身仙境，我们这些平时在城市里长大的孩子，心中油然生出一种从未有过的回归大自然的感觉。

感受着美丽的大自然，我想起了那天看到的一幕场景：那天早晨，我和肖乐一起去田径队训练。我们心情都很好。可是，我们看到了一件“可怕”的事情。只见一位清洁工爷爷正在烧一大堆树叶。虽然他们被誉为“人民的清道夫”，可是现在我觉得这位清洁工爷爷应该算是“污染环境能手”了。看见浓浓的黑烟飘上天，我真想跑上去，打灭火，再将那人狠狠地训斥一顿：看您长那么大的个子，却一点不懂道德！现在的环境污染已经够厉害了，再有你们这种人的话，还让人怎么活呀？

我们抗议！我们要共同找回失去的美丽环境，找回我们的蓝色天空！我有一种美好的希望——

我希望，世上没有污染环境的人，那么，天空将永远是湛蓝的；

我希望，世上没有随便排放废水的人，那么，小河将永远是清澈的；

我希望，世上没有践踏、攀折花草树木的人，那么，我们将生活在鲜花和绿色里；

我希望，世上没有随地大小便的人，那么，我们身边的空气将是清新的；

我希望，世上没有乱扔果皮纸屑的人，那么，我们周围的每一寸土地都将是干净的；

我希望，世上没有制造杂音的人，那么，我们所处的环境将是安静、祥和的；

我希望，世上没有制毒、贩毒的人，那么，就不会有那么多人吸毒，成为毒品的俘虏；

我希望，没有任何一个人来破坏我们这美好的生活，我希望……①

从上面小学生的日记和对这位体验者的访谈对比中，至少可以领悟到以下几点。

① 引自刘钟芬的日记《可怕的烟》（2000 年 11 月 7 日）、《我希望》（2000 年 11 月 6 日）；《登山》，载《作文点点通》（1—2），陕西人民教育出版社 2002 年版，第 35 页。

1. 自然之境中的道德体验，是以体验者置身于一定的自然环境之中为前提条件的。因此，道德体验教育要自觉充分地利用校园内外的自然环境，导引体验者全身心地置身其中，诱发和唤醒他们的道德体验。可以开展大自然探秘、远足、野营、研学旅行、军训等活动，充分感受自然界的和谐美好，也可以感受人类污染和破坏生态环境的行为及其后果。例如，组织大中小学生到永定河去考察河水污染状况和污染源头，以诱发和唤醒其保护生态环境的道德体验，主动参加到永定河防污治理的志愿者行动行列中去。

2. 在学校教育中有效培养学生对大自然的感受与观察能力，是诱发和唤醒其道德体验的重要基础性条件。因为在对这个实验班其他同学的日记进行比较时发现，有些感受和观察力较弱的学生，其体验就较浮浅。访谈对照证明，这位小学生的道德体验得益于她在学校里培养起来的感受与观察能力。导引者要在学校教育中创造条件，设法引导体验者从单纯知识记忆性学习的误区中走出来，如迫使学生听课时不做笔记，全身心地专注于感受和观察老师讲授的内容而且要“完全领会，变成自己的东西”。这样一来，学生的体验就超越了单纯专业知识的局限。

3. 只要是体验者亲身经历过的事件和情景，就会留下深刻的印象，即使当时没有发生明晰的体验，也会沉淀在意识深处，在新的适当情境下被诱发和唤醒，产生豁然贯通之感，发生新的道德体验。如这位小朋友由美丽的自然美景联想到曾经看到过的一幕“可怕的烟”的情景，产生了强烈的生态环境保护意识。因此，增加体验者的人生亲历，具有重要的道德体验教育价值。

4. 自然之境中的体验带有某种冲击感，它可以激起体验者的许多联想和想象，对日常生活中积淀下来的知识和道理产生顿悟之感。例如，这位小朋友在无言的自然美景面前，忽然领悟到老师曾经讲过的一句话中所蕴涵的人生哲理：“一阵微风吹来，轻拂着我的脸庞，仿佛送来了老师的嘱咐：‘一年之计在于春，一日之计在于晨！’珍惜这美好的时光吧！”

5. 置身于美丽的自然之境中，容易诱发体验者的正向情感体验，唤醒其心中美好的人生感悟，生成美善的道德境界。如当小朋友张大嘴巴猛吸着路边诱人的花香，伴着小鸟的歌唱，心情就像六月天喝了雪水——好爽啊！路边还长了许多蓝色的小野花，虽然我叫不上它们的名字，但是我给它们起了一个好听的名字——“小兰花”。沉浸在这诱人的美景之中，仿佛置身仙境，我们这些平时在城市里长大的孩子，心中油然生出一种从未有过的回归大自然的感觉。经验也证明，经常在美丽和谐的自然之境栖身、徜徉的人，其人生境界更脱俗一些，较多生态美的韵味。

四、研学旅行中的道德体验案例

研学旅行是典型的道德体验教育方式，是近年来开始在国内兴起的新兴校外教育活动。2016 年教育部等十一部委出台《关于推进中小学生研学旅行的意见》中，明确地阐明了中小学生研学旅行的性质，即：“中小学生研学旅行是由教育部门和学校有计划地组织安排，通过集体旅行、集中食宿方式开展的研究性学习和旅行体验相结合的校外教育活动，是学校教育和校外教育衔接的创新形式，是教育教学的重要内容，是综合实践育人的有效途径。”研学旅行传承了中国传统“读万卷书，行万里路”的精神。研学旅行有别于传统的课堂教育，将课堂搬到了大自然、博物馆等更有趣味性、更有开放性和亲近自然、亲近文化的地方，促进书本知识与生活实践的深度融合，使体验者能够更好地感受生活、感受社会、感受自然，为他们未来更好地学习和生活打下良好的基础。将研学旅行市场开发与生态体验下道德教育结合，已成为未来的一个大趋势。

案　例

《窗边的小豆豆》与生态体验①

日本儿童文学家黑柳彻子的《窗边的小豆豆》，在世界上

① 刘惊铎、孙方良：《窗边的小豆豆：教育与成长的一场遇见》，《人民政协报》2017 年 7 月 5 日“文化科教版”。

引起无数人的共鸣。作者因此于1984年被任命为联合国儿童基金会第七位，也是亚洲第一位亲善大使。联合国官员评价说："再也没有比她更了解孩子的了。"可以毫不夸张地说，《窗边的小豆豆》中提到的巴学园是一个理想的校园，小豆豆的童年就是在这里度过的。正是这样一个如梦似幻般的地方，使小豆豆的童年充满了美好韵律，也使她从曾经的"淘气包"，成长为一个可爱、懂事、善良、快乐的好孩子。小豆豆的故事和情境中所流淌的教育思想，暗合了我国正在大力推进的生态体验教育理论和模式。二者之间似乎存在着某种天然的生态血缘关系。这里有两个事实颇值得关注：一是在巴学园里的师生和校长，没有一丝不耐烦，没有一丝厌倦。二是在生态体验现场，时时处处人人全息沉浸、感动生命，学生体验学习乐趣，教师享受职场幸福。回顾新中国成立以来的多次课程与教育改革，每次都在探索怎样克服学生学习的厌倦情绪，如何消除教师职场倦怠感。但令人困惑的是，迄今仍不同程度存在着学生厌学、教师职业倦怠的问题。教育不在于哲学上的穷究，而在于生命中的体验。随着人们生命意识的凸显和生态意识的觉醒，教育观必将完成从机械论到生命论的转化。基于对当前学校德育工作理念和教育发展趋势的重新认识，可以尝试冲破固化德育的樊篱，对学生进行生态体验教育，即从学生的心理需求和德育的生命成长出发，以活动为载体，用智慧与行动引导，促进学生在耳濡目染中不断生长、发展，提升自己的生态道德素养，从而成为一个健康快乐的人。

近年来，各地不少学校，不断冲破安全一票否决的校外教育冰层，也在设计和组织开展一些研学旅行活动，实施生态体验教育。以周秦汉唐文化研学旅行为例，学生们作为体验者"检阅了"秦始皇统一六国的军队——兵马俑；漫步在世界上保存最为完整的古代军事防御体系——古城墙上，追忆金戈铁马保家卫国的英雄。让一件件历史的遗存，来讲述前世的辉煌。有学生在日记里写道："不看不知道，一看吓一跳。兵马俑让法国前总统希拉克折服，称其为世界第八大奇迹。它让我感受到中华文化的博大精深，一种民族自豪感油然而生。我爱我的祖国！”又譬如，古城西安的羊肉泡馍、饺子宴，特色浓郁的地方饮食也引起学生们极大的兴趣，通过饮食文化，学生们可以真切感悟和了解当地的气候物产、民俗风情、生活习惯。

从生态体验哲学的视界审视教育，小豆豆给我们的重要启示在于尊重和保护孩子的天性，并以科学的理念、模式和生态圈呵护其健康成长，谨防以教育之名行损害孩子天性之实，压抑或消磨其生命潜能。黑柳彻子说：“怎样才能使孩子与生俱来的素质不被周围的大人们损害，而让这些难得的素质得以发扬光大。过于依赖文字和语言的现代教育，恐怕会使孩子们用心去感受自然、倾听神灵之声、触摸灵感的能力渐渐衰退吧?”“不要把孩子们束缚在老师的计划中，要让他们到大自然中去。孩子们的梦想，要比老师的计划大得多。”

显而易见，让“体验”成为学生学习的过程和方式，有着重要的新时代教育变革意义与生命成长价值。因为与体验相对应的是知识、理性。长期以来我们对学生进行的是知识教育，强调知识，强调理性，走进了科学主义、工具主义，丢弃了学习的主体，远离了生活和实践，冷漠了情感，闭锁了心智。久而久之，学生学习方式单一，途径狭窄，甚至不会学习，不会主动获取知识。新课程改革倡导体验，把体验作为一种学习的基本过程和方式，通过体验来经历学习过程和知识形成的过程，丰富学习过程和途径，丰富情感和经验，让学生学会主动学习，其价值不可低估。

在我国德育改革发展进程中，德育现代化并非一帆风顺。其深层阻力来自片面的知识灌输及学科化的路径依赖。国际道德教育大数据显示，回归生态、关注生命、凸显体验、基于网络，是德育现代化的时代基因。生态体验教育模式是全息体验、互动滋养、群集共生。这是一条回归生态、回归生命、回归生活世界、凸显愉悦体验的教育思想之河。

经过多年的研究、探索与实践，研学旅行中的道德体验教育已经不断完善和成熟，不断深化和拓展，已经成为深受学生和家长欢迎的实践教育模式，正朝着系统化、规范化、常态化的方向发展。2017 年教育部印发的《中小学综合实践活动课程指导纲要》中，对高中阶段实践活动的课程目标，尤其是在价值体认方面明确提出："通过研学旅行，深化社会规则体验、国家认同、文化自信，初步体悟个人成长与社会进步、国家发展与人类命运共同体的关系，增强具有中国特色社会主义共同理想和国际视野。"

经过四十多年的实验和改革发展，我国已经具备了全面加强大中小学生态体验教育的环境和条件。第四届中国研学旅行大会（2020，北京）确立的三大主题即是爱国主义、生态体验与劳动教育。必须看到，社会观念在变化，人们越来越深刻地认识到，当今时代孩子们欠缺的不是知识，不是技能，而是价值观、创新精神和实践能力；教育观念在变化，广大教育工作者日益深刻地认识到，仅有书本知识的学习，不是真正的完整的教育；教育环境条件在变化，无论从教育系统还是社会系统看，支撑和保障大中小学生广泛开展生态体验式社会实践活动的条件日益成熟。

我们生活在体验中，生活中处处有体验，但不是有生活就有体验，有经历就有体验。教育的使命之一就是让学生学会体验，学会有深度地体验。那么研学旅行中的道德体验教育如何充分体现呢？

研学旅行有利于促进学生践行社会主义核心价值观，激发学生对党、对国家、对人民的热爱之情；有利于创新人才培养模式，引导学生主动适应社会，促进书本知识与生活经验的深度融合；有利于发展素质教育，从小培养学生文明旅游意识，养成文明旅游行为习惯。换句话说，开展研学旅行，应是新时代落实立德树人根本任务、强化实践育人的重要途径。

通观古今，大自然是一个广阔美丽的生态体验大课堂。生态体验包含有元生态体验、类生态体验和内生态体验。元生态体验是体验者在自然之境中的体验，它侧重于对人与大自然之间关系的感知与领悟。类生态体验侧重于人与人、人与族群及文化之间的交流与合作，概括来说就是"处处德育场，人人德行师"。内生态体验是我们自己内心世界的感受和领悟，如何把领悟的东西内化为自己的思想和行动，不断完善自我的人格。

创造条件营造有感染力的体验场，创设好的体验氛围，是使体验者顺利进入体验之境的关键。没有体验场的营造，开放式对话缺乏氛围，体验者没有诉说真实感受的情绪。譬如，给学生营造的情境是正在海洋上航行的邮轮“泰坦尼克号”不幸触礁，还有15分钟就要沉没了，但救生艇有限，只有一小部分人可以获救，谁应该获救？通过这些体验场，让学生在活动中体认集体与关怀的意义，如得力的领导、统一的规则、成员间团结协作、小组成员的责任意识和奉献精神，并学会关爱集体，关爱他人。

生态体验教育凸显生态在教育资源开发中的育人价值，凸显体验在教育过程和实践效能中的作用。因此设计、组织好体验活动是生态体验教育成败的关键。生态体验教育是一种重视三重生态因子激活与结构化组织的教育活动过程，它是现代教育智慧的结晶，践行道德教育理想，追求道德教育品质，用先进的思想文化和发展理念、宽阔的视野和多彩的活动，去拓展生态体验研学的空间，使体验者从中受到道德体验的熏陶，研精致思，体验生命温暖的旅程，让教育充满诗意。

五、创造优化生命样态的生态圈

在生态体验理论中有一个“穿越生命云层”的哲学隐喻，即教育犹如乘坐飞机，在起飞之前或在某个高度，会遇到各种各样的天气状况，教育仿佛笼罩在昏沉的雾霾里。但当飞升到某个高度，如万米高空、平流层，你恍然发现眼前就没有了风雨云层。在道德教育实践中，如果你生命中的云层遮蔽了阳光，那是因为你的心灵飞得还不够高。一般人习惯于去抗拒问题，他们试图消灭云层；正确的做法是去发现使我们上升到云层之上的途径，那里的天空永远是碧蓝的。要穿越生命云层，需要有足够的正能量。韩非子说：“故古之能致功名者，众人助之以力，近者结之以成，远者誉之以名，尊者载之以势。”① 这是说要想成就一番大事业，就要与我们身边

①《韩非子·功名》。

的人精诚团结，远方的朋友愿意为我们摇旗呐喊，比你学识渊博或有社会地位的人愿意为你铺设绿色通道，成为引荐你、扶持你的贵人。教育和做人是一致的，当我们臻于高境界的时候，便充满了诗情画意的迷人魅力。

那么，生态体验理论指引下道德教育实践，对教育改革发展有什么重要意义呢？从根本上说，好的教育要遵循生态之道和生命之道去发展人，让师生的生命潜能得到及时的、极大的激发，发展至自己最好的优质生命样态。让教育从站在对面转变为钻进体验者的心灵世界之中去，从科学文化知识与道德规范知识的外铄变为科学文化与道德文化的体认内化、生命的陶养升华，而不再是约束、防范与控制人的旧教育面孔。这样，我们就可以在生态体验中渐次实现师生、亲子性命合一，活在当下，尊重生命感受，领悟和融通三重生态关系，臻于每天诗意地工作、学习和生活，体验一路赏山景、一路欢歌笑语的幸福成长境界。如果说过去的教育教学是教我们上山顶摘取最大最红的桃子，那么生态体验理论下的道德教育就是导引我们既要上山去摘桃子，又要关注上山过程中的生命感受，要沉浸和陶醉于体验者一起手牵手、肩并肩体验沿途的苦累喜乐，去倾听山涧清泉的潺潺流水声，去闻吸路边泥土花草的芬芳。

在参与研制《国家中长期教育改革和发展规划纲要（2010—2020年）》过程中及提交的建议稿《如何提高德育的亲近感和吸引力》中，我曾明确阐述过德育不是天生的枯燥面孔，可以是有魅力的，可以有亲近感和吸引力。我们不能靠权力、纪律去做德育，而是要从内心深处自觉自愿地转变思想观念，提升我们的道德文化素质，调整育人策略，科学优化德育内容体系，探索丰富多彩的德育途径和方法，真正走进学生的心灵世界，自觉地促进我国教育思想理论和实践体系的升级换代。

实际上，每个孩子到上学年龄时对三重生态的平衡、失衡都已经有了多方面的体验，都有自身的性格特点和困惑，假如家长、老师缺乏引导或引导不当，则易导致其陷于多种人际、自我困惑当中。需要注意的是，教育实践与理论的特点不同，且存在落差。教育理论需要与师生的生活经验结合，才能揣摩出具体的、特点鲜明的教育方法。需要强调的是，讲道理在教育中的作用不应当被夸大，师生的互动体验才是教育魅力的时代性体现。譬如，导引者意味深长的沉默反而会让体验者得到思考的空间。与周围环境互动是人类的天性，教育也是通过师生互动，进而启发孩子与环境互动完成的。适时引导体验者将注意力从自身的情绪迷雾中投向外界，启发其主动与他人建立良好的人际关系，对于其道德启蒙至关重要。实践证明，单纯的语言是乏力的，体验者会从"看"和"体会"当中学习，而不是单纯地"听"。单纯的结论是苍白的，让体验者自己得出结论才是教育的有效途径。此外，营造良好的家校氛围是使孩子持续得到熏陶的保障，孩子通过体验与老师、同学、家人建立相互尊重爱护的关系，才会从每天的日常生活中自然诞生出爱与对他人的关心或人格境界，这样得到的结论是不会轻易动摇的。好的教育是花力气的，一加一大于二，一方是教师，一方是学生，双方相遇后比理论多创造出来的、双方都能够体验到的部分恰恰是教育的本质。可见，师生关系当中应该能够诞生出教师这一职业的乐趣，教育正是一场爱在师生关系中的发现，也只有爱才能启发爱。教师首先需要体验到师生关系、人际关系当中的爱与乐趣，对教育拥有真正的兴趣，并提出和解决真正的问题。假如想通过欺骗性的教育，教育者都不相信的教条却希望受教育者相信，最终会流于空洞和无效。

导引者可以在创设道德体验情境的过程中发挥创造力与想象力，挖掘生活中富有魅力的情境。难点在于，道德体验情境影响力对所有参与者的对等性，道德情境对于导引者与体验者同样具有影响力。进入道德情境的导引者也会转化为体验者。如何把握住导引者的主体地位而不失初衷，甚至在糟糕的情况下自动进入下意识的情绪反应当中，这是需要导引者深入思考的问题。道德情境当中能够暴露出导引者的弱点，也正是道德体验情境的魅力所在。

实际上，步入道德体验的魅力实践境界，就是构建和实施富有亲近感和吸引力的立德树人关系、过程与方法。这可以有生态多样性的切入点和丰富鲜活的操作样式，但更为紧要的是要从培育师生、亲子的生态行为习惯、提升生命存在质量这样一个根基性问题入手。生态行为习惯，是指能够提升生命存在质量的行为习惯。树立生态行为习惯，是深入三重生态理论核心的过程。通过从三个生态维度来考察体验者的日常行为选择，会发现体验者三个生态维度上的需求有可能互相阻碍，从这些矛盾之处能够发掘出体验者的潜在需求，多种价值的冲突能够洞开澄明、提升生命存在质量途径的智慧之门。因此，我们鼓励体验者对这些冲突发起深一层疑问，由观察模仿到建立符合自身特点的生态行为习惯，逐渐陶养、运演生态思维方式。这样做不仅有利于保护师生、亲子的安全、健康，而且利于优化其生活方式，从概率上减少身心疾病和社会焦虑，大大提升人生的快乐幸福指数。譬如，我们可以从小孩子不踩下水道的井盖这样的生态行为习惯着手，培育孩子和大人在任何情况下都不要去踩踏它。当孩子在久而久之的切身体验中内化于心的时候，他走路的时候就会自觉地绕开下水道井盖这样的危险地带，而不再存有任何侥幸心理。又如新冠肺炎疫情下外出后回来、饭前饭后和如厕后洗手，读书写字用电脑、手机时取正确坐姿，过马路走斑马线不抢红灯，乘车主动排队，路遇花坛草坪时呵护绕行等。当孩子和成人都自觉自愿地形成了稳定而科学、卫生、文明、优美的言行和生活方式的时候，我们就可以说已经形成了一种与内外环境相谐的生态行为习惯，生命存在质量随之提高。①

六、创造一体万相的生态体验之境，臻于原始森林般生态多样的道德体验教育境界

升维追问，伦理道德最高妙的境界究竟是什么？亚里士多德在《尼各马可伦理学》中将快乐、幸福作为道德的应有之义，而且明确指出快乐、幸福掌握在我们每个人自己手中。这与我们现当代的经验性理解不同。我们一度把伦理道德理解为就是规范、规则，是用来约束人的行为的。而我们从老子、孔子等古圣先贤那里也真切地看到，道德是让人变得幸福的那样一种生态行为方式的沉淀（体

① 刘钟芬、刘惊铎、卢峰：《培育生态行为习惯　提升生命存在境界》，《中小学德育》2016 年第 4 期。

系）。每年的中国生态体验教育学术年会暨国际论坛现场都有一百多块道德体验教育实践成果的展板，其中不少展板上就有这样的表达："生态体验教育走进学生的心灵世界"、"生态体验教育震撼师生心灵、感动师生生命"、"生态体验教育让教师充满愉悦与幸福"、"生态体验教育让家长和社会感受到立德树人的无限魅力"……这样的表达显示出在这些展板中所凝结的师生、亲子的生命感受，是他们自觉自愿的生命样态的文化生态结晶。

生态体验理论下的道德教育研究在中国不同地区和国外海外有上千个实验区和实验基地，已经有上亿的学生、教师、家长及社会人士受益，且四十余年如一日紧扣立德树人本位，以研究促改革，以改革促发展，创造出具有生态多样性的成功的实践范例。2004年，我给宁波外事学校全体教职员工作报告，当时学校的条件十分简陋，给我的印象是一所抗大式的学校。这所学校的校长俞毅是一个很有生态学术敏感性和事业心的人，他带领他的团队向我们申请了一个"生态体验式职业生涯规划和特色学校创建"的子课题研究，每年都派教师去参加中国生态体验学术年会暨国际论坛，还请专家组进校来做生态体验式全员培训、研究和改革探索。经过一番探索和坚持，大家看到现在的宁波外事学校已经变成一个欧洲园林式的学校。在中国生态体验教育2015年学术年会暨国际论坛上，这所实验学校作了一个案例分享报告，题目是《生态办学的哲学思考》，给中国乃至世界提供了一个感动生命的职业教育与学校文化生态建设融合发展的成功范例。类似这样的实践案例不胜枚举，如果你有机缘到全国各地和世界各地实地考察，就会亲眼看到这些成功的实践案例，一定会被在生态体验中变得健康、润泽、靓丽的生命样态所感染，也会伴随着一线实验教师不断涌流的生态智慧而升维，一起摄能穿行，穿越生命的云层，饱享职场幸福和生命精彩绽放乐趣。

主要参考文献

中文

1.《马克思恩格斯全集》第 42 卷，人民出版社 1979 年版。
2.《马克思恩格斯选集》第 1—4 卷，人民出版社 1995 年版。
3.《列宁全集》第 39 卷，人民出版社 1986 年版。
4. 马克思著：《1844 年经济学哲学手稿》，人民出版社 2018 年版。
5.《毛泽东选集》第 1 卷，人民出版社 1991 年版。
6. [英] 罗素著，马元德译：《西方哲学史》下卷，商务印书馆 1976 年版。
7. [英] 休谟著，关文运译：《人性论》(上、下册)，商务印书馆 1996 年版。
8. [英] 席勒著，麻乔志译：《人本主义研究》，上海人民出版社 1966 年版。
9. [德] 叔本华著，石冲白译：《作为意志和表象的世界》，商务印书馆 1983 年版。
10. [德] 尼采著，熊希伟译：《悲剧的诞生》，华龄出版社 1996 年版。
11. [德] 尼采著，程志明译：《善恶之彼岸——未来的一个哲学序曲》，华夏出版社 2000 年版。
12. [德] 康德著，蓝公武译：《纯粹理性批判》，商务印书馆 1960 年版。
13. [德] 康德著，何兆武译：《历史理性批判文集》，商务印书馆 1990 年版。
14. [德] 康德著，苗力田译：《道德形而上学原理》，人民出版社 2002 年版。
15. [德] 黑格尔著，贺麟、王玖兴译：《精神现象学》(上、下卷)，商务印书馆 1979 年版。
16. [德] 黑格尔著，贺麟译：《小逻辑》，商务印书馆 1980 年版。
17. [德] 胡塞尔著，张庆熊译：《欧洲科学危机和超验现象学》，上海译文出版社 1988 年版。
18. [德] 胡塞尔著，[德] 克劳斯・黑尔德编，倪梁康、张廷国译：《生活世界现象学》，上海译文出版社 2002 年出版。
19. [德] 海德格尔著，陈嘉映、王庆节译：《存在与时间》，生活・读书・新知三联书店 1987 年版。
20. [德] 海德格尔著，彭富春译：《诗・语言・思》，文化艺术出版社 1991 年版。
21. [德] 海德格尔著，孙周兴译：《林中路》，上海译文出版社 1997 年版。
22. [德] 加达默尔著，薛华译：《科学时代的理性》，国际文化出版公司 1988 年版。

23. [德] 加达默尔著，洪汉鼎译：《真理与方法——哲学诠释学的基本特征》，上海译文出版社 1999 年版。
24. [奥] 维特根斯坦著，李步楼译：《哲学研究》，商务印书馆 1996 年版。
25. 尚志英著：《寻找家园——多维视野中的维特根斯坦语言文化》，人民出版社 1992 年版。
26. [美] 弗雷德里克·杰姆逊著，唐小兵译：《后现代主义与文化理论》，陕西师范大学出版社 1986 年版。
27. [美] 劳伦斯·卡弘著，冯克利译：《哲学的终结》，江苏人民出版社 2001 年版。
28. 王治河著：《扑朔迷离的游戏——后现代哲学思潮研究》，社会科学文献出版社 1998 年版。
29. [英] 阿尔弗莱德·怀特海著，韩东辉、李红译：《思想方式》，华夏出版社 1999 年版。
30. [法] 帕斯卡尔著，何兆武译：《思想录》，商务印书馆 1985 年版。
31. 韩震著：《西方历史哲学导论》，山东人民出版社 1992 年版。
32. 洪谦主编：《西方资产阶级哲学论著选辑》，商务印书馆 1964 年版。
33. 陈嘉映著：《海德格尔哲学概论》，生活·读书·新知三联书店 1995 年版。
34. 刘放桐著：《现代西方哲学》，人民出版社 1990 年版。
35. 张曙光著：《生存哲学——走向本真的存在》，云南人民出版社 2001 年版。
36. 衣俊卿著：《回归生活世界的文化哲学》，黑龙江人民出版社 2000 年版。
37. 赵汀阳著：《论可能生活》，生活·读书·新知三联书店 1994 年版。
38. [美] 马斯洛著，林方译：《人性能达的境界》，云南人民出版社 1987 年版。
39. [德] 费迪南·费尔曼著，李健鸣译：《生命哲学》，华夏出版社 2000 年版。
40. 包利民著：《生命的逻各斯》，东方出版社 1996 年版。
41. 杨韶刚著：《寻找存在的真谛》，湖北教育出版社 1999 年版。
42. [法] 埃德加·莫兰著，陈一壮译：《迷失的范式：人性研究》，北京大学出版社 1999 年版。
43. [苏] 阿·尼·列昂捷夫著，李沂等译：《活动·意识·个性》，上海译文出版社 1980 年版。
44. [法] 昂利·柏格森著，肖聿译：《创造进化论》，华夏出版社 2000 年版。
45. 冯玉珍著：《理性的悲哀与欢乐》，人民出版社 1993 年版。
46. [英] 罗斯著，谭鑫田、傅有德译：《斯宾诺莎》，山东人民出版社 1992 年版。
47. [英] H. P. 里克曼著，殷晓蓉、吴晓明译：《狄尔泰》，中国社会科学出版社 1989 年版。
48. 李超杰著：《理解生命——狄尔泰哲学引论》，中央编译出版社 1994 年版。
49. [美] 约翰·凯利著，赵冉译：《走向自由》，云南人民出版社 2000 年版。

50. ［荷］斯宾诺莎著，顾寿观译：《简论上帝、人及心灵健康》，商务印书馆 1999 年版。
51. ［美］杰里米·里夫金、特德·霍华德著，吕明、袁舟译：《熵：一种新的世界观》，上海译文出版社 1987 年版。
52. 孙鼎国主编：《人学大辞典》，河北人民出版社 1995 年版。
53. ［英］苏珊·格林菲尔德著，杨雄里等译：《人脑之谜》，上海科学技术出版社 1998 年版。
54. ［德］爱因斯坦著，许良英、范岱年编译：《爱因斯坦文集》第 1 卷，商务印书馆 1976 年版。
55. 董奇等著：《脑与行为——21 世纪的科学前沿》，北京师范大学出版社 2000 年版。
56. ［美］阿尔温·托夫勒著，秦麟征等译：《未来的冲击》，贵州人民出版社 1985 年版。
57. 《论语》。
58. 《道德经》。
59. 《庄子》。
60. 《荀子》。
61. 《礼记》。
62. 《四书集注》。
63. 刘宗周撰：《刘子全书》，台北华文书局 1969 年版。
64. 黄宗羲著，沈芝盈点校：《明儒学案·蕺山学案》，中华书局 1985 年版。
65. 张载著：《张载集》，中华书局 1978 年版。
66. 冯友兰著：《中国哲学简史》，北京大学出版社 1985 年版。
67. 杜维明著：《现代精神与儒家传统》，生活·读书·新知三联书店 1997 年版。
68. 徐复观著：《中国艺术精神》，春风文艺出版社 1987 年版。
69. 梁启超著：《饮冰室文集》卷二，大达图书供应社 1936 年版。
70. 张立文著：《和合学概论——21 世纪文化战略的构想》，首都师范大学出版社 1996 年版。
71. 冯友兰著：《贞元六书·新原人》下册，华东师范大学出版社 1996 年版。
72. 张世英著：《天人之际——中西哲学的困惑与选择》，人民出版社 1995 年版。
73. 张世英著：《进入澄明之境——哲学的新方向》，商务印书馆 1999 年版。
74. 周春生著：《直觉与东西方文化》，上海人民出版社 2001 年版。
75. 陈鹏著：《执有与空无——中国人的境界观》，云南人民出版社 1999 年版。
76. 李振纲著：《证人之境——刘宗周哲学的宗旨》，人民出版社 2000 年版。
77. 杨适著：《中西人论的冲突——文化比较的一种新探求》，中国人民大学出版社 1991 年版。
78. 黄念祖著：《华严念佛三昧论讲记》，上海佛学书局 1992 年印制。
79. 南怀瑾著：《如何修正佛法》，远方出版社 1998 年版。

80. 刘小枫著：《诗化哲学——德国浪漫美学传统》，山东文艺出版社 1986 年版。
81. 王一川著：《审美体验论》，百花文艺出版社 1992 年版。
82. [匈] 乔治·卢卡契著，徐恒醇译：《审美特性》，中国社会科学出版社 1986 年版。
83. 黄克剑著：《人韵》，东方出版社 1996 年版。
84. 王一川著：《意义的瞬间生成》，山东文艺出版社 1988 年版。
85. [古希腊] 亚里士多德著，苗力田译：《尼各马科伦理学》，中国社会科学出版社 1999 年版。
86. [英] 凯蒂·索珀著，廖申白、杨清荣译：《人道主义与反人道主义》，华夏出版社 1999 年版。
87. [英] 亚当·斯密著，蒋自强等译：《道德情操论》，商务印书馆 1997 年版。
88. [荷] 斯宾诺莎著，贺麟译：《伦理学》，商务印书馆 1983 年版。
89. [美] A. 麦金太尔著，龚群、戴扬毅等译：《德性之后》，中国社会科学出版社 1995 年版。
90. [美] 保罗·库尔兹编，肖峰等译：《21 世纪人道主义》，东方出版社 1998 年版。
91. [美] 约翰·罗尔斯著，何怀宏等译：《正义论》，中国社会科学出版社 1988 年版。
92. [美] 约瑟夫·弗莱彻著，程立显译：《境遇伦理学》，中国社会科学出版社 1989 年版。
93. 高兆明著：《道德生活论》，河海大学出版社 1993 年版。
94. 李安纲著：《苦海与极乐》，东方出版社 1995 年版。
95. 张践著：《德性与功夫——中国人的修养观》，云南人民出版社 1999 年版。
96. 肖巍著：《女性主义伦理学》，四川人民出版社 2000 年版。
97. [美] 霍尔姆斯·罗尔斯顿Ⅲ著，刘耳、叶平译：《哲学走向荒野》，吉林人民出版社 2000 年版。
98. [比利时] P. 迪维诺著，李耶波译：《生态学概论》，科学出版社 1987 年版。
99. 雷毅著：《深层生态学思想研究》，清华大学出版社 2001 年版。
100. 余谋昌著：《生态伦理学：从理论走向实践》，首都师范大学出版社 1999 年版。
101. 刘湘溶著：《生态文明论》，湖南教育出版社 1999 年版。
102. 佘正荣著：《生态智慧论》，中国社会科学出版社 1996 年版。
103. [美] 丹尼斯·米都斯等著，李宝恒译：《增长的极限》，吉林人民出版社 1997 年版。
104. [美] 蕾切尔·卡逊著，吕瑞兰、李长生译：《寂静的春天》，吉林人民出版社 1997 年版。
105. [法] 爱弥尔·涂尔干著，陈光金等译：《道德教育》，上海人民出版社 2001 年版。
106. [德] 雅斯贝尔斯著，邹进译：《什么是教育》，生活·读书·新知三联书店 1991 年版。

107. [德] O. F. 博尔诺夫著，李其龙等译：《教育人类学》，华东师范大学出版社 1999 年版。
108. [美] 小威廉姆·E. 多尔著，王红宇译：《后现代课程观》，教育科学出版社 2000 年版。
109. [美] 罗森塔尔、雅各布森著，唐晓杰、崔允漷译：《课堂中的皮格马利翁——教师期望与学生智力发展》，人民教育出版社 1998 年版。
110. 江苏省陶行知研究会等编：《陶行知文集》（修订本），江苏教育出版社 2001 年版。
111. 邹进著：《现代德国文化教育学》，山西教育出版社 1992 年版。
112. 鲁洁、王逢贤主编：《德育新论》，江苏教育出版社 2000 年版。
113. 朱小蔓著：《情感教育论纲》，南京出版社 1993 年版。
114. 朱小蔓著：《教育的问题与挑战——思想的回应》，南京师范大学出版社 2000 年版。
115. 朱小蔓、梅仲荪著：《儿童情感发展与教育》，江苏教育出版社 1998 年版。
116. 朱小蔓主编：《道德教育论丛》第 1 卷，南京师范大学出版社 2000 年版。
117. 朱小蔓主编：《中小学德育专题》，南京师范大学出版社 2002 年版。
118. 班华主编：《现代德育论》，安徽人民出版社 2001 年版。
119. 裴娣娜著：《发展性教学论》，辽宁人民出版社 1998 年版。
120. 章志光编著：《学生品德形成新探》，北京师范大学出版社 1993 年版。
121. 钟启泉、黄志成编著：《西方德育原理》，陕西人民教育出版社 1998 年版。
122. 刘惊铎著：《中华美德教育论》，黑龙江教育出版社 2003 年版。
123. 刘惊铎著：《科学工作体验学》，中央财政经济出版社 2020 年版。
124. 刘惊铎、权利霞编著：《德育学教程》，陕西师范大学出版社 1992 年版。
125. 刘惊铎、姚亚萍主编：《生态体验式职业生涯规划》（上、下册），中国宇航出版社 2011 年版。
126. 刘惊铎、杨晓丽著：《生态网络社会》，国家开放大学出版社 2020 年版。
127. 项贤明著：《泛教育论》，山西教育出版社 2000 年版。
128. 黄向阳著：《德育原理》，华东师范大学出版社 2000 年版。
129. 陈会昌著：《德育忧思》，华文出版社 1999 年版。
130. 傅敏编：《傅雷家书》，生活·读书·新知三联书店 1981 年版。
131. [苏] 苏霍姆林斯基著，赵玮等译：《帕夫雷什中学》，教育科学出版社 1983 年版。
132. 孙云晓主编：《体验成长——青少年民宿地球村报告》，天津教育出版社 2002 年版。
133. 吴康宁著：《教育社会学》，人民教育出版社 1998 年版。
134. [德] 埃利希·诺伊曼著，高宪田、黄水乞译：《深度心理学与新道德》，东方出版社 1998 年版。
135. [美] 加登纳（加德纳）著，兰金仁译：《智能的结构》，光明日报出版社 1990 年版。

136. [美] L. 坎贝尔、B. 坎贝尔、D. 迪金森著，王成全译：《多元智能教与学的策略》，中国轻工业出版社 2001 年版。
137. [美] 瑞妮·威尔菲尔德著，孙丽霞译：《身体的智慧》，辽宁教育出版社 2001 年版。
138. [美] 斯托曼著，张燕云译：《情绪心理学》，辽宁人民出版社 1986 年版。
139. [美] B. 约瑟夫·派恩、詹姆斯·H. 吉尔摩著，夏业良等译：《体验经济》，机械工业出版社 2002 年版。
140. [苏] 瓦西留克著，黄明等译：《体验心理学》，中国人民大学出版社 1989 年版。
141. 张潮著，吴言生译注：《幽梦影》，陕西旅游出版社 1999 年版。
142. 彭运石著：《马斯洛走向生命的巅峰——马斯洛的人本心理学》，湖北教育出版社 1999 年版。
143. 彭聃龄主编：《普通心理学》，北京师范大学出版社 1988 年版。
144. 葛鲁嘉著：《心理文化论要——中西心理学传统跨文化解析》，辽宁师范大学出版社 1995 年版。
145. 刘惊铎著：《道德体验：深入未成年人的心灵世界》，北京师范大学出版社 2005 年版。
146. [美] 曼纽尔·卡斯特著，夏铸九等译：《网络社会的崛起》，社会科学文献出版社 2006 年版。
147. 吕本修著：《网络道德问题研究》，中国社会科学出版社 2012 年版。
148. [英] 理查德·怀斯曼著，李磊译：《正能量》，湖南文艺出版社 2012 年版。
149. 陈独秀：《敬告青年》，《新青年》第 1 卷第 1 号。
150. 鲁洁：《人对人的理解：道德教育的基础》，《教育研究》2000 年第 8 期。
151. 鲁洁：《关系中的人：当代道德教育的一种人学探寻》，《教育研究》2002 年第 1 期。
152. 宗秋荣：《现代脑科学的发展及其对教育的影响》，《教育研究》1993 年第 1 期。
153. 沈政：《脑科学与素质教育》，《教育研究》1999 年第 8 期。
154. 刘力：《脑科学与教育：值得关注和拓展的研究领域》，《教育研究》1999 年第 8 期。
155. 刘慧、朱小蔓：《多元社会中学校道德教育：关注学生个体的生命世界》，《教育研究》2001 年第 9 期。
156. 孙利天：《21 世纪哲学：体验的时代》，《新华文摘》2001 年第 7 期。
157. 刘惊铎：《体验：道德教育的本体》，《教育研究》2003 年第 2 期。
158. 刘惊铎：《道德体验引论》，《陕西师范大学学报（哲学社会科学版）》2003 年第 1 期。
159. 王南缇：《范式转换：从本体论、认识论到人类学》，《南开学报》2000 年第 6 期。
160. 刘惊铎、王磊：《生态德育：一种崭新的德育观》，《新华文摘》1999 年第 1 期。
161. 刘惊铎：《德育建模、验模与中国德育新模式》，《新华文摘》2014 年第 13 期。

162. 刘惊铎、姚亚萍、丁少华等：《生态体验理论与国门德育》，《新华文摘》2017 年第 19 期。
163. 刘惊铎、王建平、周联兵：《平衡家校生态　提升立德树人境界》，《新华文摘》2018 年第 9 期。
164. 刘惊铎：《生态体验：道德教育的新模式》，《教育研究》2006 年第 11 期。
165. 刘惊铎：《生态体验德育的理论创新及其实践样态》，《新华文摘》2017 年第 6 期。
166. 刘惊铎：《中国内地德育理论创新与实践进展——生态体验德育理论研究与实践经验》，《青年研究学报》（香港）2010 年第 7 期。
167. 刘惊铎、刘钟芬：《构建生态网络社会　优化文化生态环境》，《青年研究学报》（香港）2014 年第 1 期。
168. 刘惊铎、刘钟芬：《生态体验模式论》，《教育研究月刊》（台湾）2014 年第 4 期。
169. 刘惊铎、刘钟芬：《生态体验理论与实践模式导论》，《澳门城市研究》（*Journal of City Research of Macau*）2018 年第 1 辑。
170. 刘惊铎：《生态体验德育的实践形态》，《教育研究》2010 年第 12 期。
171. 刘惊铎：《生态体验：德育现代化的时代新方位探索》，《中国教育报》2018 年 5 月 24 日。
172. 刘惊铎：《让创新精神成为民族文化生态之魂》，《中小学德育》2016 年第 11 期。
173. 刘钟芬、刘惊铎、卢峰：《培育生态行为习惯　提升生命存在境界》，《中小学德育》2016 年第 4 期。
174. 刘惊铎、姚亚萍：《生态体验理论的原创性学术价值域》，《中小学德育》2015 年第 7 期。
175. 刘惊铎：《如何提高德育的亲近感和吸引力》，《中国教育报》2009 年 2 月 21 日。
176. 刘惊铎：《给德育一个理由》，《中小学德育》2015 年第 7 期。
177. 王正平：《深生态学：一种崭新的的环境价值理念》，《上海师范大学学报（哲学社会科学版）》2000 年第 4 期。
178. 史宗星：《全球调查令美国深思》，《环球时报》2001 年 12 月 25 日。
179. 梁燕：《在 44 个国家的调查显示：美国不招人喜欢》，《环球时报》2002 年 12 月 9 日。
180. 盛洪：《为天地立心》，《读书》2002 年第 3 期。
181. 盛洪：《道德·功利及其他》，《读书》1998 年第 7 期。
182. 张华：《体验课程论——一种整体主义的课程观》，《教育理论与实践》1999 第 10、12 期。
183. 李英：《体验：一种教育学的话语》，《教育理论与实践》2001 年第 12 期。

外文

1. Ludwig Wittgenstein, *On the Certainty*. New York: Macmillam, 1958.

2. Ludwig Wittgenstein, *Notebooks: 1914—1916*. London: University of Chicago Press, 1958.

3. Ludwig Wittgenstein, *Tractatus Logico-Philosophicus*. London : Routledge, 1961.

4. Ludwig Wittgenstein, Lecture on Ethics. *The Philosophical Review*. Vol. 74, No. 1, 1965.

5. R. Rorty, *Essays on Heidegger and Others*. Cambridge University Press, 1991.

6. R. Rorty, *Objectivity, Relativism, and Truth*. Cambridge University Press, 1991.

7. Jacques Derrida, *Margins*. Chicago: University of Chicago Press, 1982.

8. Jacques Derrida, *Speech and Phenomena*. Evanston: Northwestern University Press, 1973.

9. Jacques Derrida, *Position*. Chicago: University of Chicago Press, 1981.

10. Anthony Giddens, *The Constitution of Society*. University of California Press, 1984.

11. Friedrich Nietzsche, *Beyond Good and Evil*. New York: Vintage Books, 1966.

12. Friedrich Nietzsche, *The Will to Power*. New York: Vintage Books, 1986.

13. Friedrich Nietzsche, *The Birth of Tragedy*. New York: Vintage Books, 1966.

14. Friedrich Nietzsche, *Ecce Home*. New York: Vintage Books, 1967.

15. Friedrich Nietzsche, *The Genealogy of Morals*. New York: Anchor Books, 1956.

16. Ray Monk, *Ludwig Wittgenstein: The Duty of Genius*. New York: The Free Press, 1960.

17. A. J. Sutich, Some Considerations Regarding Transpersonal Psychology. *Journal of Transpersonal Psychology*, 1 (1), 1969.

18. Philip H. Phenix, Transcendence and the Curriculum. *Teachers College Record*. Vol. 73, No. 2, 1971.

19. A. Naess, The Shallow and the Deep, Long-Range Ecology Movement: A Summary. *Inquiry*, 16, 1973.

20. UNESCO -UNEP , UNCED: The Earth Summit. *Connect*, 17 (2), 1992.

21. DfEE, *Taking Environmental Education into the 21st Century*. Londorn: HMSO, 1996.

22. R. Sylvan, A Critique of Deep Ecology. Part 1. *Radical Philosophy*, 40, 1995.

23. J. Dewey, *Moral Principles in Education*. Southern Illinois University Press, 1975.

24. L. Kohlberg, A Cognitive-Developmental Approach to Moral Education. *The Humanist*, 1972.

25. J. Dewey, *Education and Social Order*. L. I. D. Pamphlet Series, 1949.

26. Anthony, Giddens, *The Constitution of Society*. University of California Press, 1990.
27. Peter, Mclaren, *Life in Schools*. Longman Publishing Group, 1994.
28. R. M. Ryckman, *Theories of Personality* (3rd ed.). New York: Von Nostrand, 1978/1985.
29. W. Oliver Donald, *Education and Community*. McCutchan Publising Corporation, 1976.
30. R. S. Peters, *The Concept of Education*. Routlege & Kegan Paul Ltd., 1967.
31. David R. Shaffer, *Social and Personality Development*. Brooks/Cole Publishing Company, 1988.
32. Kenneth Wain, *Philosophy of Lifelong Education*. Croom Helm Ltd., 1987.
33. R. May, *Love and Will*. New York: Norton, 1969.
34. S. Papert, *One AI or Many*? 1998.

博士论文评语

●《道德体验论》的研究不仅具有推动道德教育学科建设的学术价值，也具有推动调整道德教育实践着力点的现实意义。

论文掌握了大量的相关文献资料和现实生活、教育活动中的实际资料，旁征博引，对体验的内涵和道德教育的本体问题等，力求从理论与实际的结合上，建构一个较完整的体系。论文对该体系中六个主题的研究假设，论点鲜明，剖析精细，论证严谨，可成为一家之言。其中在若干问题上显现了作者强烈的创新精神和独立的钻研能力。尽管其论证尚有待继续完善，但其原创性是应该肯定的。

总的看来，这篇论文所倡导、建构的道德体验教育，其立意、观点是正确的，其论证是有创意的，作为一家之言是持之有据言之成理的。为了繁荣学术，应予以应有的尊重。

（王逢贤，东北师范大学
教授、博士生导师）

●刘惊铎的博士学位论文《道德体验论》对道德教育中的一个关键问题“体验”进行了比较深入、系统的论证，对中西文化中的体验作了整理和比较，对道德体验的发生机制有比较具体细致的阐明，所提出的道德体验等概念是有新的开拓的，在论及道德境界中强调“生态体验”是一种臻于圆熟的道德境界也是有见地的。

论文也是在做了大量的现场考察、调查访谈，在自己体验感受的基础上写成的，给人一定的现实生活感。应当说这是一篇相当用力、用功的论文，它对当今的道德教育改革会产生积极的推进作用。

（鲁洁，南京师范大学
教授、博士生导师）

●《道德体验论》运用哲学理论分析法、价值分析法、谈话访问法、实验法等科学方法，对德育中的一个带有根本性的问题“道德体验”进行了系统的探讨，取得了在该领域具有独创性、领先性的成果。

我认为，抓住了体验，就抓住了德育认知与情意的结合点，就抓住了德育内化与外化的结合点，就抓住了社会、自然与个体的结合点。所以，论文的研究成果丰富和发展了德育理论，对于实践德育的改革、创新具有现实的指导意义。

论文运用中西比较、多学科透视方法，系统阐述了道德体验的理论内涵与实践外延。其结论是建立在深厚的理论分析和扎实的一手材料基础上的，做到了理论逻辑、历史逻辑与实践逻辑的统一，具有很强的理论说服力和实践感召性。全文论据充分、可靠，支撑的结论是科学的。

论文视点新、基点高、分析透彻，全文规范而又生动、精彩，其中有许多观点、立论是独到的、精辟的。这是一篇不可多得的高水平的博士论文。

（张武升，天津市教育科学研究院研究员、博士生导师）

●本文从对道德体验理念的厘定始，在确定其生发、表达与评价等诸方面，在揭示道德体验的丰富内在规定性的同时，亦为道德教育中的体验教育的提出开辟了道路。全文逻辑清晰、结构合理，基本立论正确，论证较充分，材料丰富，行文流畅，表达准确。

方法论上，从生存实践而不是理性知识的立场，以生存体验而非主—客二分的方法分析道德教育。既有哲学的抽象概念思辨分析，又有社会学实证方法，做到思辨与经验的统一。这种方法论上的突破，既使得论述充满了现代性特质，又使理论在开放性中具有活力。

提出并详细论证了道德体验理念，具有一定的原创性，并具有重要的实践指导价值。

（高兆明，东南大学教授、博士生导师）

●刘惊铎的博士学位论文，从科际整合的视角，运用多种研究方法，对道德体验及道德体验教育问题展开深层次的探析，提出一些有价值、有见地的见解，这不仅具有理论价值，而且对于丰富道德教育内容、提高道德教育水平、增强道德教育实效性等具有现实意义。

把体验概念引入道德教育，揭示体验是道德教育的本体，这为发展道德教育理论和实践体系提供新的生长点。该课题研究难度很大，作者博采众长、深入生活、系统思考、潜心研究，取得丰硕成果，这是难能可贵的。

论文立论新颖，结构严谨，资料丰富、翔实，论证充分，行文流畅。反映了作者比较深厚的学术功底，对道德教育问题的洞察力和较强的研究能力。我认为这是一篇博士论文的上乘之作。

（王铁军，江苏教育学院教授）

修订版后记

本书由我的博士论文深改而成，这次再版作了重要的补充、修改和深化、拓展，并补充完善了一些重要的理论观点、国内外实践新案例及实验现场资料分析。它既是教育部人文社会科学重点研究基地项目的成果，也是我主持的“八五”至“十三五”国家重点课题暨国际重大合作项目“生态体验德育理论问题与实践模式研究”的理论研究与实践探索成果。

这部书基于我攻读博士学位三年的理论成果，深度融合了我四十多年来从事教育理论研究、国家政策研制、教学改革和行政管理工作的切身体验；不仅是我个人的学术攀登，更得益于我的导师、当代著名教育思想家朱小蔓教授的精心指导，也得益于我与师妹刘慧博士的深度讨论和对话；不仅是我和师兄妹们、校研会研干们多彩的学习、研究和社会活动的铭心体验，也得益于国内外生态体验教育学术团队的同仁们长期持续通力协作的科学实验与探索，以及诸多亲朋好友、学者的思想和智慧支持，也是我所采访的国内外一万余人（同意或不同意署名）的生活境遇和人生感悟与反思的结晶；不仅荡漾着我如诗如歌的生命感动，也饱含着我的慈祥父母、爱人、孩子和家族亲人们的殷殷期望与浓情蜜意。

手捧这本书，我默默感念多年来在学术进阶中给我无言关注和精当点拨的前辈们，特别是当代著名教育思想家鲁洁、王逢贤和班华教授，给了我学业和人生画龙点睛般的点拨。当代著名学者吴康宁、张之沧和程中锐教授的思想智慧和教学机智，是我学术思想的有益滋养。能够全程感受他们的授课艺术与谆谆教诲，恰如学术田野上喜降甘霖。

一批国内外著名学者、大师，领航并支撑了我的研究信心与思想观点。当代著名史学家、教育思想家赵世超教授从史学视界对我的选题合理性进行了透辟的剖析，并告诫我道德教育研究要放在一定的经济、政治、文化背景之下，充分考虑国情民情时情，实事求是，有历史纵深感和文化厚重感。国家教材局局长、教育部基础教育课程教材研究中心主任、中国教育科学研究院原院长田慧生教授多次在小范围对话、游园交流时或语茶中深谈我的研究选题与生态文明、立德树人、教书育人、实验区选点等学术战略发展取向与支撑性实践实验布局的辩证关系协同，思想逻辑与实践逻辑的内在一致性融通，保证研究的时代取向和理论厚重感、思想质感、生命灵动感。哈佛大学零点中心主任费舍尔教授就我的选题与我作了深度交谈并特意寄来了他关于人脑结构与功能的最新研究彩版书稿（手稿）。日本中央研究院脑科学与社会研究中心主任小泉英明教授的脑科学实验成果与对话，当代著名哲学家、C管理理论创始人、美国夏威夷大学哲学系终身教授成中英（ChungYing-Cheng）的语茶、对话、切磋，国际UFO联合会（纽约）主席、美国国际经济文化交流协会顾问孙式立先生的语茶、对话及一起出席世界脑科学大会，钱学森先生团队重要成员、忘年交张光鉴先生的多次对话和每次一两个小时煲电话粥式的深入走心畅谈，当代几位在先端领域领跑的权威科学家的多次语茶、对话和超学科深度研讨，师从现象学教育学开创者马克斯·范梅南教授并成为其合作者的加拿大阿尔伯塔大学课程与教育学研究院统筹主任、澳门城市大学校长助理、教务长、教育学院院长李树英博士的多次语茶、对话、研讨，日本玉川大学副校长、终身教授朱浩东先生的语茶、对话及一起吟诵体验，中国佛教协会会长、北京广济寺方丈演觉法师的禅茶、说法及妙手演佛法、翰墨觉众生的稀有体验，中国佛教协会副会长、柏林禅寺方丈明海法师对哲学范畴的推敲、提纯，我国台湾太一道院院长、北大哲学与宗教所客座教授黄胜得先生的语茶、对话与内丹实修体验，道教南宗祖庭天台山桐柏宫住持张高澄道长的禅茶、对话及亲验其方丈升座庆典体验，原中央教育行政学院离休专家、《中华大道》作者、96岁高龄的何光荣先生一起对话、研讨，还有许多给了我重要启迪而不便一一列出姓名的国内外人士，他们都成为我思想对弈、给我思想正能量的重要思想领跑者和支持者。

一批国内外资深专家学者、学界好友，启迪和助推着我的研究进程，丰富和深化了我的思想内涵。香港中文大学的郑汉文博士，香港教育学院教育基础学院院长、新加坡大学教授李荣安先生，中国思想文化研究所所长赵吉惠教授等，为我的选题进行了多次论证和对话。英国《道德教育》杂志主编泰勒（Monica J. Taylor）女士，国际自然基金会的英国首席专家赫克尔（Huckle）教授、澳大利亚的丹纳（Danna）教授，台湾南华大学副校长李坤崇教授，中央档案馆馆长、国家档案局局长杨冬权，文化部副部长、国家博物馆馆长潘震宙，国家民族事务委员会专职委员葛忠兴副部长，中共中央党校（国家行政学院）领导力中心主任胡月星教授、哲学系赵建军教授，清华大学生态环境艺术设计研究所所长陆志成教授，教育部职业教育研究所副所长曾天山，中国人民大学袁祖社博士，中国社会科学院李安纲博士后、张胜勇博士等进行了多次主题长谈。时任教育部人文社科重点研究基地南京师范大学道德教育研究所副所长杨韶刚教授、金生鈜教授，北京大学窦尔翔教授，南京师范大学农村教育研究中心主任张乐天教授，北京师范大学王啸教授，时任东南大学哲学与科学系主任高兆明教授、樊和平教授等不仅给了我观点上的重要启迪，而且向我赠送或推荐了珍贵的资料。我的合作者姚亚萍教授的实践探索与思考给我颇多思想和实践智慧的启迪，英国著名生态体验教育专家、英国皇家教育学院院士戴维·科根和荣誉院士保罗·利特费尔等在生态体验式动物福利教育、生态体验下道德价值观陶养主题下一道进行的十数年跨国、跨境、跨文化的持续深度合作研究与实验探索，我在澳门城市大学、中央教育科学研究所（中国教育科学研究院）、中共中央党校（国家行政学院）、首都师范大学、陕西师范大学、哈尔滨工业大学等所指导的博士硕士研究生、博士后、高级访问学者和弟子们，从生态体验理论及其应用、教育与信息技术深度融合的生态网络社会学术视角，做了更加广阔、卓有成效的拓展与深化研究，深化和发展着我的思想脉系与分支，又有国内外各实验区、实验基地的党政领导干部、老师、学生及其家长们的潜心实验和生命智慧结晶。我的博硕士研究生们、学术合作伙伴及弟子们的专题研究和实践探索，不断扩展着我的思想理论视野，拓宽着我的实践探索领域。

为了收摄自然界和民族文化精华，我极力扩大游历和访谈范围，足迹遍及世界各国和祖国各地的名山大川、江海林湖、田间地头、油田矿山、民族聚落、街巷里弄、名寺古刹……这些竟都成了我的生态体验之旅，成为开思启智、顿悟升维、具身体验研究的论证会和体验场。一路体验，犹如蜜蜂采花酿蜜。正如王安石在《游褒禅山记》中深切领悟到的那样："于是余有叹焉。古人之观于天地、山川、草木、虫鱼、鸟兽，往往有得，以其求思之深而无不在也。夫夷以近，则游者众；险以远，则至者少。而世之奇伟、瑰怪、非常之观，常在于险远，而人之所罕至焉，故非有志者不能至也。有志矣，不随以止也，然力不足者，亦不能至也。有志与力，而又不随以怠，至于幽暗昏惑而无物以相之，亦不能至也。然力足以至焉，于人为可讥，而在己为有悔；尽吾志也而不能至者，可以无悔矣，其孰能讥之乎？"诚如是，这一切回归自然、回归生活世界而又反观自然、反观生活世界的田野体验，不仅融进了我的著作，而且深深地沉淀在我生命的深处，让优秀传统文化血脉和时代气息汇流在我的生命之海，在我的生态体验之旅中融汇成洋溢着生态智慧和生命活力的思想和情感河流，成为我的学术生命与人生、事业发展的深厚沃壤和源远流长的源头活水。

为了真切亲验世界不同民族人民的生活境遇和道德欲求，我选择了不同国家、地区、民族、行业、年龄和性别的人进行足时访谈。我也常常到大学、中小学、幼儿园、厂矿、田间地头和军营之中，到世界各地和全国不同地区的实验区、实验基地作现场扎根性研究与实验，赴我国港澳台地区和国外参加学术论坛及进行合作、访问、演讲，赴西部参加“中国百支博士团”，深入西部山区洞口等地进行教育精准扶贫，参加世界自然基金会和中华人民共和国教育部举办的“中国绿色行动”生态环境教育高级研修班并作主讲专家，牵头主持英国皇家防止虐待动物协会在中国的国际合作项目暨国际论坛，参加加拿大政府与中华人民共和国教育部举办的“中国教师发展计划项目”并作主讲专家，出任中央教育科学研究所（中国教育科学研究院）德育中心主任兼任香港田家炳基金会中国学校德育改革与发展计划项目专责委员会主任委员和项目培训专家，任国家开放大学文法教学部、政法教学部部长兼任生态体验教育国际学术委员会创会主席策划重大项目，出任中华人民共和国国史学会教育发展委员会主任、中国研学旅行联盟专家委员会课程评审组组长主持和参与多种生态研学旅行活动，任教育部全国高校科学能力建设（国家百千万工程）平台联席会副主席兼秘书长进行现场体验式指导，作为北京大学牵头的体验教育专业委员会咨询专家进行理论指导，作为中国社会科学院大学新时代生态文明研究中心研究员对话圆桌会议，策划、组织中国生态体验教育学术年会暨国际论坛、北京国际生态体验教育博览会等。沉浸到千姿百态的生活实践现场，进行丰富多彩的行业、事业和项目体验，我深切感受到，新时代的人们各有具体的生存境遇，也有不可言说的酸甜苦辣，但他们又以自身的生命样态从不同侧面表现、创造和升华着时代精神。那些全身心建设和谐社会的人们，体验着劳动的艰苦、崇高与喜悦，感受到一种自我实现的精神满足，他们以自己诚实的劳动谱写着中华民族的新文化和新道德。展卷阅读他们的创业故事，倾听他们的生命叙事，处处洋溢着震撼心灵的生命感动，你也会不由自主地受到其丰满人格的感染，共同达至碧空万里的人生境界。

登高望远，俯仰观想，一种体验之思豁然涌现：当代中国人要保持自己民族文化的先进性，不仅要对中华文化本身有公正、平和的态度，而且对世界各国的文化也要有公允、宽容的心态，善于识别、选择和科学汲取营养，防止盲目封闭、排斥和攻击的偏执倾向，臻于包容和吸收不同民族文化菁华的精神觉境，在此基础上进行本土原创理论与实践探索。同时，必须以人民为中心，有向每一个生命个体开放的气度、胸怀和社会氛围，充分尊重每一个人的生存体验，自觉倾听和感受不同个体的生命律动，捕捉千百万优秀劳动者身上迸发出来的新文化和新道德的火花，汇聚国内外华人生命中激发出来的家国情怀、自强不息精神和协同创新经验。当代中华新文化和新道德就是要坚持回归生活世界和自然之境，凸显生态体验，开启道德智慧，陶养具有民族精神血脉的现代人格，涵养生命绿地。

自本书首版面世以来，我收到不少读者来信、网上回帖，也不乏当面的称赞、对话。众多的高校理论工作者、党政机关领导干部，中小学、幼儿园的校长、园长和企业管理者，纷纷在生态体验网和生态体验理论国际原创品牌公众号上和我开展“零距离”对话、跟帖、评论，理论工作者乐于和我探讨本书的学术叙述方式和哲学范畴，一线老师们喜欢其中鲜活的实践案例及其鲜活运用，一些博硕士研究生、大学生甚至中学生则喜爱其中的人生哲理和文学趣味。为了答谢广大读者，我免费开通了FM喜马拉雅“生态体验大讲堂”之原著《道德体验论》解读、生态体验理论国际原创品牌微信公众号，与大家保持开放互动。我应邀外出讲学，每每遇到一些领导、校长、老师和社会人士捧出自己购买来的书让我签字；有不少社会人士在潜心研读后，给我写来长长的感悟，交流学习心得，积极推广书中的思想理论和实践模式；国家开放大学对全体教职员工进行生态体验式职业生涯规划与师德师风培训；而教育部面向全国高校和大学生开设了一门必修通识课程“科学工作体验学”，系统应用书中的理论与圆通制一起指导全国高校应用型人才培养模式转型改革，推进国家百千万工程实训体验示范基地建设，解决文科应用转型、产教融合面临的深层次问题，破解全国大学生工作经验缺乏的难题；教育部在中国高等/基础教育领导干部网络学院、“国家网络精品课程”、“国培计划”、教育部司局长培训平台中将其作为国家重点课程和指定教材；海内外不少大学已经给博士、硕士研究生开设了“道德体验论”、“生态体验论”、“生态网络社会”课程；中国石油集团东方地球物理勘探有限责任公司（简称“东方地球物理公司”，BGP）、中远海运集团等央企，中国红色文化教育服务机构，中共北京市海淀区委员会，国家开放大学政法教学部、马克思主义学院、教育研究院、社工学院和国际交流中心联合党支部等，分别为党员领导干部举办道德体验、生态体验专题培训讲座课程，支持建设生态体验教育基地。这一切，都让我的心中油然涌出一种敬意和惶恐。我要感谢喜爱、惠存和应用这本书的人们，也要感谢实验区和实验基地的老师们，有些市委书记、局长校长培训班、学校和幼儿园竟然为能托人搜购到这本书并人手一册而兴奋不已，这对我不啻是一种有感召力的学术力量源头，也是一种有生命冲击力的鼓舞和鞭策。

康德云：唯吾上者灿灿星空，道德律令在我心中。沉浸道德体验隧洞和生态体验海洋，在人的心灵世界和生命云层穿行，有如探游神秘湛寂的海底，穿行料峭诡谲的山峦，升维鸟瞰变幻莫测的云海，恍然渐悟孔子解《易》微言："精义入神，以致用也；利用安身，以崇德也。过此以往，未之或知也。穷神知化，德之盛也。"怀抱敬畏感恩之心去面对周围的人群、社会和大自然，去触摸、拥抱扑面而来的新生活，日臻美善和谐靓丽澄明的人生境界！

作　者

2020 年金秋

于北京西山艺境·龙腾斋